KB186694

한국 사회적경제의 거듭남을 위하여

장원봉 추모집

한국 사회적경제의 거듭남을 위하여

장원봉과 그를 추모하는 사람들

장원봉·하승우·신명호·김신양·정수남·노대명·김정원
엄형식·오단이·김기섭·자크 드푸르니

COOPERATIVE
착한책가게

머리말

사회적경제의 이론과 실천의 통합을 온몸과 마음으로 살면서 사회적경제 운동의 새로운 지평을 개척해가던 그가 세상을 떠난 지 벌써 일 년이 되었습니다. 장원봉 박사는 자신의 생각과 주장을 실천으로 검증해야만 하는 연구자였습니다. 동시에 그는 실천과정에서 만나는 문제를 연구로 성찰하고 풀어야만 했던 활동가였습니다. 너무 이른 그의 죽음을 많은 사람들이 그토록 아쉬워하는 것은 한국 사회적경제 운동에서 그의 존재와 서 있던 자리가 참으로 귀하고 소중했기 때문이라고 생각합니다.

장 박사가 자신의 암을 아직 자각하지 못하고 있을 때, 실천과정에서 생긴 문제의식을 가지고 1년쯤 연구하며 글을 쓰고 싶다는 말을 몇 차례 했습니다. 그 말과 모습이 지금은 많이 아프고 미안한 기억으로 남아있습니다. 기회가 주어졌다면 그가 어떤 연구와 글을 세상에 남겼을지 정확히 알 수 없습니다. 하지만 오랜 세월 그를 가까이에서 지켜본 저는 그의 연구와 글이 흘러나왔을, 그의 마음과 심장은 짐작할 수 있을 것 같습니다.

그는 사회적경제가 지금 우리들이 사는 세상을 더 좋은 세상으로 바꾸는 데 많은 기여를 할 수 있다고 믿었습니다. 사회적경제의 주체들이 사람과 세상의 필요를 해결하기 위해 더 나은 대안을 제시하고 실천하며 다른 세상과 삶을 만들어갈 수 있다고 믿었습니다. 동시에 그는 사회적경제가 우리 사회에서 기형적인 모습으로 정착되고 확산될 위험 요소들에 대해서도 경고하였습니다. 그는 사회적경제의 "실질적 형성 주체인 시민사회가 단순히 정부 정책의 수행자로 전락"하거나 정부가 "서비스 비용을 줄이고자 하는 의도"에 이용되거나(상업적 도급), "시장경쟁 속에서 생존하기 위한 이윤추구 모델로 퇴행"해가거나 "시민사회의 대변 활동을 위축"시킬 수 있는 가능성에 대해 우려하였습니다.

우리는 지금 짧은 기간에 빠른 속도로 확장되고 늘어난 사회적경제 담론과 실천들을 목도하고 있는 동시에, 그 성장만큼 장 박사가 걱정하고 우려했던 점들이 현실이 돼가고 있는 상황을 경험하고 있습니다. 이번 추모집을 냄으로써 우리는 그가 연구와 글을 통해 한국의 사회적경제 운동에 남기고 간 발자취를 기억하면서, 그를 사랑하고 아끼던 사람들이 그의 생각과 고민을 되짚으며 오늘날 한국의 사회적경제 운동이 직면한 어려움의 극복 방안과 실천 과제를 함께 모색해가는 것으로 그의 1주기를 추모하려 합니다.

이번 추모집은 생전에 그가 남긴 글과 그가 존경하던 선배들, 믿고 사랑하던 동료와 후배들의 글로 기획되었습니다. 앞서 말했듯이 우리는 더 많은 시간이 그에게 주어졌다면 어떤 연구와 글들을 남겼을지 알 수 없습니다. 하지만 저는 그가, 마지막까지 품고 살았던 사회적경제의 철학과 운동의 심장을 함께 공유하고 나누었던 선배와 동료, 그리고 후배들의 글을 정말로 하늘에서 반기고 고마워할 것이라고 믿습니다.

이번 추모집을 기획하고 준비 책임을 맡아주신 신명호 박사님과, 귀한 연구와 원고로 장원봉 박사와 함께 나누었던 운동의 심장을 독자들의 가슴에서 다시 뛸 수 있게 해주신 모든 필자분들께 깊은 감사의 인사를 드립니다.

2021년 4월

사회투자지원재단 이사장 김 홍 일

차례

2부

한국 사회적경제의 변화와 가능성 탐색

- 시민사회 주도성과 관계의 변화

1부

한국의 사회적경제 돌아보기

- 동형화, 진부화, 비주체화를 중심으로

사회적경제의 의미와 발전과제[1]

장원봉

1. 들어가며

최근 유럽을 중심으로 '사회적경제social economy'에 대한 관심이 대두되고 있다. 이러한 관심은 사회적경제가 복지국가의 위기와 사회적 배제의 문제를 해결하는 데 매력적인 유인을 제공하기 때문이다.

사회적경제는 일반적으로 사회적 목적을 가진 경제활동으로 이해된다. 다시 말해서, 사회적으로 취약한 계층의 사회통합과 새로운 복지서비스 제공 등의 사회적 목적을 실현하기 위해서 시민사회가 주도적으로 진행하는 경제활동이라 할 수 있다.

한국에서도 아이엠에프IMF 경제위기 이후에 증가된 실업과 빈곤에 대응하는 차원에서 정부의 사회적경제에 관한 관심이 커져가고 있으며, 최근에 자활지원사업, 사회적 일자리 창출사업, 사회적기업지원법

1 – 필자가 민주노총정책연구원 연구위원으로 있을 때 쓴 글로서, 〈도시와빈곤〉 제80호(2006년 6월)에 실렸다.(편집자 주)

등의 정책으로 그 영역이 형성되고 있다. 정부는 2008년까지 교육, 보건, 보육, 환경 등의 분야를 중심으로 8만 개 수준까지 사회적 일자리를 늘려나갈 계획을 발표하였다. 이러한 정부의 잇따른 사회적 일자리 확대 계획이 발표되면서 이에 대한 시민사회의 관심도 커지고 있으나, 이와 관련한 정부 정책의 한계를 확인하면서 이에 대해 명확한 입장을 세우는 데 시민사회가 어려움을 겪고 있다.

현재 한국에서 형성되고 있는 사회적경제의 한계로 몇 가지를 지적할 수 있는데, 우선 사회적경제의 실질적 형성 주체인 시민사회가 단순히 정부 정책의 수행자로 전락되고 있다는 것이다. 둘째로는, 사회적경제에 대한 낮은 사회적 합의 수준과 정부 정책의 극단적인 실용주의적 접근을 지적할 수 있다. 셋째, 취약계층의 사회통합과 새로운 복지서비스 제공을 위한 사회적경제의 장기적인 발전계획이 부재하다.

따라서 사회적경제가 갖는 의미를 짚어보고, 그것의 발전방향을 모색하는 작업은 이제 막 사회적경제가 형성되기 시작하는 한국사회에서 절실히 요구되는 바이다. 더불어 시민사회가 사회적경제의 실질적인 주도자로서 자기 역할을 수행할 수 있는 방향을 모색하는 일은 더욱 중요하다.

2. 새로운 사회적경제의 개념들

'사회적경제'라는 용어의 기원은 일반적으로 19세기의 고전적 정치경제학까지 거슬러 오른다. 그 시기에 사회적경제는 매우 다양한 방식으로 전개되었는데, 자유주의, 기독교연대주의, 그리고 사회주의의 이데올로기적 전통을 보이고 있다. 자유주의와 기독교연대주의는 사회질서를 변화시키는 것보다는 특정한 사회문제와 특정 집단의 어려움에 한정하여 그것을 개선하고 변화를 만드는 데 초점을 맞춘 실용적Pragmatic · 개량적Reformist 관점을 대표하는 경향이었다. 그리고 사회주의적 전통은 근본적인 변화를 통한 새로운 사회의 건설을 위한 전략으로서 사고하는 유토피안Utopian, 사회변화Social Change의 관점을 대표하고 있다(Demoustier & Rousselière, 2003: 5; Fontan & Shargge, 2000; Piechowski, 2002).

이 시기에 사회적경제의 역할은 농업경제에서 공업경제로의 이행과 깊은 관련이 있다. 이는 확대가족 단위와 길드에서의 노동으로부터 시장에서 거래되는 개인노동으로 이전되는 과정에서 노동자들이 겪는 불이익에 대한 집합적인 대응으로서 사회적경제의 등장을 요구하고 있었다. 사회적경제의 역할은 시장에 기초한 경제의 등장과 함께 생산, 소비, 저축, 그리고 실업과 질병 등의 사회적 위험과 관련한 노동자들의 집합적 이해의 방어와 증진을 목적으로 하였다(Fontan & Shargge, 2000: 4).

20세기에 접어들면서 사회의 개혁은 좀 더 발전한 자본주의 국가들의 경제적 상황에서 많은 개혁에 의해 가능하게 되었다. 사회진보에 관한 신념은 경제성장에 의해 수행되며 지지되었고, 경제, 정치, 사회 간의 분열은 이 세 가지 영역들 각각의 자율성과 함께 증대하였다. 이 영역들을 연계했던 좀 더 급진적인 사회적경제의 전통은 사라졌고, 협동조합과 같은 사회적경제의 기구들은 경제의 일부분으로 취급되었다. 제1차 세계대전의 종료부터 1970년대까지 사회적경제는 개량주의 운동들, 교회, 그리고 사회민주당과 정치·사회적으로 연계되어 소비, 은행업, 제조업 그리고 농업 등의 다양한 영역에서 성장하고 있었다. 개량주의 경향들은 노동조합운동에서 경제적 이득과 작업장 투쟁에 초점을 맞추고, 사회적경제의 유토피아적 개념들과 혁명적 노동자 조직 모두를 퇴색시키면서 등장하였다. 경제적 기준에서는 복지국가와 케인스의 인식에 의해 형성된 관련 경제정책들이 사회적 공급을 위한 방안으로서 지배적인 위치를 차지하였다. 국가는 이러한 복지국가 프로그램들의 계획과 통제에서 지역사회부문에 대해 거의 참여를 보장하지 않은 채, 사회의 기술적 관리자가 되었다.

20세기 후반에 다시 등장하기 시작한 사회적경제는 분명히 19세기의 사회적경제 현상과는 다른 특성을 가진다는 점에서 새로운 사회적경제라고 규정할 수 있다. 유럽의 연구들에서 발견되는 사회적경제는 크게 다섯 가지 범주에서 개념이 정리되고 있는데, ①사회적경제의 법적 조직 형태들에 대한 규정, ②사회적경제 조직들의 목적에 대한 규정, ③사회적경제의 운영원칙과 규범적 원리에 대한 규정, ④사회적경제의 사회경제적 조절 메커니즘에 대한 규정, ⑤사회적경제 조직들에 대한 지원법규의 규정 등으로 나타난다.

첫째, 사회적경제의 범위와 법적 조직 형태에 대한 규정은 데로쉬(Desroches, 1984; Levesque & Ninacs, 2000: 112~129, 재인용)에 의해 착안된 정의로서, 협동조합, 공제조합, 그리고 비영리조직들의 법적 지위에 기반하고 있다. 사회적경제에 대한 광의적 정의로 인용되고 있는 오틀리Oatley의 정의에 의하면, "사회적경제는 순수하게 박애적인 활동부터 사람 중심의 참여적이고 민주적인 가치를 가진 모든 사회적 목적을 향상시키기 위한 상업적 활동을 하는 조직들까지 광범위한 활동을 포함한다."(Payne & Burnside, 2003: 5~6, 재인용). 이 정의는 제3부문third sector과 유사한 개념이다. 한편, 요크셔 포워드와 파트너들Yorkshire Forward and Partners에 의하면, "사회적경제는 한편에서는 민간시장부문과 다른 한편에서는 공공부문 사이에 존재하는 활동영역으로 규정되며, 일반적으로 자원활동 그리고 지역사회 조직, 재단, 노동조합, 종교집단, 주택조합, 협동조합, 기타의 사회적기업 조직들을 포함한다(McManus, 2004: 2, 재인용)." 이 같은 정의는 주어진 사회에서 사회적경제의 규모를 손쉽게 측정할 수 있는 장점이 있는 반면에, 비영리조직의 정의에서 나타나듯이 사회적경제 조직들의 특성이 법률적 지위에서 불충분하게 정의된다. 어떤 사람들은 재화와 서비스를 생산하는 조직들만을 사회적경제의 일부로 인식하는 반면, 다른 사람들은 단순히 그들의 법적 지위 때문에 모든 비영리조직들을 포함한다. 유럽적 전통에서 영리활동을 하고 있는 협동조합 진영을 포함하는 제3체제third system와 비영리부문을 중심으로 제3부문을 구성하고 있는 미국 전통의 차이가 이러한 혼선을 더욱 증폭시킨다.

둘째, 사회적경제 조직의 목적에 대한 규정은 사회적경제에 대한 협의의 정의로 인용되고 있는 맥그리거 등(McGregor et al., 1997)의 정의에 의하면, "사회적경제는 본질적으로 낙후된 지역과 집단들에게 대부분의 자원과 활동을 지향하고 있는 소규모 사업small business 혹은 서비스 영역이다. 사회적경제는 빈곤 완화에 직접적인 공헌을 하며, 배제된 사람들에게 손을 내밀어 의미 있는 활동에 그들을 포괄하고, 그들의 역량과 환경을 개선하며 잠재적으로 그들을 주류 경제 안으로 이끌기 위한 중요한 수단이다." 한편, 스코틀랜드 행정부The Scottish Executive에 의하면 "사회적경제 조직들은 정부에 대해서 독립적이며, 근본적인 사회적 목적을 갖고 있고, 그들의 초과이윤은 그러한 목적을 위해서 투자된다. 이러한 조직들의 많은 수는 그들 스스로 주택, 사회서비스, 지역사회 케어, 그리고 뉴딜New Deal 등과 같은 공공정책의 목적들을 수행하는 데 기여하도록 설립되었다. 그들은 활발한 지역공동체들의 발전을 자극하고 공공서비스를 전달하는 데 중요한 역할을 한다." 이 같은 정의는 사회적경제의 사회적 역할과 기여를 부각함으로써 사회적경제에 대해 사회적 합의를 이끌어내는 데 기여할 수 있을 것으로 보이지만, 실질적 실행과정에서 정책 목표의 달성을 위해 동원될 수 있는 여지를 남기고 있다. 특히, 정부부문에서 정의하는 사회적경제의 개념이 이러한 경향을 갖고 있어서 이러한 의심을 가능하게 한다.

셋째, 사회적경제의 운영원칙과 규범적 원리에 대한 규정은 비에니(Vienney, 1994; Levesque & Ninacs, 2000: 112~129, 재인용)에 의해서 발전된 정의에 의하면, "사회적경제 기업은 한 측면에서는 한 그룹의 개인들의 조직이고, 다른 측면에서는 경제적·파트너십 활동의 구조로 함께 결속된 기업이라는 생각 위에 서 있다. 이 유형의 기업은 적어도 ①구성원과 관련된 민주적인 작동, ②구성원과 사업 간의 관계와 관련된 것으로 개인들에 의한 기업활동의 규정, ③구성원과 사업 간의 관계와 관련된 것들 중에서 이윤의 배분, ④사업과 관련된 것으로 재투자된 초과이윤의 지속가능한 지역사회 소유권 등의 네 가지 특징이 있다." 이러한 정의의 사회적경제에 속한 사람들은 대개 경제적 활동이나 삶의 방식이 붕괴된, 상대적으로 위협받는 사람들이다. 한편 대표적인 사회적경제에 대한 규범적 정의로 드푸르니(Defourny, 1991; Levesque & Ninacs, 2000: 112~129, 재인용)의 정의는 "사회적경제는 연대, 자율성 그리고 시민성 위에 마련된 경제적 시도들에 기초한 연합으로 구성된다."는 가정에 근거한다. 이러한 사회적경제를 형성하는 원리는 ①이윤의 축적보다는 구성원들 혹은 지역공동체에게 서비스를 제공하는 일차적 목적, ②공공 프로그램과는 다른 자율적 운영, ③민주적 의사결정, ④자본과 이윤의 분배보다는 사람과 노동의 우선 등이다." 이러한 정의의 장점은 그것이 사회적경제의 발전에 결부된 개인들을 동원하는 데 사용될 수 있는 가치들을 규정한다는 것이다. 그것은 사회적경제가 근본적으로 법률적 지위에 관한 문제가 아니며 오히려 경제민주주의 그리고 시민권을 빼앗긴 사람들과 몰락한 지역공동체의 임파워먼트empowerment에 공헌하는 실천이라는 점을 강조한다. 그러나 사회적경제의 가치에 대해 합의를 이끌어내는 것은 가능하지만 그것과 관련한 법률과 실천들에서 합의된 내용을 도출하는 것은 어려운 일이다.

넷째, 사회적경제의 사회경제적 조절 메커니즘에 대한 규정은 라빌(Laville, 1992; Levesque & Ninacs, 2000: 112~129, 재인용)에 의해서 발전된 개념으로서, 사회적경제는 ①그가 연대의 경제라고 부르는 새로운 사회적경제의 생성, ②그 경제적 활동의 형태, ③규정적인 사회경제적 구조 안에서 그것의 역할 등 세 가지 기본적인 요소를 갖고 있다. 우선 사회적경제 기업들은 서비스의 공급과 수요를 구성하는 잠재적인 소비자들과 직업인들로 구성된 집단에서 개인들을 함께 모으는 상호추진력으로 만들어진다. 두 번째로, 사회적경제 기업은 지역사회 서비스 부문에서 활동할 경우에, 시장과 정부 모두에게 재분배 권한을 요구한다. 그것은 판매를 통한 자기 자금 조달의 상업적 활동, 공공자금 조달, 교회와 재단의 기부금 등 비상업적 화폐 활동, 그리고 구성원들과 그 외 사람들의 자원활동에 의한 비화폐적 활동의 경제적 혼합을 뜻한다. 이러한 정의는 폴라니Polanyi의 정의와 일치한다. 마지막으로, 케인스주의와 복지국가 모델의 쇠퇴라는 사회경제적 배경 속에서 새로운 사회적경제는 개인적 서비스의 제공과 같은 노동집약적 활동에서 중요한 역할을 할 것으로 가정된다. 라빌은 사회적경제가 현대의 경제체제와 민주주의로 통합되는 방식을 연대의 경제로 포괄하고자 한다. 경제적 차원에서 볼 때, 연대의 경제의 접근방식은 기본적으로 경제가 시장 개념뿐만 아니라 재분배redistribution와 호혜성reciprocity의 원칙을 포함한다고 전제한다. 결국 이러한 접근은 경제, 정치, 사회를 연계하려 했던 초기의 급진적 사회적경제의 전통과 맥을 같이 한다고 할 수 있다. 이 같은 정의는 다양한 경제활동 방식을 혼합함으로써 사회적경제가 다양한 효과를 갖는다는 점에서 새로운 경제 방식으로서의 유인력을 갖고 있다고 볼 수 있다. 하지만 사회적경제가 사회서비스 영역으로 제한된다면 정부가 그것을 통해서 서비스의 비용을 줄이고자 하는 의도와 적절히 부합된다. 그리고 이러한 관계가 단순히 판매와 계약에 의해서 이루어진다면 실질적인 상업적 도급으로 전락할 가능성도 있다.

다섯째, 사회적경제 조직들에 대한 지원법규의 규정은 이탈리아의 사회적협동조합법 381/91 제1조항에 의하면, "사회적협동조합은 (a) 사회, 보건, 교육 서비스 등을 운영함으로써, (b) 농업, 제조업, 상업 혹은 서비스 활동 등의 다양한 활동을 통해 사회적 불이익자들을 고용함으로써 시민의 사회적 통합과 인간성의 증진이라는 지역사회의 보편적인 이해를 추구해야 한다."고 규정하고 있다. 또, 같은 법 제4조항에서 "B유형의 사회적협동조합에서 사회적 불이익자란 육체적, 지적, 정서적 장애를 가진 사람, 정신병력이 있는 환자, 정신과 치료를 받고 있는 사람, 약물중독자, 알코올중독자, 가정적 곤경에 처한 (노동연령이 아닌) 18세 이하의 청소년, 금고형 이외의 형벌을 받은 사람들" 로 규정하고 있다.

앞에서 설명했듯이, 연구대상에 대한 정의는 개념화의 시점, 주체, 목적 등에 따라서 다양해질 수 있다. 따라서 이러한 사회적경제에 대한 다양한 차원의 정의를 하나의 통일된 정의로 일목요연하게 정리하는 것은 현실적으로 의미가 없어 보인다. 다만 개념화의 함의를 제대로 파악하지 않고 주체적인 개념화 노력을 하지 않을 때 생길 수 있는 물신화만큼은 경계해야 할 것이다. 아마도 현재 한국의 사회적경제에 관한 논의 속에서 시민사회가 놓인 상황이 그럴 것이라고 짐작된다. 따라서 기존의 다양한 차원의 사회적경제에 대한 요약을 통해서 정리된 개념을 만들어내는 것이 중요한 것이 아니라, 시민사회가 적극적으로 전개해야 할 사회적경제의 실천적 개념을 구성하도록 요구받고 있다고 생각된다. 이러한 실천적 개념 구성은 단순히 명목상의 선언적 정의에서 더 나아가 구체적인 실천의 전략 그리고 이념과 함께 구성되어야 한다.

3. 사회적경제에 대한 최근의 인식

최근에 사회적경제에 대한 인식은 몇 가지 편차를 보이고 있다. 그것은 크게 해방적 관점, 보완적 관점, 그리고 비관적 관점 등 세 가지 경향으로 나타나고 있다.

첫째, 해방적 관점은 자본주의가 보이는 시장주의에 대한 사회적경제의 해방적 성격에 주목하며, 사회적경제의 실천과 그 연합을 확장함으로써 사회 안에서 대안을 생성한다는 입장에 서 있다. 이는 과거의 유토피안 전통과 연속성을 갖는다 할 수 있다. 이들이 강조하는 자본주의에 대한 사회적경제의 해방적 성격은 노동력의 탈상품화, 지역사회의 결속을 통한 탈중앙 정치, 시민사회의 자율성, 그리고 민주적인 자주관리와 사회적 연대성 등을 들 수 있다. 그래서 사회적 부와 권력의 통제를 통해서 만들어진 자본주의의 사회적 분할을 제거할 광범위한 해방적 문화의 틀을 생성하고자 한다. 이런 입장은 국가와 시장으로부터 실천의 자율성을 지지하며, 그것의 실천을 새로운 형태의 민주적인 자주관리와 협상, 연대에 근거하여 지역의 대항권력과 대항문화에 기초한 전체 사회의 연대로 확장해내고자 한다(Gorz, 1999; Lipietz, 1992, 2002; Everling, 1997).

둘째, 보완적 관점은 사회적경제를 국가와 시장의 보완적인 영역으로 인식하며, 심각한 구조적 실업과 복지 후퇴로 인한 사회적 배제에 대해서 국가와 시장의 한계를 보완하는 완충지대로 사회적경제를 인식한다. 이런 입장은 사회적경제의 가치를 사회질서를 변화시키기보다는 특정한 사회문제와 특정 집단의 곤란에 한정하여 그것의 개선과 변화를 도모한다는 점에서 개량주의의 전통과 연속성을 가진다. 따라서 복지혼합welfare mix 체계에서 새로운 사회복지 제공자로서의 역할을 강조한다. 또한 시민사회를 기반으로 광범위한 시민참여와 사회적 결속을 통해서 사회적경제가 다양한 사회적 자본을 형성함으로써 국가의 비효율과 시장의 비인간화라는 한계를 보완할 수 있다고 본다(Defourny, Favreau & Laville, 2001: 3~28; Defourny, 2001: 1~28; Laville, 2001; Laville & Nyssens, 2001: 312~332; Borzaga · Santuari, 1998; Borzaga, Gui & Povinelli, 2001).

셋째, 비관적 관점은, 사회적경제가 최근 유럽이 추구해온 민영화 전략의 가장 주요한 결과로 나타난 것이며 신자유주의 동원전략이라고 인식한다. 그래서 사회적경제의 제도화를 통한 공공부문으로의 포섭은 결국, 사회적경제 조직들이 시민사회의 민주주의와 자율성, 참여주의 등의 자기 문화를 상실하게 함으로써 복지서비스의 하위 파트너 내지 신자유주의의 대리인으로 전락하게 만들 것이라는 입장을 가진다(Ascoli & Ranci, 2002; Browne, 2000: 65~80).

위의 세 가지 관점은 일정 부분 현실의 사회적경제를 반영하고 있지만 각각의 입장은 저마다 한계도 지니고 있다. 우선 해방적 관점은 자본주의의 비인간적인 시장주의에 대한 비판의 논리는 제공하고 있지만, 탈자본주의의 이행전략이 존재하지 않는다. 특히, 현재 신자유주의적 강압에 의해서 사회적경제에 부여된 역할에 쏟아지는 압력을 대수롭지 않게 생각하는 듯하다. 더욱이 현재의 자본주의체제를 급격하게 변화시킬 가능성이 낮다는 점을 감안하면, 사회적경제가 급진적인 경제전략으로 작동하기에는 한계가 있는 것으로 보인다. 그리고 보완적 관점은 현실의 사회적경제가 처한 상황을 반영한 주류적 입장이기는 하지만, 사회적경제가 국가부문 및 시장부문 등과 맺고 있는 관계를 모호하게 설정함으로써 사회적 자원의 대안적 배분에 대한 관점이 부재하다. 이는 사회적경제가 국가부문과 시장부문에 대해서 제공하는 대안이 자원을 생성하는 대안적 방안이라기보다는 사회적 자원에 대한 새로운 방식의 사용과 배분에 있다는 점을 간과하고 있다. 그래서 마치 사회적경제가 지역사회의 자원에 근거하고 있다는 오해를 불러일으킨다. 마지막으로, 비관적 관점은 사회적경제가 복지국가의 위기에 대한 대응의 차원에서 정책적 유인력을 갖고 있음을 시사하고 있다. 특히, 한국과 같이 열악한 사회복지체계 속에서 사회적경제를 이용해서 저렴한 비용으로 고용과 복지를 대체하려는 극단적인 실용주의 접근을 적절히 비판하고 있다. 하지만 이러한 입장은 사회적경제가 시민사회로 하여금 지역에 새로운 사회적 책임과 민주적 실천의 대중적 기회를 제공하게 함으로써, 현재의 신자유주의로부터 지역사회를 방어해내고 사회적 배제를 극복할 수 있는 새로운 잠재성을 전혀 고려하고 있지 않다.

4. 시민사회와 사회적경제

한국의 시민사회단체 현황을 보면, 사회서비스, 시민사회, 문화, 환경 영역 등에서 다양한 활동을 하고 있다. 이러한 분포는 회원 수와 상근자 수에 있어서 차이가 있는데, 회원 수에서는 사회서비스, 노동, 시민사회 영역 등이 높은 분포를 보이고, 상근자 수에서는 사회서비스와 시민사회 영역이 우위를 점하고 있다. 이는 단체의 재정조달 방식과 무관하지 않은데, 대부분의 단체 사업들이 서비스 이용자의 요금이나 정부의 위탁사업, 혹은 공공재단의 공모사업을 통해서 재원을 조달하고 있기 때문이다.

실제로 교육, 사회서비스, 건강, 지역발전 등의 영역을 서비스 지향적인 활동 유형으로 보는 존스홉킨스 비영리부문 비교연구사업의 기준에 의하면, 이 활동 유형에서 활동하고 있는 단체의 상근자 비율은 전체에서 65%를 차지하는 것으로 나타나고 있다.

구분	시민 사회	지역자치 /빈민	사회 서비스	환경	문화	교육 학술	종교	노동	경제	국제	전체
단체 수	1004 (25.5)	216 (5.59)	1293 (32.84)	409 (10.39)	438 (11.13)	140 (3.56)	94 (2.39)	295 (7.49)	6 (0.15)	42 (1.07)	3937 (100)
회원 수 (만명)	642 (18.4)	11 (0.3)	1316 (37.9)	148 (4.2)	103 (2.9)	60 (1.7)	134 (3.8)	999 (28.7)	34 (0.9)	25 (0.7)	3472 (100)
상근자 수 (명)	4835 (18.7)	698 (2.7)	15771 (61.0)	1227 (4.7)	1123 (4.3)	353 (1.3)	428 (1.6)	1278 (4.9)	16 (0.06)	115 (0.4)	25844 (100)
지출예산 (억원)	2795 (14.7)	180 (0.9)	7095 (37.5)	449 (2.3)	6514 (34.4)	98 (0.5)	96 (0.5)	1417 (7.4)	10 (0.05)	266 (1.4)	18920 (100)

자료 : 시민의 신문, "2003 한국민간단체총람 조사 및 분석", 2003, 재구성

표 1 한국 시민운동단체 분야별 활동 비중 및 예산(%)

이 같은 시민사회단체의 서비스 지향적 활동은 앞으로도 계속 증가할 것으로 보인다. 하지만 이러한 과정이 시민사회의 대변(代辨) 활동을 위축시킴으로써 시민사회단체들이 단순히 정부 정책이나 프로그램을 위탁 수행하면서 행정 공백을 메우거나 동원되는 방식으로 서비스를 제공하는 역할로 제한될까 우려된다.

따라서 시민사회의 대변자 역할과 대안적 서비스 제공의 역할을 조화시킬 수 있는 시민사회의 전략이 요구되며, 사회적경제가 이에 대해 주요한 가능성을 제공할 것으로 보인다. 특히, 대안적 주체 형성을 포기하고 타인에게 위임하는 운동방식으로 인해 광범위한 시민참여를 이끌어내지 못했던 그간의 시민운동의 한계를 극복할 수 있는 계기를 사회적경제가 제공할 수 있을 것이다. 이는 시민사회가 대안적인 사회적 관계성을 통해서 대변 활동과 서비스 제공의 활동을 조화시킴으로써 대안적인 사회적 자원의 배분을 시도하는 것이다.

드푸르니Jacques Defourny는 아래 그림과 같이 사회적기업을 협동조합

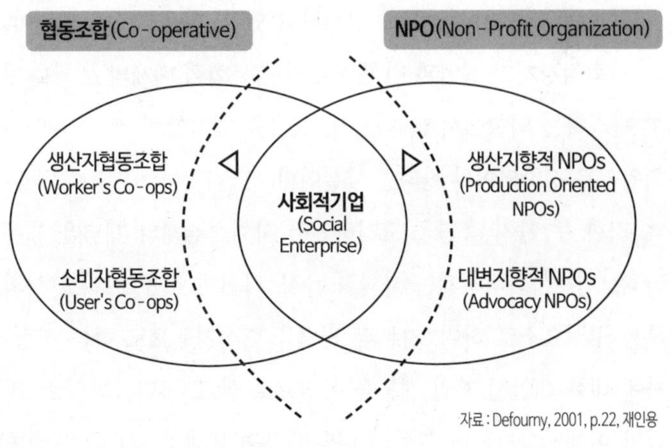

그림 1 협동조합과 비영리부문의 교차점에 있는 사회적기업

과 비영리부문의 교차점에 있는 부분으로 설정하고, 양자의 성격을 융합한 조직원리를 갖고 있다고 설명한다.

이 같은 사회적기업의 성격은 시민사회로 하여금 사회적기업을 통해서 대변 활동과 대안적 서비스 제공을 통일시킬 수 있는 계기를 제공한다.

5. 사회적경제의 대안적 개념과 전략 : 실천적 관점에서

실천적 대상으로서 사회적경제의 개념을 새롭게 구성하려면 두 가지 측면을 고려해야 하는데, 우선 사회적경제를 제3부문이나 비영리부문 혹은 제3체제 등의 용어와 혼동해서 그것을 국가부문 및 시장부문과 차별화된 영역으로 설정하지 않도록 해야 한다. 이러한 용어들을 사용하면 사회적경제가 국가부문 및 시장부문과 맺고 있는 관계가 모호해지는 문제가 생긴다. 실제로 사회적경제는 국가부문과 시장부문의 교차점에서 혼합된 영역을 형성하고 있다. 다음으로 고려해야 할 점은, 사회적경제가 실업과 빈곤으로 인한 사회적 배제의 문제를 완화하고 관리하는 역할에서 더 나아가, 그것을 제거할 수 있는 대안적인 사회원리로 정착되어야 한다는 사실이다.

이러한 두 가지 측면을 고려하면서 사회적경제의 개념을 새롭게 정리해보면, "사회적경제는 사회적 목적, 사회적 소유, 그리고 사회적 자본을 구성요소로 하여, 자본과 권력을 핵심자원으로 하는 시장 및 국가에 대한 대안적 자원 배분을 목적으로 삼고, 시민사회 혹은 지역사회의 이해당사자들이 그들의 다양한 생활세계의 필요들을 충족하기 위해서 실천하는 자발적이고 호혜적인 참여경제participatory economy 방식"이라고 할 수 있다.

사회적경제가 지속적인 성장을 하는 데 관건이 되는 쟁점은 첫째, 사회적경제에 대한 공공정책의 인식이다. 다시 말해서, 공공정책이 사회적경제의 방향에 대해서 우호적인지, 중립적인지, 혹은 배타적인지에 따라서 사회적경제의 사회적 공헌이 지속되고 확장될 수 있도록 공공부문으로부터 자원을 동원할 수 있는지 여부가 판가름된다. 둘째, 사회적경제 자체의 능률과 효과성의 문제이다. 이는 사회적경제가 공공부문 및 시장부문과 차별되는 생산과 서비스를 제공할 수 있는 자체의 역량과 구조를 갖고 있는가의 문제이다. 이러한 두 가지 쟁점에 대해서 제도적 차원, 조직적 차원, 가치적 차원에서 사회적경제의 성장 전략을 제시해보도록 하겠다.

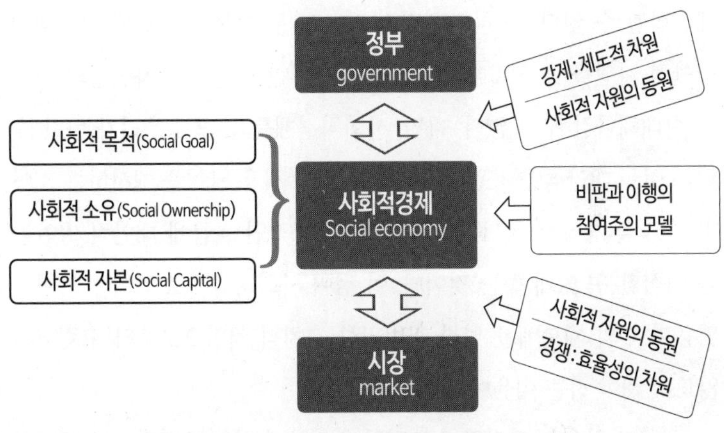

그림 2 사회적경제의 성장전략

첫째, 제도적 차원은 사회적경제를 구성하는 핵심적인 요소 가운데 사회적 목적과 관계된 것으로, 대안적인 자원 분배를 위한 사회적 정당성을 확보하는 문제이다. 사회적경제를 둘러싼 오해 중에서 가장 대표적인 것은 사회적경제가 시민사회의 자발적인 활동을 주요한 자원으로 해서 대안적인 생산과 서비스를 제공한다고 보는 인식이다. 특히 사회적경제가 순수하게 지역사회의 자원에 근거하고 있다는 생각은 여러 측면에서 오해를 불러일으킨다. 물론 공공정책의 체계에는 사회적경제의 조직 모델이 없고 따라서 사회적경제의 특성과 성공을 결정짓는 중요한 요소는 지역적 맥락임이 강조되어 왔다.

그러나 경제적으로 낙후된 지역은 사회적경제를 지속하기 위해 필요한 자원과 결합기술들이 부족한 것이 사실이다. 이러한 현실을 무시한 채 사회적경제를 거론하는 것은, 정부 지출과 복지의 감축을 정당화하면서 '선한 행동'과 '선한 주체'로서 사회적경제를 이용하려는 것에 불과하다. 따라서 사회적경제는 국가 혹은 시장에 대한 언급 없이 개념화될 수 없다. 또한 사회적경제가 이 두 부문과 분리된 상태에서 대안적 자원을 스스로 마련하면서 이상적인 방향으로 자신들의 사업을 확대해나갈 수는 없다. 다만, 사회적경제를 통해서 우리가 바랄 수 있는 것은 대안적인 자원의 분배와 새로운 사용 방안을 제시하는 것이며, 그것을 통해서 국가와 시장 등의 주류적인 흐름에 대안적 방안들을 이식할 수 있게 하는 것이다. 이 점이 사회적경제로 하여금 사회적 평등과 부의 재분배를 위한 광범위한 정치적 저항으로부터 고립되지 않도록 해야 하는 이유이다(Amin 외, 2002).

실제로 많은 사회적경제 조직들이 정부에 의해 제도적으로 보장된 사회보장제도에 근거해서 형성되고 있다. 의료, 보육, 노인요양, 교육 등의 사회보장제도에 기반해서 복지가 보편적으로 제공될 때, 비로소 사회적 취약계층은 필요한 사회적 재화와 서비스를 구매할 수 있는 구매력을 보장받게 된다. 이처럼 정부가 사회적 취약계층의 실질적 구매력을 보장하지 않는다면, 그들이 사회적경제에 접근할 수 있는 기회는 봉쇄될 것이고, 애초에 사회적경제가 갖고 있던 사회적 목적은 무색해진다. 실제로 취약계층은 민영화를 통해 형성된 사회복지 시장에서 매력적인 구매자가 되지 못하고 있으며, 사회서비스의 양극화가 이루어지고 있는 상황이다. 이러한 상황 속에서 급격한 복지재정의 축소나 경직된 재정 운영은 사회적경제의 존립 근거를 제약하게 될 것이다. 그래서 복지 후퇴에 대한 정치적 저항의 움직임과 사회적경제는 결코 무관할 수 없다.

둘째, 조직적 차원은 '사회적 소유권Social Ownership'에 기초한 참여주의 모델이 중심이 된다. 소유권의 두 가지 기본적인 속성은 조직의 통제권 행사와 잔여수익의 수취 구조라는 점이다(Hansmann, 1996: 35). 그래서 소유 개념은 단순히 재산권적 소유 개념만을 갖고 있는 것이 아니다. 그것은 구성원이 권력에 어떻게 참여하는지, 어떤 방법으로 부여된 권한이 행사되는지의 문제와 맞닿아 있다. 자본주의의 모순이 결국 사회화된 생산체계와, 배타적 사적 소유를 기반으로 한 생산관계와의 모순이라면, 당연히 소유 개념의 사회화된 지평이 필요할 것이다. 사회적경제의 소유구조는 단일한 소유권 모델을 보이고 있지는 않지만, 일정한 구조적 특징은 공동체적 서비스의 요소를 반영하고 있다. 소유권을 갖고 있는 사람들의 집단이 기업의 목적을 결정하며 결국 기업의 궁극적인 목적은 소유권의 형태에 의존하게 되어 있다. 노동요인을 부차화하는 이윤의 극대화와 금융자본의 축적을 기업의 목적으로 하는 자본주의 기업과는 달리, 사회적경제의 소유권자는 투자자가 아니어서 기업의 목적은 자본 축적과는 다르다. 노동자, 소비자, 기부자, 투자자, 그리고 그 외 사람들의 투자 영역들이 있는 것처럼, 잠재적으로 많은 형태의 재산권이 있을 수 있다고 본다. 사회적기업들은 투자자들만이 아닌 다양한 이해당사자들에 의해 관리되고, 집단적 이익을 증진하려는 경향이 있다. 투자자들이 자본의 회수에 초점을 맞추는 반면에, 사회적기업의 소유자들은 숙달된 노동과 생산된 재화의 질, 제공된 서비스에 대한 접근성과 같은 목적을 장려한다(Laville & Nyssens, 2001: 312~332). 이러한 사회적 소유의 실현은 사회서비스의 공동생산자로서 시민사회의 권한을 회복할 것이고, 집단적인 사회참여 방식의 정치적 과정을 통해서 서비스 개선과 지속적인 사회서비스 제공을 합법화해 나갈 것이다.

셋째, 가치적 차원은 호혜주의에 기초한 사회적 자본Social Capital의 조달과 관련한 문제이다. 사회적 자본의 연구에서 핵심적 사고는 '사회적 네트워크가 가치를 갖고 있다'는 것이다. 이는 자금과 같은 물질적 자본이나 교육을 통한 인적 자본이 생산력을 증가시킬 수 있는 것처럼, 사회적 연줄도 개인과 집단들의 생산력에 영향을 미칠 수 있다는 것이다. 그것은 개인 혹은 집단들 간에 존재하는 상호이익을 조정하고 협력을 촉진하는 공식적 · 비공식적인 사회적 네트워크, 공유된 행동규범, 그리고 신뢰와 같은 사회조직의 특징을 포함한다(Putnam, 2000). 지역사회의 필요에 기반해서 형성되고 있는 사회적경제는 생산된 재화 및 서비스에 관계된 다양한 이해당사자들의 연계를 통해서 이러한 사회적 자본을 형성하게 된다. 이렇게 형성된 사회적 자본을 근거로 사회적경제 조직들은 이해당사자들 간의 상호이익적인 호혜관계를 지속적으로 유지하고, 그럼으로써 거래비용을 줄이는 효과를 지속적으로 유지하며, 사회적경제 조직들이 애초에 갖고 있던 사회적 목적에서 이탈하는 것을 방지하게 된다. 이들이 보여주는 호혜주의의 원칙은 집합적 해결을 위한 집단과 개인들 간의 특정한 형태의 재화와 서비스에 대한 공유된 관계망을 그려내게 되며, 이는 지역공동체들 간의 특정한 사회적 연계를 의미하게 된다(Pearch, 2003: 73~83; Galliano, 2003: 21~22; Laville & Nyssens, 2001: 312~332).

특히 사회적경제 조직들 간의 협력적 연계는 그들의 민주적 구조와 귀속감을 위협하지 않으면서 규모의 경제가 주는 이점을 얻을 수 있게 한다. 그래서 지역사회의 결속을 통해서 형성된 사회적 자본은 사회적경제 조직들에 대한 지역사회의 인식을 제고하는 계기가 되고, 더 많은 지역사회와의 교류와 협력을 만들어가게 된다. 또한 이렇게 해서 사회적 인정을 받게 되면 그것이 사회적경제와 지방정부 사이에서 협력의 기초가 된다. 이러한 지역사회의 참여와 협력을 통한 사회적 자본의 형성은 사회적기업이 시장영역에서 일반기업들에 비해 경쟁력을 갖도록 하며, 사회적경제 영역을 시장영역으로 확대할 수 있는 근거를 마련하게 한다.

6. 사회적경제 운동의 실천적 이념

우선, 비판과 이행의 대안전략으로서 참여주의participationism를 들 수 있다. '참여주의'가 갖는 의미는, '사회적 개인'을 무기력한 개체로 만들어버리는 자본주의 사회의 빈곤화와 사회적 배제에 대한 비판, 그리고 이행의 대안전략으로서의 잠재성이다. 사회적경제를 통해서 제기되는 '참여'의 개념은 이러한 구조와 행위, 자유와 질서의 긴장에 대한 사회학적 무게를 덜어줄 개념으로 사용되고 있다. 사회적경제는 사회구성원들의 이해관계와 직결된 필요에 대해서 그들 스스로 자유롭게 공식적·비공식적 연합체를 결성하여 자발적인 해결을 시도하는 생활세계를 근거로 하고 있다. 이러한 사실은 사회적경제가 그러한 긴장관계를 조화시킬 수 있는 계기를 제공한다는 의미이기도 하다. 그래서 사회적경제를 통해서 형성된 (일상적 생활관계에서의) 상호인정의 구조가, 개인과 집단 및 지역사회로 하여금 사회적·경제적·정치적 행동을 꾀할 때 아무도 배제되지 않는 의사소통의 조건을 마련해주고, 법적·행정적으로 매개된 사회관계의 영역으로 전환할 수 있는 계기를 제공한다. 따라서 사회적경제는 빈곤화와 사회적 배제에 대한 비판과 이행의 논리를 모두 지니고 있다. 이것이 바로 사회적경제가 갖는 참여주의의 잠재성이라 할 수 있다.

둘째로, 공동체운동의 재생과 사회적 연계성의 확장을 들 수 있다. 사회적경제는 기존의 협동조합운동이 보여준 경제적 이해와 사회적 이상 간의 부조화를 극복할 수 있는 중요한 계기를 현실에서 마련해주고 있다. 사회적경제의 일주체인 협동조합들이 이미 사회적 필요에 의해서 형성되었고, 다양한 이해당사자들이 자신의 필요를 충족하기 위해서 일종의 사회적기업인 협동조합에 참여하고 있기 때문이다. 기존의 협동조합이 물질적 유인력 외에 다른 대안적 유인력을 제공하지 못했던 문제를 극복할 수 있는 기회가 제공될 것이다. 지역사회의 참여와 다양한 네트워크를 통한 사회적 자본의 동원은 협동조합의 지속적인 유인력을 보장하는 계기가 된다. 우선, 현대 자본주의의 대중들에게는 보육, 환경, 교육, 문화, 노인요양 등의 다양한 집합적 필요 영역이 생성돼 있고, 이에 대한 집합적 해결의 시도가 사회적경제를 형성하게 된다. 이러한 영역들은 후기자본주의 사회에 이르러 점점 더 광범위한 사회적 영역을 형성해가고 있으며, 자본주의 초기의 대공장을 중심으로 한 대규모 제조업 영역보다 훨씬 넓은 영역이 되었다. 결국 다양한 공동의 필요에 대한 집합적 해결은 광범위한 사회적 관계망을 형성하게 되고, 사회적경제 주체들 간의 호혜적인 연계망은 다양한 협력과 조정의 원리들을 개발하는 폭넓은 시도를 하게 될 것이다. 이는 사회적경제로 하여금 기존의 공동체운동을 현대적 의미로 재생산하고 확장하기 위해서 사회적 접촉면의 내용과 형식을 폭넓게 바꾸어나가도록 할 것이다.

셋째, 새로운 고용모델과 복지 제공의 가능성을 들 수 있다. 사회적경제는 고용창출과 복지 제공에 새로운 혁신을 가져오고 있다. 이러한 혁신은 사회적경제가 지역사회 발전community development과 밀접한 관련이 있다는 점에서 그 여지를 넓히고 있다. 전통적인 고용창출의 주체는 국가와 시장이라 할 수 있다. 국가는 공공부문에서 직접고용을 창출하거나 시장부문에서의 고용창출을 촉진하는 역할을 하며, 시장은 소비자들의 소비수요를 쫓아 이윤을 목적으로 하는 공급 행위를 통해서 고용을 창출하게 된다. 하지만 지속적인 경제성장을 통한 완전고용과 보편적인 복지 제공이라는 복지국가의 구상이 공허해지고 있는 상황에서, 신자유주의적 경제 사조는 국가, 시장, 시민사회의 기존 관계를 해체하고 있다. 따라서 사회적경제는 이러한 경제 사조에 대응하여 복지체제에 혁신의 계기를 제공할 수 있을 것으로 보인다. 지역사회의 필요에 기반해서 형성되고 있는 사회적경제는 서비스의 제공자와 이용자, 그리고 그들의 대변자들을 여러 영역에서 공유하게 됨으로써 다양한 관계망과 결속을 맺게 된다. 이러한 지역사회의 결속은 사회적경제와 지방정부 사이에서 협력의 기초가 된다. 그래서 지역사회의 다양한 파트너십은 지속적이고 민주적인 방식의 복지를 시민사회에 제공하면서 새로운 시민문화를 형성할 수 있는 가능성을 열고 있다.

7. 한국 사회적경제의 이론적·실천적 발전 과제

한국사회에서 사회적경제의 발전을 위해 제기되고 있는 이론적·실천적 과제는 ①사회적경제에 대한 사회적 합의 수준을 높이는 문제, ②사회적경제와 밀접한 관련이 있는 사회복지서비스 체계의 재편 문제, ③사회적경제의 구체적인 분야별 전략을 세우는 문제, ④사회적경제 운동의 주체 형성의 문제 등으로 요약할 수 있다.

첫째, 사회적경제에 대한 사회적 합의 수준을 높이는 문제는 가장 시급하면서도 지속적인 노력이 필요한 과제이다. 현재 이와 관련해서 구체적으로는 사회적기업의 법적 규정과 지원 제도를 마련하기 위한 논의가 진행되고 있다. 사회적기업지원법의 제정과 관련해서 현재 가장 중요한 문제는 사회적기업에게 어떠한 법인격을 부여할 것인가 하는 점인데, 이는 사회적기업의 목적과 범위를 어떻게 설정할 것인가(법인격의 근거)와 계약주체로서 비영리 법인격을 부여받는 문제, 그리고 각종 세제 혜택을 받는 문제(법인격의 권리 규정)와 관련돼 있다. 결국 이러한 문제는 사회적경제에 대한 사회적 합의 수준을 측정할 수 있는 기준이 되기도 한다. 사회적기업에 대한 법적 규정은 이탈리아의 '사회적협동조합법'과 영국의 '지역사회이익회사법' 등에 대한 면밀한 검토, 그리고 사회적기업과 관련된 다양한 이해당사자들 간의 충분한 논의를 통해서 마련되어야 할 것으로 보인다. 한편 이 문제에 관해서 장기적으로는 사회적 담론을 어떻게 형성할 것인가 하는 전략이 모색되어야 할 것이다. 현재 사회적경제에 대한 담론은 거의 정부가 독점하고 있으며, 각종 사업지침과 정책 등을 통해서 사회적경제의 개념과 의미가 유포되고 있다.

둘째, 사회적경제와 밀접한 관련이 있는 사회복지서비스 체계의 재편 문제는 향후 한국사회에서 큰 사회적 쟁점으로 조직되어야 할 문제이다. 한국에서 사회복지서비스 영역은 지속적으로 커져갈 것으로 예상되고 있으나 그것이 앞으로 어떻게 설계돼야 하는가에 대한 논의는 부족한 실정이다. 복지국가의 위기를 맞고 있는 유럽 국가들의 사회적경제는 복지혼합 체계에서 새로운 복지서비스의 공급자로 등장하고 있다. 한국도 유럽의 복지혼합 전략을 따를 것으로 보이지만 전통적으로 한국은 가족을 중심으로 하는 복지혼합 체계를 보여왔다. 한국의 사회복지서비스에 대한 공공지출은 사회보장비 내에서도 작은 비중을 차지하고 있으며, 이 부문에서 국내총생산GDP 대비 민간사회지출은 매우 높아 사회복지서비스 제공에서 국가는 재정 부담을 포함하여 상당 정도의 책임을 민간부문에 떠넘기고 있다. 향후 한국의 사회복지서비스 체계를 설계할 때, 유럽의 전통적인 복지국가 모델로 사회적 합의가 이루어질 가능성은 크지 않으며, 그렇다고 시장에 의존해서 사회적 양극화를 심화시키고 있는 영미식의 자유주의 복지모델을 채택하는 것도 바람직하지 않다. 결국 사회적경제를 중심으로 사회복지서비스 체계의 새로운 설계를 모색할 필요가 있다. 현재 이 부문의 주요한 논의는 노인, 장애인, 아동 분야의 서비스 체계가 기본적인 관심의 대상이 되고 있다. 물론, 이 외에도 다양한 사회적경제 영역별(재활용, 유기농, 주택 등)로 관련한 제도들의 설립이나 개선이 요구되고 있다.

셋째, 사회적경제의 구체적인 분야별 전략을 세우는 문제는 실질질인 사회적경제 운동의 시작이라고 할 수 있다. 지역사회에서 사회적경제 운동은 지역사회의 필요에 근거해야 하고, 구체적으로 의료, 교육, 보육, 주거 등의 지역 현안 문제를 해결하기 위한 방안으로 등장하게 된다. 따라서 사회적경제의 전략은 구체적인 분야별 전략을 세우는 과정이 될 것이다. 우선 각 분야별로 존재하는 네트워크의 운영 실태를 파악한 후, 그것의 내용을 채워가기 위한 과정을 배치할 필요가 있다. 예를 들어 '집수리자활공동체'와 '집수리네트워크'의 사례와 '재활용사회적기업연합회'의 사례, 그리고 돌봄노동과 관련한 네트워크 사례는 구체적인 분야별 전략을 세워가는 데 중요한 본보기의 역할을 할 수 있다. 이러한 과정을 통해서 분야별로 사회적경제를 함께 형성해나갈 파트너에 대한 발굴과 조직화가 이루어져야 한다. 이 점은 다음에서 다룰, 사회적경제의 구체적인 분야별 전략을 세우는 과정에서 사회적경제의 부분 영역별 주체 형성의 문제가 더불어 고민될 수 있을 것이다.

마지막으로, 사회적경제 운동의 주체 형성 문제는 향후 한국사회에서 사회적경제가 성장하는 데 가장 핵심적인 과제이다. 현재 한국 사회적경제의 주요한 주체는 '자활지원사업'과 '사회적 일자리' 창출 사업을 수행하는 자활후견기관 및 시민사회단체라고 할 수 있다. 하지만 이들의 사회적경제에 대한 이해는 협소하며 각자가 고립분산적으로 활동하는 수준이다. 물론 사회적경제가 동일한 형식과 내용을 갖는 것이 아니어서 다양한 양태로 존재할 수도 있다. 하지만 현재 한국의 사회적경제에서 나타나고 있는 문제는 공유할 수 없는 '상이함'이라기보다는 정부 지침을 따름으로써 생기는 정형화된 양상이기 때문에 더욱 심각하다. 더욱이 개별 지역에서 사업을 수행하고 있는 사회적경제 주체들은 스스로의 발전 전망을 찾지 못하면서 혼란스러워하고 있다. 따라서 이러한 상황을 전환시킬 목적의식적인 활동이 요구되며, 이를 위한 초기의 주체 형성은 매우 절실하다. 그리고 이러한 주체 형성은 중층적으로 이루어져야 한다. 우선 한국에서 사회적경제의 형성과 발전의 전망을 모색하는 중앙 차원의 주체가 마련되어야 하고, 이를 기반으로 지역별, 분야별 주체들을 만들어갈 필요가 있다. 이는 결국 사회적경제의 발전에서 가장 중요한 사회적기업가의 양성을 목표로 하고 있다. 무엇보다도 사회적기업가의 리더십 개발은 내부의 가장 핵심적인 과제로 설정되어야 한다.

8. 나오며

사회적경제는 사회적 목적과 경제적 실현을 모두 만족시켜야 한다는 점에서 많은 어려움이 따르는 경제방식이다. 그래서 이 영역을 개발하고 조직하는 데는 무엇보다도 사회적 연대가 중요하다고 할 수 있다.

사회적 연대가 이루어지기 위해서는 다양한 이해들을 협의하고 조정함으로써 사회적 관계를 재설정하는 시민사회의 리더십이 요구된다. 이러한 리더십의 형성은 정보나 자원을 독점하고 있는 소수의 사람들에 의해서 이루어지는 것이 아니라, 다양한 분야에서 공동의 목표를 조정해나가는 과정을 통해서 구성원들이 서로를 조직하는 과정이다. 따라서 사회적경제와 관련한 정책의 생산과 교류, 그리고 조직화는 또 다른 사회화의 과정을 요구하고 있다.

사회적경제와 협동조합운동[1]

장원봉

"협동조합이 다른 종류의 기업과 마찬가지로 상업적 의미에서 성공한 것 이상
이룬 것이 없다고 하더라도 그것으로 충분한 것인가?
만약 협동조합이 다른 형태의 기업과 똑같은 사업상의 기술과 방법을
사용한다고 하면 그 자체로 조합원의 지지와 충성을 획득하는
충분한 명분이 될 수 있을 것인가? 더욱이 만약 세계가
이상한 방향으로 또는 때때로 당혹스러운 방향으로 변화할 때
협동조합이 그러한 길을 따라가야 하는가? 그렇지 않고 다른 길을 선택하여
다른 종류의 경제적·사회적 질서를 새로 창조해가면 안 되는 것인가?"
- 레이들로 A. F.《레이들로 보고서 - 서기 2000년의 협동조합》

1. 협동조합운동의 딜레마

레이들로 박사의 이 같은 질문에 대해서 많은 협동조합들이 명쾌한 답을 하기 어려워할 것이다. 오히려 협동조합들이 상업적 성공이라도 거둘 수 있는 방안이 없을까 하는 고민으로 레이들로 박사의 문제제기를 배부른 소리라고 할지도 모를 일이다. 사실 협동조합에 대한 많은 연구들이 자본주의 사회 속에서 그들만의 독특한 문화를 가진 이 조직의 생존력과 퇴행에 관한 고민들로 집중되어 있다는 점을 고려한다면, 자본주의의 비사회성을 덜어낼 사회적 목적을 협동조합에게 기대하는 것은 조직의 경제적 성공이라는 선결과제를 해결하고야 가능

1 – 사회투자지원재단의 상임이사였던 필자가 〈녹색평론〉 100호(2008)에 실었던 글이다.(편집자 주)

한 일이지 않나 싶다. 이는 사회적 목적의 실현과 경제적 성공의 줄타기에서 협동조합이 늘 경제적 성공을 우선에 놓고, 경제조직으로서 생존할 때만이 사회적 의미성을 성취해갈 수 있을 것이라는 믿음을 굳히는 명분이 되고 있다.

많은 연구들이 협동조합의 경제적 성공은 그들이 갖는 부족한 자본, 취약한 인적 자원, 미약한 경영능력 그리고 제한적인 사회적 지원 등의 문제들이 해결되어야 가능하다는 지적을 하고 있다. 대부분의 연구들이 공유하고 있는 연구결과이니 타당한 지적임에 틀림없을지 모른다. 더군다나 협동조합의 많은 활동가들이 동감하는 바이기도 하다. 그런데 이러한 주장들의 타당성을 판단하기 전에 먼저 확인해야 할 것이 있다. 이 연구들이 언급하고 있는 협동조합의 경제적 성공이란 무엇인가? 당연히 협동조합의 시장경쟁력일 것이다. 자본주의 시장경쟁 속에서 독특한 조직 문화와 구조를 가진 협동조합들이 살아남을 수 있도록 시장경쟁력을 가져야 하는 것이다. 그러한 시장경쟁력을 갖기 위해서는 당연히 넉넉한 자본력과 유능한 인적 자원, 탁월한 경영능력, 그리고 진전된 사회적 지원이 요구될 것이다. 그렇다면 정말 이 네 가지 조건만 갖추어진다면 협동조합은 시장에서 경쟁력을 가질 수 있을까? 대체 어느 수준까지 이 조건들을 충족시켜야 하는 것일까? 아니 이 네 가지 조건을 만족할 만한 수준까지 갖출 수 있는 방안은 협동조합 내부에 존재하는 것일까?

자본주의 경제체제 속에서 가장 일반화된 기업형태는 주식회사이다. 주식회사는 주식시장에서 기업의 자산과 사업계획을 공개함으로써 주주들에게 투자를 받고, 그 자본을 인적 자원과 생산설비에 투입하는 경제활동으로 자본을 축적해간다. 하지만 조합원의 공동소유, 공동노동, 공동분배의 원리를 갖는 협동조합의 사정은 이와는 다르다.

웹Webb의 까칠한 지적처럼 현실 자본주의 속에서 존재하는 협동조합은 개인주의에 가까운, 조합 구성원들의 배타적인 이해에 기초한 경제조직의 성격을 지니고 있다. 이 같은 조합원 구성원들에 의한 배타적인 조직구조는 자본주의 시장경쟁 속에서 협동조합이 경쟁력을 갖추는 데 많은 장애로 작용하고 있는 것이다. 그러니 협동조합들이 시장경쟁에서 살아남으려면 협동조합의 원칙은 조직의 정관에 잠시 보관해놓고 그 경쟁의 논리에 충실하게 적응하는 수밖에 없는 일이다. 앞의 네 가지 성공의 전제조건을 머릿속에 되뇌며 말이다. 이것이 현실의 협동조합들이 보이고 있는 빈곤의 악순환이다. 곳간에서 인심 나듯, 늘 채워지지 않는 곳간을 보며 협동조합 간의 연대며 지역사회에 대한 기여는 아주 먼 일이 되어버렸다.

그렇다면 협동조합의 운영원리와 시장경쟁력은 정말 조화되지 못하는 상호 배타적인 영역일까? 분명한 점은 협동조합이 시장경쟁력을 위해 일반 기업과 동일한 시장전략으로 경제활동을 하는 한, 그 문제는 해결되기 힘들다는 점이다. 협동조합의 운영원리와 시장전략의 불일치는 그들이 직면한 딜레마의 정중앙에서 생존과 퇴행의 이정표가 되고 있다.

2. 해법을 찾아서, 사회적경제의 전통

사회적경제는 협동조합운동을 말하지 않고는 설명이 불가능할 정도로 19세기 유럽의 결사체주의associationism와 밀접한 관련이 있다. 자본주의 태동기였던 당시의 도시 노동자들은 전통적인 촌락공동체에서 벗어나 원자화된 개인으로 모든 사회적 위험이나 필요에 대처해야 했다. 가장 먼저 노동자들이 직면할지 모르는 질병, 사고, 사망, 실업 등의 사회적 위험에 대비해서 생겨난 공제조합을 시작으로, 소규모 생산자들의 지원을 위한 농업협동조합과 신용협동조합, 노동자들이 이용 가능한 가격으로 재화와 서비스의 조달을 지원하였던 소비자협동조합 그리고 생산수단에서 분리된 노동자들의 경제적 수탈을 막기 위한 노동자협동조합 등은 노동자가 자신들에게 직면한 사회적 위험이나 필요에 집합적으로 대응하기 위한 주요한 방안이었다. 노동자들의 필요에 따른 자발적인 결사로 이루어진 이 같은 사회적경제 조직들의 탄생은 자본주의 사회의 비사회성을 덜어낼 근본적인 변혁이나 개선을 위한 사상적 기반 속에서, 시장경쟁과는 애초부터 거리가 먼 것이었다. 차라리 국가나 시장에서 배제되거나 만족되지 못하는 필요에 노동자들이 집합적으로 대응하고자 하는 전략이었다. 그러니 생산자협동조합은 시장판매가 아닌 소비자협동조합의 구매를 목적으로 생산하는 조직이었던 것처럼, 협동조합들 사이의 다양한 내부자 거래는 불가피한 것이었다. 우리는 이것을 협동조합 간의 연대라는 하나의 규범적 원칙으로만 이해하고 있는지도 모르지만 말이다.

하지만 19세기 노동자들의 결사체운동으로 시작된 사회적경제는 20세기 중반에 들어서면서 자신들의 존재가치를 위협받게 된다. 완전고용에 가까운, 노동력에 대한 노동시장의 수요는 노동자들의 경제적 이익을 대변하는 노동조합으로 하여금 가족임금을 달성하도록 하였으며, 더불어 생산력의 폭발적인 증가는 대량생산과 대량소비의 시대를 열었다. 또한 복지국가의 재분배정책을 통해서 다양한 사회적 위험에 대응하는 사회정책들이 추진되었다. 국가와 시장에서 배제되었던 노동자들의 집합적 이해가 양자의 영역에서 실현될 가능성이 높아짐에 따라 사회적경제는 주변화되어 갔다. 많은 공제조합들이 공공복지

영역으로 편입되어 갔으며, 각종 노동자협동조합과 소비자협동조합들 그리고 신용협동조합들은 자본주의 경제성장에 기반한 시장의 기업이 제공하는 편익보다 우월한 체제가 되지 못하였다. 이 같은 환경에서 전통적인 사회적경제 조직으로서 협동조합과 공제조합 그리고 다양한 결사체 조직들은 애초 결사의 의미를 실현할 수 있는 방안을 잃은 채, 시장경쟁 속에서 생존하는 것을 유일한 조직의 존재이유로 가질 수밖에 없었다. 전통적인 사회적경제 주체들이 기회주의적으로 변절하였거나 급격하게 경제주의로 경도되었던 것이 아니라, 그저 시장의 일반기업보다 우월한 자신들의 존재가치를 실현할 만한 매력적인 경제활동 방식을 찾아내지 못했던 것이다. 협동조합은 자신의 생존을 위해서 조합 구성원들의 경제적 인센티브의 부여나 혹은 교육이라는 미명하에 조합원 참여를 독려하는 규범적 강제를 통해서만 이룰 수 있는 것이 되고 말았다. 물론 이마저도 여의치 않은 상황이다. 이것이 협동조합운동이 시장경쟁력 속에서 생존과 퇴행의 이정표를 지나 그저 시장부문의 일부로 자신을 주변화하게 된 이유이다.

3. 재도약의 발판, 새로운 사회적경제의 발흥

한 사회의 어떤 제도나 조직의 발생과 성장 그리고 퇴행의 과정은 그 사회의 변화에 전적으로 의존하고 있어서, 그것들의 존재가치가 사회적으로 채택되거나 혹은 기각되는가는 거의 그 사회의 변화에 의해 영향을 받게 된다. 20세기 중반에 접어들어 사회적으로 주변화되어 갔던 전통적인 사회적경제는 자신의 존재가치를 대체하였던 가부장적 국가와 완전고용의 시장 역할이 제대로 작동하기 힘들어진 20세기 말에 접어들면서 새롭게 자신의 존재의미를 찾아가게 되었다. 완전고용의 종결과 복지재정의 축소는 노동시장과 사회정책의 구조변화를 불가피하게 수반하였으며, 다양한 영역에서 사회적 양극화와 배제의 문제를 불러오게 되었다. 20세기의 전통적인 방식으로는 더 이상 국가와 시장에 의해서 다양한 사회적 필요가 충족되지 못하는 시대가 되었던 것이다.

다시금 대두된 배제와 결핍의 시대에 충족되지 못하는 사회적 필요를 집합적으로 해결하고자 한 주체들이 나타났으며, 이탈리아의 '사회적 연대 협동조합social solidarity cooperatives'이 그 대표적인 사례라 할 수 있다. 물론 이들의 활동은 1991년에 '사회적협동조합법'을 통해서 공식적으로 정부에 의해서 제도화되었지만, 일자리 및 사회서비스 등의 사회적 필요를 충족하기 위한 시민사회의 자발적인 조직들에 의해서 전개되었다. 많은 지역 조직들은 자신들의 활동을 지속하기 위해서 합법적 기업형태인 협동조합 형식을 활용할 수밖에 없었으며, 이를 '사회적 연대 협동조합'이라 칭하였던 것이다. 1991년 법제화 이후 공식 명칭이 '사회적협동조합social cooperatives'으로 개정된 이 조직들은 기존의 협동조합들이 취해온 조합 구성원들의 이해에 기초한 조직의 목적 및 구조를 지역사회의 전체 이익과 시민의 사회적 통합을 위한 활동으로 전환하였다.

이렇게 지역사회의 필요에 기초해서 생성된 새로운 조직형태들은 유럽 전역에서 다양한 방식으로 전개되고 있었다. 이에 대해서 유럽 차원의 관심이 모아졌는데, 이러한 새로운 현상에 주목하여 유럽의 연구자들은 '사회적기업social enterprise'이라는 명칭을 통해 '시민집단에 의해서 주도되는, 지역사회를 이롭게 하는 명확한 목적을 가진 조직들'로 이들의 활동을 개념화하기 시작하였다. 유럽차원의 대표적인 사회적기업에 대한 연구 네트워크인 EMES는 그들 대륙에서 이루어지고 있는 다양한 사회적기업의 국가별 상황들을 묶어서 책으로 발간하였다. EMES라는 네트워크 명칭은 이들 연구사업의 과제명이면서 발간된 책의 이름이기도 한《사회적기업의 등장 *L'EMergence de l'Entreprise Sociale*》의 첫 음을 모아서 만들어졌다. 이들은 사회적기업에 대한 명확한 정의를 경제적·사회적 측면에서 제안하고 있는데, 경제적 영역에서는 ①재화의 생산 혹은 서비스의 제공을 위한 지속적인 활동, ②높은 수준의 자율성, ③상당한 수준의 경제적 위험, ④최소한의 유급노동 등으로 정리하고 있으며, 사회적 영역에서는 ⑤지역사회를 이롭게 한다는 명확한 사회적 목적, ⑥시민집단들에 의해서 주도되는 사업의 추진, ⑦자본소유에 기초하지 않는 민주적 의사결정 권한, ⑧다양한 이해당사자들의 참여적 특성, ⑨제한된 이윤분배의 원칙 등으로 정리하고 있다. EMES의 의장인 드푸르니는 사회적기업은 협동조합과 비영리조직의 교차점에 위치하면서 두 조직의 성격을 공유하고 있음을 지적한 바 있다.

이렇게 지역사회의 필요에 의해서 새롭게 등장한 시민집단들의 활동은 20세기 중반부터 공공부문의 일부로 재편되거나 시장부문의 일부로 전락해서 주변화되어 버린 전통적인old 사회적경제와 구분하여 '새로운 사회적경제new social economy'라 칭해지기도 한다. 19세기 전통적인 사회적경제가 자본주의 산업화로 인한 다양한 사회적 위험과 배제에 대처하기 위한 노동자들의 자발적인 집합적 대응전략이었다면, 20세기 말의 새로운 사회적경제는 세계 경제의 변화 속에서 발생한 실업과 복지 후퇴에 대처하기 위한 시민사회의 집합적 대응전략이라 할 만하다.

사회적경제의 주요한 주체였던 많은 협동조합들은 지역사회의 다양한 이해와 접촉하면서 새로운 조직의 목적과 구조를 설계하였는데, 이탈리아의 사회적협동조합이나 프랑스의 공익협동조합general interest cooperatives을 비롯하여 다양한 형태의 변화들이 이루어졌다. 물론 지역사회의 다양한 협동조합들은 지역의 필요에 대응하면서 새롭게 사회적 의미성을 회복해 나가기 시작하였다. 이들은 주로 지역사회를 이롭게 한다는 다양한 사회적 목적을 갖고 지역의 필요에 기초하여 복합적인 이해당사자들의 사회적 소유와 포괄적인 사회적 자본들을 형성하고자 하였다.

4. 경제의 재사회화, 사회적경제의 의미

사회적경제의 개념이 쉽게 이해되지 않는다면, 비사회적인 경제의 모습을 떠올려보길 바란다. 세상을 다스리고 백성을 구제한다 하여 경세제민(經世濟民)이라 하였던 경제라는 사회적 행위가 희소한 자원의 효율적 배분이라는 논리로 협소화되면서 경제는 시장의 경쟁논리만을 따르는 비사회적인 것이 되어 갔다. 경제적 효율성이라는 미명하에 기업에서 대규모 해고가 이루어졌으며, 복지제도는 후퇴하거나 시장화되어 갔다. 세상은 시장에 의해서 다스려졌으며 백성들은 경제를 통해 구제받지 못하였다. 국가와 시장 그리고 시민사회가 이념적으로 의지하였던 재분배와 시장교환 그리고 호혜의 역할 분담은 더 이상 작동하지 않게 되었다. 일자리를 구하지 못해서 장기실업자로 전락하는 사람들의 수가 늘어났으며, 사회적인 돌봄이 필요한 많은 이들은 방치되어갔다.

사회적경제는 오랫동안 경제의 사회적 기능을 사회구성원들의 호혜적 결속을 통해서 실현하고자 하였다. 19세기 노동자들의 결사체와 20세기 시민사회의 자발적 조직들에 의해서 사회적경제는 경제의 사회적 기능을 복원하는 데 기여하고자 하였다. 따라서 사회적경제는 사회적 자원배분에 민감할 수밖에 없으며, 시장경쟁에 의존하는 경제적인 자원배분 방식과 차별화된다. 사회구성원들의 다양한 욕구를 만족시키기 위해서 필요한 사회적 자원들은 주로 조세제도를 통해서 만들어지는 거대한 사회연대기금으로서 국가 예산의 지출과 재화와 서비스를 구매하는 소비자들의 가계 소비를 통해서 형성된다. 시장논리에 의해서 다스려지는 세상 속에서 구제받지 못한 백성들은 그저 유권자로서 정치에 등장하게 되고, 가격신호에 민감한 소비자로서 시장에 등장하면서 사회적 자원배분 메커니즘에 소극적으로 개입한다. 하지만 사회적경제는 그들 백성에 의해서 주도되는 경제의 사회적 개입전략이다. 따라서 사회적경제는 권력과 자본을 자원으로 하여 작동하는 국가와 시장에 대해서 연대의 자원을 가지고 양자로부터 대안적인 자원배분을 추구한다. 이는 사회적경제가 지역사회의 필요에 대응하고자 하는 사회적 목적에 기초해서 폭넓은 시민사회의 주도성과 결속을 보장하는 사회적 소유의 참여주의 모델을 실천하고, 그 속에서 호혜와 연대의 사회적 관계망으로서 사회적 자본을 형성할 수 있을 때 실현될 수 있다.

사회적 목적과 사회적 소유 그리고 사회적 자본은 사회적경제를 형성하는 핵심 구성요소라고 할 수 있다. 지역사회의 환경문제를 해결하기 위해서 친환경적인 쓰레기 처리 방안을 마련하고자 하는 시민사회의 필요가 존재한다고 가정해보자. 그러한 필요는 지방정부나 시장을 통해서 충족되지 않으며, 이 문제를 해결하고자 하는 사회적 목적에 기초해서 이와 관련된 지역의 주민조직, 환경 관련 단체, 재활용 관런 비영리조직 등의 다양한 이해당사자들의 협력과 결속을 통해 이 문제에 대응하고자 할 것이다. 이들의 활동은 지역사회의 필요에 대해서 적극적인 대변 활동과 더불어 단순히 그것의 실행을 지방정부에게 위임하는 것이 아니라 그들 스스로 대안적 실행의 주체로 지역사회에 등장한다. 지역의 다양한 이해당사자들에 의한 조직의 통제권을 우리는 사회적 소유라고 일컬으며 지역사회의 실질적인 참여주의는 이를 통해서 실천된다. 이들이 기반하고 있는 사회적 목적과 그것에 동의하는 다양한 이해당사자들의 참여는 폭넓은 사회적 자본을 형성하며, 이는 이들의 활동이 정부 정책과 시장에 대한 개입의 여지를 넓히는 효과로 나타나게 된다. 사회적경제는 사회적 정당성과 효율성 차원에서 그들의 존재가치를 사회적으로 인정받게 될 것이다. 이는 비단 지역사회의 환경적 필요뿐만 아니라, 다양한 돌봄서비스의 필요나 취약계층에 대한 일자리 혹은 먹거리 위기에 대한 해결 등의 다양한 지역사회의 필요에 적용될 수 있다.

5. 협동의 새로운 전략, 사회적경제 운동

세상이 연대의 가치로만 굴러가지 않듯이, 권력과 자본에 의해서 탄탄하게 구축된 기존 체제는 사회적경제의 미래를 낙관적으로만 바라볼 수 없게 한다. 이는 사회적경제를 자본주의의 비사회성을 덜어낼 근본적인 수단으로 사고하는 경향에 대해, 권력과 자본에 의해서 조장되어온 신자유주의에 의해 적당히 관리되어 결국은 그 대리인으로 전락할 것이라는 비관론이 존재하는 것을 보면, 사회적경제가 낭만적 호소나 규범만으로 실천되지 못함은 분명한 것 같다.

하지만 협동의 새로운 전략으로서 사회적경제는 현실이 되어가고 있다. 레이들로 박사의 고뇌 어린 조언은 낭만적 호소나 규범에 그치고 있지 않다. 오히려 현실에서 힘을 얻어가고 있으며, 협동의 원리가 실현되는 필연적 과정으로 전환되고 있다. 물론 여전히 한국의 사회적기업에 대한 인식은 단지 시장의 일부분으로 제한되어 있으며, 이는 시장주의에 경도되어 있는 새로운 정부에 의해서 더욱 강화될지도 모른다. 또한 정부의 위탁사업에 길들여진 시민사회의 비영리조직들이 지역사회에서 사회적경제를 통해 자발적 생성의 원리를 실현할 수 있는 역량과 의지를 갖고 있는가 하는 회의가 가능할지도 모른다. 그리고 기존의 협동조합 조직들이 시장경쟁의 논리를 뛰어넘어 새로운 협동의 경제전략으로서 사회적경제를 채택할 수 있는 내부의 지향을 가졌는지도 확인되지 않았다. 하지만 확실한 것은 그들이 변하지 않는다면 그들의 현재도 존재하지 않을 것이라는 점이다. 19세기 전통적인 사회적경제가 자신들만의 매력적인 경제 방식을 개발하지 못한 채 스스로의 존재가치를 상실해온 것처럼 말이다.

그러나 또 한 가지 분명한 점은 20세기 말의 새로운 사회적경제의 등장이 유럽 대륙 일부의 미담은 아니라는 점이다. 한국의 지역사회에서도 다양한 주체들에 의해서 그것은 현실이 되어가고 있다. 다만 그들의 활동이 사회적 담론으로 표현되고 있지 못하며, 잘 조직되어 사회적경제 블록으로 성장하지 못하고 있을 뿐이다. 새로운 사회적경제의 가능성은 재활용 대안기업연합회나 지역사회의 학교급식 네트워크, 비영리 사회서비스 기관, 취약계층을 위한 노동통합조직, 지역화폐, 마을 만들기 등의 다양한 사례를 통해서 충분히 드러나고 있다.

자신들에게 적합한 경제활동 방식을 상실한 채 시장경쟁에 몰입할 수밖에 없던 협동조합운동과 대안의 실행 방안과 주체를 사상한 채 자율적 생성의 원리를 만들어내지 못하고 정부 위임의 대변 활동으로 자신의 활동을 축소시켜버린 시민사회운동에게 사회적경제는 지역사회의 필요에 의한 참여경제 모델로서 제기되고 있는 것이다. 신자유주의 시대를 살고 있는 우리에게 이 시대의 지속이 불가피한 것만은 아님을 말할 수 있는 나름의 방안이 요구되고 있으며, 이것이 지금 협동의 새로운 전략으로서 사회적경제 운동을 말하는 이유이다. 신자유주의의 비사회적인 시장경제에 대한 다른 선택지로서 사회적경제는 충분히 대안적이다.

공동생산자로서 지방정부와 사회적기업의 파트너십 형성과 전망[1]

장인봉[2] · 장원봉

공공성은 공유된 이해interest와 권한power 그리고 이익benefit 속에서 재구성되어야 한다. 이것은 지역사회의 공익을 추구하는 지방정부와 사회적기업의 공동생산의 원칙이 되고 있으며, 지역사회에서 공공성을 새롭게 실현할 수 있는 계기로서 사회적기업이 고려되고 있는 이유이다.

이러한 맥락에서 본 연구는 지방정부 차원의 사회적기업 육성방안을 논의함에 있어서, 사회적기업을 지방정부에게 지원을 받는 대상이 아닌, 지방정부와의 공동생산의 주체로 설정하고자 한다. 이러한 인식하에서 정부와 시장에 의해서 충분히 만족되지 못하는 지역사회의 필요에 대응하는 사회적기업의 다양한 차원을 검토하고, 지방정부와의 공동생산의 해외 경험에서 얻을 수 있는 교훈을 통해 지방정부와 사회적기업의 파트너십 형성방안과 전망을 모색하고자 하였다. 이는 현재 제기되고 있는 지방정부의 사회적기업 육성방안을 논의하는 데 포괄적인 접근이 가능하도록 할 것으로 기대된다.

● 주제어 : 사회적기업, 사회적경제, 지방정부, 파트너십, 공동생산자

---

1 – 필자가 사회투자지원재단의 조사연구팀장으로 재직 시 공저한 것으로, 〈한국거버넌스학회보〉 제15권 제3호(2008년 12월)에 실린 글이다.(편집자 주)

2 – 이 글을 쓸 당시 신흥대학 행정학과 교수로 재직했다. 동국대학교에서 행정학박사학위(논문: 지방자치단체 경영행정체제의 발전방안에 관한 연구, 2000)를 취득했다. 주요 관심분야는 지방재정, 지방공기업, 조직관리 등이며, 저서로는 《지방경영의 이해》(2006), 《블루오션리더십》(2008) 등이 있다.(편집자 주)

1. 문제제기 : 사회적기업의 대두

지난 10여 년 동안 유럽을 중심으로 사회적기업은 새롭게 대두되는 사회문제에 대한 시민사회의 대응 양식으로 폭넓은 관심의 대상이 되고 있다. 특히 자본주의 확장기에 가능하였던 완전고용과 국가복지의 확대가 현실 경제 상황에서 어렵게 되면서, 국가(재분배)와 시장(시장교환) 그리고 시민사회(호혜)의 전통적인 역할 구분을 고려하기 힘든 상황이 되었다.

따라서 더 이상 예전처럼 국가와 시장을 통해서 충족될 수 없는 지역사회의 다양한 필요에 대해 새로운 대응이 요청되었으며, 시민사회의 호혜영역에서 사회적기업을 통해 사회적 대응을 시도하였다. 무엇보다도 이탈리아의 '사회적 연대 협동조합'은 그 대표적인 사례라 할 수 있다. 물론 이들의 활동은 1991년에 '사회적협동조합법'을 통해서 공식적으로 정부에 의해서 제도화되었지만, 일자리 및 사회서비스 등의 사회적 필요를 충족하기 위한 시민사회의 자발적인 조직들에 의해서 전개되었다. 1991년 법제화 이후 공식 명칭이 '사회적협동조합'으로 개정된 이들 조직은 기존의 협동조합이 취해온, 조합 구성원의 이해에 기초한 조직의 목적 및 구조를 지역사회의 전체 이익과 시민의 사회적 통합을 위한 활동으로 전환하였다.

이렇게 지역사회의 필요에 기초해서 생성된 새로운 조직형태들은 유럽 전역에서 다양한 방식으로 전개되고 있었다. 이에 대해서 유럽 차원의 관심이 모아졌는데, 이러한 새로운 현상에 주목하여 유럽의 연구자들은 '사회적기업'이라는 명칭을 통해 '시민집단에 의해서 주도되는, 지역사회를 이롭게 하는 명확한 목적을 가진 조직들'로 이들의 활동을 개념화하기 시작하였다. 이렇듯 사회적 목적에 기초한 경제활동을 수행하는 협동조합, 공제조합, 연합체 그리고 재단 등 일련의 조직들을 포괄하는 개념으로 사회적경제라는 용어가 이들 사회적기업의 활동을 포괄하고 있다.

유럽차원의 대표적인 사회적기업에 대한 연구 네트워크인 EMES는 이러한 움직임에 대한 유럽차원의 비교연구를 수행하였으며, 《사회적기업의 등장》이라는 단행본 출판을 통해서 사회적기업에 대한 정의를 제시하고 있다. 이들은 사회적기업에 대한 명확한 정의를 경제적 · 사회적 측면에서 제안하고 있는데, 경제적 영역에서는 ①재화의 생산 혹은 서비스의 제공을 위한 지속적인 활동, ②높은 수준의 자율성, ③상당한 수준의 경제적 위험, ④최소한의 유급노동 등으로 정리하고 있으며, 사회적 영역에서는 ⑤지역사회를 이롭게 한다는 명확한 사회적 목적, ⑥시민집단들에 의해서 주도되는 사업의 추진, ⑦자본소유에 기초하지 않는 민주적 의사결정 권한, ⑧다양한 이해당사자들의 참여적 특성, ⑨제한된 이윤분배의 원칙 등으로 정리하고 있다.

EMES의 의장인 드푸르니는 사회적기업을 협동조합과 비영리조직의 가교적인 영역으로 규정하며, 그것은 양자의 성격을 융합하는 조직원리를 가지고 있음을 지적하고 있다.(25쪽 그림 1 참조)

한국에서도 1997년 IMF 경제위기 이후에 대규모로 양산된 실업에 대처하기 위해 추진된 공공근로사업을 통해서 사회적기업의 토대가 마련되었다. 공공근로사업과 관련하여 민간사회단체의 전문성과 경험을 활용하여 생산성 있는 다양한 사업을 추진하기 위해서 '공공근로 민간위탁사업'이 추진되었으며, 이는 '사회적 일자리 창출사업'으로 확대되었다. 이 사업은 "사회적으로 필요하지만 수익성으로 인하여 시장에서 충분히 공급되지 못하는 보건, 사회복지, 교육 등 사회서비스 분야에서 비영리단체 등에 의해 일자리를 창출하는 사업"으로 정의되고 있다.

사회적 일자리 창출사업에 대한 많은 논의와 연구가 진행되면서 이에 대한 효율적이고 지속적인 발전을 위해서 사회적기업의 설립이 요구되었으며, 2007년도 '사회적기업육성법'이 시행되면서 2008년 12월 현재 154개의 인증 사회적기업[3]이 설립되었다. 현재 중앙정부 차원에서 이루어지던 사회적기업 육성에 대한 업무가 지방정부로 이전될 것이 논의되면서 지방정부 차원의 사회적기업 육성에 관한 방안이 모색될 필요가 제기되고 있다.

여기서는 지방정부 차원의 사회적기업 육성방안을 논의함에 있어서, 사회적기업을 지방정부에게 지원을 받는 대상이 아닌, 지방정부와의 공동생산의 주체로 설정하고자 한다. 이러한 인식하에서 정부와 시장에 의해서 충분히 만족되지 못하는 지역사회의 필요에 대응하는 사회적기업의 다양한 차원을 검토하고, 지방정부와의 공동생산의 해외 경험에서 얻을 수 있는 교훈을 통해 지방정부와 사회적기업의 파트너십 형성 방안과 전망을 모색하도록 한다. 이는 현재 제기되고 있는 지방정부의 사회적기업 육성방안을 논의하는 데 포괄적인 접근을 가능하도록 할 것으로 기대된다.

2. 지방정부와 사회적기업 : 공동생산의 파트너십

지역사회의 다양한 사회문제에 대해서 가장 먼저 반응하는 집단은 시민사회라고 할 수 있다. 지방정부는 아래로부터의 실천들을 지원하

---

3 – '사회적기업 육성법'에 의하면 "사회적기업은 취약계층에게 사회서비스 또는 일자리를 제공하여 지역주민의 삶의 질을 높이는 등의 사회적 목적을 추구하면서 재화 및 서비스의 생산 · 판매 등 영업활동을 수행하는 기업이다."라고 규정하고 있다(사회적기업 육성법령, 2007).

고 촉진하기 위한 방안을 통해 효율적으로 지역정책을 수립하고 수행할 수 있다. 실제로 대륙유럽 공공정책의 전통 속에서 발견할 수 있는 '보충성의 원칙principle of subsidiarity'은 풀뿌리 기층단위들이 수행하는 기능을 국가가 동시에 취득하지 않는다는 원칙으로, 이를 통해 지역단위의 다양한 결사체활동이 제도적으로 지원받는 근거가 되어왔다.

사회적기업들은 재정적인 이윤 획득을 넘어서 지역사회가 함께 살아가기 위해 새로운 길을 내고자 한다. 이들은 다양한 사회적 목적에 기초한 경제활동을 통해서 지역 수준의 민주적인 과정을 성취하고자 새로운 사회적기업가의 상을 제시하고 있다. 이러한 사회적기업가 정신은 비단 사회적기업의 지도자뿐만 아니라 최근에 행정당국의 공무원에게 요구되고 있는 덕목이기도 하다. 이 같은 문제제기는 행정학에서 '경영행정business-oriented administration'에 대한 관심을 시작으로 최근 '거버넌스governance'의 개념으로 확장되어 왔다.[4]

전통적으로 구분되었던 국가(재분배)와 시장(시장교환) 그리고 시민사회(호혜)의 명확한 역할은 최근 들어서 영역 간 경계가 흐려지고 있다. 따라서 각 주체 사이에서 다양한 자원의 흐름이 이루어지고 있으며, 폭넓은 공동생산의 여지가 만들어지고 있다. 실제로 많은 사회적기업은 시장과 비시장 그리고 시민사회의 다양한 비화폐적 자원을 혼합하면서 성장해 간다고 할 수 있다. 물론 사회적기업이 지니는 민주적 관점은 그렇지 않았다면 이용할 수 없었던 사회적 자원을 동원하는

4 – 이러한 거버넌스와 관련하여 최근 'NGO의 성장'과 관련한 정부-NGO간 파트너십에 대한 관심이 높아지고 있다. 정부-NGO간 파트너십에 대해서는 전통적인 정부의 구매활동부터 자발적 조직들의 공공업무 참여에 이르기까지 맥락에 따라 다양한 의미가 있기 때문에(Ghere, 2001), 용어에 대한 정확한 정의를 내리기가 어렵다(장인봉 · 고종욱, 2004). 그러나 본 연구에서는 파트너십을 단지 우호적인 공동 · 협력활동뿐만 아니라 비판 · 감시 등을 포함하는 '지방정부와 사회적기업 간의 다양한 관계형태'로 정의하고 연구를 진행한다.

능력을 생성하고 있다. 따라서 사회적기업은 지역사회의 필요를 충족하려는 시민사회의 자발적인 사회적 대응을 위한 매개체로서의 성격뿐만 아니라, 지방정부 차원에서 효율적인 정책집행을 위한 중요한 매개체로서 공동생산의 파트너로서의 위상을 가질 수 있다.

따라서 사회적기업은 다양한 사회적 영역에서 공동생산자로서의 중요한 역할을 담당할 수 있는데, 구체적으로 복지영역에서 사회적경제는 아래의 그림 1에서 보는 바와 같이, 복지정책, 복지정치 그리고 복지예산 차원에서 폭넓은 공동생산자로서의 효율성이 증명될 수 있다(장원봉, 2006).

첫 번째, 복지정책의 차원에서 사회적기업은 명확히 사회서비스의 공동생산자로서 등장한다. 공공서비스 제공에 있어서 공동생산co-production 혹은 시민참여는 1970년대와 1980년대 미국의 공공행정학 연구자들 사이에 중요한 관심의 대상이었다. 물론 그 이후로 산발적인 관심을 받아왔지만, 최근에 다시 새롭게 대두되고 있는 관심에서는 정부의 많은 중요한 활동영역에서 고객에 의한 시간과 노력의 기여 없이 서

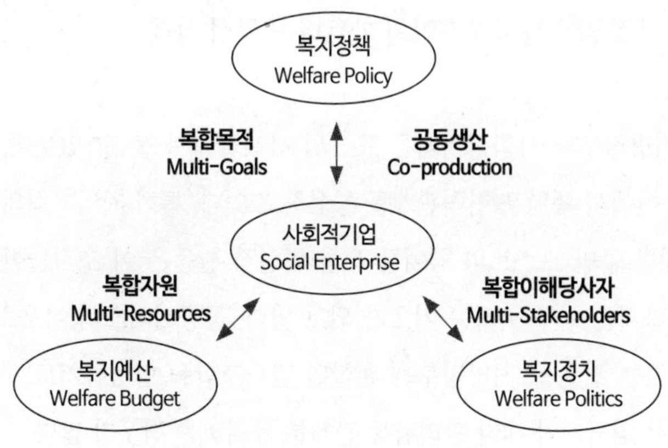

그림 1 사회적기업과 복지체제의 삼각구도

비스를 제공하는 것은 불가능하다는 것이 인정되고 있다(Pestoff, 2007).

두 번째, 복지정치의 차원에서 사회적기업은 조직 구성원의 배타적인 이윤분배의 원칙에서 벗어나 자신들의 활동과 관련된 지역사회의 다양한 이해당사자들의 참여를 조직하게 된다. 이들의 참여가 사회적기업이 추구하는 사회적 목적에 기초하고 있기 때문에 그 목적을 위협하는 내부의 기회주의적 행동이나 무임승차의 문제를 상호감시하고 제어하는 기능과 더불어 지역사회 수준의 실질적인 참여복지를 실현할 수 있는 계기를 마련하게 된다.

세 번째, 복지예산의 차원에서 사회적기업은 정부와 시장 그리고 시민사회로부터 다양한 사회적 자원을 혼합함으로써 그것이 갖는 경제적 효율성을 충분히 입증할 수 있을 것으로 보인다. 더욱이 사회적기업을 통해 관료적인 서비스 운영을 통해서 버려지는 공공예산과 무정부주의적인 시장투자로 인한 사회적 자원의 낭비를 회피할 수 있는 가능성은 충분히 고려할 만하다.

3. 지방정부와 사회적기업의 파트너십 형성 사례

지방정부와 사회적기업은 표 1의 사례들에서 볼 수 있듯이, 다양한 분야에서 폭넓은 협력관계를 형성하고 있다. 특히 지역사회의 필요에 대한 주민 스스로의 참여를 통한 혁신적 활동은 이 조직들이 서로 협력관계를 이루게 하는 기초가 되고 있다. 공공서비스의 아웃소싱을 제공하는 경우에, 지방정부는 혼합된 민관조합을 형성하기도 하지만, 대부분 위탁계약 내지 관리감독 관계를 유지하는 경우가 많다.

지방정부와 사회적기업의 협력모델은 일반적으로 도급계약 모델,

파트너십 모델, 공동경영 모델 그리고 감독모델 등이 있다. 도급계약 모델은 지방정부와 사회적기업이 맺는 일반적인 협력모델로서 사회서비스 제공에 대해 계약체계에 기초한 관계이다.

파트너십 모델은 지방정부와 사회적기업이 공동의 지역프로그램 공유에 기초하고 있는데, 특정 프로젝트의 개발과 연계되어 있는 파트너십에 근거하고 있기 때문에 지속성을 갖고 유지되는 사례는 드물다는 특징이 있다.

공동경영 모델은 사회적기업이 제공하는 서비스 활동에 지방정부가 참여한다는 특징이 있으며, 사회적기업과 지방정부 사이에서 업무 공유가 이루어지고, 법률적 기초 아래에서 지역적 독자성을 갖고 안정적인 관계를 유지하게 된다. 지도감독 모델은 위생규정에 기초해서 사회적기업의 활동을 지속적으로 통제하는 모델로서, 국민건강보험제도와 밀접하게 연계된 사회적기업이 지방정부와 맺는 관계에서 일반적으로 드러난다.

사회적기업의 일반적인 자금조달 체계는 시장과 정부 그리고 시민사회 영역의 자원혼합으로 이루어지고 있다. 하지만 지방정부와의 계약 및 공동경영을 통해서 충당되는 자원은 몇 가지 측면에서 위험을 안고 있다. 무엇보다도 지방정부는 혁신적이고 질 높은 서비스를 계획하고 지원하는 대신에, 항상 좀 더 많은 비용 절감 효과만을 추구하게 될지도 모른다. 따라서 사회적기업은 더 적은 자원에도 불구하고 좀 더 효율적으로 새로운 서비스를 제공할 수 있는 방안을 개발해야 하는 압박을 받게 된다.

아래에서는 이러한 다양한 유형의 사례들 중 지역개발을 위한 파트너십의 형성 사례, 공공조달 촉진 사례, 재정조달 사례의 세 가지를 중심으로 구체적으로 논의해보고자 한다.

조직명칭	English Kindergarten of Kokkola	Saka Byagard/ Sokojan Kylatalo	Samhallskooperativet Byssbon	Informationskooperativet Agendum	Kommunales Forum Wedding e.V.
지역	Kokkola, Finland	Karleby, Finland	Ostersund, Sweden	Svenstavik, Sweden	Berlin, Germany
조직형태	조합, association	조합, association	협동조합	협동조합	조합, association
설립년도	1972년	1990년	1987년	1995년	1989년
설립집단	가정주부들의 비공식 그룹	4명의 여성 주도 비공식 네트워크	지역주민의 비공식 네트워크	여성들의 비공식 네트워크	실업자/대학/지방 공무원/노조/교회
활동영역	보육과 교육	가사지원 및 보육	노인서비스, IT, 주택 개선, 지역 쇼핑, 문화 서비스, 관광, 쓰레기 관리, 물 관리	실업자들의 직업훈련, 지역개발사업, 문화 유산개발, 기업 상담 활동	지역참여의 촉진, 지역서비스 제공, 지역 파트너십의 조율
사업대상	지역 아동	아동, 청소년, 노인	지역주민	실업자 및 여성	지역사회조직/ 실업자/사회 급부자
혁신사례	지역의 다른 학교와의 네트워크 활동 생성 능력	사회적 자원의 동원과 지역사회 필요 해결을 위한 자기결정과 참여	지방정부와의 새로운 관계설정/ 사회경제적 환경 개선의 수단	지역개발 사업을 위한 다양한 자금조달 기회 마련	지역개발/사회적 배제와 맞서는 다양한 부문의 통합적 참여
자원조달	시장교환 (52.540유로) 지방정부-재분배 (46.600유로) 시민사회-호혜 (1.000유로)	시장교환 (109.600유로) 지방정부-재분배 (125.400유로) 시민사회-호혜 (79.100유로)	시장교환 (177.000유로) 지방정부-재분배 (58.988유로) 시민사회-호혜 (18.700유로)	지방정부와의 공동자금 조달과 다른 수준의 프로그램을 통한 수입	지원금 및 임금비용 감소 형태로 제공/ 자발적 활동을 통한 호혜적 방식
고용인원	5명	12~14명	15명	6명	42명
협력모델	파트너십 모델 (공무원 이사)	파트너십 모델/ 계약모델	도급계약 모델→ 파트너십 모델	지방정부의 서비스 구매 및 보조금	공동경영 모델

조직명칭	Bulky Bob's	Femarec	Cooperative Omnibus	Alba nuova
지역	Liverpool, UK	Barcelona, Spain	Genova, Italy	Reggio Calabria, Italy
조직형태	자선조직	협동조합/재단	사회적협동조합	사회적협동조합
설립년도	2000	1991/1997	1988년	1994년
설립집단	재활용사회적기업연합 (리버풀)	시민사회그룹/ 협동조합	교회/지방정부의 건물 기부	지역 정신건강 센터의 사회센터
활동영역	장기실업자들의 노동통합과 지역 가구재활용사업	실업자들에 대한 직업훈련, 평생교육, 지역 쓰레기 관리	취약 노인, 아동의 돌봄을 위한 보호시설 운영	도시공공장소의 개선 및 공공주차장의 관리
사업대상	장기실업자	실업자, 취약지역 청소년/ 여성	취약 노인 및 아동	정신지체 장애인
혁신사례	장기실업자의 노동통합/ 재활용사업의 연계 예산절약의 혁신	협동조합 모델의 사회적기업 전환/재단을 통한 자금조달기능	지역의 취약노인을 위한 24시간 지원	공공부문과의 폭넓은 관계 속에서 취약계층의 통합/ 복합자원 동원
자원조달	지방정부와의 계약	지방정부-재분배 시민사회-호혜	시장교환 지방정부-재분배	시장교환 지방정부-재분배
고용인원	20명	210명	40명	10명
협력모델	도급계약 모델	도급계약 모델	도급계약 모델 지방정부 시설 및 재정 후원	도급계약 모델

표 1 유럽의 사회적기업 운영 사례

1) 지역개발을 위한 파트너십 형성 사례

스웨덴의 '지역협동조합발전센터' 사례

스웨덴에서는 1970년대의 철강, 광업 그리고 유리 산업 등의 전통적인 산업들이 몰락하면서 여러 곳의 소규모 산업공동화 도시들이 나타나기 시작한다. 기존의 지자체 통합으로 인한 지역 서비스의 유출과 공백은 일자리 부족의 문제와 더불어 많은 주민들이 대도시로 이주하도록 만들었다. 지역 공동화 현상과 대도시의 실업난은 심각한 사회문제를 발생시켰으며, 이에 대한 치유 방안으로 지역발전과 고용창출을 목적으로 하는 공공활동의 필요성이 1980년대 들어 인정되었다.

이러한 시도들 중에 하나가 '지역협동조합발전센터Lokala Kooperative Utvecklingscentrum, Local Co-operative Development Centre, LKU'의 설립이다. '지역협동조합발전센터'는 1980년대 초반에 심각한 사회문제가 되었던 청년실업을 해결하기 위해서 정부와 기존 협동조합 그리고 노동조합에 의해서 구성된 '협동조합위원회'를 계기로 1986년에 지역조직으로 처음 설립되었다. 이들의 역할은 협동조합에 대한 정보제공, 상담 그리고 교육 등을 통해서 지역의 협동조합 발전을 장려하는 것이다.

'지역협동조합발전센터'의 지역사회 발전을 위한 활동도 주목할 만한데, 지역의 사회경제적 환경을 개선하기 위한 자원동원 활동을 적극적으로 추진함으로써 그 결과가 자연스럽게 고용창출로 이어지도록 하였다. 2007년 현재 '지역협동조합발전센터'는 최근 '쿰파니언Coompanion'이라는 공동 브랜드를 만든 '협동조합 발전을 위한 위원회Förening för Kooperative Utveckling, FKU'라는 네트워크에 결합되어, 전국 26곳에서 활동 중에 있다. 이들은 70여 명의 컨설턴트를 고용하고 있으며, 지역에서 지방정부, 협동조합 그리고 신규 협동조합 등의 지역조직들로 구성된 독자적인 연합체로 활동하고 있다. 이들의 재정은 지역에서 조달된 자금에 비례해서 중앙의 협동조합위원회로부터 조달되고 있다 (Stryjan & Wijkstrom, 2001: 217~242).

한편, 2001년에 스톡홀름 시행정위원회는 향후 몇 년 안에 스톡홀름 시에서 사회적경제를 촉진하기 위한 법안프로그램을 채택하여 이들의 역할을 촉진하고 시의 경제를 전반적으로 발전시키기 위한 조치들을 마련하였다. 이것에는 노인요양서비스의 발전과 제3섹터 조직들의 여성 기업가들에 대한 행정지원서비스 발전이 포함되어 있다. 또한 사회적경제 조직들이 시장영역에서 경쟁력을 갖고 활동하게 하고, 그 활동을 합법화하기 위해 사회적 회계의 기술을 발전시키고자 하였다. 그리고 매년 사회적경제 조직들 중에서 '올해의 품질상' 대상자를 선정함으로써 이를 촉진하고자 하였다. 최근 2002년에 유럽사회기금으로부터 보조금을 받게 됨으로써 이주민을 위한 노인요양협동조합의 설립과 외국인 여성에 대한 교육, 사회서비스 영역의 협동조합 활동을 개발하기 위한 계획을 추진하고 있다(Pestoff, 2004: 78~79).

사회적경제를 위한 시와 지역의 유럽네트워크

REVES(사회적경제를 위한 시와 지역의 유럽네트워크, Reseau Européen des Villes et Regions de l'Economie Sociale)는 지방정부와 사회적경제 주체들을 함께 포괄하는 유일한 유럽 네트워크이다. 이 네트워크의 목적은 지속적인 지역개발 및 사회적 포용을 위한 안정된 파트너십과 공동정책을 창출하는 것이며, 좀 더 포괄적인 사회적 결속과 경제개발을 위한 전제조건으로 활력 있는 시민의식, 사회적 책임, 연대, 참여 그리고 민주적 거버넌스를 촉진하고자 한다.

REVES는 1997년 9월에 스웨덴의 외스테순드Östersund와 이탈리아의 레쵸칼라브리아Reggio Calabria 시와 유럽노동자협동조합연합CECOP의 주도하에 설립되었다. 현재 유럽의 13개 회원국과 모로코와 러시아의 80여 개 지방정부와 사회적기업 회원을 포괄하고 있다. 이 네트워크는 사회적경제를 활성화하기 위해서 지방정부와 사회적경제 주체들 간의 지속적인 관계형성과 조사연구, 교육, 정보공유 등의 다양한 활동을 전개하고 있다. 특히 네트워크 차원에서 추진되고 있는 주목할 만한 프로젝트는 유럽에서 주요한 사회적 이슈가 되고 있는 돌봄과 지방정부 차원의 복지와 고용사업, 사회책임, 권리에 기초한 사회적 포용의 변화전략, 중동부 유럽의 협동조합 및 참여기업의 강화, 지방정부와 사회적경제 주체들의 파트너십 구조와 내용, 유럽 차원의 사회적경제를 위한 회의 등이다.

REVES를 통해서 다양한 지역사회의 의제에 대해서 지방정부와 사회적기업이 어떻게 협력적 관계를 형성하면서 해결하고 있는지에 대한 정보를 공유하고 있는 것이다. 또한 유럽 차원에서 그러한 움직임의 중요성에 대한 인식을 확대함으로써 사회적기업을 위한 사회적, 경제적, 제도적 환경을 우호적으로 개선해가고 있다.

2) 사회적기업에 대한 공공조달 촉진 사례

영국의 〈공공조달 : 사회적기업을 위한 지침서〉

영국의 통상산업부Department of Trade and Industry, DTI는 '기업의 진흥과 혁신 그리고 생산성 증대'를 목표로 하여, 사회적기업이 이러한 가치 실현에 기여할 수 있다는 인식 아래에서 '사회적기업국Social Enterprise Unit'을 설치하였다.[5] 사회적기업국의 역할은 사회적기업에 영향을 미치는 정책 입안에 초점을 맞추어, 이의 추진을 위한 전반적인 조정업무 수행과 사회적기업의 장려와 대변, 사회적기업 발전의 장애요인 해결방안 모색, 모범 사례 발굴 및 홍보 등으로 규정될 수 있다.

사회적기업 부서는 2002년에 '사회적기업을 위한 성공전략Social Enterprise: a Strategy of Success'이라는 자료를 생산해서 전체 공공조달의 영역이 사회적기업을 위한 잠재력을 담보하고 있다고 밝혔다. 이 자료의 목적은 공공부문 조달업무 담당자들 사이에서 사회적기업에 대한 폭넓은 이해를 촉진하고, 사회적기업 내에서 공공조달에 대한 전문적 지식을 증대하는 것이다. 2003년에 사회적기업 부서는 정식으로 〈공공조달: 사회적기업을 위한 지침서*Public Procurement: A Toolkit for Social Enterprise*〉를 출판하였다.

이 지침서의 목적은 공공부문 사업에서 성공하기 위한 사회적기업의 바람직한 실천방안을 제공하는 것이다. 그것은 공공조달에 대한 규칙과 과정을 개괄하고, 사회적기업을 위한 기회와 이점을 지적하고, 그들이 성공하기 위해 필요한 자원을 명확히 하고, 입찰경쟁과 운영계약에 대한 실질적인 정보 및 조달과정의 수요와 보상에 대한 현실적인 통찰력과 중요한 정보를 제공할 수 있는 경험을 가진 사람들의 조언과 사례 등을 포함한다.

---

5 – 2007년 6월에 통상산업부는 기업규제개혁부(Department for Business, Enterprise and Regulatory Reform)로 변경되고, 사회적기업국은 '제3섹터 사무국(the Office of the Third Sector)'으로 전환되어 좀 더 포괄적인 시민사회의 자발적 활동과 연계된 업무를 추진하도록 하였다. 그리고 통상산업부의 장관 패트리샤 휴이트(Patricia Hewitt)가 보건국(Department of Health)으로 옮기면서 그 부서와 관련된 업무에서 사회적기업을 지원하기 위한 목적으로 새롭게 '사회적기업국'을 설치하였다.

사회적기업 파트너십Social Enterprise Partnership, SEP을 통해서 사회적기업과 지방정부의 관계가 발전하기도 하는데, 런던의 SEP에는 동남권사회적기업Social Firms South East, 런던사회적기업Social Enterprise London, 런던개발신탁협회Development Trusts Association London, 템즈게이트웨이사회적기업Social Enterprise Thames Gateway 등이 참여하고 있다. 이들은 입찰과정에서 사회적기업이 경쟁력을 갖도록 세 가지 접근을 시도하고 있었다. 런던에 근거하고 있는 지방정부 조달업무 담당자들과의 관계 맺기 프로그램, 사회적기업의 용이성 연구, 전산자료를 통한 공급과 수요의 연결 등이다. 이들은 런던 공공조달업무 담당자들에게 맞춤사업회의content-tailored meeting를 통해서 개별 단위의 사회적기업을 소개하는 것을 목적으로 한다.

그리고 온라인 토론장을 만들어서 런던과 서부 미들랜드의 조달업무 담당자들이 사회적기업의 조달에 대한 이슈와 경험을 공유할 수 있도록 하였다. 그들은 입찰에 응해서 사업을 성공시킨 사회적기업이 증가하고 있는지를 확인할 수도 있다. 또한 런던 SEP는 전자상거래 목록을 만들어서 사회적기업의 생산물과 서비스를 쉽게 이용할 수 있도록 하였다.

이탈리아의 사회적협동조합에 대한 위탁계약 규정

사회적협동조합법 381/92의 제5조[6]는 사회서비스 혹은 다른 종류의 아웃소싱에 대한 직접적인 위탁은 사회적기업과 그들의 컨소시엄에 두도록 하는 특례조항을 명시하고 있다. 이러한 법률을 통해서, 지방정부는 서비스에 대한 아웃소싱의 공식적인 과정을 거치지 않고 만족스런 계약 당사자들을 결정할 수 있게 되었다.

이 법을 적용하기 위해서 지방정부들은 특정한 계약 조항과 자격 조건을 명시한 표준계약을 승인하였다. 이러한 계약에서, 지방정부와 사회적협동조합 사이의 직접적인 합의와 파트너들의 평가 방식 등과 관련한 지침안내를 만들었다.

그 내용은 다음과 같다. 즉, 두 개 이상의 사회적협동조합 혹은 컨소시엄이 같은 입찰에서 경쟁을 하게 될 경우, 지방정부는 경제적 제안에 의해서만 선택할 수 없으며 i)경험과 전문적 기술, ii)지방정부 요구와 관련해서 제안된 사업의 우수성, iii)조직 경영 능력, iv)종업원을 위한 직업훈련 등의 기준에 근거해서 평가해야 한다. 동점을 받았을 경우, 그 사업과 관련해서 이미 사업을 수행한 조직을 선정하도록 하였다.

제노바Genova 지방정부는 2001년에 사회적협동조합과 그들의 컨소시엄에 대한 직접 위탁을 위한 특별 법률을 승인하였다. 제노바 지방정부는 사회적협동조합의 입찰계약 착수를 위한 표준안과 지침을 만들었다. 취약계층의 노동통합을 위한 B유형 사회적협동조합과 관련해서 법률이 정하고 있는 바는 "법률 381/91에서 명시한대로, 일자리 창출과 취약한 사람들의 사회적 포용을 목적으로 하는 모든 종류의 활동들에서 B유형 사회적기업과 계약을 체결할 수 있다."는 것이다(The Squares, 2004).

---

6 – 제5조(위탁계약) ①공공단체(경제분야를 포함) 및 공적 자본참가회사는 사회보건서비스 및 교육서비스 이외의 서비스 및 재물의 공급에 관해서 부가가치세(VAT)를 뺀 총액이 공공사업위탁에 드는 유럽공동체 지령에서 정해진 금액을 밑돌 경우, 제4조 제1항에 규정된 불리한 입장의 사람들의 노동기회를 증진하는 것이 목적인 한 행정의 여러 계약에 관련된 규정에 특례를 설치해서 본법 제1조 제1항(b)의 사업을 전개하는 협동조합 또는 유럽공동체의 회원국에 본부를 두는 유사한 조직과 위탁계약을 맺을 수 있다. ②본 조 제1항에서 규정된 위탁계약을 체결할 경우, 사회적협동조합은 본법 제9조에서 규정되는 시등기부에 등기되어 있어야 한다. 유럽공동체의 회원국에 본부를 둔 유사한 조직은 상기의 등기부에 등기되는데 필요한 것과 같은 요건을 가지며 또한 본 조 제3항에 규정되는 주 명단에 등기되어 있는 것, 또는 그러한 요건을 가지고 있다는 것을 문서로 명기한 것이어야 한다.

리버풀 벌키밥스Bulky Bobs의 공공계약

2000년도에 리버풀 시의회는 부피가 큰 쓰레기 철거 및 재활용 계약이 끝나게 되면서 예산 제약 속에서 어떻게 좀 더 포괄적인 서비스를 지속적으로 조달할 수 있을 것인가에 관심을 갖게 되었다. 위원회는 이전의 계약자들과 수거량에 따른 지불체계를 이용해왔다. 그러나 기대한 것보다 더 많은 수거의뢰를 위해서 예산 적자 없이 포괄적인 서비스를 촉진하는 경제적 방식을 개발할 필요가 있었다.

의회의 정치가들은 사회적기업들과 일하는 것에 관심을 가지면서 사회적 그리고 환경적 이슈들에 대해 사회적 마인드를 가진 기업적 해결방안을 제공하는 활동을 해온 FRC그룹FRC Group과 대화를 시작하였다. 새롭게 논의되었던 사회적기업의 주요한 역할은 장기실업자들에 대한 직업훈련과 고용기회의 제공이었다. 시의회 입장에서는 사회적기업의 접근은 이러한 기회를 제공하지 않는 주류적인 기업활동보다 비용 면에서 좀 더 효율적인 방식이었다.

부피가 큰 쓰레기 계약을 위한 자금조달은 두 가지 방식으로 이루어졌다. 첫 번째는 의회에 의해서 자금이 조달되는 쓰레기 처리와 재활용에 대한 계약이었고 두 번째는 지역 근린재생자금에 의해서 자금이 조달되는, 장기실업자와 같은 미숙련 노동자들에 대한 직업훈련을 위한 계약이었다. 이는 FRC그룹의 회원인 벌키밥스가 다른 주류 경쟁자들과는 달리 쓰레기 수거 및 재활용과 직업훈련을 조화시킬 수 있는 경쟁력을 갖게 하였으며 계약을 성공적으로 체결하도록 하였다.

벌키밥스의 동의를 얻은 의회의 지불체계는 첫 2년 동안은 기준 수거량에 따른 지불방식을 유지한 후에 매년 총괄계약으로 전환하였다. 총괄 지불방식으로 계약 전환된 2002년에 벌키밥스는 50,000 수

거의뢰를 받았는데, 이전에 29,000 수거의뢰에 지불된 비슷한 예산으로 이루어졌다.

시의회는 벌키밥스의 재활용 활동으로 인해 쓰레기 매립비용을 현저히 줄일 수 있었다. 그들은 최소한 수거된 쓰레기의 30%를 재활용한다는 원칙을 가지고 있으나 현재 36% 가량을 재활용하고 있다. 매립비용으로 톤당 18파운드가 필요한데, 이 같은 재활용률의 증가 덕분에 시의회는 15,000파운드(한화 약 3,000만 원) 이상을 절약하게 되었다.

2000년 6월 이후, 리버풀 계약에 따라 벌키밥스는 20명의 장기실업자들을 고용해왔다. 개별 훈련참가자들은 훈련 기간 동안 평균 5개의 자격증을 획득하여, 그들의 70%가량이 다른 일자리를 찾아 나갔다. 벌키밥스는 영국에서 사회적기업과 공공부문 간의 대표적인 파트너십 사례이다. FRC그룹은 지속적으로 쓰레기를 줄이고 저소득 가정에 대한 지원에 있어서 벌키밥스가 갖는 가치를 마케팅에 활용할 것이며, 매립되는 쓰레기의 재활용량을 늘릴 새로운 방식을 찾아나가고자 한다. 물론 이를 사회적으로 마케팅함으로써 공공부문의 재활용에 대한 관심과 사회적기업에 대한 인식을 제고하고자 한다.

3) 사회적기업에 대한 재정조달 사례 : 퀘벡의 사회적기업에 대한 재정지원 프로그램

1997년 이후에, 퀘벡 정부는 지역공동체, 특히 사회적경제에 대한 투자를 촉진하기 위한 일련의 조치들을 취해왔다. 그 중에 중소기업에 대한 재정지원을 위해서 설립된 공공기관인 퀘벡투자공사Investissement Quebec은 협동조합과 비영리기업에 대한 재정지원을 위해 '공동체 기업가 프로그램Collective Entrepreneurship Program'을 운영하였다.

2001년에 퀘벡투자공사는 이 프로그램을 위해서 1천5백만 달러를 할애하였으며, 10년 만기의 대부기금을 제공함으로써 사회적경제 기업의 자본구축을 지원하였다.

한편 퀘벡의 사회적경제 조직들의 연합체라고 할 수 있는 사회적경제 샹띠에Chantier de l'économie Sociale에 의해 1997년에 설립된 '퀘벡 사회투자 네트워크Reseau d'investissement social du Quebec'는 약 9백만 달러의 자산을 가지고 공동체기업에게만 5만 달러까지 무보증 혹은 보증에 의한 대부기금을 제공하였으며, 5천 달러까지 소규모 기술지원 대부금을 제공하였다. 이 기관의 재원은 처음에 민간조직에 의해서 형성되었지만, 퀘벡정부는 형성된 민간기금에 대응하는 매칭기금을 형성하는 데 동의하였으며 4백5십만 달러를 제공하였다. 또한 퀘벡 사회투자 네트워크의 운영비 일부를 지원해주고 있다.

4) 사례를 통한 교훈

지방정부와 사회적기업의 효율적인 공동생산의 체계를 마련하기 위한 각국과 개별 사회적기업들의 사례를 통해서 몇 가지 교훈을 얻을 수 있는데, 이는 다음과 같이 정리할 수 있다.

첫째, 사회적기업과의 공동생산에 대한 지방정부의 접근은 지역사회의 통합적인 사회경제적 발전의 새로운 패러다임에 기초해야 한다.

둘째, 성공적인 사회적기업 지원정책을 위해서는 명확하게 설정된 통합적 접근을 지속적으로 수행할 수 있는 전략적 단위로서 공공기구의 설치가 중요하다.

셋째, 사회적기업과의 공동생산 활동은 실질적인 지역개발과 지역사회 역량강화를 위해서 장기간의 투자가 필요하다.

넷째, 사회적기업의 활동과 이들에 대한 지방정부의 지원계획은 지역사회의 현실에 초점을 맞춰서 고려해야 한다.

다섯째, 사회서비스 혹은 노동통합 등의 영역별 정책을 통해서 새롭게 형성되거나 확장되는 시장 기회가 사회적기업에게 우선적으로 개방될 수 있어야 한다.

여섯째, 우선구매 정책은 사회적기업들에게 구체적으로 적용 가능하도록 설계되어야 하며 이에 대한 현실적인 추진방안을 마련할 필요가 있다.

일곱째, 사회적기업에 대한 재정적 조치들이 이들에 대한 민간투자를 촉진하는 데 이바지할 수 있어야 한다.

여덟째, 사회적기업을 통한 지역사회의 혁신과 이에 대한 연구조사 및 개발의 지원은 공공정책 수행의 일부분이라는 인식이 공직사회에 필요하다.

아홉째, 사회적기업 육성정책은 이들 조직이 지역사회의 소외집단, 특히 여성, 장애인, 해외이주민 등에 집중된 지원활동을 원활히 할 수 있도록 설계되어야 한다.

열째, 사회적기업의 발전은 지방정부와의 원활한 협력 논의와 더불어, 다양한 사회적 지원을 조직하고 폭넓은 협력관계를 사회적으로 마련하는 것에서 비롯되며, 이를 위한 매개조직에 자원배분이 이루어져야 한다.

4. 효율적 공동생산을 위한 지방정부와 사회적기업의 협력방안

지방정부는 사회적기업이 발전할 수 있는 기본적인 환경을 제공하는 중요한 역할을 하고 있다. 물론 사회적기업을 통해서 지역주민이 지역사회에 필요한 재화와 서비스를 제공하는 데 직접적으로 참여함으로써 효율적인 지방행정의 토대를 마련하기도 한다.

따라서 지방정부와 사회적기업의 협력이 지역사회에서 효율적인 공동생산의 전형이 되기 위해서는 상호이해에 기초한 공동의 목표와 과제를 명확히 설정하는 과정이 전제되어야 한다. 이를 바탕으로 각 주체별 과제가 제기될 수 있을 것이다.

1) 지방정부와 사회적기업의 공동 목표와 과제

앞에서도 잠시 언급한 바와 같이, 정부와 시장 그리고 시민사회의 경계는 점차 흐려지고 있다. 전통적으로 정부는 재분배영역을 담당하면서 사회의 다양한 공익을 제도적 차원에서 추구하는 역할을, 시장에서는 기업을 주요한 주체로 사회적으로 필요한 재화와 서비스 제공을 통한 시장교환과 노동력에 대한 흡수의 역할을, 마지막으로 시민사회는 호혜의 영역에서 사회 공익을 위한 자발적인 민간활동의 수행역할을 담당해왔다.

하지만 새롭게 변화되고 있는 사회경제적 상황 속에서 정부는 증대되는 사회적 필요에 따라 늘어가는 예산의 제약 문제에 그리고 시장경쟁력에 의존하는 기업은 이윤압박의 문제에 직면하게 되었고, 이로 인해 국가와 시장에서 재화와 서비스를 충족하지 못하게 된 탓에 시민사회는 다양한 사회적 필요에 대한 결핍에 직면하고 있다.

이를 고려하면, 시민사회가 사회적기업을 통해 지역사회에서 충족되지 못하는 다양한 필요에 대응함으로써 지방정부와 공동생산의 협력체계를 마련하고 있다는 점은 사회적기업과 지방정부가 상호 공동의 목표를 어떻게 설정할 것인가라는 물음에 대해 중요한 단서가 되고 있다. 변화하는 시대에 다양한 사회적 필요를 해결하기 위해 새로운 혁신적 방안이 모색되어야 하며, 이는 지역사회의 공익을 담당해온 지방정부와 시민사회에게 공동의 과제가 되고 있다.

따라서 지방정부와 사회적기업이 서로 공유해야 하는 공동생산의 목표는 "지역사회에서 충족되지 못하는 다양한 사회적 필요를 해결하기 위한 혁신적 방안을 찾아내고 이를 효율적으로 추진하는 것"이라 할 수 있으며, 이를 위한 구체적인 사회적기업의 역할은 노동부(2008)의 계획에 따르면 다음의 그림 2와 같이 네 가지로 정리될 수 있다.

이러한 목표와 역할을 수행하기 위해서 지방정부와 사회적기업이 공동으로 수행해야 할 과제는 다음과 같이 제안될 수 있을 것으로 보인다. 첫째, 지방정부와 사회적기업 그리고 지역사회의 다양한 이해관계자들이 참여하는 '사회적기업육성위원회'를 설치하고 이를 지역사회의 실천적 거버넌스로 발전시키는 것이다. 이를 통해서 충족되지 못하고 있는 다양한 필요들을 지역에서 이슈화하고, 이를 해결할 수 있

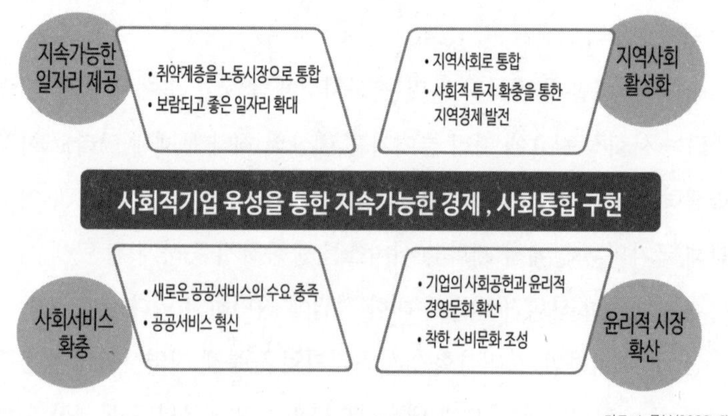

자료 : 노동부(2008: 6)

그림 2 사회적기업의 역할

는 혁신적인 방안을 지역사회의 다양한 이해관계자들과 마련하도록 한다. 또한 사회적기업이 지역사회의 혁신적인 실천의 주체로 육성될 수 있도록 장단기 전략을 마련할 필요가 있다. 이는 무엇보다 지역사회의 다양한 이해관계자들이 사회적기업을 지역의 필요를 해결하기 위한 통합적인 접근으로서 인식하도록 하는 활동에서 시작될 것이다.

둘째, '사회적기업지원기관'을 설치해서 사회적기업들이 건강한 공동생산자로 육성될 수 있도록 지원한다. 사회적기업은 새로운 혁신 주체이기는 하지만, 지역사회에 필요한 다양한 재화와 서비스를 제공하기 위한 전문기술과 경영기술이 부족한 형편이다. 또한 기존 기업에 비해 재정조달의 제약에 직면하곤 한다. 따라서 사회적기업에 대한 경영지원과 전문기술 교육이 절실히 요구되고 있다. 뿐만 아니라 사회적기업이 지속적인 사회적·경제적 성취를 이루는 데 가장 중요한 사회적기업가의 양성이 필요하다.

셋째, 사회적기업과 관련한 다양한 지역 네트워크가 구성될 필요가 있다. 노인요양, 보육, 장애인통합서비스, 환경, 교육, 노동통합 등 여러 분야의 필요에 대응하기 위해 폭넓은 인적·물적 자원을 공유할 수 있도록 지역의 다양한 네트워크가 구성될 필요가 있다. 이러한 네트워크를 통해서 지역의 구체적인 필요에 대한 수요와 공급 상황을 점검하고 혁신적인 해결방안을 지역사회와 더불어 강구할 필요가 있다.

2) 지방정부의 과제

첫째, 사회적기업을 효율적으로 지원하기 위한 전략적 정책단위로서 지방정부 내에 전담부서를 설치할 필요가 있다. 사회적기업과 관련한 업무가 지방정부 내의 여러 부서로 나뉘어 추진되고 있어서 지속적인 통합적 정책추진을 기대하기 어려운 상황이다. 특히 중앙정부 차원에서 사회적기업과 관련한 정책들이 각 부처별로 추진되고 있는 상황은 그것이 구체적으로 집행되는 지방 수준에서는 사회적기업과 관련한 정책이 파편적으로 진행될 수밖에 없게 된다. 따라서 사회적기업과 관련한 전략적 정책단위로 전담부서를 설치함으로써 다양한 부서별 업무를 통합적으로 조정하고 협의할 수 있도록 할 필요가 있다.

둘째, 지방정부 차원에서 이루어지고 있는 공공조달 업무에 사회적기업이 참여할 수 있도록 구체적인 방안과 프로그램을 마련할 필요가 있다. 현재 '사회적기업육성법'에 사회적기업에 대한 우선구매 조항이 있기는 하지만, 구체적으로 사회적기업이 공공조달 업무에 참여할 수 있는 방안이나 프로그램이 마련되어 있지 못한 상황이다.

따라서 지방정부 차원에서 이루어지고 있는 공공조달 업무에 대한 구체적인 정보와 참여방식을 사회적기업에게 제공하며, 지방정부 내의 공공조달 업무를 담당하는 공무원과 사회적기업이 혁신적인 조달방안을 모색하도록 협의할 수 있는 프로그램을 마련할 필요가 있다.

셋째, 사회적기업과 관련한 지역조례 제정의 필요성이 제기되고 있다. 지방정부 수준에서 사회적기업을 육성하기 위한 구체적인 방안을 조례의 제정을 통해서 명시할 필요가 있다. 이는 사회적기업 육성에 대한 지방정부 차원의 법적 근거를 마련하는 것과 동시에 지역사회에서 사회적기업에 대한 인식을 제고할 수 있도록 한다. 특히 지역조례를 통해서 사회적기업에 대한 우선구매 조항을 명확히 함으로써 지방정부 차원의 다양한 공공조달사업에 사회적기업이 우선 참여할 수 있는 근거를 마련할 필요가 있다.

넷째, 사회적기업에 대한 지원기금 설치 및 연계의 노력이 요구된다. 사회적기업이 겪고 있는 자금조달의 어려움을 해결할 지원기금의 마련이 요구되고 있는데, 기존에 설치되어 사회적기업에게 지원되어 온 공공기금이나 민간기금을 연계하는 지원기금의 형성을 고려할 필요가 있다. 또한 그동안 사회적기업이 접근하지 못하였던 다양한 정부의 재정조달 방식과 사회적기업을 연계하는 활동도 고려되어야 한다. 이를 위해서 지방정부가 사회적기업에게 신용보증을 제공할 수 있을 것이다.

3) 사회적기업의 과제

첫째, 사회적기업은 자신의 사회적 목적을 실현하기 위해서 요구되는 새로운 기업문화와 구조를 마련해야 한다. 사회적기업은 기존의 기업과 달리 조직 구성원이나 주주의 배타적인 경제적 이익을 추구하기보다는 지역사회의 공익에 이바지한다는 점에서 그들 조직만의 새로운 기업문화와 구조가 필요하다. 특히 사회적기업이 스스로 기회주의적으로 변질되는 것을 피할 수 있는 조직문화와 구조를 마련하는 일은 중요하다.

둘째, 사회적기업의 목적을 실현하기 위하여 지속적인 자기진단과 효과측정을 위한 사회적 회계의 적용이 고려되어야 한다. 사회적 회계는 "조직의 사명과 목적을 이루기 위한 다양한 활동을 검토하고, 그것의 사회적, 환경적 그리고 경제적 효과를 측정하고 개선하기 위한, 내부 구성원들과 이해관계자들에 의해서 이루어지는 조직의 지속적인 조절과정(장원봉, 2008)"이라고 정의할 수 있다. 사회적기업 활동의 사회적, 환경적 그리고 경제적 효과를 측정하고 이를 지속적으로 개선하기 위한 구성원들의 활동을 모색하는 일은 사회적기업이 지방정부와 효율적인 공동생산의 주체가 되기 위해서 적극적으로 고려해야 하는 일이다.

셋째, 사회적기업의 지역별·업종별 네트워크를 구성하여 정보교환과 자원공유를 통해서 다양한 규모의 경제효과를 도모할 필요가 있다. 사회적기업과 관련한 정책이 통합적으로 이루어지고 있지 못한 상황 속에서, 사회적기업 주체들 사이의 상이한 재원조달과 사업방식은 이들 조직이 적극적으로 협력체계를 마련하는 것을 가로막고 있다. 하지만 사회적기업 자신들이 근거하고 있는 사회적 목적을 효율적으로 추진하고자 한다면, 그러한 상이한 조건들을 넘어선 협력체계는 절실한 문제이다. 특히 다양한 면에서 그 취약성을 노출하고 있는 사회적기업들 사이의 네트워크는 규모의 경제를 실현하기 위한 중요한 방안이 되고 있다.

5. 결론 : 사회적기업을 통한 공공성의 재구성

새롭게 변화하는 사회경제적 환경 속에서 지역사회가 공공의 이익을 확보하고 지속하기에 많은 어려움을 겪고 있다. 특히 지역사회의 집합적인 소비영역에서 요구되고 있는 공공성이 여러 측면에서 위협받고 있는데, 전통적으로 공공성의 영역으로 이해되었던 국가의 역할이 취약했던 한국의 상황에서 공공성 확보에는 새로운 전략이 요구된다.

공공성을 개인과 사회의 조화로서 공익이라는 차원에서 접근한다면, 공공성은 단순히 정부의 영역으로 제한되지 않는다. 따라서 공공성의 책임을 국가에게 위임하고 이에 대한 감시기능을 시민사회가 담당한다는 전통적인 구분법은 현실에서 여전히 의미가 있지만, 본질적으로 공공성(公共性)은 '대중적 공유'라는 의미를 포함한다는 차원에서 고려한다면, 공공성의 재구성은 불가피해 보인다.

이런 의미에서 공공성은 공유된 이해interest와 권한power 그리고 이익benefit 속에서 재구성되어야 한다. 이것은 지역사회의 공익을 추구하는 지방정부와 사회적기업의 공동생산 원칙이 되고 있으며, 지역사회에서 공공성을 새롭게 실현할 수 있는 계기로서 사회적기업이 고려되고 있는 이유이다. 사실, 사회적기업은 설립 자체가 목적이 아니라 성공적인 운영과정을 통해 지속적으로 지역의 취약계층에게 일자리를 제공하고, 사업의 성과는 공정하게 분배하여 일을 통한 자립자활이 가능하도록 함으로써 공공성을 재구성하는 것이 가장 중요한 사회적 목표 중 하나라고 할 것이다. 특히, 이러한 목표를 달성함으로써 지방정부와 사회적기업이 공동생산자로서 모두가 득을 볼 수 있기 위해서는 지방정부와 사회적기업 간에 신뢰구축을 통한 파트너십의 형성이 선행되어야 할 것이다.

제도의 동형화에서 공동생산으로

하승우

제도적 동형화는 사회적기업으로 하여금
생존을 위해 필요한 자원을 제도적 환경에 대한 동형화를 통해
획득하고자 함으로써, 이들 조직이 현실의 필요를 해결하기 위한
혁신성과 합리성을 양보하도록 한다.
- 장원봉, 2009

그동안 한국에 도입된 제도들이 원래 취지를 살리지 못하고 왜곡된다는 지적은 분야와 상관없이 제기되었다. 제도를 소개하거나 도입한 관료나 전문가들은 그것이 등장한 맥락과 사회적 배경, 한국사회와의 차이점 등을 충분히 고려하지 않은 상태에서 이른바 혁신사례들을 빨리 만들어내려고 했다. 그래서 제도가 효과를 보지 못하거나 취약점만 드러내는 경우가 많았다.

대표적인 예가 1990년대 말 이후 많이 소개된 거버넌스이다. 거버넌스는 정부와 민간의 단순한 협력을 넘어 국가와 시장의 실패를 보완하려는 시민사회의 적극적인 개입과 참여를 전제했다. 거버넌스는 1980년대 이후의 민주화, 정보화, 세계화와 지방화, 복지국가의 위기라는 세계적 변화의 흐름에서 등장했기 때문이다. 그렇지만 한국에서는 국가가 핵심적인 결정권한들을 독점하고 정책 결정과정에 시민참여를 허용하더라도 그것을 전문가나 시민단체로 제한했다. 그러다 보니 한국의 거버넌스는 민주적인 변화와 혁신을 주도하는 구호라기보다 공허한 수사로, 국가의 일방적인 정책집행을 정당화하는 수단으로

변질되었다는 비판을 받고 있다.

사회적경제 영역은 어떨까? 사회적기업육성법이나 협동조합기본법도 제정 이전부터 여러 지적을 받았는데, 특히 장원봉은 사회적경제의 동형화 현상을 매우 걱정했다. 장원봉은 "제도적 동형화는 사회적기업으로 하여금 생존을 위해 필요한 자원을 제도적 환경에 대한 동형화를 통해 획득하고자 함으로써, 이들 조직이 현실의 필요를 해결하기 위한 혁신성과 합리성을 양보하도록 한다."고 비판했다.[1] 전국 108개 사회적기업을 대상으로 실태조사를 진행한 결과 71.1%가 인건비와 운영비를 지원받기 위해 인증을 신청했다. 그리고 정부가 소개하는 모범사례와 전문가 조언이 제도화되면서 디마지오DiMaggio와 파월Powell이 정의한 강제적 동형화(제도의 강제에 따른 동형화), 모방적 동형화(불확실성을 줄이기 위해 성공모델을 따르는 동형화), 규범적 동형화(교육과 네트워크의 전문화 과정에 따른 동형화)의 측면을 한국 사회적기업들이 모두 갖게 되었다고 분석했다.

제도적 동형화는 사회적경제 조직이 사회의 다양성을 반영하지 못하도록 만들고 자원동원의 경로를 단순화시킨다. 특히 한국처럼 국가가 자원을 동원해 속도전으로 밀어붙이는 사회에서는 다양한 형태의 조직이 실험적 활동을 펼치기 어렵다. 나아가 사회적경제 조직이 제도의 지침을 내면화하고 스스로의 활동을 정부의 보조적인 것으로 제한할 수 있다. 사회적경제 조직의 협의체들도 조직의 요구를 심화하고 사회적 대안으로 만드는 틀이 아니라 자원을 배분하는 틀로 바뀔 수 있다.

장원봉의 문제제기 이후에 현장을 검증하는 여러 연구들이 나왔

---

1 – 장원봉(2009), "사회적기업의 제도적 동형화 위험과 대안 전략". 〈시민과 세계〉(15), 152쪽.

다. 이 연구들은 걱정과는 달리 제도적 동형화가 긍정적인 영향을 미쳤다고 주장하기도 하는데, 여기에는 중요한 맥락이 지워져 있다. 장원봉이 제도적 동형화의 비관적인 결과로 지적했던 시장화가 제대로 논의되지 않았기 때문이다. 즉 동형화 자체보다는 "제도적 동형화의 방향이 그것의 시장화로 지향"되어 있고 "사회적기업의 지속가능성을 위한 시장경쟁력에 대한 지나친 강조는 사회적기업의 대안적인 구성의 가능성을 가로막는 커다란 장애요인이 될 수 있다."는 비판은 이후 연구들에서 거의 다뤄지지 않았다.[2]

시장에서 살아남기 위한 경쟁력만 강조되다 보면 사회적경제 조직은 정체성을 상실하고 영리기업화되기 쉽다. 이익을 많이 남겨 지역사회로 환원하겠다는 발상은 영리기업의 사회적 책임으로도 얘기되는 부분이다. 그런데 시장화로 치우치면 사회적경제 조직에 대한 국가지원의 정당성도 흔들린다. 제도적 동형화와 이에 따른 시장화는 사회적경제 조직의 정체성만이 아니라 정당성까지 위협할 수 있다.

따라서 국가-시장-시민사회의 구도에서 시민사회의 역량과 주도성을 기를 방법이 중요하다. 장원봉은 "사회적기업을 매개로 지방정부와 시민사회가 어떻게 지역사회의 다양한 필요를 혁신적으로 해결할 수 있을 것인가를 논의하는 지역사회의 장"을 열어야 하고, "이를 통해 지방정부와 시민사회가 사회적기업을 매개로 구체적인 지역사회의 필요를 해결하기 위한 공동의 계획 속에서 사회적기업 육성의 방향을 마련해야 한다."고 강조했다.[3] 이런 장과 계획은 지금 얼마나 마련되고 실현되고 있을까?

2 – 장원봉, 위의 논문, 155쪽.
3 – 장원봉, 위의 논문, 161쪽.

이 글은 제도적 동형화 문제를 다룬 연구들의 경향을 분석하며 공동생산의 필요성과 가능성을 타진하려 한다.

1. 제도화의 경로의존성, 왜 귤이 회수를 건너면 탱자가 될까?

어떤 제도가 사회조건과 상관없이 동일한 효과를 거두는 경우는 드물다. 귤이 회수를 건너면 탱자가 된다는 말이 있듯이, 사회조건은 제도에 많은 영향을 미친다. 그런데 제도화 과정에서 만들어진 어떤 경향은 사회조건이 바뀌어도 유지되기도 한다. 법이나 제도, 관습 등이 초기의 관성이나 관행 때문에 조건이나 환경의 변화에 대응하지 못하고 고착되는 것을 제도의 '경로의존성'이라고 부른다.

그런 점에서 과거에 어떤 정책이 어떤 식으로 진행되었는지를 살펴보면 비슷한 정책이 어디로 갈지 예측할 수 있다. 행정조직의 경우, 특히 한국 행정조직의 경우에는 이런 관성과 관행의 영향이 매우 강하다. 민관협력, 거버넌스를 아무리 강조해도 잘 바뀌지 않는 것은 수직적이고 중앙집권적인 행정구조, 고압적으로 지시하는 관존민비의 관행, 경쟁과 성과주의 문화이다. '약한 시민사회와 강력한 국가'라는 현실을 고려하면 국가의 혁신이 필요한데 실제로는 국가에 맞춘 시민사회의 변화가 강요된다.

사회적경제 영역에서는 어떤 경로가 형성되었을까? 사회적경제는 한국의 심각한 노동유연화와 사회양극화, 불평등의 심화라는 사회조건에서 노동과 복지, 민주주의를 연계시키는 전략이 되어야 했다. 제도화 이전에도 협동조합을 비롯한 여러 형태의 사회적경제 조직이 있었지만 1997년 외환위기를 거치면서 국가가 사회적경제와 관련된 제도들을 도입하기 시작했다. 사회의 위기에 대응하기 위해 빠르게 도입된 제도가 기존 제도화의 경로를 따라갔을지 벗어났을지 판단하는 것은 중요하다. 제도는 현실의 요구와 정치적인 타협에 따라 계속 변하기 때문이다.

2007년 사회적기업육성법의 제정 이후 정부가 인증을 독점하는 것이 문제라는 지적을 받았고 정부의 인증기준이 명확하지 않고 비현실적이라는 비판이 계속 제기되었다. 그리고 정부의 인증이 신규사업보다 기존에 이미 진행되던 사업들, 즉 이미 인력과 자원을 가진 곳으로 집중된다는 비판도 제기되었다. 또한 사회적기업이 사회적 목적보다 일자리를 만드는 수단으로 활용되었다는 비판, 정부가 최저임금만을 보조하고 나머지 부족분을 사업을 통해 보충하도록 해서 저임금 일자리가 확산된다는 비판, 정부가 노동복지를 강조하면서 기본적인 복지를 축소하고 있다는 비판 등이 계속 제기되었다. 이런 문제들은 이후 어떻게 수정·보완되었을까?

더 중요하게는 2012년에 제정된 협동조합기본법은 사회적기업육성법 제정과정에서 드러났던 문제점들을 바로잡고 발전시켰을까? 그러나 협동조합기본법과 관련해서도 단기간의 간접지원을 통해 협동조합의 수가 늘어날 수 있지만, 사회성이나 협동의 강화보다 고용창출에 초점이 맞춰졌다는 비판이 제기되었다. 그리고 성급하게 만들어지고 시장경쟁에 내몰린 협동조합들이 실패를 경험하고, 협동조합이 공공서비스 민영화의 명분으로 악용될 수 있다는 비판도 제기되었다. 이런 점은 사회적경제 영역의 제도화 과정에서도 기존의 행정관행이 바뀌지 않고 동일한 경로를 밟고 있음을 뜻한다.

이런 문제점들에도 사회적경제 조직은 양적으로 계속 확대되었고, 관련된 노동자의 숫자도 늘어났다. 취약계층이나 여성, 청년, 이주민이 직업을 갖는 것은 좋은 일이다. 그런데 한국사회에서 노동을 경험한다는 것의 의미는 무엇일까? 가부장적이고 비민주적인 기업문화가 강력한 한국사회에서 노동은 어떤 의미이고 노동을 통해 자존감을 얻는다는 것이 어느 정도로 가능할까? 이런 조건에서 사회적경제 조직들은 조직 내외부에서 사회성이나 호혜성을 강화하며 노동의 변화를 이끌고 있을까?

한국에는 국가가 경제성장 5개년 계획처럼 양적인 성장을 비율화하는 밑그림을 그리고 시민사회의 자원을 동원하고 흡수하는 강력한 관행과 문화가 존재한다. 지방자치제도가 실시되지만 재정이나 정책 추진 면에서 중앙정부에 의존하는 비중이 크고, 지금도 지역주민에게 정보가 제공되지 않은 채 정부가 일방적으로 진행하는 사업들로 계속 갈등이 발생하고 있다. 혁신정책을 추진하기 위해 시민사회의 활동가들이 행정의 특수경력직 공무원으로 채용되거나 중간지원조직을 담당하기도 하지만 자율적인 기획과 결정보다 중앙 행정부처의 지침에 따라 움직이는 경우가 많다. 이것은 특정 영역의 문제가 아니라 한국사회에서 제도화가 이루어지는 보편적인 경로라고 볼 수 있고, 사회적경제 영역도 예외는 아니었다.

국가가 양적인 목표를 세우고 시민사회를 동원해서 시장실패의 악영향을 완화하기 위한 장치로 사회적경제를 활용하면, 이런 경로는 중장기적으로 사회적경제를 무너뜨릴 수밖에 없다. 더 심각하게는 사회적경제의 토양이라 할 시민사회 자체가 더욱더 약화된다. 그런 점에서 제도적 동형화에 대한 경계가 필요하다.

2. 사회는 지워지고 경제만 부각되는

최조순(2013)은 성격과 목표, 사업방식 등이 다른 사회적기업과 마을기업이 동형화되는 문제를 지적한다. 사회적기업이 취약계층에게 사회서비스와 일자리를 제공하거나 지역사회에 공헌해서 삶의 질을 높인다는 사회적 목적을 추구한다면, 마을기업은 주민이 주도해서 지역의 각종 자원을 활용한 수익사업을 만들어 지역공동체를 활성화하고 소득 및 일자리를 창출하는 것을 목적으로 삼는다. 그래서 사회적기업은 운영주체와 수익자가 구분되고 마을기업은 운영주체와 수익자가 동일하다. 법적 근거도 다르고 목적과 운영구조도 다른데 이 둘이 점점 더 비슷해지고 있다는 것은 긍정적으로 보기 어렵다. 목적보다 자원동원의 편의성에 따라 조직의 형태를 결정하게 만드는 이런 동형화는 그 목적조차 편의적인 것으로 만든다.

최조순은 그 원인을 제도화에서 찾는다. "정책의 시행과 더불어 사업주체에 요구하는 정부의 규제나 지침, 더불어 구체적인 성과산출의 요구는 사회적기업과 마을기업 수행주체의 자율성이나 창의성 등을 제약하는 부정적인 요소로 작용할 수 있는 제도적 한계점을 공통적으로 지니고 있다. 또한 사회적기업과 마을기업이 지역사회에 제공하는 사회서비스 분야인 간병 가사, 복지, 재활용, 환경 등 상당한 부분에서 중복되고 있으며, 이러한 유사사업의 정부 부처간 중복투자는 예산의 낭비와 비효율성을 초래할 뿐만 아니라 정부의 정책적 지향이 양적 성장에 집중될 가능성에 대해서도 지적할 수 있다."[4]

4 – 최조순 (2013), "지역일자리 창출 정책의 제도적 동형화에 관한 연구: '사회적기업'과 '마을기업' 정책을 중심으로", 〈시민사회와 NGO〉 2013 제11권 제1호, 27쪽.

사회적기업과 마을기업만이 이런 동형화 경향을 보이고 있을까? 이홍택은 충청남도 사회적경제 기업에 대한 연구를 통해 제도적 동형화 현상이 보편적으로 나타나고 있다고 지적한다. "사회적경제 기업들은 제도적 동형화로 인해 사회적 가치 창출 영역이 획일화되고 있으며, 지원금 의존성 심화에 따라 지속가능성도 미흡한 상황이다. 다수의 기업들이 보조금을 유치하기 위해 사회적경제 영역에 진입하고 있으며, 보조금 지원이 종료되면 다른 지원정책으로 갈아타는 행태들도 나타나고 있다. 더욱이 사회적 가치 창출이 다양성과 혁신성에 기반해야 성공할 수 있음에도 불구하고 사회적기업, 마을기업, 협동조합 등과 같은 정형화된 제도적 틀에서 이루어지고 있어 악순환이 반복되고 있는 상황이다."[5] 사회적경제 영역 전반에서 동형화의 문제가 심각해지고 있다는 지적이다.

위의 연구들은 사회적경제 조직들이 동형화되고 있다는 현상보다 그 동형화로 인해 행정에서는 낭비와 비효율성, 시민사회에서는 자율성이나 창의성의 제약, 사업영역의 중복, 지속가능성의 약화 등이 나타나고 있다고 지적한다. 여기에 장원봉의 시장화에 대한 우려를 더하면 사회적경제 조직이 대안적으로 발전할 가능성은 더욱더 낮아진다.

물론 제도적 동형화에 대한 연구들이 이렇게 문제점만 지적하는 것은 아니다. 장석인은 사회적기업의 제도적 동형화가 조직성과에 미친 영향을 분석한 연구에서 역사가 짧고 성과를 이윤에 맞추는 불안정한 사회환경이 동형화를 불러왔다고 본다. 서울과 경기, 인천지역의 사회적기업을 대상으로 한 설문조사를 통해 장석인은 어려운 상황에

5– 이홍택(2019), "충청남도 사회적경제의 발전과 제도적 동형화", 〈한국경제지리학회지〉 제22권 제1호, 63쪽.

서도 제도적 동형화가 분명한 조직성과를 낳고 있다고 분석한다. 다만 강제적 동형화와 모방적 동형화가 조직성과에 영향을 미치는 반면 규범적 동형화의 영향은 약하다고 지적한다.[6] 이것은 전문 컨설팅이나 교육을 통한 동형화보다 정부지원이나 모범사례를 통한 동형화 경향이 더 강하다는 점을 뜻한다. 이 점은 제도적 동형화가 조직성과를 낳고 있지만 그 성과가 제한적임을 뜻한다고 해석될 수도 있다.

더 고민이 되는 점은 무엇을 조직성과로 볼 것인가라는 점이다. 장원봉은 시장화로 귀결되는 동형화를 우려했는데, 조직성과의 지표는 '사회적기업의 전년도 대비 재정적 자립', '전년도 대비 유급 근로자의 증감', '정부 또는 지자체의 지원 대비 매출 성과', '전년도 대비 재무상황 호전'이다. 조직성과는 고용인원과 경영상황으로 측정되고 사회적 목적은 성과로 잡히지 않았다. 결국 조직성과가 좋을수록 더 시장화될 수 있다는 가능성은 연구에서 논의되지 않는다.

이현주와 민윤경은 사회적기업으로 전환한 충북의 자활기업에 대한 연구에서 제도적 동형화에 대한 우려가 있지만 사회적 목적을 실현하기 위해 지속적으로 노력하고 있다며 긍정적인 평가를 내린다.[7] 기업의 공신력을 높이고 제도적인 지원을 받기 위해 사회적기업으로 전환했지만 인증 이후에도 사회적기업이 이윤추구보다는 사회적 목적 달성에 더 가치를 두고 있다고 이 연구는 평가한다. 이 연구는 대상자들이 자활기업의 경험을 통해 직접적인 인건비 지원보다 판로개척이나 인식 제고, 컨설팅 지원 등의 간접적인 지원을 선호한다는 평가를

---

6 – 장석인(2013), "사회적기업의 제도적 동형화가 조직성과에 미치는 영향: 모방적 동형화의 매개효과 검증", 〈인적자원관리연구〉 제20권 제4호, 104~105쪽.

7 – 이현주, 민윤경(2015), "사회적기업의 제도적 동형화에 대한 질적 사례연구: 충북지역 자활기업의 사례를 중심으로", 〈보건사회연구〉 35(3), 533, 542쪽.

내리기도 한다.

그렇지만 이 연구의 대상은 자활기업에서 사회적기업으로 전환한 기업들인 만큼 역사가 짧지 않고 내부적인 리더십이 형성된 사례라 보편적인 경향으로 해석되기 어렵다. 그리고 사회적 목적을 추구한다는 답변이 실제로 어떻게 내외부적으로 구현되고 있는지 알 수 없고, 직접지원보다 간접지원을 선호한다는 평가는 귀담아들을 내용이지만 연구에서 언급되듯이 업종의 특성일 가능성도 있다. 그런 점에서 제도적 동형화가 사회적경제 조직에 미치는 긍정적인 영향은 분명하게 설명되지 않는다.

더구나 장석인의 연구와 마찬가지로 이현주와 민윤경의 연구에서도 사회적기업들이 사회적 목적을 추구하며 주민과 지역을 새롭게 만들어가는 과정은 잘 드러나지 않는다. 8개의 사례 중 자활 참여 주민이 기업의 대표가 된 사례는 단 1개이고, 자활기업에서 사회적기업으로의 전환도 지역자활센터의 권유를 받고 센터가 실무를 전담했으며 전환 후 5년이 지나도 센터의 도움을 받는 강제적 동형화의 사례이다. 사회적경제 조직들이 유기적으로 연결되어 서로를 지원하는 경우라면 긍정적이겠으나 그럴 가능성은 낮아 보인다. 그리고 제도의 인증이 사회적 인정을 동반하지 않는다는 점을 고려하면 조직의 전환은 내외부의 의사결정구조의 전환도 동반해야 한다. 사회적경제 조직들은 조직이 위치한 지역을 어떻게 이해하고 있고 주민 또는 노동자들이 참여할 수 있는 내부구조는 어떻게 마련되었을까?

김신양은 프랑스의 지역관리기업운동을 소개하면서 프랑스에서 자활사업이란 경제활동을 통한 사회통합이라 불린다고 얘기한다. "경제활동을 하지 않으면 단지 생활의 어려움을 겪는 것만이 아니라 사회에서 소외되고 배제되기 때문이다. 즉, 경제의 문제가 곧 사회의 문제가 된다는 것이다. 그렇기 때문에 사회의 문제를 해결하려면 경제적 문제를 해결해야 하고, 경제활동의 목적은 사회의 문제를 해결하는 데 기여하는 것"이어야 한다. "관계가 변화하지 않으면 일자리가 창출되고 사회적기업이 설립되어도 그것은 지역사회 내 고립된 섬으로 존재할 뿐, 지역사회를 변화시킬 힘이 되지 못"하기 때문이다.[8] 이런 고민은 한국에도 이어지고 있을까?

3. 관성의 유지와 통치성으로의 편입

제도가 스스로 기존의 관행이나 관성을 극복하고 새로운 방향을 찾기는 어렵다. 그래서 작용-반작용의 힘이 필요하다. 국가의 관성이 제도를 낡은 방향으로 끌고 간다면, 시민사회의 힘이 제도를 새로운 방향으로 이끌어야 한다. 그런데 지역사회를 조직할 힘을 갖지 못한 사회적경제 조직은 제도의 경로를 바꿀 힘도 갖지 못한다. 그러다 보니 제도는 변하지 않는 상수로 취급되고 제도에의 적응만이 과제로 부각된다.

이홍택은 제도적 동형화의 문제를 인식하고 "사회적경제 기업이 추구하는 사회적 가치와 혁신적 활동을 촉진할 수 있는 방향으로 제도를 개선"해야 한다고 주장한다. 이홍택은 첫째 "일자리 창출에 국한된 가치지향성"을 극복하고 둘째 "다양한 주체들 간의 상호관계 속에서 사회적 가치 지향성을 지속할" 수 있는 지역적 환경을 만드는 것이 중요하다고 지적한다. 첫째가 행정의 몫이라면, 둘째는 시민사회의 몫이다.

8 – 김신양(2018), 《마을에서 함께 읽는 지역관리기업 이야기》, 착한책가게, 35~36쪽.

그동안 사회적경제와의 협력을 통해 국가는 어떤 변화를 경험했을까? 사회적경제와 관련해 국가 측면에서 제도적 동형화에 따른 변화를 다룬 연구는 찾아보기 어렵다. 다만 박서정 등의 연구는 제도적 동형화와 사회적 자본 이론을 활용해 사회적경제 조직과의 협업을 지속하고자 하는 공공기관의 의도를 분석한다. 공기업을 비롯한 공공기관들은 사회적경제가 강조되면서 기관 평가점수를 높이기 위해 사회적경제 조직들과의 연계성을 강화하고 있기 때문이다.

이 연구는 부산시의 사회적경제지원기금Busan embracement fund for social economic development에 참여하는 8개 공공기관 구성원들에게 설문조사를 진행했다. 분석 결과, "제도적 동형화 현상인 강압적, 모방적, 규범적 동형화를 통한 정당성 모두 사회적 협업에 대한 공공기관의 협업 지속 의도와 긍정적인 상관을 나타냈다. 이는 제도적 환경 속에서 외부적인 정당성을 확보함으로써 원활하게 자원을 획득하고자 하는 기관의 바람 또는 의도가 사회적경제 조직과의 협업을 지속하는 주된 목적이 된다고 해석할 수 있다."[9] 이 연구는 공공기관의 경우에는 동형화 현상이 정당성을 강요하고 협력을 제도화시켜서 사회적경제에 긍정적인 영향을 미친다고 본다.

박서정 등의 연구는 사회적경제 조직이 아니라 그들과 협업하는 공공기관의 의도를 분석했다는 점에서 흥미롭다. 공공기관은 정부 정책의 영향을 많이 받기 때문에 정부가 사회적경제의 육성을 핵심정책으로 삼을수록 중요한 파트너가 될 수 있다. 그런데 이것은 반대의 경우로도 작용할 수 있다. 정부 정책이 사회적경제를 적극적으로 육성하

9 – 박서정, 곽선화, 이종봉(2020). "제도적 동형화를 통한 사회적 협업의 정당성이 공공기관의 협업 지속 의도에 미치는 영향: 사회적 자본의 조절효과", 〈사회적기업 연구〉13(1), 49쪽.

지 않고 공공기관 평가항목에 이와 관련된 내용을 빼면 공공기관의 협업 의지는 대폭 줄어들 것이기 때문이다.

박서정 등의 연구에서 흥미로운 점은 관계적 자본이 협업에 마이너스 영향을 미친다는 점이다. 협업을 지향하지만 협업과정에서 만들어질 수밖에 없는 사회적 자본은 객관성 상실, 기회주의의 위험, 비효율적인 의사결정으로 협업 성과에 부정적인 결과를 초래할 수 있다고 공공기관은 보기 때문이다.[10] 즉 공공기관은 성과주의 측면에서 사회적경제 조직과 협력한다고 볼 수 있고, 이것은 동형화에 대한 사회적경제 조직들의 기대효과를 감소시키고 불안정성을 다시 높일 수 있다.

물론 사회적경제기본법이나 공공기관의 사회적 가치 실현에 관한 기본법이 통과되어 협력을 더욱더 제도화할 수 있다. 그렇지만 관계형성을 회피하고 성과주의를 강요하는 관행에서 벗어나지 않으면 협력은 언제든지 무너질 수 있는 모래탑이다. 지침에 따라 기관 평가점수를 높이기 위해 협력하고 사회적경제 조직을 타자화한 상태에서 시혜적으로 접근하는 것은 지속성을 보장하기 어렵기 때문이다. 그리고 사회적경제의 규모가 커질수록 제한된 자원을 놓고 서로 경쟁할 수밖에 없어서 시장화의 경향 역시 피하기 어렵다.

국가가 이런 양적인 성과와 성장논리에서 벗어나도록 강제하는 건 시민사회의 몫이고, 그러기 위해서는 상호간에 다양한 네트워크가 구성되어야 한다. 개별 조직의 힘으로는 국가를 조금도 움직일 수 없기 때문이다. 그런데 동형화의 문제는 정부의 지원을 받으면서 시민사회가 스스로의 힘을 조직할 필요성과 능력을 점점 잃어간다는 점에도 있다. 지원을 받기 위해 정부나 공공기관이 요구하는 요건을 충족하는

10 – 박서정, 곽선화, 이종봉(2020), 위의 연구, 51쪽.

데 집중하다 보면 정작 지역과 주민을 만날 시간과 에너지는 줄어든다. 이런 활동이 사회적경제를 강화할 수 있을까?

더 나아가 최조순 등은 한국의 공동체 정책이나 사회적경제 정책 또한 기존의 새마을운동과 크게 다르지 않다고 평가한다. 최조순 등은 주체들이 자발적이고 적극적으로 스스로를 계발하면서 통치행위를 합리화하는 통치성의 관점에서 보면 새마을운동과 사회적기업 관련 정책, 마을공동체 정책이 동일하다고 평가한다. "표면적으로는 마을공동체 관련 정책 과정에서 주민은 창의적이고 독립적이며, 자기주도적인 대상으로 그려지고, 공공은 이러한 역량을 함양할 수 있는 기회 제공 및 지원으로 한정하고 있다. 그렇지만 실제로는 이것은 공공이 미리 정해 놓은 가이드라인과 정책 진행과정의 영역 내에서 제한적으로만 인정됨으로써 실제 공동체 활동 과정에서 발현되어야 할 혁신, 창의, 자발적 주체화와 관련된 일련의 과정들은 제한되는 것으로 볼 수 있다."[11] 그러면서 최조순 등은 초기에 정책순응도가 낮다 할지라도 시간이 흐르고 정책추진이 정당성을 확보함에 따라 정책순응도가 높아지고 주체들간의 경쟁이 자극된다고 본다. 맞춤형 또는 차등적 지원 역시 이런 경쟁을 자극하는 원리일 뿐이고, 경쟁에서 승리한 곳은 더욱더 적극적으로 통치원리를 수용한다.

사실 통치성의 관점에서 보면 사회적경제의 동형화는 필연적인 현상이다. 라미아 카림Lamia Karim은 흔히 모범사례로 얘기되는 방글라데시의 그라민은행을 통치성 개념으로 분석하며 "풍부한 자원을 가진 기관인 NGO와 가난한 수혜자들 사이의 권력기구로서 마이크로파이낸스

11 – 최조순, 강병준, 강현철(2015), "한국 공동체 정책의 비판적 논의: 통치성 이론을 중심으로", 〈한국자치행정학보〉 제29권 제1호(2015 봄), 54쪽.

의 규범화"를 분석한다. 즉 NGO들이 자신의 성과를 위해 "농촌의 명예와 수치 관례"를 이용해 "대출금이 연체되면 NGO는 같은 그룹에 속한 여성들에게 연체자와 가족이 빚을 갚을 때까지 독촉하고 망신을 주도록 한다." 이 과정에서 여성의 역량이 강화되기는커녕 여성은 시스템에 더 종속되고 더 많이 희생당한다. 더구나 빈곤에 적극적으로 대응해야 하는 공공영역에서 정부가 철수하고 "국가 기능의 사유화"가 이루어졌다. 카림은 마이크로파이낸스 사례를 통해 "NGO 대출이 어떻게 불화와 반목을 조장하고, 사회적 연대를 약화시키며, 다국적기업과 NGO를 위한 시장을 창출하고, 새로운 시장 주체를 형성하는지"를 증명한다.[12] 시장화의 경향에서 벗어나지 않으면 사회적경제는 대안을 제시하지 못할 뿐 아니라 자신의 지향과 반대되는 부조리와 불평등을 심화시킬 수 있다.

이처럼 국가-시장-시민사회 삼각구도에서 작동하기 때문에 사회적경제의 사회성과 지속가능성은 국가나 시장과 역동적인 균형을 이루어야 한다. 따라서 제도적 동형화가 피할 수 없는 조건이라면 그것에 대응할 시민사회의 능력을 강화해야 한다.

4. 탈협동화와 디커플링, 목적과 운영의 괴리

영리기업의 경우도 기업의 사회적 책임CSR을 통해 사회성을 일정 정도 추구하기 때문에 사회적경제가 사회성의 유일한 장치라고 주장

12 – 라미아 카림, 박소현 옮김(2015), 《가난을 팝니다: 가난한 여성들을 착취하는 착한 자본주의의 맨얼굴》, 오월의 봄, 16~20쪽.

하기도 어렵다. 다만 영리기업의 사회적 책임은 기업의 내부적 결정과정을 주로 따르기 때문에 다중이해관계자들의 필요를 반영하지 못한다. 그리고 사회적 책임의 사회성은 이윤의 투자나 지역사회 환원이지 사회적 소유권의 강화라고 보기 어렵다.

그런데 달리 말하면 사회적경제 조직이라도 다중이해관계자들의 필요를 반영하거나 사회적 소유권을 강화하지 않으면 영리기업과의 차별성이 사라진다고 볼 수 있다. 그런 의미에서 제도화의 필요성을 인정한다 하더라도 이런 차별성이 부각되는 방향으로 제도가 움직이도록 시민사회가 견인해야 한다.

문제는 시민사회가 제도를 견인하지 못하고 무기력한 상태가 지속되면 디커플링 현상이 발생한다는 점이다. 탈동조화로 번역되기도 하는 디커플링은 공식적으로 채택된 정책과 비공식적 관행이 분리되는 현상, "제도를 도입하여 운영하되 실제로는 조직구성원들의 묵인, 저항, 불응 등으로 인해 이를 실행에 옮기지 않아 제도화(수용)되지 않는 것, 즉 제도와 실제 운영의 어긋남으로 인한 병리적 현상"을 가리킨다.[13]

이 디커플링 현상을 협동조합의 현황을 통해 살펴보자. 2019년 협동조합 실태조사에 따르면, 2018년 연말까지 기획재정부에 협동조합 설립신고서를 제출한 협동조합은 14,526개이다. 2012년 12월 이후 매년 평균 약 2,400개 이상의 협동조합이 설립된 셈이다. 이중에서 일반협동조합이 91%, 사회적협동조합이 8.2%로 압도적으로 일반협동조합이 많고, 일반협동조합 중 사업자협동조합이 67%, 다중이해자조

13 – 박인지(2020), "공공부문 성과관리 제도의 수용성 영향요인에 관한 연구: 제도적 동형화의 조절효과를 중심으로", 건국대학교 행정학과 석사학위논문, 31쪽.

합이 17%로 대부분을 차지한다. 이 두 유형의 협동조합이 전체 협동조합 설립수의 83.63%를 차지하는 것은 한국 협동조합의 빠른 증가가 사업상의 필요에 따른 것임을 예상케 한다.[14]

흥미로운 점은 협동조합임에도 조합의 주요한 의사결정기구인 평균 총회 횟수와 평균 이사회 횟수가 시간이 흐를수록 줄어든다는 점이다. 평균 총회 횟수와 평균 이사회 횟수는 각각 2013년 2.5회, 3.6회에서 2015년에는 2.3회, 5.7회로 바뀌었다가 2017년 1.7회, 4.9회로 떨어지고 2019년에는 1.8회, 3.8회로 바뀌었다. 사회적 목적이 강조되는 사회적협동조합의 총회와 이사회 횟수가 1.4회, 4.0회인 점도 눈에 띤다. 총회와 이사회 횟수가 협동조합의 건강함을 증명하는 유일한 지표는 아니지만 횟수가 줄어드는 것을 마냥 긍정적으로 볼 수는 없다. 협동조합의 민주적 운영이라는 원칙은 어떻게 지켜지고 있을까?

협동조합의 민주적 운영은 단순한 의사결정구조가 아니라 조직의 자원동원 구조이자 신뢰형성, 조합원의 주인의식 강화 등 다양한 핵심 원리와 연관되어 있다는 점에서 단순한 형식의 문제로만 볼 수 없다. 실제로 협동조합 자본의 구성을 봐도 조합원 출자금은 평균 49% 정도이고, 다중이해관계자협동조합의 경우 조합원 출자금이 24%로 가장 낮다. 그래서 대부분의 협동조합이 자본만큼의 부채를 안고 있다. 이렇게 스스로의 힘을 조직하지 못한 상태에서 협동조합은 어떤 사회적 활동을 할 수 있을까? 14,526개의 협동조합은 무엇을 위해 어떻게 활동하고 있을까?

협동조합이라는 이름을 쓰지만 협동조합처럼 운영되지 못할 때 그 조직은 어떻게 될까? 바띨라니Patrizia Battilani와 쉬뢰터Harm G. Schröter는 탈협

---

14 – 한국노동연구원 · 기획재정부(2019). 〈2019년 협동조합 실태조사 및 정책수립을 위한 기초연구〉

동화 현상demutualization이 나타난다고 본다. 바떨라니와 쉬뢰터는 탈협동화의 원인을 다섯 가지로 지목하는데,

첫째, 기업이나 정치·사회제도의 영향을 받아 협동조합이 사기업이나 투자자소유기업의 절차와 전략을 따르면서 협동조합의 조직이 점점 비슷해지는 경향(organizational isomorphism)

둘째, 공동소유구조가 너무 경직되어 급변하는 현실을 따라잡기 어렵다며 사유화를 지지하고, 급속도로 강화되는 경쟁에 적응해야 한다는 문화적 요인(cultural reasons)

셋째, 일반경제학 교육을 받고 상호성을 옹호하지 않는 경영진이 취임하고 이들이 조합원을 희생시켜 자기 이득을 취하려 하면서 생겨난 경영진의 착취(expropriation by managers)

넷째, 사회주의 국가들의 붕괴로 협동조합에 대한 반감이나 협동조합을 낡은 모델로 보는 의식이 확산된 정치적인 요인(political reasons)

다섯째, 자본이 제한되고 관리자에 대한 통제체계가 없는 협동조합의 비효율성 또는 성장전망의 부재(inefficiency or lack of growth perspectives)[15]

제도적 동형화와 관련해서는 첫째와 셋째 이유가 중요한데, 바떨라니와 쉬뢰터는 조합원제도에 바탕을 둔 상호부조라는 전통적인 인센티브가 흐려질 경우, 즉 협동조합이 자신의 정체성을 잃을 때 위기가 찾아온다고 본다. 특히 바떨라니와 쉬뢰터는 국가가 탈협동화를 가능케 하는 법률들을 제정함으로써 여러 협동조합들(특히 보험과 관련된 협동조합)의 탈협동화를 부추겼다고 본다. 탈협동화가 적절한 법적인

15 - 바떨라니와 쉬뢰터(2011), "Demutualization and its Problems." Quaderni DSE Working Paper No. 762, 6~7쪽.

틀이 필요할 뿐 아니라 때로는 그런 법적인 틀이 탈협동화를 자극한다는 것이다. 이렇게 보면 제도적 동형화는 사회적경제조직의 정체성을 심각하게 훼손하는 계기가 될 수도 있다.

실제로 한국정부는 사업자협동조합 중심의 지원책을 펼치고 있다. 협동조합의 원리상 국가가 직접 지원하기 어려운데, 사업자협동조합은 중소기업벤처부의 소상공인 협업활성화 사업 등을 활용할 수 있다. 반면에 다른 협동조합들은 교육 등의 간접지원 외엔 제도를 활용하지 못했고, 특히 가장 이해관계가 복잡하고 취약한 다중이해관계자 협동조합이 가장 배제되어 있다는 평가이다. 그런데 사업자협동조합은 설립목적의 순위를 보면(1, 2순위 응답), 1위가 '조합원의 소득 증대'(65.5%), 2위가 '일자리 창출 및 고용안정'(30.9%), 3위가 '합리적 경제소비'(25.4%), 4위가 '지역사회 공헌'(23.4%)이다. 즉 경제적인 목적이 압도적으로 우세하다. 가장 많은 수의 협동조합에서 경제적인 목적이 뚜렷하게 드러난다는 점은 위험한 경향을 보여준다고 하겠다.

이현실은 제도적 디커플링을 거론하며 "기업이 기업 스스로의 목적과 니즈에 의해서 관행이나 프로그램을 도입하는 경우와는 달리 제도적 동형화 압력, 특히 외부의 강제에 의해 도입하는 경우에는 디커플링 현상이 발생하기 쉽다."고 지적한다.[16] 제도의 형식과 실제 운영이 불일치한다는 이야기이다. 이현실은 조직에서 디커플링이 발생하는 메커니즘을 크게 두 가지로 구분하는데, 하나는 "조직은 다양한 영역으로부터 복수의 규칙을 받아들임으로써 상호 충돌이 발생"하는 경우이고, 다른 하나는 "제도환경에 순응한 규칙의 실질적 집행이 기술

16 – 이현실(2019), "기업의 내부적 CSR의 디커플링(Decoupling) 현상분석 : 제도적 동형화를 중심으로", 숙명여대 경영학과 박사학위논문, 5쪽.

환경에서 중시되는 효율성과 충돌하는 경우"이다.[17] 즉, 상이한 규칙을 동시에 수용하거나 공식구조와 비공식구조를 분리하여 이중화시키는 경우를 가리킨다. 어떻게 보면 후자의 디커플링은 외부적 정당성을 확보하면서도 내부적 효율성을 살리려는 시도라고 볼 수도 있는데, 이현실은 후자도 부정적인 결과를 가져올 수밖에 없다고 지적한다. "필연적으로 규칙위반을 수반하는 디커플링이 외부에 노출되지 않은 상태로 유지되는 것은 한계가 있고, 형식과 실제의 괴리가 계속될 경우 조직에 부정적일 수밖에 없"고, "제도화된 규칙을 집행하지 않거나 위반을 수반하기 때문에 이에 따르는 구성원들의 심리가 불편해지며 위축"되어 갈등이 증폭될 수밖에 없기 때문이다.

협동조합의 탈협동화 현상은 사회적경제 내에서도 발생하기 시작한 디커플링 현상을 의미하고, 이 현상은 협동조합만이 아니라 다른 사회적경제 조직에서도 목격될 수 있다. 사회적경제 조직의 경우 사회적 목적이 명확해야 공익성이 부각되고 지원의 정당성이 확보되기 때문에, 목적은 거창한데 이를 실현할 방법은 매우 추상적이다. 사회적경제 조직들이 저마다 사회적 목적을 설정하고 있지만 그것이 정말 사회적 목적이려면 그 목적의 설정과 실현과정, 평가에도 사회성이 스며들어야 한다. 우리 조직들의 상황은 어떨까?

취약계층 고용은 중소기업이나 자영업도 할 수 있기에 그것이 사회적경제조직의 목적이려면 그 일자리의 사회성이 매우 중요하다. 일자리의 질, 의사소통구조, 의사결정체계, 이런 사회적인 부분들이 일자리에 반영되지 않으면 이를 사회적경제라고 부를 수 있을까? 경영자의 선의에 의존하는 일자리라면 그건 영리기업에서도 충분히 가능

17 – 이현실, 앞의 논문, 31~32쪽.

하다.

따라서 사회적경제 조직들은 제도적 동형화를 알리바이로 삼을 것이 아니라 스스로가 표방한 목적조차도 지키지 못하고 디커플링되는 현상을 경계해야 한다.

5. 공동생산과 거버넌스는 가능한가?

장원봉은 제도적 동형화에 대한 대안으로 사회적경제 조직과 지방정부의 공동생산이 필요하다고 강조했다. "사회적기업은 중앙정부 혹은 지방정부에게 지원을 받는 대상이 아니라, 지방정부의 공동생산의 주체로 인정되어야 한다. 이것이 전제되지 않은 사회적기업의 지원은 지속적으로 그것이 지역사회의 참여와 협력을 이끌어낼 수 있는 혁신적인 지역사회 공동생산의 매개로의 성장을 기대할 수 없다."[18] 사회적경제 조직의 정체성은 제도와 정책의 대상이 아니라 주체이고, 그 주체성이 살아나려면 개별 조직이 아니라 지역사회의 힘을 조직해야 한다는 이야기이다.

다른 글에서도 장원봉은 지방정부와 자활공동체 및 사회적기업들의 협력이 지역사회의 효율적인 공동생산의 전형을 창출하고 있다는 점을 중요하게 봐야 한다고 강조했다. 지방정부와 자활공동체 및 사회적기업들의 공동생산은 "지역사회에서 충족되지 못하는 다양한 사회적 필요를 해결하기 위한 혁신적인 방안을 찾아내고 이를 효율적으로 추진"한다는 명확한 목표하에 추진되어야 한다.[19] 개별 조직이나 몇몇

18 – 장원봉, 앞의 논문, 161쪽.

단체들과 지방정부의 공동생산이 아니라 그것이 하나의 과정으로 자리매김해야 한다고 봤다.

그런데 공동생산의 주체가 된다는 것은 말처럼 쉽지 않다. 아른스타인S. R. Arnstein이 주장한 '참여의 사다리'에서 공동생산은 시민권력 단계를 뜻한다. 조작-처방-정보제공-협의-회유-파트너십-권한위임-시민통제에서 공동생산은 파트너십보다 높은 단계, 즉 주민이 중심이 되어 결정권을 행사하고 거부권을 행사할 수 있는 단계, 최종적으로는 주민이 정책의 입안과 결정, 집행, 평가를 주도하는 단계를 가리킨다. 지금 한국의 사회적경제는 어느 단계에 있을까?

공동생산 이전에 최소한 파트너로서 인정받기 위해서도 상당한 신뢰와 정보의 교류가 필요하다. 영국정부는 2003년에 발간한 〈공공조달: 사회적기업을 위한 지침서〉에서 사회적기업의 바람직한 공공조달의 규칙과 과정을 자세하게 소개했다. 특히 입찰경쟁과 운영계약에 대한 실질적인 정보제공 및 조달과정에 대한 현실적인 정보를 공유했다. 그리고 런던시는 입찰과정에서 사회적기업이 경쟁력을 가질 수 있도록 지방정부 조달업무 담당자들과 사회적기업 대표들 간에 정기적인 맞춤형 회의를 진행한다고 한다. 한국의 중앙정부나 지방정부는 정책의 공동생산을 위한 준비를 하고 있을까?

2011년부터 적극적으로 사회적경제 관련 정책을 추진했다고 평가받는 충청남도청은 2018년부터 '충남 사회적경제 제2차 5개년 기본계획'을 추진하고 있다. 이 계획에 따르면 공공구매 지원을 위해 지원센터에 전담팀을 만들고 통합적 교육과 판로 교육, 온라인 플랫폼 운영 등 다양한 계획을 제시하고 있다. 흥미로운 점은 이렇게 추진계획을 만

---

19 – 장원봉(2008). "한국 사회적기업의 현황과 과제". 〈제1차 사회적기업 쟁점토론회 자료집〉

들었지만 재정계획에서는 아무런 예산을 배치하지 않고 있다. 거버넌스가 강조되지만 사회적경제와 관련된 거버넌스가 구축될 수 있는 구체적인 정책은 잘 보이지 않는다. 그리고 사회적경제 조직 당사자들은 이 기본계획에 자문이나 설문 외에 어떤 식으로 참여할 수 있었을까? 나아가 당사자들은 이 기본계획에 대해 얼마나 알고 있을까?

특히 사회적경제가 중요하다고 하지만 6조 원이 넘는 충청남도청의 예산에서 사회적경제 관련 예산은 100억 원을 넘지 못하고 있다(2019년 결산에 따르면 약 80억 원). 이는 영리기업의 경쟁력 강화를 위해 지원되는 예산이 200억 원을 넘긴 점과 대조된다. 이렇게 보면 한국의 중앙정부와 지방정부는 여전히 공동생산의 준비가 되어 있지 않다.

준비가 되어 있지 않다고 포기하면 현재의 경로는 조금 수정될지언정 방향이 바뀌지 않는다. 지금의 방향에서 사회적경제가 확산과 강화를 얘기할 수 있을까? 경로의존성에서 벗어나 사회적경제 조직들이 원하는 방향으로 제도가 작동하려면, 사회적경제 조직들은 지방정부의 행정을 감시하고 견제하는 시민참여 활동에 관심을 가질 뿐 아니라 구체적인 지역사회의 의제를 제기하고 이에 대한 혁신적인 대응방안을 수립해야 한다. 그리고 비영리민간단체와 달리 사회적경제 조직은 이 대응방안을 사업화할 수 있어야 하고, 이런 공공사업을 지방정부가 정책의 방향으로 삼도록 만들어야 한다.

김신양은 프랑스 지역관리기업 전국네트워크의 부께나이씨Boukhenaissi 사무총장의 말을 빌려 이렇게 말한다. "'개별 사회적기업이 정부와 상대하는 것은 쨉이 안 된다. 집단의 힘으로 가야 한다. 주민을 조직하면 정치적 힘을 가진다. 사회적기업이 어떤 식으로든 주민을 개입시킴으로써 힘을 키우는 방식을 가장 많이 고민해야 한다.' 당시 그의 충고가

나뿐 아니라 연수에 참여했던 모든 이들에게 큰 울림으로 다가왔던 기억이 있다. 사회적경제 조직은 무슨 힘으로 시장에서 살아남고 정부나 지자체와 평등한 파트너십을 가질 수 있을 것인가? 주민참여 자체가 서비스고 경쟁력이 되지 않으면, 주민이 조직되지 않으면 경제적 힘도 정치적 힘도 가질 수 없다는 것을 지역관리기업의 설립자들과 경험자들은 깊이 깨닫고 있었던 것이다. 주민의 관계망을 강화하면 마을공동체가 형성되고 그 지역에서 정치적 힘을 가질 수 있게 된다. 그래서 지역개발에 참여하는 것뿐 아니라 지역의 정치에서 주민이 주체가 되는 참다운 민주주의를 실현하는 데 기여할 수 있게 되는 것이다. 어찌 보면 사회적경제 조직이 사람들의 결사체라는 것에 이미 그 답이 있었는데 자각하지 못했던 것이 아닐까? 멀리 가서 답을 구할 것이 아닌 것을….”[20]

제도적 동형화가 시장화로 흐르지 않도록 경로를 만드는 것은 시민사회의 주요한 과제이다. 그렇기 때문에 장원봉은 “사회적기업이 사회적 합리화와 부의 재분배를 위한 광범위한 사회, 정치, 경제적 개입으로부터 고립되어서는 안” 된다고 강조했다.[21] 개별 기업이 어렵다면 이런 사회적 과제야말로 협의체나 연합회의 주요한 과제여야 한다. 이것은 닭이냐 달걀이냐의 양자택일의 문제가 아니다.

---

20 – 김신양, 앞의 책, 45~46쪽.

21 – 장원봉, 앞의 논문, 163쪽.

사회적경제는 세상을 얼마나 바꿀 수 있을까?

신명호

쌀 한 톨의 무게는 얼마나 될까 / 내 손바닥에 올려놓고 무게를 잰다
바람과 천둥과 비와 햇살과 외로운 별빛도 그 안에 스몄네
농부의 새벽도 그 안에 숨었네 / 나락 한 알 속에 우주가 들었네
……
쌀 한 톨의 무게는 생명의 무게 / 쌀 한 톨의 무게는 우주의 무게
- 홍순관, 〈쌀 한 톨의 무게〉

1. 들어가며

사회양극화와 불안정한 고용으로 몸살을 앓고 있는 우리 사회에서 사회적경제는 희망의 단어가 되고 있다. 정부는 "사회적경제가 양질의 일자리를 창출하고 양극화를 완화하는 정책으로서 이를 활성화하면 계층 간 빈부격차를 줄이고 사회안전망을 강화하게 될 것"[1]라고 공언하고 있다. 또한 일부 학자들은 "사회적경제가 시장경제의 불평등화 경향을 억제하고, 시장경제에 비해 고용 안정성과 일자리 창출 능력이 뛰어나서 신자유주의에 대한 대안으로 주목해야 한다."[2]고 말한다.

과연 이런 희망의 언어들은 모두 사실에 근거한 것일까? 쌀 한 톨처럼 작은 사회적경제 조직들이 수만, 수십만 개로 늘어나면 세상 전

1 – 일자리위원회 관계부처 합동(2017), 〈사회적경제 활성화 방안〉, 1~4쪽.

2 – 정태인, "한국의 불평등과 사회적경제", 이정우 · 이창곤 외(2015), 《불평등 한국, 복지국가를 꿈꾸다》(후마니타스, 357~368쪽), 366쪽; 유철규(2020), "사회적경제의 이해", 《소상공인협동조합 교육교재》, 중소벤처기업부·소상공인시장진흥공단, 제1부, 6~35쪽, 15쪽.

체가 하얗게 물들게 되는 것일까? 이 글은 사회적경제가 각종 사회 문제를 해결하는, 신자유주의의 대안체제라고 주장하는 거대 담론이 실은 매우 과장된 규범적 판단임을 보이려 한다. '사회적경제'라는 어휘의 태생적 모호함이 마치 새로운 경제체제(생산양식)인 양 확대해석하는 오류를 낳았음을 지적하면서, 사회적경제는 하나의 부문sector 혹은 운동으로 간주되어야 한다고 주장한다. 그리고 협동조합이 자본주의 사회에서 발전해온 역사를 살핌으로써 사회적경제가 세상을 '얼마만큼' 변화시키는가가 아니라 '어떻게' 변화시키는가에 주목할 것을 제안한다. 그것은 사회적경제 조직들이 과도하게 정부에 기대는 의존성에서 벗어나 보다 주체적인 모습으로 거듭나는 방안이기도 하다.

2. 혼란스러운 사회적경제 개념의 층위

어느 나라에나 적용할 수 있는 사회적경제의 한 가지 개념 정의는 없다고 한다. 협동조합, 상호공제조합, 어소시에이션association(및 재단)을 통칭한다는 가장 오래된 정의도 라틴 유럽 국가들(프랑스, 벨기에의 왈룬 지역, 이탈리아, 스페인, 포르투갈 등)에서만 통용되는 개념이다. 독일이나 오스트리아 같은 나라에는 아예 '사회적경제Sozialwirtschaft'라는 용어 자체가 없고, 따라서 그런 개념을 사용하지도 않는다. 그렇다고 여타 나라들이 사회적경제라고 부르는 것과 흡사한 성격의 기업이나 조직이 없느냐 하면 그런 건 또 아니다. 전체 유급노동자 가운데 사회적경제에 종사하는 노동자의 비율은 독일이 6.7%, 오스트리아가 7.6%로, 영국(5.6%)이나 스페인(7.7%), 프랑스(9.1%) 등과 비교해서 큰 차이를 보이지 않는다.[3] 요컨대, 독일 등에서는 사회적경제라는 개념과 용어를 사용하지 않을 뿐, 그 실체는 분명히 존재하는 것이다.

이처럼 사회적경제의 정의가 나라와 지역별로 상이한 것은 두말할 것도 없이 역사의 전개과정이 제각각 달랐기 때문이다. 그러니 사회적경제의 목적, 조직형태, 운영원칙 및 규범적 원리 가운데 어느 것에 초점을 맞추고 어느 것을 더 강조하느냐에 따라 논자들의 수만큼 정의가 나오는 것은 어찌 보면 당연한 현상이다.

그러나 '사회적경제란 무엇인가'에 관해 우리가 늘 선명한 합의에 도달하지 못하는 진짜 이유는 이처럼 수백 가지의 정의가 가능하다는 사실 때문이 아니다. 혼란의 연원은 사회적경제 개념이 지닌 수평적 차원의 다양성이라기보다 오히려 수직적 다차원성에 있다고 할 수 있다. 이제부터 이것이 의미하는 바를 살펴보기로 하자.

현대에 들어 사회적경제라는 용어를 맨 처음 사용하기 시작했던 프랑스의 CNLAMCA[4]는 '사회적경제헌장'에서 사회적경제를 이렇게 정의하고 있다.

> "공공부문에 속하지 않는 조직으로서, 동등한 권리와 의무를 가진 회원들에 의해 민주적으로 운영되고 특정한 소유권 체제와 이익의 분배를 실천하며 잉여는 조직을 확장하고 회원 및 사회를 이롭게 할 목적으로 사용하는 **조직들의 집합**"(강조는 필자, 이하 동일)

---

3 – 몬손과 차베스(J. Monzón & R. Chaves, 2016), "Recent evolutions of the social economy in the European Union", CIRIEC, European Economic and Social Committee(EESC), 69쪽, 〈표7-2〉

4 – 1970년대에 프랑스의 협동조합, 상호공제조합 및 어소시에이션들이 결성한 전국조직으로 'National Liaison Committee for Mutual Activities, Cooperatives and Associations'라는 뜻을 지닌 프랑스어 약자다. 이들은 1980년 사회적경제헌장을 제정하면서 자신들의 정체성을 표현하기 위한 단어로 économie sociale을 채택했다.

처음 세 줄은 사회적경제의 운영 원칙과 원리를 설명한 것으로 그 부분을 들어내면 사회적경제는 결국 '조직들의 집합'이라고 요약된다.

협동사회경제의 권위 있는 국제연구기관인 CIRIEC[5] 역시 사회적경제가 지켜야 할 원칙들을 길게 나열한 후에 '민간기업들의 집합'이라고 정의한다.

"의사결정의 자율성과 멤버십의 자유를 지니고 시장에서 재화를 생산하며 서비스, 보험 및 재정을 공급함으로써 구성원들의 필요를 충족시킬 목적으로 설립됐을 뿐 아니라, 구성원들이 의사결정을 하고 이윤이나 잉여를 배분할 때는 각자가 출연한 자본금이나 비용에 비례해서 하지 않고 한 사람이 하나의 투표권을 갖는, 공식적으로 조직된 민간기업들의 집합"[6]

특정한 원칙과 원리를 따르는 민간기업들의 집합이 사회적경제라는 말이다. 유럽연합EU[7]과 유럽 사회적경제 당사자 조직의 대표 격인 유럽사회적경제Social Economy Europe, 그리고 경제협력개발기구OECD와 국제노동기구ILO의 정의도 이와 유사하다. 다만 OECD는 의미의 모호함을 피하기 위해서인지 '조직'이라는 단어를 덧붙이고 있다.

---

5 - "International Centre of Research and Information on the Public, Social and Cooperative Economy"의 약자인 CIRIEC는 공공, 사회 및 협동경제 영역의 정보와 과학적 연구결과를 수집하고 촉진하는 것을 목적으로 하는 비정부 국제 연구조직이다.

6 - 아르핀떼, 까체, 테오또까또스, 코말라쪼(Daniel Arpinte, Sorin Cace, Harry Theotokatos, & Eleftheria Koumalatsou), <The Social Economy in the European Union-2010〉

7 - 유럽연합의 정의 역시 위에서 인용한 CIRIEC의 정의와 거의 같다. 몬손과 차베스(2012), "Social Economy in the European Union", 22쪽.

"협동조합, 상호공제조합, 어소시에이션, 재단, 사회적기업 등과 같은 다양한 기업 및 조직들의 집합"(Social Economy Europe)[8]

"자본보다 사람을 우선시하고 연대를 중시하는 가치와 민주적이고 참여적인 거버넌스에 의해 활동을 이끌어가는 어소시에이션, 협동조합, 상호공제조직 및 재단 등의 집합"(OECD)[9]

"(ILO의 공식적인 정의는 없지만 2009년, 사회적경제에 관한 ILO지역총회에서 정의한 사회 · 연대 경제란) 경제적 · 사회적 목적을 동시에 추구하고 연대를 강화하면서 재화와 서비스, 지식의 생산과정에서 독특한 특징을 공유하고 있는 기업과 조직들, 특히 협동조합, 상호공제조직, 어소시에이션, 사회적기업 등을 가리킴"(ILO)[10]

한결같이 어떤 특성을 가진 '경제조직들의 집합'이라는 의미로 사회적경제를 정의하고 있다. 한편, 이와는 약간 다른 각도에서 사회적경제를 일련의 '경제활동'이라고 규정하는 정의도 있다. 캐나다 퀘벡의 사회적경제 금융기관 그룹인 CAP피낭스CAP finance의 경우가 그러하다.

"사회적 목적을 가진 제품과 서비스를 판매하는 기업들에 의해 영위되는 모든 경제활동"(CAP피낭스)[11]

---

8 – https://www.socialeconomy.eu.org/

9 – http://www.oecd.org/cfe/leed/social-economy.htm

10 – https://www.ilo.org/global/topics/cooperatives/WCMS_546299/lang--en/index.htm

11 – 《사회적경제기업 분석 가이드*Guide for Analysis of Social Economy Enterprises*》, 한국사회가치연대기금, 238쪽.

그리고 우리나라 정부와 정치권의 입장도 사회적경제를 '경제활동'으로 규정한다.

"구성원 간 협력·자조를 바탕으로 재화·용역 생산 및 판매를 통해 사회적 가치를 창출하는 민간의 모든 **경제적 활동**"(일자리위원회 관계부처 합동)[12]

"양극화 해소, 양질의 일자리 창출과 사회서비스 제공, 지역공동체 재생과 지역순환경제, 국민의 삶의 질 향상과 사회통합 등 공동체 구성원의 공동이익과 사회적 가치의 실현을 위하여 사회적경제 조직이 호혜협력과 사회연대를 바탕으로 사업체를 통해 수행하는 모든 **경제적 활동**"(사회적경제기본법 국회 발의안)[13]

한편, 김정원(2017)은 사회적경제가 '활동'이라는 입장을 견지하면서도 자본주의체제에 대한 대안적 운동으로서의 지향성을 부각한다.

"자본주의의 작동과정에서 나타나는 사회문제에 대한 대응 속에서 조직된 시장적 행위와 비시장적 행위가 혼합된 실천을 통해 **대안적인 경제 시스템을 추구하는 활동**"(김정원, 2017: 43)[14]

이상의 모든 논의들을 정리해보면 사회적경제는 '기업 및 조직들

12 – 일자리위원회 관계부처 합동(2017년 10월), 〈사회적경제 활성화 방안〉, 3쪽.
13 – 2020년 7월 14일, 윤호중 국회의원 등 15명이 국회에 발의한 "사회적경제기본법안", 제3조(정의).
14 – 김정원, "한국의 사회적경제 조직화 특성에 대한 분석", 〈경제와 사회〉 제114호(2017. 6), 43쪽.

의 집합'이라는 견해와 '(사회)경제적 활동'이라는 입장으로 나뉨을 알 수 있다. 개념의 추상성이라는 면에서 보면, 전자는 형태가 있는 조직들을 가리키기 때문에 보다 구체적인 반면, 후자는 어떤 방향성을 갖는 운동 내지 작용을 일컫기에 전자에 비해 추상성이 다소 높다. 따라서 개념 정의에 관한 이 두 가지 관점은 동일한 차원에 놓여 있다기보다 추상성의 정도에서 높낮이가 서로 다른, 즉 상이한 층위의 해석이라 할 수 있다.

그런데 문제는 여기서 그치지 않는다. 이들보다 개념의 추상성이 훨씬 높고 범주 또한 광범한 또 다른 용례가 있다.[15] 우리나라에서 사회적경제를 설명하고 있는 다음의 텍스트들을 읽어보자.

> "사회적경제는 인간의 상호성에 기초하여 공정성의 원리에 따라 연대라는 가치를 달성하도록 조직된 경제 형태다. 자본주의 사회에서는 시장경제가 인간 간의 관계를 규율하는 유일한 원리인 것처럼 받아들여지고 있지만, 역사상 나타난 순서로 본다면 사회적경제가 가장 오래된 시스템이다"(정태인, 2015: 364).[16]

> "현실에서는 사회적경제와 시장경제라는 두 가지 경제가 존재한다. (중략) 최근에 다시 주목받는 사회적경제는 소위 '신자유주의'에 대한 대안으로서 주목받는 측면이 강하다. 자본주의의 새로운 변화를 요약하는 말이 '세계화globalization'이며 세계화를 특정한 방향으로 이끌어가는 이데

---

15 – 김신양은 '학문 또는 사상'으로서의 사회적경제를 말하기도 하지만 이 개념은 본고의 주제와는 거리가 있어 생략하기로 한다(김신양 외(2016), 《한국 사회적경제의 역사》, 제1장 참조).

16 – 정태인, "한국의 불평등과 사회적경제", 이정우·이창곤 외(2015), 《불평등 한국, 복지국가를 꿈꾸다》(후마니타스, 357~368쪽), 364쪽.

올로기적 토대로서의 이념체계를 통상 '신자유주의neo-liberalism'라고 부른다. (중략) 사회적경제는 시장경제에 비해 고용안정성과 일자리 창출 능력이 우수하다"(유철규, 2020: 12~15).[17]

첫 번째 글에서는 사회적경제를 하나의 '경제 형태' 내지 '경제 시스템'이라고 규정한다. 그리고 두 번째 인용문은 명시적으로 정의를 내리지는 않지만 시장경제와 사회적경제를 동일한 차원에서 대비하고 있다. 현실 세계에서는 사회적경제 조직들이 시장경제 안에서 활동하고 있는데, 위의 글에서는 사회적경제가 마치 시장경제와 분리된 영역에 따로 존재하는 것처럼 표현돼 있다.

사회적경제가 신자유주의의 대안이라는 말은 사회적경제가 신자유주의적 자본주의체제를 극복하고 그것을 대체할 수 있는 별개의 경제체제라는 뜻이다. 시장경제는 "분업에 의해 생산된 재화와 용역을 자유가격 체제의 수요와 공급 관계에 의해 분배하는 사회구성체"[18]라는 정의를 상기해본다면, 시장경제는 분명 하나의 사회구성체 내지 경제체제(마르크스Marx의 표현을 빌자면 '생산양식')이고, 만약 사회적경제가 이에 대해 대안적 지위를 가진다고 한다면, 시장경제(자본주의)에 상응하는 또 다른 생산양식이라는 뜻이 된다. 다시 말해서, 자본주의에 대한 대안으로 사회주의가 등장했던 것처럼 사회적경제는 자본주의의 또 다른 대안적 경제체제라는 주장이다.

그리하여 사회적경제 개념은 '기업 및 조직들'이라는 차원과 '경제

17 – 유철규(2020), "사회적경제의 이해", 《소상공인협동조합 교육교재》, 중소벤처기업부 · 소상공인시장진흥공단, 제1부, 6~35쪽.

18 – 알트파터(Altvater, E., 1993). 《*The Future of the Market: An Essay on the Regulation of Money and Nature After the Collapse of 'Actually Existing Socialism'*》, Verso Books, 57쪽.

활동'이라는 차원에 이어서, 이들보다 훨씬 상위 차원의 '경제체제(생산양식)'라는 의미로도 해석되기에 이른다.

이들 세 가지 부류의 개념들 가운데 상대적으로 낮은 차원의 두 가지(조직들, 경제활동)는 그 의미의 간극이 그리 크지 않은 탓에 가령, '부문' 등의 개념으로 묶일 수 있는 반면, 사회적경제를 대안적 체제로 보는 관점은 사회적경제를 동질적인 어떤 실체로 이해하는 데 큰 혼란을 준다.

그래서 사회적경제에 관한 논의의 한편에서는 '과연 사회적경제가 자본주의의 대안적 체제인가?', 아니면, '신자유주의적 자본주의의 문제를 해결하는 보완적 영역인가?' 하는 해묵은 질문이 이따금 등장하곤 한다. 하지만 언제나 토론이 본격화되기도 전에 '소모적이고 쓸데없는' 논쟁 주제 취급을 받으면서 덮여버린다. "현장에서 건실한 조직을 하나라도 더 만드는 실천이 중요하지, 그런 탁상공론은 해서 뭐하느냐."는 논리에 묻혀버리기 일쑤다.

그러나 우리가 정말 이 사회를 변화시키는 데 관심이 있다면, '사

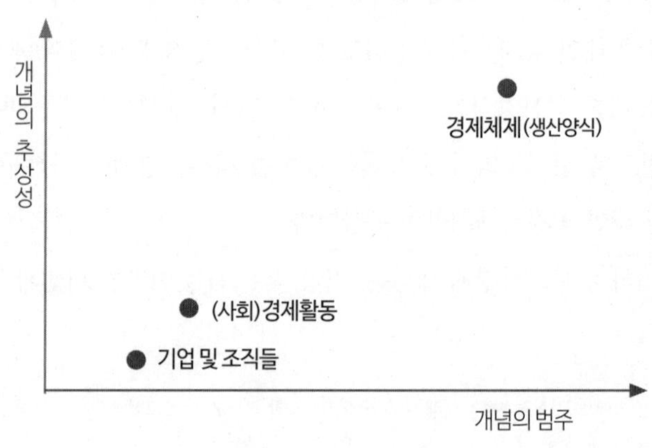

그림 1 사회적경제 개념의 유형별 차이

회적경제 조직들이 무작정 늘어나고 확산되면 새로운 경제체제가 저절로 도래하는 것인지?', 만약 그게 아니라면, '그 대안적 체제를 맞이하기 위해서는 무엇이 필요한지?' 하는 물음을 포기할 수는 없는 노릇이다.

이제 3절부터의 논의는 사회적경제는 하나의 경제체제가 아니라 부문 또는 운동으로 간주되어야 함을 논증하는 과정이 될 것이다.

3. 사회적경제는 신자유주의의 대안체제가 아니다

장원봉(2006)은 사회적경제를 바라보는 세 가지 입장을 해방적 관점, 보완적 관점, 비관적 관점으로 정리한 바 있다.[19] 이 가운데 해방적 관점은 사회적경제의 실천과 확장을 통해서 불평등과 양극화 등의 문제를 해결하고 사회적 부(富)와 필요노동을 최적 상태로 배분하는 대안을 만들어갈 수 있다고 보는 입장이다. 앞에서 살펴본 개념론과 연관지어 보면, 사회적경제가 사회 전체의 변혁을 가능케 하는 대안적 경제체제라는 관점과 일맥상통한다고 할 수 있다.

특히 우리나라에서는 이 대안체제 담론이 사회적경제 활성화 정책의 당위성을 주장하는 논거로 활발히 이용된다. 정부는 별다른 묘수가 없는 실업과 빈곤문제의 해법임을 강조하기 위해서, 또 사회적경제 종사자들은 사회문제를 해결하려는 자신들을 정부가 적극 지원하는 것이 마땅하다는 점을 부각하기 위해서, 사회적경제의 잠재 가능성을 대안체제의 수준으로 끌어올려 설파하곤 한다.

19 - 장원봉(2006), 《사회적경제의 이론과 실제》, 나눔의집, 50~63쪽.

대안체제 담론의 핵심 요지는 대체로 다음과 같다.

- 우리나라는 대기업 수출 위주의 경제성장을 지속해온 결과, 세계화와 국제 외환위기 등 대내외적 환경변화에 직면하면서 고용 없는 저성장과 경제적 양극화가 심화되고 사회통합을 저해하는 여러 가지 사회문제가 심각해지고 있다.
- 유럽에서는 1980년대에 신자유주의가 등장한 이래 세계화로 인한 압력, 경제의 서비스화에 따른 생산성 저하, 출산율 저하와 인구의 고령화, 고용 및 소득의 양극화와 사회적 배제의 확산 등을 겪으면서, 돈 대신 사람을 중시하고 경쟁 대신 호혜와 협력의 원칙을 추구하는 사회적경제 부문을, 일찍이 국가와 시장이 해결하지 못한 제반 사회문제의 해결 주체로 세우고 있다.
- 이에 우리나라에서도 지난 30여 년간 유럽과 북미의 선진국들에서 고용창출과 사회서비스 확대 등의 성과를 내면서 지속가능한 발전모델로 주목받아온 사회적경제를 적극 육성하는 정책을 펼쳐야 한다.
- 우리나라에서도 사회적경제가 활성화되면 우리 사회의 시대적 과제인 양극화 해소, 양질의 일자리 창출과 사회서비스 제공, 지역공동체 재생과 지역순환경제, 국민의 삶의 질 개선과 사회통합이 이루어지는 등 공공선과 사회적 가치가 실현될 것이다.(사회적경제기본법안(윤호중 외 14인, 2020)의 제안이유; 정태인(2015: 363))

위와 같은 담론의 논리를 한층 더 간결하게 압축해보면, '일찍이 경제적 양극화와 사회적 배제의 문제를 사회적경제로 해결하고자 노력해온 해외 선진국의 선례를 따라서, 이런 문제들을 뒤늦게 겪고 있는 우리나라도 사회적경제를 육성해야 한다'는 것으로 요약할 수 있다.

이 담론이 사회적경제가 우리 목전의 제반 문제들을 해결할 것이라고 확신에 차서 주장하는 데는 대체로 두 가지 사실이 그 근거로 제시된다. 첫째는 사회적경제가 약육강식의 원리 위에서 작동하는 신자유주의적 자본주의와 전혀 다른 가치(철학) 및 원칙을 추구한다는 사실이다. 예컨대, ①돈보다 사람과 사회적 목적을 중시함, ②회원에 의한 민주적 결정, ③자발적이고 열려있는 멤버십, ④연대와 책임의 원칙, ⑤공공기관으로부터 독립되고 자율적인 운영, ⑥회원과 이용자, 사회 전체의 이익에 대한 균형 있는 고려 등의 원칙들[20]은 자본주의체제와는 상반된 원리로서, 이런 '호혜의 원리와 가치를 추구하기 때문에 사회적경제는 우리 사회의 탈자본주의화에 성공할 것'이라는 주관적 신념이 사람들 사이에 굳건히 자리 잡는다.

또한 여기에 칼 폴라니Karl Polanyi의 생각을 접목하게 되면 사회적경제는 사회로부터 뽑혀 나온 오늘날의 경제(=자기조정 시장경제)를 다시 사회 속으로 착근화(着根化)할 수 있는 매우 유력한 시도인 것처럼 해석된다.

다음으로 두 번째 근거는 유럽 등지의 선진국들이 사회적경제 육성정책을 펴고 있고 일정 정도의 성과도 내고 있다는 사실이다. 시장과 국가의 실패를 모두 경험한 유럽연합의 선진국들이 채택하고 있는 정책이니만큼 우리나라에서도 효과가 있을 것이라는 논리이다.

이상과 같은 근거로 사회적경제는 지금의 경제체제가 양산하는 각종 사회문제를 확실히 해결하거나 혹은 현재의 자본주의를 대체하는 대안적 체제로서 기능할 것이라는 낙관적 담론이 완성된다. 그리하여

---

20 – 유럽사회적경제가 제시하고 있는 사회적경제의 요건이자 원칙. https://www.socialeconomy.eu.org/wp-content/uploads/2020/04/2019-updated-Social-Economy-Charter.pdf

(일부 극단주의자들을 제외하고는) 정치적 입장이나 이념에 상관없이 사회적경제는 그 자체로서 의심의 여지없이 '좋은 것'이고, 사회적경제를 확산하려는 정책은 올바른 정책이라고 인정된다. 2010년 영국 총리 캐머런D. Cameron의 보수당 정부가 빅소사이티Big Society 정책을 내놓은 것이나, 2016년 새누리당의 유승민 의원이 사회적경제기본법(안)을 대표 발의한 사실만 봐도 그렇다.

오늘날 한국에서 사회적경제의 순기능이나 사회문제 해결 능력을 의심하는 목소리는 거의 들리지 않는다. 사회적경제를 아직 모르는 사람들은 있을지언정, 적어도 그것에 관해 들어봤거나 관련이 있는 사람들 사이에서 사회적경제는 항상 바람직한 것이고 빠르게 확산시켜야 할 육성 대상이라는 데 이견이 없다.

필자는 이런 생각들이 전적으로 틀렸다고 생각하지 않는다. 사회적경제가 부분적으로나마 작금의 사회문제들을 완화할 수 있는 가능성을 지녔다고 생각한다. 따라서 사회적경제를 활성화하고자 하는 정책 역시 사회정책으로서의 효용을 지닌다고 인정한다. 그러나 '사회적인 것=윤리적인 것=정치적으로 올바른 것이라는 당위적 전제'[21]가 마침내 현실 세계의 대변혁으로 이어질 것이라는 근거 없는 인과론의 문제는 반드시 바로잡아야 할 오류가 아닐 수 없다.

사회적경제는 어떤 경우에도 당면한 사회문제들을 성공적으로 해결할 것이고 결국 새로운 경제체제(생산양식)를 가져올 것이라는 식의 과장된 낙관론(대안체제 담론)은 그 근거가 매우 빈약할 뿐 아니라, 사회적경제의 건전한 발전을 저해할 수도 있다(그 이유는 6절에서 제시한다).

21 – 김성윤(2013), "사회적경제에서 사회적인 것의 문제", 〈문화과학〉 제73호(2013. 3), 126쪽.

우선 사회적경제가 신자유주의의 대안체제라는 담론은 거시적 관점에서 우리 사회 전체의 큰 변화를 예견하는 주장이지만, 미시적 차원에서 진행되는 사회적경제 조직들의 움직임이 어떻게 크나큰 구조의 변화로 연결되는지에 관해서는 어떤 설명도 내놓지 않는다. 앞에서 살펴본 주장의 근거는 사회적경제가 탈자본주의적 원리와 가치를 지향한다는 것이지만, 일개 단위 조직이 그런 원리와 가치를 추구한다는 것과 마침내 사회 전체가 그 방향으로 전화(轉化)된다는 것 사이에는 너무나 큰 논리의 비약이 있다. 중간 과정에서 어떤 일이 벌어진다는 것인지에 대한 추론이 완전히 빠져 있다.

그리하여 우리는 "사회적경제 부문이 '자유롭고 평등한 생산자의 협동사회라는, 복지를 동반한 공화적 제도'인 것은 분명하지만 '전반적인 사회적 변화, 즉 사회의 전반적 조건의 변화'를 수반하지 않는 이상, 자본주의 사회를 개조하는 것은 불가능할 것"[22]이라는 마르크스의 오래된 의구심을 떨쳐버릴 수 없게 된다. 그래서 장원봉(2006)은 이 담론이 구상하고 있는 해방적인 질서가 현실의 자본주의 내에서는 아주 제한적으로만 실현 가능하다는 점에서, 이들의 구상은 다분히 이상적이며 탈자본주의로의 이행과정 내지 대안적 이행논리를 결여하고 있다[23]고 지적한 바 있다.

대안체제 담론을 받치고 있는 두 번째 근거, 즉 유사한 문제를 경험한 유럽연합 국가들이 사회적경제의 부흥에 골몰하고 있다는 사실 역시 설득력이 약한 것은 마찬가지다. 대안적 체제라고 부를 만한 큰 변화로의 낌새가 그들 나라에서도 전혀 발견되지 않고 있기 때문이다.

---

22 – 칼 마르크스 1990; 김성윤(2013)에서 재인용, 117쪽.

23 – 장원봉(2006), 앞의 책, 55쪽.

그런 점에서 사회적경제가 곧 거시적 차원의 대안체제라거나 새로운 생산양식을 구축할 것이라는 주장은 실증 분석에 입각한 추론이라기보다 당위성을 앞세운 규범적 판단이라고 할 수 있다.

4. 사회적경제를 협동조합으로 치환해서 생각하기

2절에서 살펴본 바와 같이 사회적경제의 개념이 미시에서부터 거시에 이르기까지 전혀 다른 층위의 의미들을 포괄하게 된 데는 사회적경제라는 단어가 태생적으로 지닌 모호성에 원인이 있다. '사회적' 내지 '소셜social'이란 단어는 '집단을 이루어 함께 사는', '사회계급 상의', '사교적인/환대하는', '사회에 관계된' 등의 여러 의미를 내포하고 있어, 예컨대 '정치적political' 같은 단어들에 비해 의미가 명료하지 않은 편이다.[24] 또한 '경제'라는 용어 역시 '재화나 용역을 생산·교환·분배·소비하는 활동'부터 그러한 '관계', 혹은 그런 활동이 일어나는 '시스템이나 체계', 또는 '이념이나 이데올로기' 등을 모두 가리킬 수 있는, 해석의 여지가 넓은 개념이다.

이처럼 개념의 다의성이 높은 두 개의 어휘가 결합하여 만들어진 사회적경제라는 용어에는 자연히 구체적인 것에서부터 추상적인 것에 이르기까지 여러 가지로 해석될 수 있는 애매모호함이 깃들 수밖에 없었다.

사회적경제라는 용어의 실질적 창안자[25]라 할 수 있는 샤를 지드Charles Gide도 그 점에 관해서는 책임을 면할 수 없다. 1905년 그는 '사회

24 - 프란츠자버 카우프만(Franz-Xaver Kaufmann, 2012), 《*Variations of the Welfare State*》, Springer, 3~4쪽.

적경제'의 목적이 노동자들의 노동조건과 생활 안정 및 복리를 향상시키는 것이라고 규정하면서 사회적경제 제도를 크게 세 가지 범주로 제시하였다. ①노동계층의 해방을 지향하는 무수한 형태의 어소시에이션들, ②시장규제 입법과 같은 국가의 공적 개입, ③고용주가 자발적으로 노동자의 임금이나 복리 수준을 개선하는 사회공헌 행위 등이 사회적경제 제도라는 것이다.[26]

그런데 이 세 가지 범주는 지드가 인위적으로 목적의 공통성을 부여했다손 치더라도, (어소시에이션이라는) '조직', '국가의 정책', '자본가의 행동'이라는 서로 이질적인 차원의 개념들을 묶어놓음으로써 매우 어색한 조합이 되고 말았다. 첫 번째 범주인 어소시에이션에는 당연히 오늘날 우리가 협동조합, 상호공제조합이라고 부르는 것들이 포함된다. 그런데 정작 지드 본인은 '무수한 형태의 어소시에이션'이라는 부정확한 표현이 여러 오해를 불러올 수 있음을 우려해서 후기 저술에서는 아예 사회적경제라는 표현의 사용을 포기하기에 이른다.[27]

그러니까 사회적경제라는 용어는 처음 생겨날 때부터 주창자 스스로도 개념의 모호성을 인정하고 지속적인 사용을 망설였던 것이다. 이

---

25 – 원래 "économie sociale"이라는 용어는 프랑스의 경제학자인 샤를 뒤누와이에(Charles Dunoyer)가 1830년에 맨 처음 사용한 것으로 알려져 있지만, 자유주의자였던 뒤누와이에는 시장경제의 문제를 구조적으로 접근하기보다는, "불경기가 찾아와 실업상태에 빠질 때를 대비해서 노동자들은 각자 미래 경제에 대한 예지력을 키우고 미리 저축을 해서 이런 상황에 적응해가야 한다."고 주장하였다. 용어만 같았을 뿐 오늘날 사용하는 사회적경제의 의미와는 전혀 동떨어진 용례였기 때문에, 이 용어의 실질적 창시자는 1900년 무렵의 프랑스 협동조합운동가 샤를 지드로 보는 것이 타당하다.

26 – 뮌크너와 강일선(Münkner & Kang, 2006). "Social Economy and Promotion oriented Economics: How do We Define a Common Denominator for Enterprises in Social Economies, Co-operatives and Non-profit Organisations?" 《한국협동조합연구》 24권 1호, 203~224쪽. 드무스띠에와 루슬리에르(Demoustier & Rousselière, 2004). "Social economy as social science and practice: historical perspectives on France." The 11th World Congress of Social Economics, "Social Economics: a paradigm for a global society", Albertville, 8-11 June, 2004 (halshs-00102532)

27 – 드무스띠에와 루슬리에르(2004), 앞의 글, 17쪽.

후의 논의를 위해 여기서 짚고 넘어가야 할 한 가지는 지드의 매우 다의적인 개념 범주에서조차 사회적경제가 어떤 사회 전체에서 작동되고 있는 하나의 경제체제 내지 생산양식을 의미하지는 않았다는 것이다. 다시 말해서, 2절에서 살펴본 신자유주의적 자본주의의 대안체제로서 사회적경제를 상정하는 추상적이고 거시적인 층위의 개념은 초창기의 용례에는 없었던, 어쩌면 21세기 우리나라에서 생성된[28] 개념이라 할 수 있다.

개념의 모호성을 최소화하기 위해 여기서는 일단 사회적경제를 협동조합이나 공제조합, 어소시에이션 등 일련의 특징을 공유하고 있는 경제조직들이라고 정의하기로 하자. 그랬을 때 사회적경제의 공통된 특성의 핵심에는 바로 협동조합이 있다. 유럽사회적경제가 제시하고 있는 사회적경제의 일곱 가지 원리가 세계협동조합연맹ICA의 협동조합 7원칙과 상당 부분 겹치는 것을 봐도 알 수 있다. 분명 사회적경제는 협동조합보다는 넓고 큰 범주의 개념이지만 양자가 차원을 달리할 만큼의 '다름'을 갖고 있지는 않다. 우리나라의 사회적경제를 구성하고 있는 사회적기업이나 마을기업, 자활기업 등은 그 원리와 특성이 협동조합의 확장 내지 진화의 연장선상에 있다고 할 수 있다. 협동조합의 변형인 것이지 근본적으로 종이 다른 조직은 결코 아니다.

그렇다면 사회적경제에 관해 제기되는 온갖 거시적 차원의 질문을 협동조합에 대한 질문으로 치환해볼 수 있다. 협동조합의 발전과정을 살핌으로써 사회적경제의 미래 모습을 유추할 수 있기 때문이다. 사회

28 – 조심스러운 판단인데, 필자가 과문한 탓인지 모르나 사회적경제를 시장경제체제와 같은 층위의 대립적인 경제체제 개념으로 기술한 외국 학자의 글은 아직까지 발견하지 못했다.

적경제라는 단어의 자리에 협동조합을 집어넣고 그 답을 생각해보자. '협동조합은 자본주의(신자유주의)의 대안체제인가?', '협동조합은 실업과 빈곤문제를 해결할 수 있는가?', '협동조합은 양극화와 사회적 배제를 극복하고 사회통합을 이룩할 것인가?' 등의 질문이 성립할 수 있다.

5. 협동조합은 세상을 얼마나 변화시켰나

사회적경제가 세상을 얼마나 변화시킬 것인가를 판단하기 위해서 그동안 협동조합이 세상을 얼마나 변화시켜왔는가를 살펴보기로 한다.

협동조합운동의 아버지라 일컬어지는 로버트 오언R. Owen은 정작 협동조합을 만드는 데는 관심이 없었다. 최초로 성공을 거둔 시장 기반의 협동조합에 대해서 오언은 "우리가 그리는 사회체계가 아니"[29]라는 이유로 냉담한 반응을 보였다. 그가 힘을 쏟았던 것은 협동조합 사업체가 아니라 협동공동체(협동촌)였고, 그것을 많이 건설함으로써 자본주의와는 다른 새로운 사회를 이룩하는 것이 그의 꿈이었다.

이처럼 협동조합운동 1세대들의 목표는 자본주의 시장경제체제를 대신하는 공동체적 경제체제를 건설하는 거시적인 것이었다. 그런데 이후 로치데일공정선구자조합의 성공을 기점으로 2세대의 운동사조는 확연히 바뀌게 된다. '참여자의 전체 생활을 공동화하는 대신 각 개인들이 고립된(분리된) 위치에서 경제생활의 일부를 분야별·기능별로 조합화하는 현실적 전략을 택한 것이다. 이로써 협동조합은 시장경제

29 – 존 레스타키스(2017), 《협동조합은 어떻게 세상을 바꾸는가*Humanizing the Economy*》, 착한책가게, 59쪽.

안에서의 경영 시스템에 익숙해지고 자본주의 경제에 순응하기 시작했다.'[30] 물론 이 같은 운동 철학 및 전략의 획기적 변화는 협동조합 조직이 양적으로 급속히 확산·발전하는 계기가 되었다.

그 이후에도 협동조합운동의 조류가 다소 바뀌기는 하지만 사회 전체의 전면적 변화를 꿈꾸는 쪽으로 되돌아가는 일은 없었다. 오히려 경제 현실을 직시하고 실무와 경영을 중시하는 경향이 더 강해졌다.

19세기의 선구자들이 협동조합으로 자본주의를 넘어설 수 있다고 믿었던 이유는 협동조합이 비자본주의적(혹은 탈자본주의적) 이념과 원리를 바탕으로 하고 있었기 때문이다. 그러나 협동조합은 그 이념의 방향으로 세상을 변화시켰다기보다 오히려 세상의 변화 속에서 자신을 지키고 새로운 흐름에 적응해왔다는 편이 옳을 것이다. 협동조합이 세상을 바꾸려 한 게 아니라, 세상이 협동조합을 바꾸어 왔다. 협동조합의 역사가 담긴 주요 문헌들도 이 점을 인정하고 있다.

> "협동조합은 자본주의의 수정이라기보다 기본적으로는 자본주의의 대안이라는 입장이다. 그러나 과거 협동조합의 발전패턴은 협동조합 체계 내에서 사용되고 있는 용어, 구조, 방법, 그리고 명칭까지 자본주의 기업의 예와 모델에 의하여 과도하게 규정되어 왔음을 솔직히 인정하지 않을 수 없다."[31]

어느새 협동조합 시스템이 자본주의를 대체할 것이라는 거시적 목표는 협동조합운동사에서 자취를 감추었다. 1920년에 나온 뿌아

30 – 이와미 다카시(2003), "제3세대 협동조합과 사회운동", 모심과살림연구소, 공부자료집3, 6~7쪽.
31 – 《레이들로 보고서-서기 2000년의 협동조합》, 77쪽.

쏭E. Poisson의 《협동조합공화국*La Republique Cooperative*》은 협동조합에 의한 전체 사회의 구조적 변화를 다룬 거의 마지막 저작이 아닐까 싶다. 협동조합운동 사조에서 오언류의 유토피아 사회주의자들이 윌리엄 킹W. King 같은 소비조합 중심론자들에게 밀려나기 시작한 게 이미 19세기 중엽부터였기 때문이다. 1980년에 레이들로A.F. Laidlaw는 "협동조합공화국의 비전은 적어도 금세기(20세기-필자) 말까지 거시적 규모로 이루어지는 일은 없을 것"[32]이라고 예견했다. 그리고 21세기인 지금, 그 가능성은 그때보다도 더 열어진 듯 보인다.

> " … 협동조합 운동이 성장하고 협동조합이라는 형태가 각 산업의 구체적 시장 현실에 점점 적응해가면서, 협동공동체와 협동조합공화국을 건설한다는 초기의 구상은 협동조합운동의 주류에서 주변부로 밀려났다. … 많은 곳에서 협동조합의 문화와 관행은 점차 각 산업의 전통적 기업 관행과 태도를 닮아갔다. 주류의 관행에 도전하고 변화를 추구하기보다 기존의 관행을 빌려오는 데 그친 협동조합도 많았다. 협동조합 내부에서 협동의 문화를 되살리려는 노력은 협동조합의 핵심원칙인 협동조합 교육의 중단으로 좌절되었다. 여러 선진국에서 협동조합운동은 보수성을 띠는 단계에 들어섰다."[33]

> "협동조합은 사기업 또는 자본주의에 대한 대안으로서 출발하였다. 협동조합운동의 선구자들은 협동조합의 사업시스템이 점차 많은 신봉자를 끌어들여 지배적인 지위를 확보하게 되면 모든 분야에서 영향력을

---

32 – 《레이들로 보고서 - 서기 2000년의 협동조합》, 64쪽.

33 – 존 레스타키스(2017), 《협동조합은 어떻게 세상을 바꾸는가》, 착한책가게, 86쪽.

행사할 수 있고, 마침내 협동조합연방을 건설할 수 있을 것이라고 생각하였고 이를 위한 계획도 세웠다. 이와 같은 협동조합연방의 건설은 … 적어도 거시경제적 또는 국가적 규모로 그러한 유토피아적 비전을 가진 협동조합인은 오늘날 거의 찾아볼 수 없다. … 현재까지 공적·사적 부문과 협동조합 부문의 어느 것도 단독으로서는 모든 경제문제를 해결할 수 없으며 완전한 사회질서를 실현할 수 없었다."[34]

협동조합이 빈곤과 실업 문제를 해결할 수 있는가에 관해서도 솔직한 진단들이 보인다.

"대개의 경우 협동조합은 국가와 달리 부를 이전할 수 있는 힘을 가지고 있지 않다. 그러므로 협동조합 스스로 통제할 수 없는 빈곤의 조건과 같은 문제는 책임질 수 없다. 협동조합이 최선으로 할 수 있는 일은 빈곤층에 대하여 편견을 갖지 않고 그들을 돕기 위하여 할 수 있는 모든 노력을 기울이는 일이다"[35]

"협동조합이 극심한 가난의 문제를 해결할 수 있을 것이라는 기대를 받고 있었다. 그것은 말할 것도 없이, 적어도 단기간에 그리고 현재 조직 수준에서는 협동조합에 대한 불가능한 기대였던 것이다."[36]

파넬E. Parnell은 빈곤의 다양한 원인들을 제시하면서 협동조합이 빈

---

34 – 《레이들로 보고서-서기 2000년의 협동조합》, 75~76쪽.

35 – 《레이들로 보고서-서기 2000년의 협동조합》, 14쪽.

36 – 스벤오케 뵈크(Sven-Åke Böök, 2006), 《급변하는 세상에서의 협동조합 가치 *Co-operative Values in Changing World*》(1992년 동경 ICA 총회 제출 보고서), 농협대학 농업경영연구소.

곤을 근본적으로 제거할 수는 없다고 말한다. 위의 레이들로의 지적처럼 협동조합에는 부를 이전할 수 있는 재분배 기능이 없기 때문이다.

> "협동조합과 상조조합들이 직접 가난의 이러한 원인들을 없앨 수 있는 가능성은 매우 드물지만 … "[37]

이제까지의 역사를 돌이켜보건대 협동조합이 거시적 차원에서 자본주의를 대체하거나 빈곤 및 사회적 배제의 문제를 해결할 수 없었다는 점을 더 이상 길게 논증할 필요는 없어 보인다. 협동조합에서 "비전과 이상이 중요하긴 하지만 만약 그것이 현실과 너무 동떨어져 있다면 감동 대신 실망의 원천이 될 것"[38]이라는 충고를 되새기는 편이 차라리 낫다.

이러한 사실은 사회적경제의 경우에도 그대로 적용된다. 실제로 사회적경제가 협동조합과 비슷한 층위의 개념임을 상기한다면, 즉 협동조합과 마찬가지로 미시적 차원의 조직 및 활동이라는 점을 인정한다면 그 기능과 역할을 거시적 목표와 연관 짓는 것은 의도된 착각이거나 과장이 아닐 수 없다. 이는 외국 학자들의 다음과 같은 글에서도 종종 확인된다.

> "사회적경제 조직이 고용에 미치는 효과는 간접적인 것이며 일자리 창출을 위한 보편적 정책수단은 아니다."[39]

---

37 – 에드가 파넬(2012), 《협동조합, 그 아름다운 구상》, 그물코, 40쪽.

38 – 위의 책, 85쪽.

39 – 한스 베스트룬트(Hans Westlund, 2003), "Social Economy and Employment-the Case of Sweden", Review of Social Economy, LXI(2). 180쪽.

"사회적경제가 많은 잠재력을 갖고 있지만 그것의 임무가 실업이나 그 밖의 시장경제의 실패로 인한 문제들을 해결하는 것은 아니다."[40]

이제 결론은 명확해졌다. 협동조합과 마찬가지로, 사회적경제의 실천을 통해서 불평등과 양극화 등의 문제를 해결하고 더욱 평등하고 공정한 경제체제에 도달할 수 있다는 담론은 사실에 근거하지 않은 허구이다. 사회적경제는 시장자본주의체제 내의 한 부문이고, 동시에 이를 넘어서려는 운동이다.

6. 과장된 담론의 문제점과 발상의 전환

사회적경제가 실제로 감당할 수 없는 사회문제의 해결과 대안체제의 구축을 마치 가능한 것처럼 과장하는 담론은 사회적경제 실천운동이 올바로 나아가는 데 방해가 된다. 그 이유는,

첫째, 마땅히 국가가 맡아야 할 역할과 정책과제를 축소하고 그것을 사회적경제에 과도하게 떠넘기는 빌미가 된다. 제2차 세계대전 이후 고성장 시대의 세수(稅收)를 바탕으로 관대한 복지국가체제를 구축했던 유럽과 달리, 우리나라는 국가가 책임지는 사회보장제도의 발달이 미진하다. 따라서 유럽은 1970년대 말부터 기존의 넉넉하고 촘촘한 국가복지 안전망을 유지하기 힘든 경제 상황(탈공업화 및 신자유주의적 세계화)이 닥쳤을 때 이에 대한 대응책으로 사회적경제를 소환했다

40 – 장루이 라빌(Jean-Louis Laville, 2003), "A New European Socioeconomic Perspective". Review of Social Economy, LXI(3). 389쪽.

면, 우리나라는 '이제 우리도 복지국가체제를 갖추어야 한다'는 공감대가 싹틀 무렵인 1990년대 말, 외환위기를 겪으면서 소득과 고용의 양극화가 심각해졌고 이에 부랴부랴 유럽의 사회적경제 정책을 수입했다. 그러니까 똑같이 사회적경제 정책을 채택했지만 기존 국가복지 안전망의 규모와 튼실함은 크게 차이가 난다.

더군다나 앞에서 확인했듯이, 사회적경제는 그 재분배 기능이 실증적으로 확인되지 않았으므로 불평등과 빈곤을 완화하기 위한 정책이라고 보기 어렵다. 빈곤의 문제는 국가가 세금을 걷어 다시 분배하는 조세정책과 사회보장제도를 통해서만이 가장 효과적으로 해결된다. 따라서 우리 사회에 필요한 것은 사회적경제의 육성 못지않게, 사회안전망의 사각지대를 없애기 위한 사회보장제도의 확장 및 강화와 같은 직접적이고 적극적인 국가의 역할이다.

둘째, 거대 담론은 민간의 정부에 대한 의존성과 하향식 사업방식의 경향을 부추긴다. 2000년 이후에 생겨난 우리나라의 사회적경제 조직들은 법과 제도에 의해 규정되는 성향이 강하다. 그 이전의 소비자생협이나 신협 등이 당사자들의 자발적인 필요 해결에 초점을 맞추었다면, 2000년 이후의 조직들(사회적기업, 마을기업, 협동조합기본법에 근거한 일반 협동조합 및 사회적협동조합 등) 가운데는 법제의 규정에 맞추어 사업의 대상과 내용을 찾는 경우들이 생겨났다. 과장된 거대 담론은 법제 안에 각종 사회문제의 해결이라는, 누구도 부정하기 어려운 목적 내지 가치를 '사회적 목적' 혹은 '사회적 가치'라는 이름으로 내걸고, 정부는 이런 목적에 충실한 조직들을 적극 지원하겠다고 공언한다.

그러나 만인을 위한다는 이 같은 거시적 차원의 목적은 사회적경제의 가장 중요한 본질, 즉, '구성원들의 필요와 욕구를 해결한다'는 진짜 목적을 가려버리거나 약화시킨다. 사회적경제는 당사자들이 자신들의 절실한 문제를 해결하기 위해 기울이는 집합적 노력과 열망을 추진동력으로 삼는 조직임에도, 한편에서는 정부가 이끌어가는 공공프로젝트의 수행기관처럼 보이는 조직들이 늘어나기 시작했다. 고민도, 지향도 없이 정부에게 더 많은 재정지원만을 기대하는 사업체가 자기 추진력과 자생력을 갖지 못하는 것은 너무도 당연하다.

김기섭(2018)은 다소 도발적인 언설로 바로 이러한 문제점을 잘 지적하고 있다.

> "사회적경제는 '모두의 이익(=公益)'을 위해 존재한다기보다는 오히려 '나의 이익(私益)'과 '우리의 이익(=共益)'을 위해 존재합니다. 우리나라 정치권에서 생각하는 것처럼 '(모든) 공동체 구성원의 공동이익과 사회적 가치의 실현'에 경제활동의 목적이 있는 것이 아니라 '회원의 이익과 회원 개개인의 발전'에 그 목적이 있다고 보는 것이 맞습니다. … 실제로는 '나'를 위한 '우리'의 집합적 행위임에도 그것이 단지 집합적이라는 이유만으로 '모두'를 위한 것인 양 착각하고 있습니다. 안정적인 양질의 일자리를 마련해 가난에서 벗어나려는 나의 노력을 '사회통합과 국민경제의 균형 있는 발전'이니 '양극화 완화'니 하는 등으로 설명하고 있습니다. … 사회적경제의 공익성은 지향이지 목적이 아닙니다. '나'를 위한다는 목적에서 '우리'를 형성한 사회적경제가 그 목적 달성을 위해 '우리'의 범위를 '모두'에게로 확장하는 과정에서 도달하는 것이지 그 자체가 목적이 아닙니다."[41]

41 – 김기섭(2018), 《사회적경제란 무엇인가》, 들녘, 44~45쪽.

여기 어떤 지역에 지속적인 일감이 없어 고민하는 열 명의 가난한 실업자들이 있다고 치자. 이들이 현재의 곤궁한 처지를 벗어나기 위해 시도할 만한 일로 무엇이 있을까? 아마도 노동자협동조합이나 사회적 기업 같은 회사를 만들어 공동으로 사업을 벌이는 것이 의미 있는 방안 가운데 하나가 될 것이다. 그들의 사업이 성공해서 우리나라의 실업과 빈곤문제를 완화하는 데 국가적 차원의 기여를 할 수 있을지는 알 수 없다. 설사 성공한다 해도 실업률은 1/2,766,100만큼, 빈곤율은 1/5,183,000만큼 낮출 수 있을 것이다. 그러니 이들의 사업체가 우리 사회의 실업과 빈곤을 해결하기 위해 시작됐다고 하는 것은 자못 쑥스럽다. 여기서 앞서 인용했던 파넬의 말을 다시 불러와 보자.

> "협동조합과 상조조합들이 직접 가난의 이러한 원인들을 없앨 수 있는 가능성은 매우 드물지만, 일단 조직을 만들면 조합원들에게 가난을 완화시켜주고 때가 되면 가난에서 빠져나올 수 있는 길을 제공해줄 수 있는 가능성은 많다."[42]

사회적경제는 한국의 실업자나 빈민이 아니라, 바로 이 조직의 구성원인 열 명의 조합원이 지금의 암울한 처지를 빠져나올 수 있는 '가능성'을 열어준다. 그 가능성을 위해서 열 명의 조합원은 서로 머리를 맞대 궁리하며 함께 손잡고 열심히 동분서주할 것이다. 만약 이들의 사업이 실패하지 않고 지속가능하게 유지되어 이들 가족의 삶이 한결 편안해진다면, 만약 열 명의 조합원 모두가 동등한 주인임을 자각하고 서로를 배려하며 항상 민주적으로 결정하는 조직문화를 뿌리내린다

42 – 파넬(2012), 앞의 책, 40~41쪽.

면, 만약 열 명의 사람이 이제까지의 성과를 독점하지 않고 조직을 열어 한두 명쯤 더 받아들이기로 결의했다면, 바로 그만큼 우리 사회는 보다 인간다운 사회로 변한 것이다.

그러니 우리는 앞에서 협동조합과 사회적경제에 던졌던, "세상을 얼마만큼 바꾸는가?"라는 질문을 이렇게 고쳐 써야 한다. "사회적경제는 세상을 어떻게 바꾸는가?"

7. 맺는말 : 사회적경제는 세상을 어떻게 바꾸는가

'협동조합이 민주주의의 학교'라는 말은 여전히 유효할 뿐 아니라, 협동조합이 세상을 바꾸는 방식에 관해 중요한 단서를 제공한다. 자기 조직의 일상적 민주주의를 고민하지도 실천하지도 않는 '협동조합'이 거대 담론을 빌려와 스스로를 '신자유주의의 대안 세력'이라 자처하는 것은 우습다.

협동조합 같은 사회적경제 기업들 가운데는 사회적경제 본연의 원칙과 가치를 충실히 실천하는 사례들도 적잖이 있다. 김정원 외(2018)의 《협동노동기업의 도전》은 사회적·경제적 성과를 모두 거두고 있는, 우리가 주목해볼 만한 기업들의 사례를 소개하면서, 그들의 특징을 '노동자에 의한 경영 통제', '조직문화', '지역사회와의 협동', '사회적 유용성' 등의 지표를 사용해서 분석한 바 있다.[43]

이들 사례 기업 안에서는 '일하는 노동자가 기업의 주인'이라는 원칙이 대외선전용 수사나 빈말이 아니라 직원들이 체감하고 있는 관습

43 – 김정원 · 장인권 · 지규옥 · 송선영(2018), 《협동노동기업의 도전》, 다른경제협동조합, 100쪽.

이었다. 자활기업 중에는 전체 직원회의가 실질적인 최고 의사결정기구 역할을 하고, 전체 직원이 모여 기업의 정관과 취업규칙, 운영규칙 등을 직접 만든 곳도 있었다. 직원 존중의 조직문화가 발달한 어떤 기업에서는 퇴사했다가 "나가보니 우리 회사만 한 곳이 없더라."며 되돌아오는 사람들도 있었다. 자기 조직에 대한 애착과 충성심은 의도하지 않은 사업상의 성과를 낳기도 한다.

적자경영으로 1차 창업에 실패한 어떤 기업의 대표는 나중에 그 기업을 되살리는 회생단계에 들어섰을 때 기업의 미션과 비전을 수립하는 데 전력을 쏟았다. 사회적경제 본연의 사명을 확고히 하고 그것을 향해 구성원들이 매진하는 것이 곧 시장에서의 생존력을 높이는 길이기도 하다는 믿음 때문이었다.

이처럼 민주주의와 평등, 자조와 연대의 가치를 자기 조직 안에서 실현하는 이 사회적경제 기업들의 존재가치는 분명하다. 이런 철학과 가치를 실제로 실천하는 기업들이 존재함으로써 세상은 그만큼 좋아진 것이다. 쌀 한 톨처럼 작은 조직을 통해서 구현되는 민주주의와 반자본주의의 가치. 작은 조직 하나하나에서 일어나는 변화로 인해 세상은 변한다. 그것이 사회적경제가 세상을 바꾸는 방식이다.

사회적경제는 어떻게 사회연대경제가 되었나?
– 사회적경제의 진부화와 연대경제의 도전

김신양

여는 질문 : 무엇을 사회적경제라 할 것인가?

한편에는 사회적기업, 협동조합, 마을기업, 자활기업 등이 있다. 이것을 A라고 하자. 그리고 다른 한편에는 유기농업과 사회책임 소비, 자활지원, 레츠(LETS, 지역화폐), 연대금융, 공정무역, 주민공제조합, 로컬푸드, 재생에너지 생산, 지역개발 등이 있다. 이것을 B라고 하자. A에서 열거한 것은 현재 한국사회에서 사회적경제를 설명할 때 단골로 등장하는 '조직' 유형이다. B에서 열거한 것은 사회적경제 '영역'이라고 간주되는 구체적이고 다양한 활동들이다. 그럼 이제 이런 질문을 해보자.

질문 1 : A와 B 중 어떤 것이 사회적경제를 설명하는 데 적합할까?
질문 2 : A와 B 중 어떤 것이 사회적경제를 정의하는 데 유용할까?

이 질문의 의도를 파악했다면 "A요." 혹은 "B요." 라고 답하는 데서 끝나지 않는다는 것을 알 수 있을 것이다. 이 질문은 선택을 묻는 것이 아니라 '왜'를 묻는다. 그 선택의 합당함과 정당성을 묻는 것이다. 그래서 A를 선택하든 B를 선택하든, 아니 AB를 선택하든 각각의 질문에 대한 선택에 대해 납득할 만한 설명이 뒷받침되어야 한다. 왜냐하면 이 질문은 우리가 사회적경제를 어떻게 인식하고 개념화하며, 이를 토대로 어떻게 실천하고 확산하며 사회화할 것인지에 대한 물음이 담겨 있기 때문이다. 질문으로 이 글을 시작한 까닭은 다음과 같다.

길게 보면 50여 년, 짧게 잡아도 20년이 넘은 한국 사회적경제의 역사를 되돌아보면 실천 현장의 역동성에 기반한 사회적경제에서 정부 및 지자체의 보조금을 받는 지원조직이 매개가 된 프로그램 중심의 사회적경제로의 이동이 눈에 띄게 확대되는 추세이다. 이러한 흐름의 변화가 가지는 문제점은,

첫째, 사회적경제를 사회적기업, 마을기업, 자활기업, 협동조합 등을 중심에 두는 '사회적경제의 기업화'라는 편향을 낳았으며,

둘째, 이로 인하여 사회적경제의 실천은 사회적경제 기업의 '경영'으로 축소되었고,

셋째, 그 결과 사회적경제의 생태계 조성이라는 목적하에 이루어지는 대부분의 활동은 사회적경제 기업의 설립과 경영에 필요한 기술적, 재정적 지원에 집중되고 있다는 점이다.

요약하면 사회적경제의 의미 변화 혹은 축소, 그에 따른 사회적경제 실천의 방향성의 변화, 사회적경제 생태계 조성 목적의 기능화라는 세 축의 지각변동이 관찰되고 있다는 것이다.

그런데 이 세 축의 변화를 관통하는 요체는 사회적경제를 단순화하고 표준화함으로써 발생하는 사회적경제의 '진부화banalisation'라고 할 수 있다. 진부하다는 뜻은 새로울 것이 없는 평범한 것이며, 그러하기

에 사회적경제의 진부화는 사회적경제가 기존의 질서에 편입되었다는 것을 의미한다.

진부화는 완성된 상태가 아니라 진행형이다. 따라서 이 글은 사회적경제의 진부화로 인하여 발생할 수 있는 위험을 예측하고, 그 위험의 신호를 어떻게 감지하며, 위험이 위기가 되는 것을 막기 위해 어떤 도전으로 위험에 응전해야 하는지 제시하고자 한다. 이를 위하여 우선 한국 사회적경제의 역동성을 개괄적으로 소개하고 나서 진부화의 경향성이 어떻게 관찰되는지 서술할 것이다. 그 다음에는 세계 사회적경제의 역사에서 사회적경제의 진화과정을 살펴보며 진부화의 위험과 그로 인해 발생 가능한 문제를 파악하는 시각을 갖도록 할 것이다. 이러한 현실 분석을 통하여 시사점을 얻고, 한국의 사회적경제가 봉착한 진부화의 위험을 직면하기 위한 관점과 실천적 과제를 제시하는 것으로 매듭을 짓고자 한다.

1. 한국 사회적경제의 역동성과 진부화 과정

1) 한국 사회적경제의 파노라마

시대별 주요 실천

한국 사회적경제의 역사는 1900년 전후로 거슬러 올라갈 수 있겠으나, 이 글에서는 현재 시점을 기준으로 아직 조직이 유지되거나 그 명맥이 이어져온 경우, 또는 초기의 실천이 변화·발전되어 그 연속성이 확인되는 활동의 주요한 흐름을 중심으로 간략히 살펴보겠다.

우선 1960년대 말 또는 70년대 초부터는 개발주의 정책을 토대로 이루어진 대량생산과 대량소비의 풍토에 반기를 들며 시작된 유기농업(생명농업)운동과 그것을 지키기 위한 소비자들의 연대활동으로서의 소비자생활협동조합의 전통이 있다. 1970년대 말에는 부산지역 민주화운동가들이 모여 독서를 통해 민주시민을 양성하고 서점과 도서관을 만들며 민의 대학을 설립하고자 했던 양서협동조합의 경험이 있다. 부산의 양서협동조합은 독재정권에 의하여 강제해산되었으나 1980년대 전국양서협동조합운동으로 이어졌다.

80년대 말~90년대 초에는 노동자협동조합운동과 더불어 도시빈민들의 불안정한 일자리 문제와 생계를 해결하기 위해 조직된 생산공동체운동과 자활지원사업이 있다. 또한 60년대 말에 설립된 부산의 청십자의료협동조합의 경험과 정신을 이어받아 90년대 중반에는 환자의 권리장전과 적정진료를 위해 지역주민과 의료전문가들이 손을 잡고 시작한 의료생활협동조합운동이 있고, 이는 지금의 의료복지사회적협동조합으로 계승된다. 70년대 말에 시작된 보육운동은 90년대 중반부터 교육자들과 부모들의 협동으로 공동체교육을 중심으로 한 공동육아운동으로 발전되었다.

1997년의 외환위기 직후에는 전국의 시민사회운동이 집결하여 실천한 실업자 지원과 사회적 유용성을 가지는 새로운 일자리 창출사업이 전국적으로 이루어져 국민기초생활보장법 내 자활지원사업이 제도화되는 데 토대를 만들었다. 이와 동시에 대전지역을 중심으로 시장의 수요공급 법칙에 따라 교환하는 경제활동이 아니라 지역공동체 단위에서 관계를 기반으로 서로 주고받고 되돌려주는 순환체계인 레츠가 시작되어 현재 보완통화운동으로 변화하고 있다.

2000년대에 들어와서는 실업자들과 공공부조 수급자들과 같은 노동시장 배제계층들이 창업할 때 종자돈을 마련해주고 지속가능하도록 동반지원하기 위하여 연구자들과 기업가 및 시민사회단체가 결합하여 사회연대은행이 설립되었다. 다른 한편, 전국적인 규모의 NGO 조직과 새로이 만들어진 재단의 일부는 무역불평등과 개발독재, 전쟁으로 시달리는 지구촌의 가난한 남부국가들의 농민과 노동자의 생계를 보장하고자 소비자를 조직하며 시작된 공정무역을 통해 윤리적 소비와 결합된 새로운 시민운동을 열었다. 2000년대 중반에 본격화된 사회양극화 문제와 더불어 사회적 일자리 사업이 추진되면서 지역의 결식아동과 독거노인들의 끼니를 챙겨주기 위해 지역농민이 생산한 농산물로 도시락을 만들어 배달하는 단체가 급증하였으며, 이는 이후 대기업의 지원을 토대로 행복도시락 기업들의 네트워크로 발전했다. 2000년대 말부터는 가난한 이들이 서로 도우며 앞으로 닥칠 위험에 대비하기 위하여 쌈짓돈을 모아 주민공제조합을 만들어 상호부조의 전통을 계승하고 있다.

2010년에 들어와서는 완주를 중심으로 대형유통자본이 운영하는 대형마트의 확산으로 시장을 잃은 지역 소농들의 생산물을 유통하며 지역농업과 농민을 지키면서 지역개발을 하기 위해 로컬푸드 매장이 하나둘씩 생기기 시작했다. 또한 전지구적 위험인 기후위기에 대응하며 사회의 정의로운 생태적 전환을 위해 적정기술네트워크와 재생에너지협동조합의 설립도 증가하고 있다.

'다른 삶의 방식'으로서의 사회적경제의 실천

이렇게 지면을 할애하며 일부러 이 활동들의 파노라마를 펼친 까닭은 한국의 사회적경제가 어떤 땅에서 싹이 트고 뿌리를 내리며 자라왔는지, 또 어떤 사람들이 무슨 생각으로 그 활동을 구상하며 실천해왔는지 되짚어볼 필요가 있기 때문이다. 병풍을 펼치면 칸칸이 다른 그림이 있고, 그 그림 속에는 또 많은 소재가 있지만 병풍 전체는 이야기가 있는 하나의 작품이 된다. 그러하듯 사회적경제 또한 하나의 조직이나 한 단면을 보고 그것의 정체가 무엇인지 파악하기 어렵다. 역사를 통해 이어져온 것이 병풍의 칸이라면, 동시대에 이루어진 다양한 실천은 한 칸 속의 그림이다. 그러나 그 전체를 통해 한국 사회적경제에 대한 통찰력 가질 수 있을 것이다.

이렇게 돌아본 한국 사회적경제는 1970년대이든 1997년 외환위기 이후이든 항상 그 시대의 가장 중요한 사회문제에 대응하면서도 일자리, 육아, 의료, 먹거리, 에너지 등 사람들의 일상과 밀접히 관련된 문제를 해결하는 데 집중했음을 알 수 있다. 양서협동조합은 책을 파는 가게만이 아니라 민주시민의 양식이 되는 책을 읽도록 하는 목적을 갖고 있었고, 청십자의료협동조합은 단지 의료서비스를 제공한 것이 아니라 전국민의료보험이 아직 시행되기 전, 민간의 자구적인 안전망을 만들어 건강을 돌보고자 했다. 생명농업운동은 대량생산을 통한 대량판매의 장삿속을 뒤로 하고, 땅을 살리면서 사람을 살리는 농업을 하고자 손해와 탄압을 감수하면서도 이어왔으며, 소비자생활협동조합은 이러한 농민들을 지지하고 그들의 생계를 책임지고자 조직된 것이다. 농민은 소비자를 위한 안전한 먹거리 보급처가 아니며, 소비자생협은 농민의 고객으로만 존재한 것이 아니다. 사람들이 사는 일상에서의 어려움뿐 아니라 사회의 모순과 부조리를 해결하기 위해 위험을 무릅쓰기도 했다. 또는 공동육아나 의료생협처럼 기존의 체계와는 다른 교육과 의료 체계를 만들기 위한 대안으로서의 실천도 존재한다. 사회의 주류와는 다른 방식이었지만 그 다름을 원했던 사람들의 지지와 참여가 실천의 원동력이 되었다.

다른 한편 그 활동의 중심에 선 주체들은 기업가가 아니었다. 그들은 부모이고, 의료인과 교육자이며, 지역주민과 지역활동가와 시민사회활동가이며, 종교인이고 연구자였다. 그들의 일은 임금을 받는 노동이기도 했고, 자원봉사이기도 했고, 기부와 후원 혹은 소비와 나눔이기도 했다. 선구자들이 있지만 그들은 대중을 이끈 영웅은 아니며, 카리스마는 있어도 독재를 하지 않는 리더들이었다.

이러한 점은 비단 한국의 사회적경제만이 가지는 현상이 아니다. 사회적경제의 역사에서 공통적으로 볼 수 있는 특성이며, 사회적경제의 역동성은 이런 다양함에 있다. 사회적경제는 기업가와 장사꾼의 돈벌이가 아니라 그것이 무엇이든, 어떤 식으로든 사람들에게 혜택이 돌아가도록 기획되고 실천되었기에 사람들의 선한 의지와 참여를 이끌어낼 수 있었다. 특히 1997년의 외환위기 이후 전국적으로 광범위하게 집결된 시민사회단체와 풀뿌리단체들의 실업자 지원활동과 새로운 일자리 창출 운동은 일반시민의 큰 호응을 얻었다. 그 영향으로 학계와 행정과 일반 기업이 관심을 갖게 되었고 그들의 지원을 추동할 수 있었던 것이다.

2) 한국 사회적경제 진부화의 신호

진부화의 예로서 탈협동화

한국 사회적경제가 진부화되었다는 진단을 내리기 전에 먼저 사회적경제가 진부화되었다는 것이 어떤 의미인지 짚어보자. 예컨대 협동조합에서 '탈협동화'를 들어 설명해보면 쉽게 이해가 될 것이다.

풀턴과 지라르(Fulton & Girard, 2015)에 따르면 "탈협동화는 협동조합이나 저축금고, 또는 공제조합이 일반적으로 투자자가 소유하는 주식회사와 같이 다른 형태의 기업으로 전환하는 것을 뜻한다. 이러한 전환은 자산의 주식화, 특히 장기간 축적한 적립금을 주식으로 전환하면서 이루어진다. 또한 합병이나 인수 또는 협동조합이나 공제조합이 아닌 기업이 포함된 매수의 결과로 이루어지기도 한다." 한마디로 탈협동화는 협동조합이나 공제조합이 영리기업을 따라하거나 영리기업으로 전환되는 것이라 할 수 있다. 이와 더불어 외부 전문경영인의 영입으로 경영의 효율성을 높이는 전략도 포함되는데 그 대표적인 예가 몬드라곤협동조합그룹의 대표적 기업인 가전제품 제조사 파고르Fagor이다. 결국 파고르는 비민주적인 운영으로 2013년에 파산신청을 했다.

탈협동화는 점점 격화되는 경쟁시장에서 살아남거나 우위를 점하려는 경영전략에 기인한다. 하지만 몬드라곤 파고르의 예에서 보듯 내적으로는 조합원에 의해 민주적으로 통제되지 않기에 전문경영인의 자의적인 판단이 협동조합 운영의 방향을 결정하는 데서 본질적인 원인을 찾을 수 있다. 살아남기 위해 고유한 협동조합의 운영원리를 버리고 영리기업의 전략을 취한다는 것은 모순이다. 그렇게 살아남은 것은 그냥 기업일 뿐이지 더 이상 협동조합이라 할 수 없다. 그러므로 탈협동화는 협동조합이 진부화되는 과정이라고 할 수 있다. 이러한 현상은 오늘날 거대기업화한 세계의 많은 협동조합이 보여주는 모습이며 한국도 예외가 될 수 없다. 한국에서 농업협동조합을 사회적경제기본법에 포함시킬 것이냐 말 것이냐 하는 논쟁은 이러한 경향과 관련 있다. 법적으로는 협동조합의 외피를 쓰고 있지만 그 속을 들여다보면 협동조합의 특성인 자발적이고 개방적인 조합원 제도도, 조합원에 의한 민주적 통제도, 잉여의 제한적 배당도 제대로 지켜지지 않고 있다. 많은 부정과 비리에 따른 경영의 투명성 문제는 말할 나위도 없다.

진부화의 결정적 국면critical juncture : 사회적기업육성법 제정

그럼 이제 본격적으로 사회적경제의 진부화 과정에 대해 살펴보자. 시작은 2006년 하반기 사회적기업육성법(이하 육성법)이 제정되는 시점으로 거슬러 올라간다. 이 시기가 출발점이 되는 까닭은 다음과 같다.

첫째, 육성법 제정은 당시 사회적으로 심각한 사회양극화 문제를 해결하기 위하여 정부의 의지가 강하게 작용하였다. 따라서 육성법은 양극화 해소를 위한 일자리 창출 및 사회서비스 제공이라는 정책을 실현하기 위한 수단으로 추진된 것이다.

둘째, 육성법은 정부가 사회적기업으로서의 요건을 갖춘 기업을 인증하는 '인증제'를 도입했고, 복잡한 인증절차에 따른 과중한 인증업무를 민간조직에게 위탁함으로써 중간지원조직의 인프라가 구축되기 시작했다.

당시의 상황을 부연설명하자면, 애초에 정부가 구상한 법의 명칭은 '사회적기업지원법'이었으며, 2005년 12월에 정부가 2006년에 추진할 주요정책을 소개하면서 처음으로 언론에 공개되었다. 이후 2006년 들어 정부의 법제정 계획이 발표된 후 민간영역에서는 '사회적기업 발전을 위한 시민사회단체연대회의'(이하 연대회의)라는 네트워크를 만들어 법제정에 대응하기 시작했다. 연대회의는 아직 현장의 경험과 실천이 충분하지 않아 법제정이 시기상조라 판단했다. 그리고 정부의 의지는 확고한 반면 법제정 과정에서 현장과의 소통이 미진하여 법제정이 오히려 현장에 장애가 될 수 있는 점을 우려하였다. 그리하여 연대회의 내 시민사회 법제정 TFT를 구성하여 자체 법안을 만들어 각 지역별 설명회를 개최하기도 했다.[1] 이때 연대회의는 사회적기업은 불쌍해서 지원할 대상이 아니라 이 사회에 꼭 필요한 역할을 하므로 '육성'의 대상임을 분명히 함으로써 정부가 이를 받아들여 '사회적기업육성법'이 된 것이다.

인증제 도입에 따라 정부가 인증하지 않은 기업은 사회적기업이라는 명칭을 사용할 수 없게 된다. 이와 관련하여 법제정 전에 연대회의는 사회적기업은 민간의 자발적인 영역이므로 그 명칭을 정부가 독점할 수 있는 성질이 아니기에 인증제가 아닌 '허가제'를 주장하였으나 받아들여지지 않았다. 당시 연대회의는 사회적기업이라는 명칭을 이미 사용하고 있던 당사자조직의 대표들과 간담회를 가졌는데 그들 다수는 인증의 부당함을 비판했다.

2006년 12월 법제정 후 정부는 육성계획으로 5년 내 1,000개의 사회적기업 설립계획을 발표하였으며, 이에 따라 중간지원조직은 사회적기업 인증업무를 비롯하여 사회적기업 설립지원 업무가 중심이 되었다. 문제는 설립지원 업무의 방향과 목적이 무엇을 지향하는가 하는 점이다.

그런데 공교롭게도 이 시기를 전후하여 '미국식 사회적기업', 즉 비영리조직인 NPO가 정부 보조금의 삭감으로 인하여 소득을 목적으로 시장활동을 벌이는 사회적기업 방식이 국내에 도입되었다.[2] 이와 더불어 시장중심 경제학 원리를 따르는 경제 및 경영학계가 사회적기업에

1 - 당시 필자는 TFT 소속으로 법제정에 참여했으며, 이후 지역순회 설명회도 참여했다

2 - 이러한 경향을 드푸르니는 'Earned income school'(2009) 또는 Enterprising non-profit school'(2011)로 구분한다.

관한 연구과제를 수행하고 정부의 정책자문에 참여하게 되었다. 그들 대부분은 사회적기업 또한 '기업'이므로 수익성을 강조하고 시장에서 살아남아야 한다는 논리를 폈다. 이에 따라 사회적기업의 경영진단에 일반 영리기업의 진단도구가 도입되었고, 지원조직의 매개로 제공된 경영컨설팅은 영리기업을 대상으로 하는 컨설턴트 조직들이 대거 참여하여 이루어졌다. 또한 사회적기업의 사회적 성과 및 영향력과 같은 평가는 측정하기 어렵고 긴 시간이 걸린다는 이유로 외면된 반면, 단기적이고 정량적인 평가가 가능한 소득증가와 일자리 창출이 주요한 지표가 되었다. 이렇듯 기업으로서의 사회적기업의 정체성이 강조되는 가운데 지원조직의 설립지원사업은 일반기업을 대상으로 하는 창업지원프로그램에 더하여 제도에 대한 이해를 돕는 내용으로 채워졌다.

이에 대해 현장의 지원대상 조직들의 대응은 두 가지로 요약된다. 자활지원제도나 사회적기업과 관련된 제도와 역사에 대한 이해가 부족한 경영컨설턴트의 지원이 전혀 도움이 되지 못하고 오히려 자신들이 설명해주느라 시간만 낭비했다며 불만을 토로하지만 전체 지원패키지에 포함되어 있어서 울며 겨자먹기로 받아들인다는 입장이 그 하나다. 다른 하나는 괜히 시간낭비 할 것 없이 형식적으로 답변하고 끝내자는 입장이다. 반면 컨설팅서비스를 제공하는 업체나 컨설턴트들은 사회적기업들이 체계가 없고 너무 복잡한 구조 속에 놓여 있다는 불만을 토로하기도 했다. 이렇듯 만족도도 높지 않고 효과도 장담할 수 없는 경영지원과 창업지원프로그램이었지만 관성의 법칙에 의하여 지속되었다.

그런데 정부의 계획과는 달리 사회적기업의 수는 빨리 늘지 않았고 목표치에 미달했다. 그 때부터 노동부는 '예비사회적기업' 지원이라는 묘수를 내고, 각 지자체는 서울형사회적기업, 부산형사회적기업 등 지역의 특성을 살린 양 정책을 만들어내었고, 심지어 지자체 차원의 예비사회적기업을 따로 선정하여 지원하기도 했다.

진부화의 경로의존성

이렇게 시작된 '제도화-기업화-창업지원프로그램'의 경향성은 다른 정부 정책으로 확산되었다. 일자리 창출과 서비스 제공 중심으로 흘러가는 사회적기업이 놓치고 있는 지점을 포착하여 시작된 커뮤니티비즈니스도 비슷한 경로를 겪는다. 지역개발과 마을공동체 회복이라는 목적은 행정안전부의 후견하에 '마을기업'이라는 이름으로 토착화하는 듯했다. 또한 사회적기업과는 달리 농촌의 청년회와 작목반, 영농조합, 도시의 주부모임 등 참여 주체가 다양화되었고 그만큼 관계성 또한 강하게 작용했다. 그러나 이렇게 전통적인 공동체들과 마을네트워크 혹은 작은 모임들로 구성된 마을기업은 정부의 방침에 따라 주식회사로 전환하는 비중이 늘었고, 2012년 협동조합기본법 제정 이후에는 협동조합으로 전환하거나 신규 설립하는 경우도 늘어났다. 이와 더불어 지원 후 지속가능성에 대한 고민과 압박 속에서 사회적기업 인증으로의 전망을 가지며 인증제로 흡수되는 움직임도 늘어났다.

이러한 추세에 더하여 자활공동체라는 이름으로 창업된 지역자활센터의 사업단들은 '자활기업'으로 재정의되었고, 자활기업 또한 국민기초생활보장법 이후의 지속성에 대한 고민으로 사회적기업 인증을 전망으로 삼게 되었다. 뒤이어 2013년에 제정된 국토교통부의 '도시재생 활성화 및 지원에 관한 특별법'으로 도시재생지원센터들이 지정되기 시작했고, 서울에서는 CRC모델을 기반으로 서울도시재생사회적협동조합으로, 국토교통부 차원에서는 2018년부터 마을관리사회적

협동조합이라는 기업의 설립으로 지원센터의 임무가 정리된다.

요약하면 노동부는 사회적기업, 보건복지부는 자활기업, 행정안전부는 마을기업, 국토교통부는 마을관리사회적협동조합이라는 모델을 정해놓고 정책을 추진하여, 각 분야의 중간지원조직들은 이 목적을 수행하기 위해 창업프로그램을 진행하고 있다. 이러한 경향은 기획재정부 소관의 협동조합지원센터도 예외가 아니다. 물론 협동조합은 제도적인 지위가 아니라 법적인 지위이기에 인증제가 적용되지는 않는다. 그렇다 하더라도 협동조합기본법이 제정된 후 협동조합 붐이 일어날 정도로 많은 설립이 이루어졌고, 그 반 이상은 실질적으로 개점 후 휴업상태에 있다.

이제 정부의 문서, 중간지원조직이나 지역의 사회적경제 네트워크, 중앙 및 지방의 연구원에서 진행되는 정책연구 등 모든 곳에서 사회적경제는 '사회적기업, 마을기업, 자활기업, 협동조합 등'이 되었고, 이에 기반하여 사회적경제기본법을 제정하라는 현장의 요구가 거세지고 있다.

그런데 그게 왜 문제인가? 혹자는 이렇게 물을 수 있을 것이다. 각 부처에서 제도가 만들어지고 재원이 투입되어 지원이 강화되어 사회적경제기업이 확대되면 좋은 것 아닌가 생각할 수도 있다. 사람들이 잘 몰라서 어려웠는데 수적으로 많아지면 영향력도 커져 유리한 조건이 마련될 것이라고 생각할 수도 있다. 그런데 과연 이 '제도화-기업화-창업지원프로그램'의 경로가 사회적경제가 발전하고 성장하는 과정이라고 할 수 있을까? 아니 그것보다 과연 이러한 경로가 사회적경제의 특성이 발현되어 사회화되는 과정이라고 할 수 있을까?

이에 대한 논쟁은 잠시 뒤로 하고 다음 절에서는 우리가 던진 이 질문의 답을 찾는 데 실마리를 제공해주는 사례를 먼저 검토해보자.

2. 사회적경제가 사회연대경제가 되기까지

몇 년 전부터 한국에도 사회연대경제라는 용어가 간간이 보인다. 우선 '사회연대경제지방정부협의회'가 있고, 국제적인 학술대회에서도 그 용어가 보인다. 그런데 사실 세계적인 차원에서 보면 사회적경제라는 용어보다는 사회연대경제가 보편적으로 수용되고 있다. 유엔이나 ILO와 같은 국제기구들부터 국제적인 학술대회나 많은 나라에서도 사회연대경제라는 용어로 통일되어 가는 추세이다.

사회연대경제라는 용어는 사회적경제와 연대경제가 결합된 결과이다. 그런데 용어의 변화는 단지 두 개념의 결합을 의미하지 않는다. 이렇게 된 배경에는 낡은 사회적경제에 대한 비판과 쇄신을 요구하며 등장한 연대경제와의 긴장과 갈등, 그리고 유럽 중심이 아닌 전 세계적 관점에서의 '다른경제'에 대한 열망이 담겨 있다.

이 절에서는 우선 연대경제가 왜 사회적경제를 비판하며 등장했는지 알아보고, 사회적경제의 역사적 변천과정에서 연대경제의 등장이 갖는 의의를 살펴보도록 하겠다. 이 과정을 통해 우리는 한국 사회적경제의 진부화로 인해 도래할 수 있는 위험을 예측할 수 있을 것이다.

1) 사회적경제의 재등장과 연대경제의 도전

사회적경제는 19세기 상반기에 프랑스에서 정치경제학에 대한 대안적인 학문으로 등장했다.[3] 그러니 사회적경제라는 용어보다는 그 성

3 – 사회적경제의 등장과 역사에 관해서는 김신양(2016), "사회적경제의 의미와 관점",《한국 사회적경제의 역사》(한울)를 참고하기 바란다.

격을 고려할 때 '사회경제학'이 더 적절한 번역이라 할 수 있을 것이다. 그런데 이 학문은 당시의 노동결사체운동인 협동조합과 공제조합 등의 실천과 결합하면서 19세기 중반부터는 대안적인 학문이자 그 학문의 이론을 현실화하는 다양한 경제활동을 아우르는 개념으로 확장되어간다.

대안적인 사상이자 학문으로서, 그리고 실천적인 조직으로서 사회적경제의 전통은 19세기 말까지 이어져갔다. 그러나 20세기 들어 이념적 갈등과 1, 2차 세계대전, 이후의 복지국가 및 시장의 발전 등으로 인하여 대안적 사상과 이념으로서의 사회적경제는 암흑기를 맞이한다(Gueslin, 1998). 하지만 협동조합의 발전이 지속되어 관련법이 제정되었고, 공제조합의 경우 복지국가의 파트너가 되면서 의료보험제도를 보완하는 역할을 하며 안정적인 길을 걷게 된다. 그러니까 대안적 사상과 학문으로서의 사회적경제는 그 존재감이 극히 축소되었지만 조직으로서의 사회적경제는 자체 발전경로를 걷고 있었다고 할 수 있다.

그러다가 1973년에 시작된 오일쇼크로 인하여 세계 경제가 위기를 맞이하면서 시장실패와 국가실패라는 이중의 실패가 확인된다. 경제위기로 인해 단행된 구조조정은 대량의 실업을 양산하였고, 조세수입이 감소된 데다가 장기화된 실업으로 인해 재정투입이 많아져 복지국가 또한 위기를 맞게 되었던 것이다. 특히 이 시기의 가장 심각한 사회문제는 장기실업자의 증가와 이들의 사회적 배제 문제였다. 변화된 시장에 다시 들어가지도 못하고, 그렇다고 실업보험의 혜택을 계속 받을 수도 없었던 장기실업자들은 노숙자가 되어 거리를 떠돌게 되었다. 또한 구조적 실업으로 인하여 청년층마저 장기실업자의 대열에 합류하게 되어 그야말로 사회에서 배제되어 비참하게 하루하루를 살아야 하는 이들이 매년 증가하게 된 것이다.

이렇듯 국가와 시장의 실패가 확연히 드러나고, 구조조정 이후 시장이 회복되는 시점에도 사회적 배제 문제는 해결되지 못하고 오히려 악화되는 상황에서 사회문제를 해결할 대안으로서 사회적경제를 소환하게 된다.

여기까지는 극히 단순화한 역사인데, 사실 사회적경제의 재등장과 관련해서 보다 엄밀한 관찰이 필요하다. 왜냐하면 그때 사회적경제라고 불린 것은 더 이상 과거의 사회적경제가 아니었기 때문이다. 왜일까?

1973년의 오일쇼크로 인해 시작된 경제위기는 시장과 국가라는 전통적인 두 조절방식의 무능을 드러낸 계기가 되었다. 그런데 더 이상 노동시장으로 들어가지 못하게 된 장기실업자들은 노동조합에게도 외면당했다. 노동자가 아니라는 이유로 노동조합에 가입할 수 없게 된 것이다. 게다가 전통적인 사회적경제 조직이라 할 수 있는 협동조합과 공제조합은 구성원 위주의 서비스를 제공함으로써 사회에서 배제된 이들을 흡수하고 통합하는 일에 소홀했다. 그러면 시장에서 배제되고, 국가의 보호도 더 이상 받지 못하고, 심지어 노동조합이나 사회적경제 조직에게도 외면당했던 사람들을 돌보며 다시 사회로 통합될 수 있도록 지원한 이들은 누구였을까?

그들은 다름 아닌 지역의 작은 풀뿌리단체인 어소시에이션association(결사체)이거나 실업자들 스스로가 만든 네트워크였다. 노동조합도 협동조합도 아닌, 자발적인 시민들이 모여 실업자를 위한 연대적 서비스를 제공하는 어소시에이션이었고, 사회에서 배제된 사람들이 다시 사회로 통합되도록 노동통합기업을 만들어 운영하는 종교단체나 교육자와 사회활동가들의 네트워크였고, 소외된 교외지역에서 지역주민과 함께 지역관리기업을 만들어 주민을 위한 일자리를 제공하며 지역을 돌보는 결사체들이었다. 이렇듯 경제위기 이후 다시 등장한 것은 엄밀히 말하면 협동조합과 공제조합이 아니라 작은 어소시에이션이나 레츠, 혹은 비공식적인 네트워크였다. 그리고 때로는 일반 영리기업의 지위를 갖지만 장기실업자들의 노동통합을 위해 설립된 노동통합기업들이었다.

정리하자면, 경제위기 이후 사회문제의 해결사로 사회적경제가 소환되었지만, 그 사회적경제는 이미 대안적 사상과 학문으로서의 사회적경제라는 한 쪽 날개를 잃고, 국가의 발전과 더불어 성장하여 더 이상 사회적 연대를 실현하기 위한 활동에 무관심하여 사회문제에 새로운 답을 줄 수 있는 능력을 상실한 상태였다. 그리하여 1980년대에 들어 전통적인 사회적경제를 비판하며, 우애의 경제로서 사회적경제의 의미를 회복하려는 새로운 운동인 연대경제가 등장하게 된 것이다. 연대경제는 낡은 사회적경제로는 시대가 던진 사회문제를 해결할 이념도, 능력도 상실했다고 판단했다. 사회적경제는 소환되자마자 새로운 주체에 의해 도전을 받게 된 것이다.

2) 연대경제의 강점과 확산성

연대경제는 80년대부터 사회적경제와 구분하며 스스로를 연대경제라 부르기 시작했고, 장루이 라빌Jean-Louis Laville과 베르나르 엠므Bernard Eme에 의해 이론화되었다. 이들이 사회적경제라는 명칭을 거부하고 굳이 연대경제라는 새로운 개념을 도입한 까닭은 두 가지다. 첫째, 사회적경제가 형식화되면서 조직의 성장과 확대에만 관심을 기울이고, 가장 심각한 사회문제를 해결하는 데 소홀했기 때문이다. 그러니 형식은 남고 내용은 상실한 사회적경제는 더 이상 대안적인 경제로서의 정체성을 상실했다고 본 것이다.

둘째, 레츠, 공정무역, 지역관리기업, 연대금융, 공동육아, 노동통합기업 등 연대경제가 새로운 경제의 주체로 간주하는 조직들은 형식적인 지위보다는 실제 활동 내용이 훨씬 더 사회적이고 연대적인 특성을 갖고 있다는 점이다. 이들 조직은 영리기업의 지위를 갖기도 하고, 비공식적인 네트워크이기도 하고, 임의단체이기도 했다. 이렇듯 법적 지위는 천차만별이었지만 그 활동 내용이나 목적에 있어서는 어떤 사회적경제 조직보다 더 사회적이고 연대적이었으며, 자발적인 시민의 참여에 의해 이루어지는 자율적인 결사체들이었다.

그런데 우리가 연대경제에 주목해야 하는 까닭은 따로 있다. 연대경제는 낡고 형식화된 사회적경제를 비판하는 데 그치지 않고, 초기 사회적경제가 등장할 당시의 이념과 목적을 회복하고자 했다는 데 의의가 있다. 이를 위해 한 축으로는 대안적인 학문과 사상으로서의 전통을 계승하고자 이론화 작업을 진행했고, 다른 한 축으로는 시민참여를 통해 경제를 민주화하는 활동을 조직했다. 이 두 축이 연대경제의 강점이 되어 확산하는 데 기여했고, 급기야 사회적경제에 강력한 도전장을 던지는 새로운 운동이 되었던 것이다.

우선 연대경제의 이론화작업은 1994년에 처음으로 집대성되어 《연대경제, 국제적 전망》[4]이라는 제목의 책이 발간되었다. 연대경제는 폴라니Karl Polanyi와 하버마스Jurgen Habermas의 이론을 빌려와 독자적인 이론을 정립했다. 즉 연대경제는 폴라니의 경제 통합방식으로서 호혜와 재분배, 교환의 세 가지 조절방식에 기초하여 국가의 재분배(보조금), 시장교환(판매), 시민사회와 공동체의 호혜적 자원인 자원활동을 혼합하는 복합적인 경제를 구성하는 것이다. 그러니까 연대경제는 시장자

4 – 장루이 라빌 외(1994), 《*L'économie solidaire; une perspective internationale*》, Desclée de Brouwer.

원, 비시장자원(국가), 비화폐자원(시민사회)을 혼합하지만 시민사회의 호혜성이 중심이 되어 두 부문의 자원을 추동한다는 것이다. 이것이 연대경제의 운영원리이다. 하지만 이에 그치지 않고 하버마스의 이론을 빌려와 연대경제는 경제의 영역에 머물지 않고 공적 영역에서 담론을 형성하는 정치적인 성격도 가진다는 점을 강조한다. 예컨대 실업자나 사회적 배제 계층을 위한 서비스를 만들기 위하여 시민사회가 나서서 그 필요성을 공적으로 제기하며 정책과 제도를 만들어가는 과정에서 공론의 장이 마련된다는 것이다. 이러한 과정에서 각기 다른 논리로 운영되는 국가와 시장과 시민사회가 만나 갈등을 일으키고 충돌하면서 조절되는 과정에서 민주적 운영원리가 작동하도록 하는 역할을 한다는 것이다. 그러니 연대경제는 시장 안에서만 작동하는 기업이 아니라 공론의 장을 만들며 제도와 정책을 만들어가는 정치적 성격도 가진다는 점을 간과해서는 안 된다고 강조한다. 즉 정치적 과정을 통해 경제를 민주화하는 과정에서 시민사회가 추동하는 역할을 하는 것이다. 이를 통해 연대경제는 1인 1표를 넘어 참여민주주의를 실현하고자 했고, 사회적 연대를 실현하는 사회운동으로서의 전통을 회복하고자 시민참여를 조직하며 시민사회운동과의 연대를 강화했다.

두 번째는 연대경제가 추구하는 활동의 사회성이다. 연대경제는 '근린서비스'라고 불리는 지역사회 중심의 연대적 서비스 조직을 주요한 활동으로 둔다. 즉 사회에 필요한 서비스를 연대적인 방식으로 조직하는데 그 방법은 '수요와 공급의 동시 구축'으로 표현된다. 연대적 서비스는 획일화된 공적 서비스나 가격지불에 의해 이루어지는 시장 서비스와는 달리 수요자의 욕구와 공급자의 욕구가 만나 서비스가 만들어지고 제공되는 호혜적 서비스이다. 이를 위해 연대적 서비스는 서비스의 이용자와 제공자가 같은 조직에 이해당사자로 결합하는 다중 이해당사자multi-stakeholder 구조의 조직형태를 전제한다. 이러한 연대적 서비스의 운영원리는 이후 사회적기업의 특징인 다중이해당사자 지배구조를 형성하는 데 이론적인 기여를 하게 된다. 이렇듯 연대적 서비스는 이용자의 만족도를 높이기 위해 이용자가 직접 서비스의 내용과 형식을 설계하는 데 참여하며, 또한 서비스 제공자인 노동자의 이해도 반영함으로써 양쪽의 이해가 충돌하지 않게 조절될 수 있는 구조를 만들었다는 점에서 참여경영의 원칙을 정립했다. 또한 비용지불 능력이 있는 소비자뿐 아니라 비용지불 능력이 없는 이들을 위해 공적 자원과 자원활동을 조직함으로써 서비스 접근성을 높일 수 있는 방안을 제시하여 서비스의 사회화에 기여하고자 했다.

이렇듯 연대경제는 이론적 토대를 정립하고, 참여민주주의의 운영원리가 적용되는 조직 운영방안을 제시함으로써 커다란 반향을 불러일으킨다. 특히 시민참여의 호혜성이 중심이 되는 경제를 위하여 사회운동과의 관계를 강화함으로써 많은 시민사회단체의 환영을 받게 된다. 예컨대 사회에 꼭 필요한 친환경제품을 만들거나 지불능력이 없는 사람들을 위해 새로운 서비스를 제공하고자 할 때 보조금만 바라지 않고 시민들의 기여로 만들 수 있도록 연대금융조직을 만들기도 했다. 또한 시민사회운동이 조직하는 세계사회포럼에 한 주체로 참여하여 사회운동으로서의 정체성을 보여주었다.

다른 한편, 연대경제는 남미 민중경제와의 연대를 강화하며 비공식경제로 작동했던 민중경제에 공식성을 부여하여 민중연대경제로 변화하는 데에도 기여했다. 이렇게 연대경제는 안으로는 시민사회운동의 지지를, 밖으로는 민중경제 및 세계 사회운동과의 연대를 강화하며 기존의 사회적경제의 입지에 타격을 줄만큼 확장력을 갖게 되

었다.[5]

이렇게 한동안 사회적경제와 연대경제는 갈등을 일으키며 긴장관계를 유지했다. 협동조합과 공제조합을 비롯한 사회적경제 부문은 1인 1표의 민주적 운영과 잉여의 제한적 분배 등 사회적경제 운영원리의 중요성을 강조하면서 이러한 원칙에 대한 연대경제의 불확실성을 비판했다. 연대경제 주체들은 법적인 지위라는 형식보다는 실제 내용적 측면에서 연대경제의 활동이 보여주는 시민참여와 참여민주주의, 그리고 사회연대성을 강조하며 사회적경제의 형식적인 민주주의와 구성원 중심의 폐쇄성을 비판했다. 그러는 가운데 국제적으로는 연대경제 주체들의 활발한 연대활동에 힘입어 남미의 민중경제와 결합한 연대경제가 선전하는 양상을 보였다. 그 결과 연대경제는 국제적인 정당성을 확보하며 그 입지를 강화하여 사회적경제 진영은 연대경제를 인정하지 않을 수 없게 되었다.

결국 사회적경제와 연대경제는 타협지점을 모색하게 되었다. 이렇게 해서 탄생한 것이 사회연대경제이다. 프랑스정부는 2000년대 초부터 연대경제를 공식적으로 사용하기 시작했으며, 2010년을 전후하여 사회연대경제라는 명칭이 프랑스뿐 아니라 전 세계적으로 공식적인 명칭이 되었다. 그리고 2014년 프랑스에서는 '사회연대경제법'이 도입되어 법적인 지위를 중시하는 사회적경제와 활동의 사회적 유용성을 중시하는 연대경제가 결합되어 제도화되었다.

1830년에 등장한 사회적경제와 1980년대에 등장한 연대경제는 분명 다른 시대적 배경 속에서 탄생했다. 사회적경제가 산업혁명 후

5 – 2002년, 브라질의 뽀르뚜알레그르(Porto Alegre)에서 개최된 세계사회포럼에서는 금융자본주의의 악순환에 대항하기 위하여 '연대경제를 통한 선순환'을 만들자는 입장을 채택한 바 있다. 또한 2005년에 개최된 제5차 세계사회포럼에서도 '연대경제 제안'이 채택되었다.

막 시작된 자본주의 경제 속에서 기본적인 생존권을 보장하기 위한 노동자들의 연대와 결사의 운동이었다면, 연대경제는 그 자본주의 조절 방식의 실패로 인해 양산된 경제, 사회, 생태적 위기 속에서 탄생한 운동이다. 그리고 그 운동의 주체들은 전통적인 의미의 도시 노동자들이 아니라 실업자와 여성, 농촌의 청년 등으로 다양화되었다. 또한 19세기의 사회적경제가 노동결사체를 통한 임금노동의 폐해를 극복하는 것이 과제였다면 연대경제는 삶의 전반적인 문제를 포괄하는 '다른 삶을 살 권리' 운동으로서의 지향을 가진다. 일자리를 위해 도시로 몰리지 않고 자기가 사는 지역에서 일하며 살 권리, 임금노동자가 아니라 자율적으로 노동할 권리를 추구한다. 성장중심의 대량생산 대량소비 사회를 지양하고 보다 생태적이고 지속가능한 사회를 위한 책임 있는 생산과 소비를 조직하고, 지역민주주의와 내발적인 지역개발을 추구한다. 시장에서 사고파는 기업을 만드는 일만이 아니라 지역공동체에서 서로 주고받는 관계중심의 비화폐적 거래를 조직하는 등 연대경제는 시민사회의 의제와 결합하는 역동성으로 경제를 경제의 영역에 가두지 않고 공론의 장으로 이끄는 매개 역할을 한다. 그러하기에 연대경제는 기업이라는 조직적 관점으로 보면 정형화된 틀을 갖고 있지 않아 정의하기 어렵다. 하지만 그 주체와 주체의 활동은 분명 사회적인 유용성이 인정된다.

3. 한국 사회적경제의 정체성을 세우기 위한 관점과 실천 과제

16세기에 등장한 정치경제학이 19세기에 사회적경제에 의해 도전을 받았고, 20세기에는 사회적경제가 있는데도 연대경제가 등장했다. 새로운 것이 등장했다는 것은 기존에 있던 것이 문제이거나, 그것으로는 충분하지 않다는 것을 뜻한다. 대안과 보완, 두 측면에서 의미를 가진다고 할 수 있다. 물론 연대경제가 비판한 것은 19세기의 사회적경제가 아니라 20세기 들어 형식화된 사회적경제다. 그리고 연대경제는 오히려 사회적경제가 등장할 당시의 노동결사체의 이상과 우애(연대)의 이념을 회복하고자 했다. 그러니까 연대경제는 조직만 남은 진부화된 사회적경제를 비판한 것이지 사회적경제의 이상과 이념 그 자체를 비판한 것이 아니라 할 수 있다.

이런 측면에서 사회적경제가 연대경제의 도전을 받아 사회연대경제로 봉합되는 과정은 우리에게 많은 시사점을 준다. 특히 1절에서 다룬 한국 사회적경제의 진부화 위험을 알아차리고 대처할 필요가 있음을 알려준다.

사회적경제는 복합적인 측면을 지닌 개념이다. 경쟁과 이윤추구 중심의 경제에 대해 다른 관점을 제시하는 '사상'이기도 하고, 일반 영리기업과는 다르게 기업을 만들고 운영하는 '방식'이기도 하고, 무엇을 어떻게 생산하고 소비해야 하는지 판단의 기준을 제시하는 '규범'이나 '가치'이기도 하고, 이 모든 것을 아우르는 어떤 거대한 '담론'일 수도 있다. 그러하기에 사회적경제의 개념을 이해하기 어렵고 잘 잡히지 않는다고 말하는 이들도 있고, 사회적경제는 이거야 아니 저거야 하는 논쟁이 벌어지기도 한다. 하지만 어렵다고 해서 단순화시켜 쉽게 이해하도록 하는 것이 꼭 좋다고 할 수 없다. 또한 이것과 저것 사이에서 논쟁이 벌어진다고 하나로 통일해야 한다는 법도 없다. 단순화하기 위해 입체적인 면을 잘라 평면을 만들어버린다면 그 개념은 변질되고 만다. 화합을 위해 이것과 저것 중 하나를 선택하는 것은 통일이 아니라 배제가 된다. 사회적경제 자체가 복합적인 면을 지닌 것이므로 그것은 그대로 받아들일 때 오히려 풍성함과 역동성이 유지될 것이다.

그런데 이러한 사회적경제가 제도화될 때 딜레마를 겪는다. 사회적경제가 제도화된다는 것은 일부의 실험으로 이루어지던 것이 사회적 인정을 받아 보편적인 규칙이 된다는 뜻이다. 그리하여 일부가 누리던 혜택이 확대되거나 공적 재원이 투여되어 보다 안정적으로 운영할 수 있는 기반을 조성하게 되는 장점이 있다. 반면, 제도화된다는 것은 사회적경제가 제도의 통제를 받게 됨을 뜻한다. 이렇게 될 때 사회적경제의 자율성과 창의성이 제한되어 역동성이 약화될 위험이 있다. 이보다 더 중요한 문제는 제도의 통제하에서 사회적경제가 정책의 도구가 될 소지도 크다는 점이다. 이는 사회적경제가 제도를 변화시키는 주체이기도 하면서 제도의 통제대상이라는 이중적인 지위가 있기에 겪는 딜레마이다.

이렇듯 사회적경제의 이중적 지위로 인하여 사회적경제가 제도화될 때 놓치지 않아야 할 것이 있다.

첫째, 사회변화의 동력과 주체로서의 사회적경제의 의의와 역할을 유지하기 위해서는 제도로서의 사회적경제와 구분되는 사상과 이론 체계가 있어야 한다. 이럴 때 제도화된 사회적경제가 정책의 도구가 될 경우 이를 경계하고, 제도의 틀에 안주하며 진부화되는 위험을 감지하여 지속적으로 혁신하는 방향성을 제시할 수 있다. 다른 한편으로 사회적경제는 복합적인 측면을 지니는데 제도는 이러한 측면을 다 수용할 수 없다. 그러니 제도화된 사회적경제가 사회적경제의 전모라고 할 수 없을 것이다. 또한 법과 제도는 형식적인 측면이 강조되어 형식을 넘어선 활동의 진정성과 사회적 의미를 논하기는 어렵다. 그러하기에 사회적경제의 정체성을 제대로 유지하기 위해서는 제도에 갇히지 않는 사상과 이론으로서의 사회적경제의 의미가 지켜져야 하며, 이에 기반한 연구가 이루어져야 할 것이다.

둘째, 연대경제의 사례에서 보듯 사회적경제의 정체성과 역동성을 유지하기 위해서는 시민사회운동과의 관계를 튼튼히 할 필요가 있다. 그래야 사회적경제가 제도의 틀에 갇혀 역동성을 상실하거나 제도에 종속되는 위험을 차단할 수 있다. 예컨대 환경과 관련된 사업을 하는 사회적경제 조직이 기존 제도와 부딪힐 때 제도에 직접 저항하기 어렵다. 사회적경제 조직이 직접 환경운동을 하는 조직은 아니며, 직접적인 저항으로 인하여 사업적 손실을 볼 수 있기 때문이다. 이럴 때 사업을 하는 과정에서 파악한 문제점을 환경운동단체와 공유함으로써 시민사회운동 차원에서 제기하여 문제를 해결할 수 있는 길이 열릴 수 있다. 사회적경제와 관련한 모든 문제를 제도 안에서 풀려는 자세는 바람직하지 않고 가능하지도 않다. 안으로는 민관거버넌스의 민주적이고 투명한 운영을 보장하기 위해 노력하되, 밖으로는 제도 안에서 작동되는 사회적경제를 견제하고 모니터링하여 건강성을 유지할 수 있는 장치를 마련해야 한다.

덧붙임 : 괴로움 없는 사회적경제를 위하여

한국사회에서 사회적경제가 알려진 지 오래되지 않았다고 하지만 벌써 사회적경제기본법을 제정하라는 요청이 쇄도하고 있고, 전국에는 기초자치단체에서 광역에 이르기까지 사회적경제지원조직이 쫙 깔려 있다. 게다가 사회적경제에 관한 책도 심심찮게 나오고 있고, 이러저러한 연구모임이나 연구소도 꽤 많이 존재한다. 그런데 아직까지 이 분야에 종사하는 사람들은 사회적경제를 설명하기 어려워한다.

어떤 것에 대해 설명하기 어렵다는 말은 그것에 대해 정확히 알지 못한다는 뜻이다. 사회적경제라는 간판이 붙은 조직에서 일하고, 그러한 네트워크를 만들고, 관련 제도와 법을 요구하면서도 사회적경제가 무엇인지 잘 모르겠고 설명하기 어려워하는 까닭이 뭘까? 시간이 지나면 시나브로 알게 될까? 그렇지 않다. 어려움의 원인은 사회적경제의 복합적인 측면을 파악하지 못하기 때문이다. 그래서 여기서 말하는 사회적경제와 저기서 말하는 사회적경제 사이에서 갈팡질팡 하게 된다. 특히 사회적경제 현장에서 일하는 많은 종사자들은 제도와 관련된 사회적경제만을 대면하기에 사회적경제가 갖는 의미와 가능성을 이해하는 데 어려움을 겪는 것이다. 사회경제학이라는 사상과 학문을 제대로 맛보기도 전에 현실의 조직을 만드는 데 주력해왔다. 그러하기에 그 조직이 무엇을 하고, 어떤 사회적 관계를 맺고, 궁극적으로는 무엇을 추구해야 할지 관점과 원칙도 수립되지 않은 채 다만 존재하기 위하여 발버둥치고 있는 것은 아닌지 의구심이 들 정도이다. 좋은 것이라기에 좋은 줄 알고 좋다고 말하고 있지만 왜 좋은 것인지 스스로도 확신하지 못하고 잘 설명할 수도 없다. 사상적 기반이 취약한 데다 경험을 통해 인식하며 자기의 것으로 만드는 과정이 부족했기 때문일 것이다. 괴테가 말했듯 "사람은 자기가 알지 못하는 것을 소유하려 들지 않는다." 자기의 것이 아닌 남의 것이기에 잘 못되면 책임을 지지도 않고, 어려움이 닥쳤을 때 자신의 힘으로 해결하려 하지도 않게 될 것이다.

그러니 이대로 가다가는 사회적경제는 외면을 받거나 도전을 받을 것이다. 도전을 받는다면야 차라리 다행이다. 왜냐하면 도전에 맞서 응전하는 과정에서 자기성찰과 쇄신이 있을 수 있기 때문이다. 하지만 이 과정에서 부정적인 보호본능만 작용하여 자기방어에 급급하며 움

츠러 든다면 외면 받는 길로 들어설 수도 있다.

무슨 근거로 사회적기업, 자활기업, 마을기업, 협동조합 등을 사회적경제 또는 사회적경제 기업이라고 할 수 있을까? 그리고 왜 이 네 가지 유형을 묶어서 사회적경제라고 할까? 지금은 이런 단순한 질문조차 명확히 답할 수 없는 현실이다. 왜냐하면 그것은 사회적경제의 개념에 대한 이해에 기반하여 정의와 운영원칙이 분명히 있어야 가능한데 한국사회는 아직 합의된 바가 없기 때문이다. 그리고 그 합의는 법으로 정한다고 억지로 되는 것은 아니다. 경험과 실천, 그를 통한 진단과 평가와 성찰이 수반될 때 우리의 사회적경제가 그 모습을 조금씩 드러낼 것이다. '빨리와 많이'라는 편의에 빠지지 않고 겪을 것을 겪고, 거쳐야 할 것을 거쳐야 변질되지 않고 제 갈 길을 제대로 갈 수 있지 않을까?

후기자본주의체제와 자활기업의 '공동체' 논리[1]

정수남

1. 들어가며

지난 20여 년 동안 한국사회는 경제위기를 비롯해 노동(계급)운동의 쇠퇴, 개별적 소비문화의 확대, 공동체의식의 약화 및 사회양극화의 심화 등을 겪어왔다. 이러한 문제적 상황에 맞선 국가와 시민사회의 대응은 자본주의 시장체제에 대한 전면적인 변혁으로 나아가기보다는 시민사회의 파편화와 그에 따른 생활정치의 부상, 이로부터 파생되는 사회적 갈등과 위험에 대한 감시권력이 강화되는 방향으로 흘러왔다. 이 같은 흐름은 대중의 감정구조에도 커다란 변화를 가져왔다. 체제변혁에 대한 좌절감은 유토피아적 상상력을 단념하도록 만들었고, 경제적 장기침체와 사회양극화는 냉소적인 현실인식을 갖게 만들었으며, 자본의 유동성 증대는 생존의 불안감을 강화했다.

1 "빈민 '공동체'와 언대의 발감정성"이라는 제목으로 〈오토피아OUGHTOPIA〉 Vol.33 No.3(2018)에 게재된 논문을 소폭 수정한 글임을 밝힌다.

이러한 현실이 사회갈등·분열·파편화를 가져오는 문제적 상황으로 인식되면서 이를 극복하기 위한 대안담론들이 사회 전 영역에서 등장하기 시작했다. 정치적 차원에서는 공공성과 민주주의, 경제적 차원에서는 사회적경제·협동조합·기업의 사회적 책임, 문화적 차원에서는 연대·공감·치유 등에 관한 담론과 정책들이 쏟아져 나왔다. 급기야는 이전까지 사회의 대안적 상상력을 제공해왔던 노동계급과 시민정치 기반의 거대담론이 쇠퇴함으로써 '프롤레타리아트에게도 안녕'을 고하게 되었다(고르, 2011: 105~107). 그리고 이제 그 빈자리에는 개별성, 취향, 소비, 나르시시즘의 이념들이 채워지면서 개별적 수준의 인정과 정체성을 둘러싼 격돌이 거세지기 시작했다. 사회적 위험과 공포가 개별적 수준으로 내사됨으로써 기존 체제에 대항하는 힘은 쇠퇴한 반면 체제와의 공모와 협치전략이 부상하기 시작했다. 협치는 사회적 위험과 공포에 대한 국가적 차원의 위기관리 전략이자 개별적 수준에서의 심리적 안정 확보 전략이 되었다.

집합적 수준에서는 전통적 형태의 대항운동보다 지역을 중심으로 한 생활정치 기반의 공동체운동이 활발하게 추진되기 시작했다(유창복, 2015; 최준규, 2015). 빈곤·지역·교육·도시·실업·청년 등의 문제에 있어서 '공동체'적 가치를 내걸고 결집된 집단구성원들이 스스로 그에 대한 해법을 모색하기 시작했다. 예를 들어 자활공동체·지역공동체·마을공동체·교육공동체 등 지역단위의 주민자치 조직화를 통한 대안들이 등장했다. 여기서 공동체는 국가·시장·시민사회 영역으로부터 배제된 삶의 문제들에 공감하고 논하는 자치적 공간이자 대안적 삶을 구현할 수 있는 조직으로 이상화된다. 또한 공동체는 상실된 시·공간의 복원이자 좌절된 유토피아의 귀환을 의미하는 낭만성을 소환한다.

공동체 담론은 근대성(합리성·계산성·효율성)과 대도시적 삶(개별화)

에 대한 비판을 수반한다. 여기에는 대부분 소외감·고독감·삭막함·불안감·우울감 등 감정적 아노미와 소통결핍이 핵심문제로 지적된다. 이러한 시대진단은 일찍이 게마인샤프트(공동체)와 게젤샤프트(사회)를 구분한 퇴니스에게서 찾아볼 수 있다. 그는 공동체를 "모든 지속적인, 자연발생적인, 진정한, 감정적인, 전통적인, 고유한, 따뜻한, 자기목적적인, 유기적인, 그리고 살아있는 인간결합"을 공동체로 묘사했다. 이때 공동체 구성원 간에는 반대급부를 요구하지 않는 도움조달과 보살핌이 자기목적적인 활동으로 나타난다. 반면 퇴니스에게서 사회는 "일시적인, 만들어진, 가상적인, 인위적인, 합리적인, 목적지향적인, 계약적인, 추상적인, 기계적인, 그리고 차가운 연합"으로 묘사된다(로자 외, 2010: 39). 이 두 대립적 개념의 기저에는 상반된 감정 원리가 작동한다. 즉, 공동체는 '따뜻함', 사회는 '차가움'이라는 이분화된 상징적 감정체계가 강하게 작동한다. 뒤르케임의 이분법적 성/속 코드에 대입해보자면 사회에 대해 공동체는 성스러운 상징적 감정코드를 획득하게 된다. 하나의 예로 2000년대 초반부터 '성미산 마을공동체'를 이끈 유창복의 다음과 같은 주장은 이를 뒷받침한다.

> 시대가 험하니 공동체나 마을이 화두가 됐다. 결혼을 미루고 홀로 살아가는 젊은이가 늘고 결혼해도 아이 키울 엄두가 나지 않아 출산을 포기한다. 노인을 돌볼 가정과 사회의 배려도 한참 부족하다. 가족이 제구실을 못하니 허덕이면서도 하소연할 데가 없다. 이런 점에서 마을공동체는 매력적이다. 함께 모여 수다를 떨며 외로움을 덜 수 있다. 일종의 호혜적 생활관계망이다.[2]

---

2 - "나에서 우리로-공동체 의식", 〈서울신문〉, 2014. 7. 28. http://www.seoul.co.kr/news/newsView.php?id=20140728006008

공동체와 감정은 마치 쌍생아처럼 연관되어 논의된다. 베버는 공동체(화)에서의 사회적 행위는 '전통적이며 감정적인 행위지향'에 토대를 두고 있다고 주장한다(베버, 1997: 171). 그런 점에서 공동체는 인간들 사이의 사물화된 결합을 넘어 상호신뢰·호혜·헌신·무사무욕 등의 감정적 결속과 도덕적 규제를 기반으로 형성된 규범적 조직으로 정의된다. 공동체에 대한 이 같은 성격 규정은 가치 및 목적합리적 합리성을 지향하는 '사회(화)'의 성격과 달리 인격적 관계를 토대로 한 감정적 결합을 작동원리로 한다. 이로써 공동체는 근대사회의 합리화 과정의 피안으로서 위치하게 되고 합리화의 역설을 피할 수 있는 상상적 공간을 확보하게 된다.

그런데 최근 정부, 지자체, 시민사회, 나아가 시장영역에서도 공동체(주의)는 협치의 수단으로 급부상하고 있다. 이런 맥락에는 공동체가 오늘날 한국사회의 여러 부조리와 위기를 극복하기 위한 대안이 되고 있다는 이념이 자리하고 있다(권효림, 2015; 나종석, 2013). 또 다른 맥락에서 공동체는 점점 유동성이 심화되고, 사회적 파편화가 가속화되면서 초래한 복지축소와 복합적인 사회적 위험을 제어하고 관리하는 위기관리 장치로 규정되기도 한다(김성윤, 2017: 269~272; 김주환, 2017: 201~2; 서영표, 2015). 이처럼 공동체는 오늘날 한국사회의 여러 층위의 사회문제들을 봉합해주거나 때에 따라서는 직접 해결책으로 등장하면서 사회적 위기의 완충지대로 떠오르고 있다.

그렇다면 오늘날 한국사회의 가장 심각한 문제 중 하나인 사회불평등과 빈곤문제는 공동체(운동)를 통해 어떻게 해소 또는 봉합되고 있는 것일까? 빈곤문제와 공동체는 어떻게 사회적으로 접합되어 있는가? 그리고 공동체는 빈민의 품행을 어떻게 통치하고 관리체계를 구축해가고 있는가? 나아가 빈민은 공동체 속에서 어떤 실천의 논리를 구축하는가? 본 논문은 이 질문들에 대한 하나의 해명을 목적으로 한다.

오늘날 빈곤문제는 점점 탈정치화된 차원에서 논의되고 있는 상황이다. 과거에는 빈곤문제가 계급적 차원과 연동되어 하나의 정치사회적 운동 맥락에서 논의되어 왔다면(조희연, 1993), 오늘날 노동계급운동의 정치적 효과와 수혜 범위는 매우 제한적인 수준에 머물고 있다. 대기업노조를 중심으로 노동운동이 집중화되는 만큼 빈곤운동은 사회변혁을 위한 저항동력으로서가 아니라 복지제도의 기능 일부를 담당하는 시장친화적 '사업' 형태로 점점 더 포섭되어 가고 있다(김수영, 2006; 이수진, 2018). 이로써 빈곤문제는 '정치적 포섭'의 맥락에서 저항논리를 통해 해결되어야 할 사안이라기보다는 '사회적 배제'의 맥락에서 위험관리를 위한 통치문제로 전환되었다. 왜냐하면 사회적 배제의 논리는 빈곤문제를 계급적 기반을 둔 사회운동 차원에서 그 해법을 찾기보다는 빈곤을 사회의 역기능으로 여김으로써 '사회적 포섭 혹은 포용'의 대상으로 규정하기 때문이다. 나아가 빈민은 한 사회의 질서를 구축하는 주권자로서의 위치보다는 그로부터 배제된 사회적 약자로 규정되어 인권침해의 피해자 정도로 축소된다(푸레디, 2016: 340~342).

오늘날 빈민은 이중적 위치에 놓인다. 한편으로는 '연민화'됨으로써 대중의 감정적 동조를 얻는 대상으로, 다른 한편으로는 '사회적 위험'으로 담론화됨으로써 대중의 불안을 가중시키는 잠재적 범죄자로 재규정된다. 이러한 주체화는 사회구조적 차원의 진단이 아니라 심리학적 담론이 만들어낸 권력효과라고 봐야 한다. 이로써 빈곤문제는 정치적 차원의 계급운동이 아니라 심리학적 차원의 치료요법적 담론과 실천을 통해 그 해결방법이 모색된다(푸레디, 2016: 341 참고). 이럴수록 빈민은 사회적 약자, 나아가 심리적 약자로서 위치하게 되고 빈민 스스로도 열패감, 체념, 열등감, 수치심 등을 경험하면서 스스로를 감정적으로 속박하고 이로부터 벗어날 수 있는 자율적이고 독자적인 삶의 가능성을 상상하지 않게 된다. 일반 대중에게 빈민은 자신들의 휴머니즘적 연민과 동정심을 확인하고 그에 따른 도덕적 부채감을 덜기 위해 활용되는 감정적 소비대상으로 여겨진다. 오늘날 빈곤은 감정화된 하나의 상품이다. 이제 사람들은 빈민에 대한 정서적 지지와 자선을 통해 동정심 효과를 가시화하고 이를 통해 약자에 대한 사회적 책무를 정당화는 방식으로 빈곤문제와 결합한다.

1990년대 중반 이후부터 빈곤문제는 선별적인 시혜와 생산적 복지담론이 결합된 '자활사업' 형태로 해법이 모색되어 왔다. 한국지역자활센터에 따르면 자활은 "실직상태에 있거나 극히 불안정한 생계수단을 가진 취약계층에게 취업 내지 창업기회를 제공함으로써 이들이 노동을 통해 자립하는 것을 의미"한다(기관 홈페이지 2018년 5월 검색). 그런데 자활은 개별적 단위로 지원받는 것이 아니라 하나의 집단 단위로 지원받는다. 그런 만큼 자활사업에 참여하는 빈민들은 모종의 협력·협동·연대를 요청받는다. 그럴 수밖에 없는 이유 중 하나는 자활사업 참여 기간이 종료된 후에는 사업에 참여한 사람들과 함께 창업하여 자립하도록 유도되기 때문이다. 그런데 이 자활사업에 사업에 참여하는 사람들에게 강조되는 가치가 공동체 혹은 호혜성 윤리이다. 여기에는 자립을 하더라도 혼자 하지 말고 동료들과 함께 자립하라는 제도적·규범적 명령이 전제되어 있다. 함께 창업하여 자립해야 자활성공률이 높기 때문이고 나아가 연대적 결속을 통해 재빈곤화의 위험을 방지하려는 의도가 깔려 있다. 이렇게 '자활'과 '공동체'의 결합은 여러 연구자들이 주장했듯이, 정부 주도의 빈곤정책과 이전의 생산공동체

운동에서 내려온 공동체적 가치와 실행주체가 결합된 협치의 산물이었다(이수진, 2017: 123~127). 그래서 2012년 '자활사업'이 공식적인 명칭으로 사용되기 전까지 자활공동체라는 표현이 일반적으로 사용되었다. 현재까지도 자활사업은 줄곧 공동체 가치를 전면에 내세움으로써 빈곤정책에 대한 문화적 정당성을 확보해나간다.

그러나 과연 자활사업에서 강조되는 공동체적 가치와 조직원리가 탈빈곤을 위한 동력이자 정책으로 합리적인 효과를 낳고 있는가? 빈민이 자활사업 프로그램에 참여하면서 공동체적 가치나 조직원리를 수행해나가는가? 빈민이 서로 공동체적 가치를 기반으로 협력하고 연대해야 한다는 요청을 받지만 실제로 자신들이 처한 삶의 현실과 사회적 장field 속에서 그것을 제대로 구현할 수 있는가? 이러한 질문들을 종합하자면, 오늘날 국가나 시민사회 심지어 시장영역에까지 확대되고 있는 공동체적 삶의 양식을 통해 빈민이 탈빈곤의 가능성을 넘어 더 나은 삶의 질을 확보할 수 있는가이다. 나아가 공동체적 삶의 원리가 구성원들 간의 상호신뢰·도덕적 책무감·헌신·결속감·이타심에 근거한 상호작용에 입각한다고 할 때 과연 빈민에게도 그러한 감정양식과 감정동학이 작동할 것인가? 만약 그렇지 않다면 빈민에게 요구되는 연대와 공동체는 어떤 감정양식에 기반하고 있는 것인가? 그리고 빈민에게 특정한 감정적 자원을 요구하는 사회적 장의 원리는 무엇인가? 여기서 감정을 고려해야만 하는 이유는 "감정에는 개인과 집단이 상황과 행동과 목표를 평가하는 방식을 수정하고 변형하고 바꾸는 힘이 있으며, 따라서 감정은 행동 성향에 영향을 미치"기 때문이다(귀베르나우, 2015: 259). 따라서 빈민이 자신들이 속한 사회적 공간 안에서 생존을 위한 그들 나름의 실천감각을 파악하는 데에도 이들의 감정구조는 분석될 필요가 있다.

이를 위해 필자는 우선, 후기근대적 불안과 공동체 복원 간의 관계를 검토해보고 빈곤운동이 생산적 복지정책과 결합되면서 주체적인 동력을 상실하고 제도적 권력(행정권력과 시장권력의 논리)에 의해 포섭됨으로써 겪는 모순적 상황을 논의할 것이다. 끝으로 이러한 모순적 상황이 복지 장의 새로운 규칙들을 어떤 방식으로 구성해내고 나아가 빈민을 통제하고 사회적 위험을 관리하는지, 그리고 복지 장 내에서 빈민이 지속적인 삶을 위한 상징투쟁에 어떤 자본을 활용하는지 분석할 것이다.

2. 후기근대적 불안과 '공동체'의 귀환

일반적인 의미에서 자활공동체는 "가난한 사람끼리 서로 협력하고 연대하는 방식으로 경제활동을 하고 이를 통해서 현실의 문제점을 해결해 가는 조직"이자 "호혜성을 기반으로 공통의 유대와 감정, 상호의존을 특징으로 하는 집단"이다. 좀 더 구체적으로 말해서 자활공동체란 "구조화된 가난으로 무력감에 빠진 빈민들을 조직하여 임파워먼트 집단을 형성하고 다양한 훈련과 교육을 통해 탈빈곤 자조조직으로 성장할 것을 목적으로 구성된 가난한 사람들의 사회경제조직을 의미"한다(김정원, 2011: 9~10). 오늘날 빈곤문제의 해결책으로 등장한 자활공동체 프로젝트는 위에서 말하듯이, 협력·연대·호혜성·유대·상호의존 등을 강조한다. 이러한 가치는 전통적으로 공동체적 유대를 중심으로 작동하는 조직이나 집단에서 강조되어왔다. 그렇다면 왜 이러한 가치들이 전지구적 자본주의체제의 자장 안에 위치하면서 사회분화·개인화·포스트포디즘적 생활양식이 확산되고 사회양극화와 계급불평등이 심화되고 있는 한국사회에서 새삼 강조되고 있는 것일까?

공동체 담론이 현재 한국사회에서 중요하게 부각되는 데에는 다양한 사회역사적 맥락이 존재하지만 무엇보다 그 원인을 사회적 관계의 유동성이 가속화된 데에서 찾아볼 수 있다(로자, 2020). 이는 사회 전 영역에서의 자율성 증대와 더불어 불안정성이 가속화되는 모순적 상황으로 나타난다. 그리고 이러한 모순은 개인 내면의 불안감과 두려움을 증폭시켜나갔다. 바우만의 지적대로, 공동체주의는 인간적 가치들의 양극단인 안정과 자유 사이의 추운동이 안정으로부터 멀어지게 됨으로써 그에 대한 대응으로 등장했다. "공동체주의는, 근대의 삶의 가속화되는 '액화'에 대한 지극히 예상 가능한 반응, 개인의 자유와 안전 사이의 깊어만 가는 부조화-그 액화가 파생시킨 수많은 뼈아픈 결과 중에서도 가장 당혹스럽고 괴로운-에 대한 반응이다(바우만, 2009: 272)." 이전까지 사회적 삶의 안정과 자유를 보장해왔던 조합주의적 국가체제는 자본주의체제가 지구적 차원에서 점차 복잡해지고 이질적으로 되어감에 따라 더 이상 시민을 통합할 수 있는 기존의 정당성을 상실하였다. 그리고 새로운 사회운동의 대두와 함께 시민정치가 성장하고 이와 함께 일부 국가기능의 분산화와 여타 기능들이 지구화됨으로써 과거 국가가 수행할 수 있는 역할은 점점 축소되었다(크로우, 1997: 135, 140).

이에 대한 개인적 차원의 사회문화적 해법은 크게 두 가지 방향으로 전개되었다. 하나는 고도의 자기계발 전략(스펙쌓기)을 통해 경쟁우위를 선점하는 공격적인 방향(한병철, 2012: 40~41)과 다른 하나는 심리학적 치료요법 담론을 통해 자아를 위로하는 수동적인 방향(일루즈, 2008; 푸레디, 2016)이었다. 하지만 이 두 방향은 '사회적인 것의 개별화'라는 점과 '자아에 대한 합리적 혹은 감정적 통치'라는 점에서 '자아통치'라는 동일한 권력효과를 낳는다.

반면 집단적 차원에서의 문화적 해법은 '사회통합'과 '연대'를 위한 호혜적 가치와 공공선을 강조하는 공동체 담론을 통해 제시되었다(문성훈, 2017). 신자유주의체제가 본격화되기 시작한 1990년대 후반부터 시장지상주의를 비판하거나 그것의 문제점을 보완하는 관점에서 공동체주의가 학계, 정치권, 시민사회 영역으로 빠르게 확산되었다(강수택, 2012: 455~6). '연대'와 '사회통합'은 중앙정치의 핵심 이슈로 떠올랐을 뿐만 아니라 시민사회 영역에서도 이를 둘러싸고 활발한 논쟁이 벌어졌다.[3] 공동체(주의)가 국내외적으로 오래 전부터 사상적 기반을 갖고 있다는 점(로버트 오언, 생시몽, 푸리에 등) 그리고 여러 실험들이 있어왔다는 점(로치데일, 몬드라곤 협동조합 등)도 지금의 현실 문제에 대처하기 위한 이론적·경험적 자원으로 모색되었다(윤형근, 2014). 공공성·공동체·호혜성 등은 2000년대 정치·사회·문화적 아이콘으로 떠올랐다. 이를 배경으로 사회적경제·사회적기업·사회투자국가 등의 담론과 정책들이 쏟아져 나왔고(장원봉, 2006), 전통적인 사회변혁세력(노동운동, 빈민운동 등)은 국가-시장-시민사회 간의 협치 안으로 편입되면서 복지서비스의 한 축을 담당하는 대행자로 전락하고 말았다. 이에 대해 라이트는 "사회적경제는 공공재의 공급과 취약성의 축소와 관련해서는 다소 불분명한 상태인데, 대부분의 사회적경제는 주로 복지국가의 후퇴로 발생한 격차를 메우는 역할을 하고 있다."(라이트, 2017: 367~8)고 주장한다.

계급운동의 쇠퇴와 사회적 상상의 퇴행은 공동체 담론의 확산에

---

3 – 2009년 이명박정부 시기에는 '사회통합위원회'가 결성되었다가 2013년 박근혜정부의 출범과 함께 해산되었다. 박근혜정부에서는 2014년 '국민대통합위원회'가 대통령 소속으로 설치되었다가 2017년 해산되었다. '통합' 이슈는 당시 국가정책적 차원뿐만 아니라 학계 영역에서도 핵심 연구테마였다.

일정한 영향을 미쳤다. 위기 상황에서 공동체 담론은 거시적이고 이념적인 대안과 달리 생활세계와 밀착된 문제들부터 해결해나갈 수 있는 생활정치의 가능성을 열어주었지만 현재의 사회적 위험과 불평등 문제를 근원적으로 해소할 담론적·정책적 상상력을 축소시켰다. 특히 공동체 담론의 확산은 중간계급의 불안정성과 긴밀하게 연결되어 있다는 점에서 계급적 편향성을 띤다. 공동체적 유대에서 강조되는 호혜·협동·배려 등은 하층계급보다는 중간계급 구성원의 불안감을 누그러뜨릴 수 있는 강력한 감정적 동기로 작동한다. 실제로 지위불안과 저임금에 만성적으로 시달려온 하층계급에게 자신들의 불안정성은 위기로 인식되지 않는다. 이들에게 불안정성은 고착된 삶의 습속처럼 오히려 현재의 삶을 유지할 수 있는 실천전략으로 활용되기도 한다. 하지만 중산층의 불안정성은 비참함·울분·수치심·열등감 등을 유발할 가능성이 높은데, 가령 갑작스럽게 지위하강이나 계급적 하락을 경험할 경우 그들은 전에 없던 수치심과 불안감을 경험할 가능성이 높다. 그런 점에서 공동체적 유대는 불안정한 위치에 놓여 있는 중간계급에게 안정감을 기대할 수 있는 감정적 동기를 가져다준다. 공동체적 유대는 하층노동계급과의 연대를 고려할 필요 없이 중산층 자신들만의 이해관계와 윤리적 정당성이 인정된다면 실현 가능하기 때문이다. 따라서 공동체적 논리와 계급적 논리는 상호의존적이거나 보완적이기보다는 모순적이면서 상충될 가능성이 높다.

최근까지 활발하게 진행되고 있는 마을공동체사업은 중하층계급에게 닥쳐오는 사회적 위험에 대한 하나의 대응전략이라 볼 수 있다. 마을을 단위로 하여 공동체를 조직한 당사자들은 다양한 가치와 활동목적을 갖고 있겠지만 대체로 이들은 '도시화로 인한 경쟁심화, 갈등과 대립, 소외'에 대한 극복방안을 공동체적 연대에서 찾고자 한다. 마을공동체사업은 오늘날의 현실을 진단할 때 다음과 같이 말한다. "가속화된 물질적 성공 중심의 도시화, 경쟁의 강요 및 이를 통해 강화된 개인들의 내면적 상처와 열등감, 과시적 소비화된 삶의 양식들의 사회적 강요는 비인간화에 기초한 소통의 단절 문화를 생성"한다. 그러면서 "많은 지역의 주민들은 비인간화 된 단절의 문화에 대항하여 품앗이, 콩 한 쪽도 나눠 먹기, 이웃사촌과 같은 우리의 전통적 가치들을 되살리려는 싸움들을 해오고 있으며, 이들은 각자의 지역에서 오래된 미래의 현실화를 위하여 노력하고 있다. … (2012년부터 시작된) 서울시 마을공동체 지원사업은 마을 혹은 작은 공동체 단위의 '사람 중심'의 가치지향적 활동을 통하여 신뢰와 친밀에 기초한 집단응집력을 재구축하는 다양한 활동들로 나타나고 있다."고 평가한다(서울시마을공동체종합지원센터, 2015: 14).

하지만 그들의 삶을 좀 더 구체적으로 들여다보면, 마을공동체사업의 대부분은 자녀교육, 양육, 그리고 먹거리에서 출발한다. 이러한 이슈는 대체로 중산층의 이해관계와 관심을 반영한다. 성미산마을은 물론이고 다른 마을공동체의 경우에도 당사자들은 대부분 중산층 이상의 고학력 기반을 가진 전문직 종사자가 많고 대안교육, 주거환경, 친환경먹거리 등에서 일반 주민과 차별화를 꾀하는 데 관심을 갖는다(권유미, 2017: 32). 이들에게 공동체적 유대는 중간계급으로서의 경제적·문화적·사회적 위치를 확보하고 유지하려는 암묵적인 계급재생산 전략이기도 하다. 공동체는 자신들의 계급적 위치를 불안하게 만드는 여러 사회적 위험을 차단하고 방어하는 데 기여한다. 이렇게 볼 때 공동체는 특정한 불안과 두려움을 회피하기 위한 인간집단 내의 정체성 통일과 폐쇄적인 감정적 유대의 산물이라 볼 수 있다. 따라서 자활공동체와 마을공동체는 형식적인 조직원리는 유사하더라도 그것의 내적 작동원리와 집단정체성의 성격은 매우 다를 수밖에 없다. 그런 점에서 공동체는 집단 내 또 다른 이질성과 차이를 가져올 수 있는 감정적 분열의 가능성을 내포하고 있다.

하층계급에게는 생계문제 해결이 우선하기 때문에 공동체를 조직한다고 하더라도 그 효과는 생존과 직결되어야 한다. 그런데 생계와 직결되는 문제를 공동체적 가치와 논리로 극복한다는 것은 자칫 계급불평등의 체계적 요인을 은폐하고 낭만적인 기대와 규범적 당위성에 의존할 가능성을 높일 뿐이다. 이러한 위험성은 하층민으로 하여금 공동체 혹은 연대를 통한 빈곤극복 및 행복한 삶의 실현이 과연 가능할까라는 질문을 던지게 만든다. 뿐만 아니라 공동체적 가치나 감정이 하층민에게 자신의 문제를 해결하는 데 합리적으로 작동할지에 대해서도 의심스럽다. 오늘날 공동체를 계급정치적 차원에서 바라보자면 양가적 의미를 지닌다. 공동체는 중간계급에게는 자신의 계급상승과 재생산을 위한 도구적 합리성으로 활용될 가능성이 높다면, 하층계급에게는 생계유지를 위한 전략적 수단이자 빈민통치를 위한 장치로 기능할 가능성이 높다.

3. '공동체'의 후기자본주의적 모순

1) 공동체, 시간성, 호혜성

공동체는 사람들 사이의 특정한 상호작용의 형태로서 시대마다 다양한 형태를 지녀왔다. 오늘날 공동체가 다시금 강조된다고 하더라도 전통시대의 공동체와 성격이 동일하지는 않을 것이다. 그럼에도 공통점이 있다면 두 공동체 모두에게서 유독 유대나 결속을 강조하는 감정이 강조된다는 점이다. 이러한 상호작용에는 구성원을 하나의 의미망 안으로 끌어들이고 공감을 불러일으키는 특정한 감정이 깊게 자리하고 있다. 또한 공동체는 구성원에게 소속감과 정체성을 부과한다는 점에서 중요한 인정장치이기도 하다. 세넷이 정의한 바와 같이 "공동체는 소속된 사람들이 무언가를 함께 공유한다고 믿는 특별한 종류의 사회집단이다. 공동체의 감정은 형제애이며, 여기에는 사람들이 서로를 물질적으로 필요로 한다는 인정을 넘어서는 무언가가 수반된다. 공동체의 유대는 공동의 정체성을 인식하는 것, 즉 '우리'와 '우리가 누구인가'를 인정하는 데 따르는 기쁨이다(세넷, 2014: 63)." 이러한 공동체의 담론적 속성에는 인간의 순수성·자연성·우주론적 근원성 등을 전제로 충성심·헌신·낭만성·휴머니즘이 강조된다.

공동체 담론에서 등장하는 주요 감정들은 '긍정적인' 혹은 비적대적·비경쟁적 감정이다. 퇴니스의 관점에서 볼 때 "공동체 내부에서는 반대급부를 요구하지 않는 도움조달과 보살핌이 자기목적적인 활동으로 나타난다. 공동체의 원형은 가족이다(로자 외, 2010: 39)." 하지만 신뢰·호혜·순수함·이타심 등 이러한 감정들이 긍정적인 성격을 갖는다는 기저에는 공동체에 대한 탈역사적·탈맥락적 인식이 자리하고 있기 때문이다. 실제 삶에서 신뢰·배려·희생·헌신·무사심 등은 한 인간이 사회관계적 유형 안에서 어떤 위치를 점하는가에 따라 누군가에게는 편안함과 행복감으로 다가오기도 하지만 다른 누군가에게는 질식할 정도의 강박이나 규범적 폭력으로 다가온다.

전통사회에서 공동체적 삶은 실존적인 문제와 직결되었다. 농업 중심의 사회에서 협업은 불가피했으며, 촌락 중심의 결속이 지배적이고 이러한 조건들이 생존의 문제를 좌우했다는 점에서 공동체는 삶의 기본적인 욕구를 충족하고 외부세계에서 오는 위험을 방어하기 위한 수단이었다. 이러한 공동체적 삶은 근대사회로 접어들면서 퇴행적이고 현실도피적인 낭만적 삶의 형태로 격하되었다. 공동체와 상반된 질서원리를 갖는 이른바 '사회'가 등장했기 때문이다. 여기서 사회는 사회적 기능들의 분화와 개인화에 의해 추동되는 '역동적인 상호작용'(짐멜)이자 '유기적 연대'(뒤르케임)의 논리로 구축되며, 또한 이중의 우연성(파슨스)과 유동성(바우만)이 극대화된다. 그런 만큼 자율성과 불안정성은 함수관계를 갖는다. 이는 근대적 시간관에 배태된 속성이기도 하다. 자율성을 추구할수록 예측할 수 없는 미래에 대한 두려움과 공포가 뒤따른다.

오늘날 후기근대적 상황에서 불확실성과 복잡성이 한층 더 가속화되면서 근대적 시간의식 또한 공격받고 있다. 미래는 인간이 진정성의 에토스를 동력으로 하여 개척해나갈 텅 빈 가능성의 공간이 아니라 위험으로 가득한 공간으로 인식된다. 특히 미래 전망의 불투명성과 불평등의 심화는 빈민에게 사회적 상상의 시공간적 범주를 더욱 제약하는 결과를 가져왔다. 근대적 시간관이 미래 지향성을 전제한다는 점에서 과거는 상실감으로 표상되는데, 이때 상실감은 미래에 대한 불안감이 커질수록 더욱 부각된다. 이 불안감을 대체할 수 있는 시간은 두 가지 방향성을 띠게 되는데 가상의 미래를 상정하는 역사철학적 성격을 띠거나 반대로 과거의 향수에 기대는 낭만주의적 퇴행성을 띠게 된다. 물론 이때의 과거는 실재했던 사실이 아니라 현실 속 주체가 품은 기대와 희망이 투영된 가상의 시간이다. 이러한 역사철학적 시간관과 낭만주의적 시간관은 시간의 방향성이 다를지 몰라도 현실 속의 문제를 내부로부터 찾지 않고 외재적 공간, 즉 초월적 시공간에서 찾도록 유도한다는 점에서 동일한 평면 위에 존재한다. 따라서 향수는 미래 전망 없이는 구축될 수 없다는 점에서 역설적 시간구조를 띤다(김왕배, 2017: 14).

향수에 기대고 있는 공동체는 실제로 되돌아갈 수 없는 전원적 유토피아를 불안한 상황 속에 놓인 '지금의 우리가' 과거를 미래에 투사한 것이라고 봐야 한다. 오늘날 대안경제 모델로 대두되고 있는 사회적기업이나 협동조합은 다음의 인용문처럼 '공동체성의 회복'이라는 기획으로 등장한다.

> 사회적기업과 협동조합은 지역의 공동체성을 회복할 수 있는 좋은 경제주체다. 사회적기업은 지역에 필요한 상품을 생산하고 일자리를 만들어 낼 수 있다. 지역민에게 필요한 제품과 서비스는 협동조합에서 함께 해결할 수 있다. 그뿐 아니라 사회적기업은 이익을 지역사회에 환원하고, 협동조합은 배당금을 조합원에게 배당하거나 사회에 재투자한다. 이렇듯 사회적기업과 협동조합은 지역사회에서 경제행위를 통해 창출한 가치를 다시 지역사회 안에서 순환시킬 수 있는 지배구조를 가지고 있다.(이회수, 2012: 316)

공동체에 대한 낭만화된 열망은 근대적 세계관의 쇠퇴와 미래 전망의 부재를 선언할 때마다 되풀이되면서 입에 오르내린다. 20세기 후반부터 대안적 삶을 모색하는 큰 흐름 중에 공동체주의는 사회질서 구축을 위해 전통적 유산에서 많은 자원을 끌어온다(샌델, 2016; 송재룡, 1998; 테일러, 2001; Miller & Rose, 2008: 88~89). 특히 호혜성은 그러한 논의의 중심에 있다. 공동체 담론과 쌍을 이루는 개념이 호혜성이다. 모스에 의해 발전된 이 개념은 상호교환 방식에 있어서 도덕적 의무감을 수반한다는 특징이 있다(모스, 2002). 특히 호혜경제는 당사자들 간의 도덕적 책무감과 부채의식, 나아가 명예, 윤리, 자존감, 인정과 배려를 매개로 교환이 이루어지는 거래행위이다(김왕배, 2011: 186~7). 그런 점에서 호혜성은 상호 간의 물질적 혜택과 이익을 위한 관계라기보다는 상호 간의 도덕적·규범적 결속력을 높이기 위한 물리적·감정적 상호작용 유형이라고 봐야 한다. 따라서 호혜적 관계는 경제적 교환이 이루어지더라도 늘 도덕적 책무가 동반되는 상호작용이라 볼 수 있다.

최근 사회적경제나 협동조합 또한 과거의 공동체적 가치와 자원을 활용한다. 이러한 호혜경제는 공동체의 조직원리 중 핵심적인 부분이다. 원시부족사회나 전통사회에서 호혜경제는 단순한 물자교환을 넘어서 신분과 지위 혹은 상징성이 결합된 인격적 교환이라 볼 수 있다. 그러나 근대산업자본주의 시장체제에서 호혜성은 비합리적이고 비효율적인 에토스로 전락한다. 고도의 기능적 분화와 생활세계의 합리화 과정은 호혜성이 발휘될 수 있는 공간을 사적 영역으로 제한시켜버렸다.

이 같은 운명에 처했던 호혜성은 역설적이게도 초국적 자본이 세계를 장악해 들어가고 행정권력의 통치술이 고도로 합리화된 후기자본주의시대에 공동체 담론과 더불어 급부상하고 있다. 초국적 자본주의와 전통적 가치라는 상호 모순된 원리가 접점을 이루면서 공동체를 요청하고 있다. 여기에는 자본주의시장의 실패와 한계를 공동체적 자원을 통해 해결할 수 있다는 유토피아적 상상력이 깔려 있다. 그리고 그 상상력을 전통사회의 조직원리에서 끌어온다. 김기섭은 "두레나 계는 자발적 호혜에 기초한 일상적 교환을 통해 전체적 부의 향상과 내부적 분배의 균형을 이루고자 했다. 그것은 호혜에 기초한 교환이고, 호혜를 목적으로 펼친 일상에서의 교환"이라고 주장하면서 협동조합도 두레와 계의 원리에서 운영원리를 배워야 한다고 역설한다(김기섭,

2012: 45~6). 사회적경제에서도 '호혜'는 핵심가치로 등장한다. 다음은 사회적경제에 대한 한 단체의 설명이다.

> (사회적경제란) 자본주의 시장경제가 발전하면서 나타난 불평등과 빈부격차, 환경파괴 등 다양한 사회문제에 대한 대안으로 등장, 이윤의 극대화가 최고의 가치인 시장경제와 달리 돈보다는 사람의 가치를 우위에 두고 경쟁보다는 협력과 호혜를 바탕으로 개인적 이익보다는 우리 사회의 공익을 우선하며 지역공동체와 함께 이루어가는 상생의 대안적 경제활동 …(사회투자지원재단 홈페이지)

위의 인용문에서 알 수 있듯이 "돈보다는 사람", "경쟁보다는 협력", '사익보다는 공익', '지역공동체', '상생' 등 호혜성의 핵심가치들이다. 예를 들어 경쟁적 관계에서는 서로 간의 시기, 질투, 이기심이 지배적이라면, 호혜적 관계에서는 서로에 대한 믿음·헌신·책무감이 요구된다. 그런데 호혜성을 이런 가치로만 이해할 경우 사회역사적 맥락과 사회적 관계유형을 간과하게 된다. 호혜성은 그 자체에 긍정성·상생·도덕성을 내재하고 있는 실체적 개념이 아니라 사회관계적 맥락에 따라 그 성격이 다르게 나타나기 때문이다. 이에 대해서는 일찍이 살린즈가 호혜성을 크게 일반적 호혜성, 균형적 호혜성, 부정적 호혜성으로 구분하면서 더욱 명확해졌다(살린즈, 2014 참고). 따라서 경쟁적 관계가 반드시 시기, 질투, 이기심과 조응하지 않을 뿐만 아니라 반대로 호혜적 관계가 헌신, 배려, 이타심과 반드시 조응하는 것도 아니다. 경쟁이 상호배려와 이타심을 전제할 때도 있고, 호혜적 관계가 질투와 이기심을 동반할 때도 있다.

그렇다면 호혜성이 강조되는 공동체가 빈민을 대상으로 행해지는 자활사업에서는 어떤 논리로 작동하고 있는지 살펴볼 필요가 있다. 과거에 빈민들이 자치적 운동을 통해 빈곤극복을 시도하려는 경향이 강했다면 오늘날 빈민들은 국가의 복지정책의 일환으로 제도화된 자활사업을 통해 빈곤극복을 기대한다. 제도화는 빈민에게 체계적인 안정을 가져다주었지만 그런 만큼 자치의 가능성을 축소한다.[4] 행정권력은 복지체계의 세분화와 전문화를 통해 빈민의 기본적인 생계를 보장하는 대신 경제적으로 더욱 예속시켰으며, 문화적으로는 이들을 또 다른 형태의 하층민으로 주체화시켰다. 그 결과 빈민은 복지의존의 굴레 속에 갇히게 되었으며, 도덕적 비난과 굴욕감을 감수하더라도 그 굴레로부터 얻어낼 수 있는 최소한의 자원들을 활용하고자 애쓴다. 이 같은 상황 속에서 자활사업은 공동체적 가치를 결합시켜 빈민들 간의 협력과 조화를 강조하는 자활프로그램을 만들어낸다. 탈빈곤을 위한 대안은 빈민을 자활사업에 참여시켜 공동체적 활동을 유도하는 방식으로 설정되어 있다.

여기에는 빈민을 자활사업프로그램이라는 보다 체계적이고 안정적인 복지장치를 통해 관리한다는 점과 빈민들 간의 협동과 결속이 강조되는 공동체적 운영원리를 통해 대안을 모색한다는 점이 결착되어 있다. 이처럼 자활사업과 공동체적 조직원리가 어색한 짝을 이루면서 오늘날 탈빈곤정책을 떠받치고 있다. 이렇게 보면 자활공동체는 한편에서는 빈민관리 혹은 위기관리의 맥락에서 빈민 스스로 자활능력을 배양할 테크닉을 제공함(통치의 맥락)과 동시에 상호부조와 협력을 통한 탈빈곤의 가능성(대안의 맥락)을 동시에 제공한다고 볼 수 있

4 – 여기서 제도화 자체를 자치 가능성의 축소로 이해해서는 안 된다. 중요한 것은 제도화의 내적 성격이다. 예컨대 제도화가 권위주의적인 중앙집권적 형태로 이루어졌는지 민주주의적 의사결정구조에 의해 형성된 것인지에 따라 자치의 가능성은 축소되기도 하고 확대되기도 한다.

다. 그러나 이 관계는 상호대립적 관계가 아니라 긴밀한 친화력을 갖는다.

2) '통치'와 '대안'의 뫼비우스

오늘날 후기자본주의사회에서 낭만적 유토피아로서 문화적 의미를 획득해온 공동체는 이전까지 공동체적 삶에서 기대되었던 사회문화적 효과를 낳기 어렵다. 공동체가 자본주의체제 외부에 존재하는 피안의 공간으로 상상될 수 있는 시대는 저물었기 때문이다. 그리고 그 상상은 거대문화산업을 기반으로 대중매체가 만들어낸 시뮬라크르를 통해서나 가능해졌다. 게다가 산업화의 역설(소외, 고립, 개별화 등)로부터 거리를 두려는 전원적 삶에 대한 열망은 반자본주의가 아니라 오히려 친자본주의적일 때 더 효과적으로 실현될 수 있다. 이러한 역설은 후기자본주의사회에서 공동체 담론과 그것의 실천에 내재한 모순이기도 하다. 이런 점에서 공동체의 귀환을 바라보는 두 가지 관점이 존재한다. 하나는 통치의 맥락에서 공동체를 사회적 위기관리의 수단으로 바라보는 관점(Miller & Rose, 2008: 88~94; 김주환, 2017: 202; 박주형, 2013)이 있고, 다른 하나는 공동체가 '사회적인 것의 위기'에 대한 새로운 대안으로 바라보는 관점이 있다(송재룡, 2010; 윤일성, 2006; 이동일, 2015). 여기서는 이 서로 다른 관점에 대한 이론적 논의와 차이에 대해서는 논의하지 않을 것이다. 다만 이 관점이 자활사업에 어떻게 결합되어 모순을 발생시키는지에 대해서만 논의하고자 한다.

오늘날 공동체를 전면에 내세운 대부분의 실천과 운동들은 국가정책의 일환으로 추진되고 시장친화적 성격을 갖는 '사업business'으로 전환되고 있다. 실제로 많은 사회적 문제들이 '정책'이라는 이름을 달고 시민사회의 역량을 국가정책의 자장 안으로 끌어들이는 방향으로 나아가고 있다. '협치'는 이를 가장 잘 반영한 문화정치적 수사이다. 협치는 시장의 실패, 정치의 실패 등을 겪으면서 초래한 사회문제들을 정치권력(관리)–시장권력(경제적 자원)–시민사회권력이 각 영역의 자원을 동원하여 해결하려는 목적으로 탄생했다. 그런데 협치는 사회의 합리적 기능분화(Parsons, 1991〔1951〕)와 각 영역(장)들 간의 구조적 연동(루만, 2014: 153 이하)이 합리적으로 작동할 때 보장될 수 있다. 그러나 한국사회가 이러한 조건을 얼마나 충족하고 있는가에 대해서는 회의적이다. 시민사회와 복지영역만으로 한정하더라도 영역 나름의 독자적인 자율적 작동원리를 갖추었다고 할 수 없다. 여전히 중앙관료제적 행정권력이 막강한 영향력을 행사하는 상황에서 지방자치, 자치공동체, 복지예산, 시민단체 등은 중앙권력으로부터 상대적 자율성을 획득하지 못하고 있다. 이런 조건 속에서 협치는 중앙권력의 주도하에 '사회적인 것'을 동원하는 방식으로 이루어지고 있다(김성윤, 2017).

반자본주의적 가치와 자기목적적 활동을 하나의 대안으로 내세우는 공동체는 역설적이게도 시장권력과 행정권력에 의존하지 않고서는 스스로 작동하기 어렵다. 표면적으로는 자치·자발성·당사자주의·호혜성 등의 가치가 강조되지만 실제로는 지자체나 시장의 경제적·정치적 지원을 받기 위한 다양한 행정적·관료제적·경쟁적·전략적 행위들이 수반된다. 성미산마을공동체를 이끌었던 유창복은 지난 2018년 지방선거에 출마하면서 다음과 같이 말했다.

> (협치자문관을 지내면서) "행정의 힘, 좋은 정치의 힘을 깨닫게 되었다." … "동네에서 20년간 못 하던 일이, 행정이 움직이니 며칠 만에 움직여요. 단체장의 철학에 따라 얼마든지 긍정적 역할을 할 수 있겠다는 생각

> 이 들었습니다." … "(현실)정치에 들어가 권력을 잡지 않으면 마을이 지속되기 어렵다."(〈한겨레신문〉 2018. 4. 5.)

그의 말에 따르면, 자치적인 공동체는 더 이상 지속가능성이 보장될 수 없기 때문에 국가권력의 적극적인 힘을 통해 그 한계를 극복해야 한다는 것이다. 이는 공동체적 자치원리와 배치되는 논리이다. 이처럼 오늘날 공동체는 자신이 비판하는 바로 그 근대적 합리성의 체계원리와 결합함으로써 작동되고 유지될 가능성이 높다. 이러한 상황을 제도적 동형화라는 개념을 통해 포착함으로써 자활공동체사업을 운영하는 활동가나 기관들도 비판적으로 바라보기도 한다(이현주 · 민윤경 2015). 그러나 제도적 동형화 개념은 제도화에 대한 의심이 전제되어 있다는 점에서 자기모순적이다. 왜냐하면 사회의 구성원리가 복잡해질수록 제도화가 불가피함에도 불구하고 제도화 자체를 부정한다는 것은 사회의 복잡성을 간과하는 순진함을 드러내기 때문이다. 요컨대 위험관리 차원과 대안운동 차원은 상호 배타적인 관계가 아니다. 실제로 이 둘의 관계는 이질적이지만 사회질서의 재생산을 위해 기능적으로 결합되어 있다. 위험관리는 대안운동으로서의 공동체적 자원을 활용한다. 반대로 공동체는 위험관리의 자원을 활용한다.

이러한 역설은 공동체 담론에서 강조되는 호혜성 개념을 통해서도 잘 드러난다. 앞서 언급했듯이, 공동체는 연대감·우애·헌신·사심 없음·순수함·진정성 등의 감정적 요소를 강조한다. 전원적 생활에서 경험할 수 있는 낭만화된 인격적 관계가 대안적 삶의 자원으로 강조된다. 호혜성에 기초한 휴머니즘적 결합이 오늘날 신자유주의적 질서 혹은 나아가 자본주의의 대립항으로 설정된다. 여기에는 폴라니적 상상력이 깊이 각인되어 있으며(폴라니, 2009), 탈시장화·탈상품화·사회적 자본 등의 개념들도 이에 준거하고 있다. 실제로 이러한 가치들은 사회적경제의 대표적인 하부영역인 협동조합, 자활공동체(자활기업), 사회적기업, 마을공동체 등에서 강조되는 핵심가치들이다. 무엇보다도 이러한 가치들은 감정적 우위를 점할 수 있는 담론을 만들어낸다. 여기서 감정적 우위성이란 인정과 정당성이 인지적 절차보다 감정적 공감을 통해 훨씬 더 극적이고 쉽게 획득할 수 있는 가망성을 의미한다.

감정의 담론적 우위성은 다양한 방식으로 권력 장에서 작동하는데, 최근 나타나는 현상 중에 하나는 사회적 관계를 탈계급화·탈정치화하는 데 있어서 공동체적 감정이 갖는 권력효과이다. 감정은 사회적 맥락과 관계유형의 역학관계에 따라 정치적 효과를 뚜렷하게 드러내기도 하지만 반대로 적대적·투쟁적 상황을 봉합하고 회피하는 탈정치적 효과를 이끌어 내기도 한다(버킷, 2018). 공동체에서 강조되는 감정은 구성원들 간의 감정적 조화·유대·신뢰·우애 등이라는 점에서 적대감이나 분노 감정의 경우 부정적으로 받아들여진다. 공동체는 적대를 봉합하고 회피하는 방식으로 구성원의 감정을 규율한다. 결국 공동체적 유대는 타집단과의 관계에서 감정적 폐쇄성을 갖게 될 가능성이 높다. 동시에 공동체는 감정적 일반성을 지닌다. 위에서 언급한 공동체 담론의 핵심가치들은 다양한 정치이데올로기 모두와 쉽게 결합될 수 있으며, 자본주의적 계급관계를 넘어서는 대안으로서가 아닌 생활세계 수준의 위기를 봉합하는 데 더 큰 효과를 발휘하기 때문이다.[5] 이로써 투쟁과 경합을 통해 구조적 모순에 대항하는 운동논리는 소멸

---

5 – 최근 서울시의 전폭적인 지원을 받고 있는 마을공동체사업과 1970년대 박정희정권하에서 추진되어 현재까지 이어져오고 있는 새마을운동 모두 각기 다른 역사적 기원과 운영방식을 갖고 있지만 이들이 공통적으로 추구하는 목표는 "사회갈등 해소와 공동체 회복"이다. 이렇게 공동체는 "과거에 잃어버린 소중한 X"처럼 누구에게나 결핍된 것으로 상상된다.

하고 모순을 회피하면서 집단 내적 인격적 유대를 추구하는 게토화 논리가 강해진다.

공동체가 이러한 감정적 자원을 필요로 하는 만큼 공동체 담론 또한 특정 감정들을 많이 부각시킨다. 때론 이러한 특징들이 공동체 담론을 하나의 이데올로기처럼 행사되도록 만들기도 한다. 가령 '어려운 사람들끼리 돕고 살아야 한다'는 공동체 담론의 계급적 논리는 가난한 사람들로 하여금 협동이나 '함께하기'(예를 들어, 나눠주기, 서로 돕기 등)를 마치 정언명령처럼 받아들이게 만든다. 이는 오래된 오인메커니즘 중 하나이다. 이러한 논리는 오늘날 빈민에게 요구되는 자기역량강화 요청과는 배치되지만, 역설적이게도 공동체는 빈민의 자활능력과 선택적 친화력을 갖는다. 빈민에게 자활능력을 배양하되 혼자 하지 말고 공동체를 결성하여 하라는 윤리적 강령이 주입된다. 한편 이러한 담론은 그 자체로 실천적 효과를 갖는 것이 아니다. 거기에는 감정적 동력이 전제되어야 하는데, 앞서 살펴보았듯이 우선 공동체 담론에는 사회세계의 근원적인 불안정성에 대한 불안이 내재해 있다. 그리고 이를 제어하고 극복하기 위한 상호 신뢰감, 존중, 배려, 도덕적 책임감, 정, 인내심과 같은 배후감정이 불안에 대응하면서 공동체를 작동시킨다. 이것이 공동체를 생성하는 감정동학이다.

4. 연대의 탈감정성과 실천감각

1) 복지 장의 새로운 규칙과 감정통치

빈민에게 요구되는 연대와 공동체가 과연 도덕적·감정적 효력을 가질 수 있는가? 통상적으로 가난하고 소외된 사람들에게 협력·협동·배려·훈훈함·온정이 요구되는데 과연 이러한 실천감각이 실제 삶에서 잘 드러나는가? 자활사업 참여자들에게 작업장에서 공동체적으로 일한다는 게 얼마나 가능한 일인가? 어쩌면 오늘날 우리는 예전의 빈민이나 서민들에게서 볼 수 있었던 훈훈함, 온정 가득한 이웃사랑, 상부상조 등의 공동체적 삶을 대도시와 거대한 자본으로 둘러싸인 지구화된 공간 그 어느 틈 사이에서 되살려보려고 하는 것인지도 모른다. 그러한 노력의 배후에는 빈민에게 공동체적 가치와 호혜·협동·배려 등을 학습시키고 때론 강요하는 복지 장의 새로운 게임규칙이 작동하고 있는 것은 아닐까.

복지 장은 근대국가와 산업자본주의체제의 등장 이후 사회적 공간 내의 각기 분화된 권력 장 중 하나가 되었다. 복지 장의 속성 또한 여타의 권력 장과 마찬가지로 "투쟁의 장 내부에서 행위자들은 힘들의 장이 지닌 구조 안에서 자신들의 위치에 따라 분화된 수단들과 목적들을 가지고 대결하며, 그렇게 하여 이 구조를 보존하거나 변모시키는 데 기여한다(부르디외, 2005: 58)." 자활사업은 복지 장 내 세력들 간의 내기물로 등장했다. 1990년대 중반 이후 '생산공동체운동'이 '자활생산공동체'로 변하면서 1996년부터 도시빈민 밀집지역(노원구, 관악구, 인천동구, 대전동구, 마포)을 중심으로 시범 자활사업이 시작되었다. 당시만하더라도 생산공동체운동에 참여했던 활동가들이 주축이 되어 '자활활동가' 혹은 '자활운동가'라는 정체성을 갖고 지역주민과 함께 노동자협동조합을 만들려고 노력했다. 하지만 정부와 공조관계에 들어서면서 자활사업은 정부가 주도하는 탈빈곤프로그램에 빈민들이 개별적으로 잘 적응하는 데 맞춰진 반면, 빈민운동의 유산인 빈민 자치공동체는 시효가 만료되었다. 외환위기 이후 실업문제까지 겹치고 빈곤문제가 사회적 위험 담론으로 흡수되면서 복지는 국가의 통치합리성을 증대하는 수단으로 변모되었다. 빈민운동단체들도 대부분 더 이상 비제도권에서 주체적인 운동세력으로 성장하지 못하고 정부의 빈곤 및 실업정책을 담당하는 위탁기관으로 전환되었다. 결국 2005년 자활후견기관이 사회복지사업법에 의해 사회복지기관으로 등록되면서 보다 철저하게 정부의 관리하에 놓이게 되었다.

이러한 변화는 빈민운동가들을 사회복지사·위탁기관 실무자·관리자로, 빈민들을 클라이언트로 만들었고 정부와 지자체는 이들 모두를 관리하고 통치하는 중심기관이 되었다. 이렇게 되면서 복지 장은 자활사업 실무자(활동가), 자활사업 참여자(빈민), 그리고 정부 관료와 복지담당 공무원, 연구기관의 전문가들 중심으로 긴밀한 상징투쟁이 일어나는 공간이 되었다. 이처럼 "민관협력사업은 권력을 민간에게까지 분산하는 민주적 시스템으로서가 아니라 한편으로는 일부 민간세력을 권력의 하부체계로 편입시킴으로써 취약계층을 보다 가까이에서 지배하는 세련된 통치시스템"으로 자리를 잡게 되었다(김수영, 2001: 32~3). 실제로 자활공동체는 2012년 국민기초생활보장법이 개정되면서 '자활기업'으로 명칭도 바뀌었다.

1970년대부터 시작된 빈곤운동은 현 시점에서 볼 때 자치에서 자활로, 공동체운동에서 자활기업으로 전환되어 왔다고 볼 수 있다. 자치와 자활은 '스스로'라는 공통의 의미를 갖고 있지만 그것이 지닌 효과와 의미는 엄연히 다르다. 자치는 의사결정권이 당사자에게 있고 자신의 책임하에 주체적으로 판단하고 활동하는 행위양식이라면, 자활은 복지제도 내의 정해진 일자리 프로그램에 참여하면서 일정한 재정적 지원을 받고 자립의 기회를 찾는 행위양식이다. 자치는 빈민 당사자가 미래를 스스로 만들어가야 하는 반면, 자활은 정해진 미래를 위해 짜여진 프로그램을 스스로 잘 이행하면 되는 것이다. 그런 면에서 자치는 독립성·자존감·우애·도덕적 책임·진정성·희망을 감정적 동력으로 하여 불확실한 미래에 대응해 나간다면, 자활의 경우는 순응성·체념·책임회피·소극적 기대를 감정적 기반으로 하지만 제도적 지원을 받는다는 점에서 제한적이나마 미래는 안정적이다.

현재 자활사업은 정부 주도의 탈빈곤정책 중 대표적인 복지제도로 정착되었다. 한국지역자활센터협회에 따르면, 자활사업은 "국민기초생활보장법에 의해 생활이 어려운 사람들의 사회·경제적인 자활과 자립을 지원하는 사업으로서 일자리 창출과 소득증대, 지역 및 사회에 공익서비스 제공, 사회공동체 실현에 그 목적을 두고 있다." 이를 위해 자활사업은 먼저 근로능력이 있는 저소득층을 대상으로 일정 기간 동안(2-3년) 수급자 자격을 부여하면서 일자리를 제공한 후 2인 이상의 수급자 또는 저소득층이 상호 협력하여, 조합 또는 공동사업자 형태의 자활기업으로 발전하도록 지원한다. 이 과정에서 빈민 스스로 공동체를 조직한다거나 대안적 삶을 이끌어갈 수 있는 가능성은 거의 희박하다. 그리고 과거의 사회운동가들은 자활센터의 센터장이나 사무국장의 직함을 달고 위탁경쟁에 뛰어들거나 지속적인 정부 지원을 보장받기 위해 온갖 행정업무와 감사에 응해야 한다. 복지 장에서 이들의 역할은 정부를 대신해 빈민의 요구를 파악하고 적절하게 관리하면서 정부 지침에 따라 시설을 운영하고 업무실적을 쌓는 일이다. 장의 구조가 "경쟁하는 권력 혹은 자본 유형들의 분포 안에서 그 등급에 의해 규정되는 위치들 간의 객관적인 관계 공간"이라는 점에서 자활사업 실무자, 참여자, 복지부 공무원, 위탁기관, 대학 및 연구기관 등은 '복지'라는 휴머니즘적이고 인권지향적 개념을 둘러싸고 각자의 위치를 점유하는 전략을 펼친다.

이들 간의 상징투쟁은 상호협력·연대·도덕적 책임감·감사·인정 등을 포괄하는 호혜성을 둘러싸고 벌어진다. 엄밀히 말하자면 누가 더 호혜적인 행위를 하느냐를 두고 벌어지는 투쟁이 아니라 누가 더 호혜적으로 '보이도록' 잘 표현하고 치장하느냐를 두고 게임이 벌어진다. 이는 일종의 감정적 투쟁으로서 '도덕감정' 드러내기 경쟁이기도 하다. 자활센터 실무자들은 복지부 공무원을 상대로 전면에서는 가급적 협조적이고 순응적인 태도를 취한다. 그리고 빈민(자활사업 참여자)들에게는 친절한 서비스업체 직원처럼 존중과 상냥함을 보여줘야 한다. 반면 빈민들은 공무원과 마주할 때 가급적 공손하고 유순한 태도를 보이면서 자신의 '어려움'을 진솔하게 고백할 줄 알아야 한다. 자신의 모든 신상정보와 자산규모까지 공개하는 행위는 수급자 자격획득과 맞바꾸는 교환행위이다. 마찬가지로 공무원도 클라이언트에게 정보를 친절하게 전달해주고 '고객만족'을 충족시켜주는 자기연출을 시도한다. 복지 장에서 벌어지는 도덕감정 경쟁 또는 친절 경쟁은 과격하고 투쟁적일 수 있는 행동을 허락하지 않는다. 그런 행위를 하는 사람들은 운동가나 투쟁가가 아닌 그저 '위험한 인물'로 낙인찍힐 뿐이다.

공동체(담론)는 이러한 상징투쟁 과정에서 우위를 점할 수 있는 도덕적 자원이다. '빈곤-공동체' 담론은 복지 장에서 상이한 자본을 지닌 행위자(기관)들이 각자 도덕적 · 감정적 인정을 받기 위해 동원하는 상징권력으로 전환된다. 이는 행위자들 간의 상징투쟁 과정에서 발생한 결과이다. 누가 '공동체' 담론을 내세우고 정치적·상징적 정당성을 인정받는가는 그 행위자의 순수한 지적 판단에서 비롯되는 것이 아니라 복지 장 내에서 그 사람의 사회적 위상과 다른 위치에 있는 사람들과의 차별화 전략에 달려 있다. 그 중심에 자리 잡은 호혜성은 공동체를 표방하는 대부분의 단체나 기관에서 공통으로 점유하는 상징자본이다. 이러한 상징자본은 신뢰·공감·헌신·친화력·이타심 등과 같은 감정을 통해 정당성을 확보한다. 그리고 공동체는 호혜성이라는 상징자본을 통해 정당화된 권력을 가진 조직으로 인정받는다. 이처럼 호혜성과 공동체는 복지 장 안에서 합법화된 상징폭력으로 영향력을 행사한다. 여기서 "정당한 상징폭력이란 주어진 '국가', 즉 주어진 영토의 경계 안에서 일군의 공통된 강제규범을 보편적인 것이며, 보편적으로 적용 가능한 것으로 구성하고 강제할 수 있는 권력을 말한다(부르디외·바캉, 2015: 195)." 이로써 빈민-공동체 담론은 가난을 벗어나기 위해서는 무조건적인 연대·협력·유대·도덕적 책무 등을 요구하고 빈민이 그러한 성품과 행실을 습득하도록 규율화한다.

이 같은 과정은 국가가 종국에는 자신의 통치합리성을 고도화하는데 호혜성과 공동체라는 상징권력을 독점하는 결과로 이어진다. 복지 장 내의 행위자들은 체계적인 행정과 법 그리고 관리·감독이 허용하는 범위 안에서 각자의 상징권력을 획득하는 데 일조한다. 빈민이 복지부의 자활사업이나 고용노동부의 사회적 일자리지원사업 외에 다른 가능성을 모색할 수 있는 상상력은 이미 박탈당했다. 부르디외가 국가는 '상징권력의 거대한 원천'이자 "인구 전체에 대해 물리적이고 상징적인 폭력을 합법적으로 사용하는 독점권을 성공적으로 요구하는 (결정력이 있는) X"(부르디외, 2005: 118)라고 정의했지만, 여기에 하나를 더 추가해야 한다. 국가는 물리적 · 상징적 폭력을 넘어 감정적 폭력까지 집약된 결과물이다. 복지 장의 행위자들은 매뉴얼화된 감정표출에 익숙해지고 때론 적극적으로 드러내야 한다. 예를 들어 자활사업 참여자들은 센터 실무자나 복지담당 공무원들에게 자신의 결핍과 부족함을 드러내고 연민과 동정심을 유발할 수 있는 '신체적 헥시스hexis'를 갖는다. 이는 복지 장에서 빈민이 수급자 지위를 안정적이고 지속적으로 획득하기 위한 자신의 감정자본이기도 하다.

공동체를 통한 통치는 국가의 적극적 개입을 최소화하면서 자치·협동·호혜 원리를 통해 자주관리 테크놀로지를 강화한다. 따라서 빈민들은 자활공동체 사업장에서 협력·협동·유대에 익숙해질 수 있는 마음가짐을 가져야 한다. 이러한 마음가짐은 자활프로그램을 통해 애초부터 기획된다. 자활사업에 참여하기 위해서는 가장 첫 번째 단계로 '게이트웨이' 과정을 거쳐야 한다. 이 과정은 참여자의 심리상태와 건강상태를 진단하고 평가하는 데서 시작한다. 그리고 기초교육과정이 있는데, 주요 내용은 기본적인 금융정보와 재무관리 지식 그리고 심리적 역량을 강화하기 위한 치유프로그램으로 채워져 있다. 이 과정을 거치면서 평가자들은 참여자의 자립역량을 평가하여 그에 걸맞는 일자리를 소개해주게 된다. 게이트웨이 과정은 빈민이 이전까지 살아온 자신의 삶의 윤리를 다른 방향으로 바꾸도록 유도하는 교육이다. 다시 말해 과거의 삶을 되돌아보면서 지식적·심리적·신체적 차원의 죄책감을 유도하는 방식이다. 이 교육과정이 빈민들에게 실질적인 도움을 주지는 못하더라도 자신들의 과거의 삶이 어떤 점에서 잘못되었는지, 그리고 현재 자신이 어떤 위치에 있고 앞으로 어떤 윤리적 태도를 갖고 살아가야 하는지에 대한 감정적 성찰을 유도하는 효과를 낳는다.

2) "하이퍼게토"와 감정자본

자활사업에서 강조되는 공동체는 고전적 의미의 공동체도 아니고 마페 졸리가 개념화한 포스트모던적 신부족도 아니다. 이들은 로익 바깡이 난민수용소를 분석하면서 이들 집단의 특징으로 명명한 "하이퍼게토hyper ghetto"에 가깝다. 하이퍼게토는 자족적인 공동체가 아니라 "버림받는 자들로 이루어진 인위적이고 눈에 띄게 불완전한 무리, 모여 있으나 공동체는 아닌 집단, 어떤 장소에 밀집해 있으나 스스로 생존할 수 없는 무리"를 의미한다(바우만, 2010: 79).

하이퍼게토로서의 자활공동체에는 다음과 같은 특징이 있다. 먼저 이들이 국가에게 받는 경제적 지원은 자족적인 공동체를 만들어가기에 턱없이 부족하다. 자활공동체는 각자 생존과 당장의 생계를 위해 모여든 개별화된 형식적 집단이다. 자활공동체는 일정 기간 자활사업에 참여한 후 구성원 간의 협력을 발판으로 자활기업으로 독립해가야 하는데 이 기간 동안 지원되는 실제 복지서비스가 매우 빈약하다는 점에서 독립의 가능성과 성공률은 매우 낮다. 더욱이 최근으로 올수록 자활사업에 참여하는 사람들은 '건강 약화', '전문지식의 결여', '축적되지 않는 노동이력', '저임금노동' 등 전형적인 프레카리아트라는 점에서 빈곤상황을 극복해나갈 수 있는 결정적인 자원을 갖고 있지 않다.

둘째, 이러한 상황 속에서 자활공동체 구성원들이 택하는 생존전략은 '안주하기', '버티기', '수급자 유지하기', '복지서비스 파악하기', '최소한의 일만 하기' 등 자활사업에 대한 의존도를 더욱 높이는 방식이다. 이들은 역설적이게도 '나만 열심히 일한다고 해서 나아질 것이 없다'는 의식을 갖고 있다. 그래서 이들 사이에는 공동체 의식보다는 각자 수급자 자격을 유지하는 개별화된 전략적 행위가 더 일반적이다. 루이스는 일찍이 빈민은 운명주의·무력감·의타심·열등감·약한 자존감·성적 정체감 부족·현재 지향성·남성우월주의·병리현상에 대한 관대함, 역사의식 부재, 지역주의적 사고, 계급의식 부재 등의 특징을 보인다고 주장했다(루이스, 2013; 박윤영, 1998: 183). 빈민이 살아가는 과정에서 형성한 숙명주의는 대를 이어 재생산되고 그것이 빈민집단의 사회적 사실처럼 굳어진다는 것이다. 그러나 빈민의 숙명적 태도는 온전히 수동적 의미로 해석되어서는 안 된다. 그들에게 숙명주의는 생존을 유지하기 위한 일련의 실천전략으로 활용될 수 있기 때문이다. 다시 말해, 이들에게 숙명주의는 자신이 속한 사회적 장에서 다른 위치에 있는 집단구성원들과 상징투쟁을 벌이기 위해 끌어들이는 일종의 에토스적 자본이다. 가진 게 없는 사람들은 가진 것이 없다는 처지를 하나의 생존수단으로 활용한다. 이러한 자본의 성격은 김홍중이 개념화한 '부정자본'에 가깝다. 부정자본은 "고통이나 아픔, 약점이나 불행이 자원으로 탈바꿈되어, 도리어 그것을 갖지 못한 '유복한' 자들을 초라한 빈자로 만들어내는 사회적 역동"성을 갖는다(김홍중, 2017: 29). 하지만 부정자본이 상징자본의 한 유형이라 할 때 타인이나 타집단의 차별화를 위해 활용되는 적극성을 띠고 있다면 빈민에게 그와 같은 부정자본을 발견하기란 쉽지 않다. 그런 면에서 필자는 빈민의 부정자본을 '무자본non-capital 자본'으로 좀 더 세분화하고자 한다. 무자본 자본은 자본이 없는 것 자체가 하나의 자원이 된다. 빈민이 무자본 자본으로 계급 장에서 버틸 수 있는 이유는 '부정할 수 있는 능력'이 있어서가 아니라 '부정할 능력조차 없는 처지'가 복지서비스와 대중의 동정심을 이끌어내기 때문이다.

셋째, 빈민은 서로 간의 공통 규범, 가치, 이해관계를 공유하면서 공동체를 조직화할 수 있는 경험을 쌓지 않는다. 지역의 많은 자활공동체, 사회적 일자리 사업단이 사회적기업으로 거듭나야 할 경우 팀워크를 구축하는 데에서 실패를 경험한다. 인건비 지원 등 정부와 자활센터의 인큐베이팅이 있다고는 해도, 독립하는 순간 멤버들은 '동료'에서 '동업자'가 된다. 이 상황에서 어떤 이는 열심히 일하고 어떤 이는 불성실하게 일할 경우 팀워크는 이내 깨진다. 분란이 일어난다(이회수, 2012: 312). 오히려 이들은 사소한 사건을 빌미로 서로 다툼을 벌이는 경우가 많다. 하지만 이들에게 사소한 일이란 자신의 위신·위세·자존심 등과 연관되어 있다는 점에서 역설적이게도 정체성 확보와 유지에 중요한 부분을 차지한다. 이들이 작업장 내에서 다른 구성원들과 벌이는 충돌은 소모적 경쟁이자 비생산적인 경합에 가깝지만 오히려 이들에게 '사소한 것'은 사활을 걸 만큼 중대한 문제일 수 있는 것이다. 이들은 공적 가치나 연대를 위한 경합이 아니라 개별적인 감정적 충돌에 민감해 한다. 빈민에게 연대나 공동체적 가치를 요구하기에는 이들의 관심이 사적인 이해에 집중되어 있다. 이들은 연대의 필요성을 느끼지도 않고 오히려 공동체적 가치를 멀리하려고 한다. 서로 모임을 갖는 데 소요되는 최소한의 비용마저도 부담으로 느낀다. 그러한 모임이나 비용이 자신의 처지를 보다 나아지게 하는 데 하등 도움이 되지 않는다는 걸 알고 있기 때문이다. 이들은 자활사업 만료 이후의 삶을 걱정하며, 함께 작업장에서 일하는 사람들과 일의 분배를 놓고 신경전을 벌이며, 남보다 자신이 더 일을 많이 하는 것에 억울해하고, 더 열심히 일하는 사람들을 시기하고 못마땅해 하는 데 익숙하다. 이처럼 복지 장은 빈민들을 '쪼잔한 인간'으로 직조해버린다.

요컨대, 빈민이 처해 있는 극도의 불안정한 상황은 '다름'을 인정하고 포용하는 실천감각을 더욱 멀어지게 만든다. 빈민은 자활공동체사업 이후의 불안정해질 각자의 삶을 고민할 뿐이다. 스탠딩의 주장대로 "프레카리아트화된다는 것은 프레카리아트적 생존방식으로 이끄는 압력과 경험에 예속된다는 것인데, 그 생존방식이란 일과 생활방식을 통해 얻어지는 보장된 정체성이나 발전에 대한 의식이 없이 현재를 사는 것이다."(스탠딩, 2014: 42) 이러한 위치에 있는 노동빈민에게 공동체를 구성한다는 것은 탈계급적 자원을 활용해 계급적 모순을 은폐하면서 적대 없는 연대를 창출하는 것에 다름 아니다. "프레카리아트 내부의 긴장은 서로를 이간하고 있으며, 그 긴장은 자신들에게 공통된 일단의 취약성을 생산하고 있는 것이 사회구조와 경제구조임을 인식하지 못하게 하고 있다."(스탠딩, 2014: 60)

자활사업 참여자들에게 공동체적 가치를 품게 하고 호혜적 행위규범이 강조된다고 해서 그들이 서로 신뢰하면서 감정적 결속이 강한 연대를 창출하는 것은 아니다. 오히려 이들의 삶은 정반대로 더욱 철저하게 개별화된다. 자활사업은 궁극의 빈곤 "해결"이 아니라 최소한의 복지서비스를 매개로 한 파편화된 역량강화 프로그램의 일환일 뿐이다. 빈민을 상호 결합시키기 위해 공동체적 가치가 강조되지만 그것의 효과는 역설적이게도 그들을 더욱 개별화 · 분절화시킨다. 자활사업 참여자들은 서로 간의 협력·협동·책무감·헌신·희생에 대한 실천감각을 갖고 있지 않다. 이들은 수급자격을 유지하기 위해 자활사업에 참여할 뿐이다. 자활사업의 배후에는 이처럼 '반공동체적' 감정이 자리하고 있다.

자활사업 참여자들에게 요청되는 공동체적 감정은 행정권력의 통치기술에 의한 탈감정화된 감정이다. 자활프로그램에 참여할 수 있는 자격을 얻기 위해 호혜적인 감정적 태도를 갖추어야 하고 공동체적 품행을 여실히 보여주어야만 한다. 과거 지역빈민들과 활동가들의 헌신과 투신으로 결성된 생산공동체에서나 볼 수 있었던 헌신과 호혜성은 후기자본주의체제하에서는 체계논리에 포섭되어 인위적으로 '만들어지고 대량생산된' 호혜성으로 전환되었다. 메스트로비치는 이렇게 조작되고 기계적으로 대량생산된 감정에 의해 조직된 공동체를 일컬어 "탈감정공동체"라고 명명한다(메스트로비치, 2014: 189~194). 탈감정공동체들 간의 관계망인 복지 장에서 각각의 행위자들은 새로운 형식의 자본을 갖고 각축전을 벌이는데, 이때의 자본을 필자는 감정자본으로 명명하고자 한다. 감정자본은 예를 들어, 연민·슬픔·공포·기쁨·열등감·자존감·동정심 등의 감정들이 어떤 특정한 권력 장 안에서 상호작용하는 행위자들 사이의 갈등과 경쟁관계에 미치는 영향력이다. 이런 관점에서 볼 때 오늘날 자활사업 참여자들은 가난함과 경제적 무능력을 얼마나 감정적으로 잘 표출하고 드러내느냐, 다시 말해 자신의 '어려운 처지'에 대한 호소를 유순하게 잘 표현하느냐에 따라 복지 장에서의 자신의 위치를 점유할 수 있게 된다. 그들이 보여주는 동정심 유발, 과장 혹은 축소하기, 생색내기, 눈치싸움, 사소함에 대한 집착, 열등감, 체념 등은 실천감각을 생성하는 감정적 요소들이다. 이는 빈민이 복지 장에서 어떻게 대응해야 하는지를 미리 알게 해준다.

빈민은 물화된 감정을 하나의 생존전략이자 장 내의 상징투쟁에서 지위를 확보하려는 감정자본으로 활용한다. 자유주의자들에게 복지의존이라는 도덕적 해이로 이해되는 행위가 실제로는 빈민이 생존을 위해 동원하는 실천전략이기 때문이다. 복지의존은 결과이지 원인이 아니다. 다시 말해 빈민은 수급자 자격을 획득하거나 수급탈락의 공포에서 벗어나기 위해 더욱더 가난함·무력감·나약함 등의 감정을 기민하게 이용해야 하는 처지로 내몰린다. 무엇보다도 이러한 복지 장의 구조는 빈민들의 하비투스를 복지의존적 성향을 띠게 만든다. 왜냐하면 "끊임없이 새로워지는 상황에 대한 임기응변 속에서 스스로를 드러내는 생성적인 자발성으로서 하비투스는 실천 논리, 즉 불분명한 것의 논리, 그럭저럭의 논리를 따른다. 이런 논리야말로 사람들이 세상과 맺는 일상적 관계를 규정하"기 때문이다(부르디외·바캉, 2015: 68). 이것이 오늘날 빈민의 실천감각을 생성하는 후기자본주의적 논리이다.

5. 결론을 대신하여

공동체는 근대산업사회의 부조리와 병리적 현상에 대응하기 위한 퇴행적인 노스텔지어 관행의 효과이다. 공동체주의가 내세우는 순수함·진정성·낭만성은 근대사회의 합리화 과정이 낳은 역설에 대한 대응물이지 공동체에 본유적인 것이 아니다. 단지 '순수성'이라는 감정적 자원을 어떤 사회적 집단들이 선점하고 사회적 권력 장에서 다른 집단과의 상징투쟁에서 그것을 동원할 것이냐를 두고 상호 경쟁·투쟁하는 역학관계만 있을 뿐이다.

이러한 순수성을 내세운 통치원리는 그럼에도 불구하고 단번에 버려지거나 포기될 수 없는 낭만적 유토피아로서의 공동체와 항상 긴장관계에 있다. 공동체주의는 오늘날 인정의 정치, 즉 인정투쟁의 맥락에서 매우 호소력 있게 대중을 사로잡고 있다. 그러나 공동체가 인민의 자치적인 조직원리에서 분리되어 점차 행정권력과 화폐권력에 의해 식민화된다거나 계급모순을 은폐하고 적대의 대상을 모호하게 만들 경우 이 논리가 노동계급, 빈민, 프레카리아트의 삶을 과연 온당하게 포용하고 있는지에 대해서는 근본적인 성찰이 필요해 보인다. 이와 관련하여 프레이저는 다음과 같이 경고한 바 있다. "인정투쟁이 '진정한' 집단정체성을 제의하는 한, 그래서 차이를 가로지르는 상호작용을 촉진하기보다는 분리주의·순응주의·편협성을 강화하는 한, 인정투쟁은 무시의 문제를 제도적 매트릭스에서 분리하고 정치경제와의 연결성으로부터 차단하게 된다. 그 결과 대체로 두 가지 불행이 나타난다. 즉 많은 경우 인정투쟁은 즉각적으로 경제 정의를 위한 투쟁을 대체하는 경향으로 나타나거나 퇴행적 형식의 공동체주의를 촉진하게 된다(프레이저, 2016: 220)." 계급양극화와 글로벌자본주의의 거센 공격에도 공동체는 계급모순과 노동빈민의 이해관계를 포용할 수 있을 때 그 존재의 정당성을 마련할 수 있을 것이다. 이는 자유주의와 공동체주의 간의 풀 수 없는 딜레마를 민주적 소통과정을 통해 끊임없이 극복해야만 한다는 점에서 더욱 적극적인 민주주의적 실천을 요청한다. 개별자들이 공동체적 원리를 추구하면서도 전체 사회가 민주적으로 통합될 수 있는 제도적 합리화가 지속적으로 모색되어야 한다. 그래야만 빈민이 게토화되는 경향성을 벗어날 수 있으며, 이들이 사회구성원으로서 여러 사회적 자원을 균등하게 활용할 수 있는 기회를 보장할 수 있기 때문이다.

자활사업은 국가의 복지체계가 통계적 수치에 따른 소득분위에 따라 범주화한 집단에게 복지급여를 제한적으로 지급함으로써 이들을 한데 묶어서 관리하는 빈곤정책의 일환이다. 실제로 이들은 소득에 따라 강제적으로 구별된 집단이다. 국가로부터의 어떤 형태의 보호든지 특정한 사회인구학적 경계가 수반된다. 동시에 그에 따른 사회문화적 차별도 따른다. 그 차별로 인한 이해득실은 집단의 성격이나 정책의 이념에 따라 매우 다양하게 달라질 수 있다. 자활참여자는 하층계급으로 분류된 사람들 사이의 노동시장 편입을 목적으로 결성된 기획된 빈민이다. 자활사업은 서로 돕고 역량을 강화하여 자립과 빈곤탈출을 도모하려는 목표를 갖고 있지만 역설적이게도 이들 간에는 유대감과 소속감이 아니라 더욱 개별화된 사적 이해관계의 충돌을 자주 경험한다. 더욱이 자활사업 참여자들은 탈연대적 혹은 탈공동체적 감정양식을 표출하는 데 더 익숙하다. 사소한 문제를 둘러싼 시기와 경쟁심, 복지수혜를 둘러싼 동정심 드러내기, 상호비방, 역감시, 수치심 등은 자활공동체가 탈연대적 감정공동체임을 말해준다.

후기자본주의적 상황에서 빈민공동체는 과거의 방식으로 조직되고 유지되기 어렵다. 가난은 극복되어야 할 문제가 아니라 대중적 연민의 형태로 소비되어야 하는 상품이 되었다. 공동체에 숨겨진 순수성이라는 신화는 이제 자본을 통해 더욱 멋지고 화려하게 표현된다. 대기업 광고를 통해 비춰지는 따뜻함·협력·사회적 책임·윤리성·동반자·혁신성·사람다움과 같은 공동체적 가치를 자본의 미학으로 승화시켰다. 우리가 지난 날 경험했던 공동체적 삶이 더 이상 불가능하다면 오늘날 빈민공동체의 운명 또한 과거와 같은 방식으로 존재할 수 없다. 후기자본주의적 체제하에서 빈민이 사회계급의 최하단에 게토화된 집단으로 주변부를 배회할 운명을 맞이하게 될 것인지 반대로 사회의 계급적 모순을 드러내어 복지 장의 지배구조에 균열을 낼 수 있는 대항적 삶을 살아갈 것인지는 이들에게 얼마나 민주적 의사결정권을 부여하고 사회적 자유를 보장하느냐에 달려 있다고 볼 수 있다. 이 또한 빈민의 사회권과 정체성을 국가의 행정권력과 시장권력이 민주적 절차를 통해 얼마나 수용할 수 있을지에 달려 있기도 하다. 그렇지 않을 경우 폴리안나적Pollyannaism 늪에 빠져 현실을 과도하게 왜곡하는 순환을 반복하게 될 것이다(Burawoy, 2010).

2부

한국 사회적경제의 변화와 가능성 탐색

- 시민사회 주도성과 관계의 변화

사회적경제의 대안적 개념화 : 쟁점과 과제[1]

장원봉

본 논문은 사회적경제의 대안적 개념화를 시도하고 있다. 이 연구는 먼저 사회적경제에 대한 이론적·실천적 접근들을 역사적으로 검토함으로써 시작된다. 이를 토대로 동시대에 제기되고 있는 사회적경제의 개념 접근들에 대해 비판적으로 검토하고, 사회적경제의 대안적 개념화를 위한 쟁점들을 추출한다. 그리고 이 쟁점들을 기초로 해서 실천적 전략으로서 사회적경제의 대안적 개념화에 이르고 있다.

● 주제어: 사회적경제, 연대의 경제, 제3섹터

1. 들어가며

세상의 어떤 경제가 사회적경제가 아닌 것이 있을까? 하지만 부를 목적으로 하는 경제적 논리를, '인간적 좋음'을 목적으로 하는 정치학의 윤리적 원리 밑에 놓았던 아리스토텔레스(2006: 13~15)의 경제학적 인식을 시작으로 '경제Economy'와 '사회Society'의 관계는 사회과학의 주요한 논란의 대상이었다. 시공을 초월해서, 합리적인 효율극대화로 모든 인간행위를 축소해버린 공리주의의 탄생과 자본주의 시장경제의 자기조정 능력에 대한 믿음의 등장은 경제라는 영역을 지속적으로 사회로부터 분리하고자 하였다. 20세기에 접어들면서 경제학Economics

---

1 – 이 논문은 필자가 리에주대학교 사회적경제센터 박사후연구원으로 있던 2006년에 정부의 재원으로 학술진흥재단의 지원을 받아 수행된 연구이다(KRF-2006-352-B00020).
필자는 당시 주를 통해 다음과 같은 감사의 뜻을 전한 바 있다. "매번 유익한 토론을 통해 조언을 아끼지 않았던 리에주대학교 사회적경제센터의 드푸르니 교수와 불어 자료를 참고할 수 있도록 도움을 주었던 김신양, 박가연 선생에게도 감사한 마음을 전한다."(편집자 주)

이란 용어가 그 분과학문을 일반적으로 지칭하였던 정치경제학Political Economy을 대체하기 시작한 것은 이를 반영하고 있다(Bruyn, 1977: 2; Backhouse, 2005: 241). 이에 대해 사회적경제라는 용어는 경제행위가 사회적 관계성에서 배태되었으며, 그것으로 포섭되어야 함을 주장하는 이론적 경향들을 포괄하기 위해 사용된 기원을 갖고 있다. 물론 최근에는 사회적경제라는 용어가 제3섹터, 비영리부문, 자원활동부문Voluntary Sector 혹은 연대의 경제Solidarity Economy 등의 다양한 용어들과 혼용되기도 하며, 일반적으로는 '사회적 목적을 가진 경제활동'을 포괄적으로 의미하는 것으로 사용되고 있다. 하지만 그 개념은 시대에 따라 다양하게 제출되었으며, 이는 사회경제적 환경변화를 반영하고자 한 이론가들과 실천가들의 지향과 선호에 기초하고 있었다.

이 논문은 이러한 사회적경제에 대한 다양한 이론적·실천적 시도들을 역사적으로 검토함으로써 동시대에 제기되고 있는 사회적경제의 개념 접근에 대한 폭넓은 이해를 도모한다. 더불어 이들에 대한 비판적 검토를 통해서 현 시기에 적합한 '경제의 재사회화 전략'으로서 사회적경제의 개념화를 시도하고 있다. 이 작업은, 이 분야의 이론가들 사이에 만장일치로 합의된 개념의 부재 속에서, 몇 가지 개념에 대한 소개에 기초해서 이들의 정연한 조합으로 이루어질 수 없다. 더욱이 몇 개의 단어를 조합하여 문장으로 정리한 조작적 정의를 제시함으로써 이루어지는 것도 아니라 믿는다. 오히려 기존의 개념 접근들이 지니고 있는 애매함과 제한성을 적극적으로 드러냄으로써 사회적경제의 개념적 이해를 어렵게 하고 있는 쟁점들을 추출하고, 이로부터 실천적인 대안적 개념화를 시도하는 것이 요구된다. 여기서 '실천적'이란 단어는 사회적경제의 대안적 개념화 안에 그 실천적 전략까지 포함하고 있다는 것을 의미한다. 따라서 이 작업은 최근 한국에서 그저 몇 가지 실용적인 정책적 고려들을 통해서 수입되어, 아무런 사회적 전략 없이 만들어지고 운영되어온 사회적기업의 정체성과 방향을 모색하는 데 중요한 기초 논의가 되리라 믿는다.

2. 사회적경제의 역사에 대한 이론적·실천적 검토

1) 사회적경제의 이론적 궤적

사회적경제의 이론적 궤적을 좇다 보면, 사회적경제에 대한 크게 세 가지 범주의 접근들을 만나게 된다. 이 접근들은 서로 다르지만, 경제적 기능과 사회적 기능을 통합하려는 시도에 있어서는 밀접히 연계되어 있다. 하나씩 살펴보면 첫째, 사회질서 속에서 경제를 한 가지 부분으로 이해하기보다는 그것을 형성하는 사회적 관계와 산업의 변화 그리고 사회제도의 등장 등 포괄적인 사회현상의 탐구로서 사회적경제를 이해하려는 접근이 있다(Guyot, 1892; Fallon, 1934; Coffey, 1973; Bruyn, 1977; Weber, 2003; 1990). 이들에게 사회적경제는 정치경제학과 같은 의미로 쓰이기도 하였지만 그것이 연구대상으로 삼고 있는, 사회에서 경제의 특수한 성격과 양상을 분석하려는 시도보다 좀 더 포괄적인 경제와 사회의 관계를 적절하게 특징 짓기 위해서 사용되었다.

우선, 베버(Weber, 1990; 2003)에게 사회적경제는 이익의 논리에 의해서 작동되는 경제활동의 합리화와 그것의 문화적 의미 그리고 역사적 사실의 관찰을 포괄하는 개념으로서 경제에 의해서 조건 지어진 현상이었다. 베버의 사회적경제에 대한 이러한 이해는 이후에 경제사회학economic sociology의 발전에 기초가 되었다.

팔론(Fallon, 1934: 4)은 "사회적경제는 사회적 질서와의 관계 속에서 재화의 생산, 분배, 교환 그리고 소비를 관리하는 일반법칙을 다루는 과학"이라고 정의하고 있다. 팔론에게 사회적경제는 농업, 상업, 공업 등의 여러 영역으로 일반법칙을 적용함으로써 그 법칙을 특수화하는 과학기술technology이나 응용경제학applied economy 등과 다르며, 주어진 조건에서 최선을 추구하기 위해서 일반법칙을 이용하는 정치경제학의 관심과도 다른 것이었다.

브루인(Bruyn, 1977: 1~13)은 사회적경제의 연구에서 발견되는 중요한 가치전제value-premises를 네 가지로 들고 있는데, 이는 ①경제조직 내부의 인간관계에 대한 연구의 중요성, ②모든 사회에서의 일반적인 적용 가능성, ③인간발달의 한 가지 영향력으로서 이데올로기에 대한 인정, ④이러한 이데올로기적 설명이 지닌 사회의 조직화에 대한 연구 효과와 더불어 그 이론적 전제들에 대한 지속적인 비판적 검토 등이다. 브루인에게 사회적경제의 연구는 과학적scientific 지향과 정책적 지향 모두를 포함한다. 과학적 연구는 객관적 사실들의 추구를 강조하지만, 항상 특정한 가치들에 기초하고 있다. 반면에 정책적 연구는 가치의 추구를 강조하지만, 항상 사실들에 기초하고 있다는 것이다. 그래서 브루인에게 사회적경제는 "사람들이 어떻게 사회 안에서 함께 자원들을 발전시킬 것인가를 발견하는 한 가지 방식"으로 정의되고 있다. 즉, 사회적경제는 우리가 어떻게 우리 자신의 최선의 이해interest 내에서 상품을 생산, 분배 그리고 소비할 것인가 하는 것을 이해하는 방식이다. 브루인은 이런 점에서 사회적경제의 관점은 자본주의 경제에 대한 우리의 이미지를 바꾸고 있다고 말하고 있다(Bruyn, 1977: 88).

둘째, 인간적 가치와 행복을 위한 사회문제 해결과 정당성의 원칙에 충실하고자 한 경제적 관심의 전통 속에서 사회적경제에 접근하려는 시도들이 있다(Walras, 1896; Gide, 1903; Chapin, 1917; Stanfield, 1978; Lutz, 1999; Hunt, 2005; O'Boyle, 2005). 프랑스어에서 'économie'는 '경제학economics'과 '경제economy' 모두를 의미하고 있어서, 프랑스어 'économie sociale'은 영문 표현으로 'social economics(사회적경제학)' 혹은 'social economy(사회적경제)'로 번역되어 같은 의미로 사용되기도 한다. 물론 최근에는 'social economics(사회적경제학)'이라는 용어가 사회적경제와 전혀 다른 맥락에서 사용되고 있는 것이 사실이다(Becker & Murphy, 2000). 하지만 본 논문에서 언급하고 있는 사회적경제학의 용어상의 기원은 프랑스어 표현인 'économie sociale'이라고 할 수 있다.

우선 경제학의 수학적 적용을 통해서 일반균형이론을 확립한, 우리에게는 근대경제학의 시조로 잘 알려진 왈라스(Walras, 1896)는 경제학 체계를 세 가지 범주로 나누고 있다. 진실true의 영역에서 경제적 행위를 지배하는 자연법칙을 규명하고자 하는 순수경제학, 유용성의 영역에서 구체적인 경제문제에 대한 자연법칙의 활용에 초점을 둔 응용경제학 그리고 정의의 영역에서 정당성에 기초를 둔 부wealth에 대한 자발적인 분배로서 사회적경제학을 구분하였다(Demoustier & Rousselière, 2006)[2]. 그의 관점에서 시장경제는 재화의 생산을 담당하고 사회적경제는 재화의 재분배와 관련을 가진다. 따라서 사회적경제는 시장경제에 의존적이며, 사회적 부당함에 대한 보상으로서 시장경제의 본질적 법칙에 대한 보조적인 것으로 등장하게 된다(Demoustier, 2001).

지드(Gide, 1903)는 왈라스의 순수경제학과 사회적경제학의 구분을 인정하기는 하지만, 양자의 배타적인 구분을 부정하면서 왈라스의

2 – 왈라스의 1896년 저작인 "Études d'économie sociale"은 드무스띠에와 루슬리에르의 글에서 "Study of social economics"로 영문 번역되고 있다.

개념들을 바꾸려고 한다. 사람들의 사회적 환경을 개선하는 데 목적을 둠으로써 윤리학과 좀 더 밀접한 관련을 가진 사회적경제학은 사람들 사이에 정당하게 보급되어야 하는 당위적인 것들을 결정하고자 하기 때문에, 은행, 철도, 화폐, 상업체계 혹은 세금 등과 같은 실천적 부문에서 이용하기에 적합한 순수경제학의 자연법칙이라는 이론적 부문을 포함해야 한다고 주장하였다. 루츠(Lutz, 1999)에게 사회적경제학은 두 가지 구성요소를 포함해야 한다.

하나는 일반적인 사회과학, 특히 경제학 연구의 방향에서 공동선common good에 대한 인정이다. 또 다른 하나는 경제적 분석과 사고에서 사회적 차원의 여지를 남긴다는 점이다. 전자는 공동체의 모든 구성원들에게 특정한 기본적 재화를 제공할 때 공동선을 실현하도록 사회적 경제를 어떻게 조직할 것인가를 제기하고 있다. 후자는 사회적경제학이 분배적 그리고 도덕적 요인들뿐만 아니라 개인적인 물질적 행복의 기준에 의해서 측정되는 개인의 행복a person's well-being이 존재하는 정당한 사회just society로 인간 행복을 동일시하는 경향을 말하고 있다. 그에게 'social economics'라는 용어에서 'social(사회적)'이라는 의미는 경제학의 반사회적asocial 혹은 개인주의적인 접근에 대조해서 가장 잘 이해될 수 있는 것이었다.

셋째, 19세기 초반부터 등장한 유럽의 결사체주의associationism 전통 속에서, 근대 산업화의 과정에서 발생한 사회적 위험에 대응하는 집합적인 실천의 사상적 흐름들 속에서 사회적경제를 이해하려는 접근들이 있다. 이들이 최근의 사회적경제를 설명하는 주류적인 접근인데, 사회적경제의 개념들을 설명하기 위한 많은 연구들이 이러한 접근에 기초해서 사회적경제의 기원을 밝히려고 한다(Desroche, 1991; Defourny, 1992, 2000; Gueslin, 1998; Fontan & Shragge, 2000; Demoustier & Rousselière,

2006). 이들이 공통적으로 구분하고 있는 사회적경제에 대한 사상적 흐름들은 크게 사회주의socialist school, 자유주의liberal school, 사회기독교개혁주의social christian reformist school, 연대주의solidarist school 등의 네 가지 전통으로 구분될 수 있다. 이에 대한 내용은 드푸르니의 글(1992)에서 잘 요약되어 있는데, 그것을 토대로 이 사상들의 흐름을 정리하도록 하겠다.

유토피아 사회주의에서 시작된 사회주의 전통에서 사회적경제에 대한 구체적인 언급은 우선 결사체의 덕목과 국가개입을 적극 지지한 뻬꿰르(Constantin Pecqueur, 1842)와 비달(François Vidal, 1846)에게서 찾아볼 수 있다. 이후에 《사회적경제 매뉴얼*Manuel d'économie sociale*》(1883)을 만든 말롱Benoît Malon과 자발적인 사회적경제를 제안한 모스Marcel Mauss를 통해서 그 전통이 이어졌다. 연합체 사회주의 사상가들은 대부분 사회주의를 사회적경제와 동일시하였는데, 1870년까지 국제노동자운동에서 상당한 영향력을 미치고 있었다. 하지만 초기에 협동조합에 대해서 호의적이었던 마르크스가 사회적경제가 사회변혁에 있어서 중심적인 기능을 하지 못할 것이라는 회의를 품으면서 사회적경제는 사회주의운동의 중심에서 멀어졌다. 이들은 중앙집중된 강력한 국가를 수단으로 사회변화를 수행하고자 한 혁명적 마르크스주의와 사회민주주의 경향과는 구별된다. 이들의 지향은 무정부주의적인 경향 속에서, 지역수준의 분산된 권력을 통해 아래로부터 새로운 사회건설을 추구하는 급진적 협동조합운동에 영향을 미쳤다(Fontan & Shragge, 2000, 3).

자유주의 전통에서 사회적경제는 그들이 최고의 선으로 여기는 개인의 경제적 자유와 성취를 위한 개인들 간의 지속적인 경제적 협력의 제도로서 고려되고 있다. 따라서 개인들 간의 경제적 갈등을 최소화하고 협동의 결속을 이루기 위한 지원과 제도를 정당화하였으며, 자조의 원칙에 기초해서 사회적경제를 이해하고자 하였다(Piechowski, 2002:

37~38). 이러한 경향은 뒤누와이에Charles Dunoyer를 시작으로 빠씨Frédéric Passy를 거쳐, 대중적인 연합체에 중요한 기여를 한 왈라스Léon Walras와 노동자 연합체에 의해서 임금소득체계를 대체하고자 하였던 밀John Stuart Mill, 신용협동조합의 등장에 중요한 역할을 한 슐츠Hermann Schulz와 루자티Luigi Luzatti 등으로 이어졌다.

사회기독교개혁주의 전통에서 사회적경제는 르플레Frédéric Le Play의 작업 덕분에 발전하게 되는데, 그는 1856년에 사회적경제조합social economy society을 설립하고 〈사회적경제L'éconoimie sociale〉라는 잡지를 창간하였다. 그에게 사회적경제는 사회의 급진적인 변혁을 위한 것이라기보다는 개혁의 목적을 위해서 발전되어야 하는 것이었다. 사회기독교개혁주의 전통에서 인간사회는 인간의 육체적·정신적 차원들이 혼합되는 객관적 실체로 인정되며 개인들의 공동체를 개인과 가족이 사회구조에 결합하는 주요한 매개적 공간으로 이해한다(Piechowski, 2002: 37~38). 이러한 매개적 공간으로서 자발적 결사체들은 자본주의의 오점이었던 개인의 고립과 국가로의 흡수에 대항하는 중요한 수단이었으며, 이러한 미시구조의 인정과 개인의 독립에 대한 확신은 보충성의 원칙subsidarity principles을 생성했다. 이는 시민과 밀접하게 관계된 기층조직들이 실행하는 기능들을 국가가 동시에 취득하지 않는다는 원칙으로서 유럽 대륙의 사회정책 형성에 주요한 기원이 되고 있다.

마지막으로 연대주의 전통에서 1851년 사회적경제조약traité d'économie sociale을 만든 오뜨Auguste Ott와 노동자결사체를 주장하며 기업가들을 비판한 뷔셰Buchez 그리고 가장 중요하게 지드Charles Gide와 님므학파Nîmes School를 발견하게 된다. 지드에게 연대주의 사상은 혁명이 야기하는 자유와 개인 재산의 희생 없이 자본주의와 임금소득체계의 폐지를 이끌 수 있는 것이었다. 님므학파는 기본적으로 생산의 협력을 촉진하고자 한 결사체 사회주의자들과 달리, 사회의 재생을 위해서 소비자협동조합을 장려하였다.

드푸르니(1992: 32)에 의하면, 이러한 흐름들은 서로 배타적으로 구분되고 있지 않으며 오히려 서로 밀접한 관련을 갖고 있기는 하지만, 그것들이 우리에게 긍정적으로 시사하는 것은 사회적경제의 기원에 대한 정치·문화적인 다원주의적 이해라고 할 수 있다. 물론 이들 모두는 사회적경제를 경제학뿐만 아니라 경제실천의 한 부문을 구축하는 데 기여하고 있다는 공통점을 갖고 있다. 하지만 소수파였던 사회주의적 전통을 제외하고, 대부분의 접근은 개인의 교화로 이해될 수 있는 경제와 도덕의 조화와 후견주의에 기초하고 있어서 사회적경제가 가진 정치적 내용을 사상시키고 있다(Azam, 2005: 183).

2) 사회적경제의 실천적 궤적

사회적경제는 자본주의의 거대한 변화의 과정에서 등장했다. 즉, 19세기 자본주의 산업화와 더불어 발생한 사회적 위험에 대비한 노동자들의 집합적 전략으로 처음 등장하였다. 실로 19세기는 근대 사회적경제의 형성기라고 할 만하였다. 사회적경제와 관련한 사상들을 바탕으로 다양한 실천들이 시도되었다. 첫 번째 세대의 사회적경제 조직인 공제조합은 질병, 사고, 사망 등과 같은 사회적 위험과 실업과 파업으로 인한 직업적 위험 그리고 거주와 급식과 같은 기본적인 필수품으로부터의 소외에 대응하기 위해서 뭉친 노동자들의 저항의 한 가지 형태로 등장하였다. 두 번째 세대의 사회적경제 조직은 농업과 자연자원에 대한 엄청난 투자를 요구하는 광범위한 축적체제의 위기 속에서 소규모 생산자들의 필요에 대응하기 위해 등장한 농업협동조합과 신용협동조합들이었다. 마지막 세대의 사회적경제 조직인 소비자협동조합은 노동자들과 실업자들이 이용 가능한 가격에서 재화와 서비스를 조달하도록 지원하였다. 또한 노동자협동조합은 생산수단의 불평등한 소유관계가 야기하는 착취 문제를 해결할 수 있는 적극적인 자기고용 전략이었다(Moulaert & Ailenei, 2005). 이러한 실천들은 1900년도에 열린 국제박람회에 설치된 '사회적경제 전람회장'에 4,500여 명의 출품자들을 수용하면서 관념적인 지적 분야에서 구체적인 경제적 분야로 바뀌어갔다(Sanchez, 2006).

하지만 이 같은 협동조합운동에 대한 회의적인 입장이 제기되기도 하였는데, 우선 웹Webb은 노동자들의 공동소유가 사회주의적이거나 민주주의적인 것도 아니라며 단지 노동자들의 배타적인 소유라는 개인주의적인 속성 때문에 결국 실질적인 통제가 소수에게 집중되고 관료제적인 양식으로 관리위계가 변질되어 결국 자본주의 조직으로 퇴행할 것이라고 비판하였다. 이러한 회의에 대해서 베른슈타인은(Bernstein, 1999)은 생산협동조합과 소비협동조합과의 연계를 중요하게 제기하며, 생산협동조합이 소비협동조합의 지원을 받거나 혹은 그것과 유사한 공급방식을 갖는 것으로 생존능력을 확인받게 된다는 점을 들어 협동조합의 생존 가능성을 주장하였다. 이에 대해 룩셈부르크(Luxemburg, 2002: 78~81)는 그의 제안이 성공한다고 하더라도 협동조합의 경제규모는 고작해야 지역적 소규모 판매와 직접적인 욕구를 충족하는 소수의 생산물에 의존하게 될 것이라고 주장했다. 따라서 자본주의의 결정적인 영역인 대규모 산업에서 원천적으로 배제됨으로써 근본적인 사회개혁의 방향으로 등장하지 못하리라는 것이었다.

그의 비관론은 현실로 드러났다. 실제로 20세기에 접어들면서 사회적 개혁은 발전된 자본주의 국가들에 의해서 실현되는 것처럼 보였다. 사회진보에 대한 신념은 경제성장에 의해 수행되고 있는 것처럼 믿어졌다. 공제조합과 노동조합과 같은 사회적 위험에 대비한 노동자들의 실천은 국가 복지체계의 동반자 혹은 참여자로 인정되면서 상당 부문 사회보험의 복지체제 안으로 통합되었다. 신용협동조합과 농업협동조합은 급속하게 성장하는 산업사회 속에서 대규모 자원투자를 감당할 수 없었으며, 소비협동조합과 생산협동조합은 광범위하게 확대되어 가는 시장경제 속에서 경쟁력을 갖지 못하면서 단순히 경제조직으로 살아남는 것에 만족해야 했다. 그래서 1970년대까지 사회적경제는 개량주의운동들, 교회 그리고 사회민주당과 연계되어 복지국가 프로그램의 계획과 통제 속에서, 지역사회부문의 참여를 거의 보장하지 않은 채, 사회의 기술적 관리자 역할로 전락했다. 이러한 사회적경제의 상황은 구사회적경제의 제도화로 규정되어, 이후에 등장하는 신사회적경제와 구별되고 있다(Lévesque, Malo, Girard, 2000).

자본주의의 변화 속에서 발생하는 사회적 위기에 대한 대응으로서 사회적경제는 1970년대에 접어들면서 다시 고려되기 시작하였다. 세계화된 시장경제는 폭넓은 경제적 재구성을 요구하였으며, 대량생산체계의 위기는 자본주의 축적체제를 위협하였다. 이는 대량실업과 복지국가의 재정부담으로 이어지면서 새로운 사회적 대응의 원리가 필요하게 되었다. 1970년대 초반에 프랑스에서는 협동조합과 공제조합 조직들이 점차 그들의 공유된 특징들을 확인해가고 있었으며, 1975년에 결사체운동이 이에 동참하면서 '공제조합, 협동조합, 결사체 전국위원회Comité National de Liaison des Activités Mutualistes, Coopératives et associatives[3]'가 설립

3 – 2001년에 '사회적경제 기업과 집단화를 위한 위원회(CEGES, Conseil des enterprises et des groupements de l'économie sociale)'가 되었다.

되었다(Defourny, 1992: 33~34).

그들은 1977년 회의에서 데로쉬Henri Desroche에게 '비영리조직'이라는 용어로 재집단화하는 그들 조직의 명칭에 대해서 토론하도록 요청하였다. 데로쉬는 그의 보고서에서 비영리non profit, 비이윤non lucrative, 비시장non market이라는 부정적인 정의가 발생시키는 문제들을 제기하면서, 지드가 1900년에 파리 국제박람회에서 사용한 사회적경제의 개념을 참고하여 사회적경제 기업enterprises of social economy이라는 용어를 제안하였다.

지드는 협동조합, 공제조합 그리고 비영리조직을 사회적경제의 중심적인 위치에 놓았다. 하지만 데로쉬에게 사회적경제 기업이라는 용어는 결사적, 참여적 그리고 통합적 경제를 설계하기 위한 것이었는데, 기업이라는 표현은 경영적 측면에 대한 고려와 결사체의 기업성을 부각하기 위함이었다. 또한 협동조합, 공제조합 그리고 결사체 지위 등의 제도화된 사회적경제뿐만 아니라 새롭게 등장하고 있는 사회적경제를 통합하기 위한 고려였다. 그래서 데로쉬는 협동조합 활동을 자조, 상호부조 그리고 자활self-reliance과 밀접한 자주관리된 사회화의 자발적 실천으로 재정의하였다(Demoustier & Rousselière, 2006). 그리고 이런 흐름은 1980년에 '사회적경제헌장Charte de l'économie sociale'의 발표로 이어졌다.

이에 대한 프랑스정부의 인정은 1981년에 프랑스정부에 의해서 설립된 '사회적경제의 관계부처회Délégation Interministérielle à l'Economie Sociale'를 통해서 드러났으며, 이후에 정부 내에 '사회적경제 정부사무국Secrétariat d'Etat à l'Economie Sociale'이 설치되었다. 이러한 사회당 정부의 움직임은 1975년부터 협동조합과 공제조합 인사들과의 접촉을 통해서 사회정책으로서 사회적경제의 발전전략을 모색해온 결과였다. 1989년 정부의 사회적경제와 관련한 부서를 통해서 사회적경제라는 용어가 유럽차원에서 인정받게 되었으며, 2002년에 '사회적경제 유럽헌장Charte européenne de l'Economie Sociale'이 받아들여졌다(Soulage, 2002).

1990년대 중반 이후, 유럽을 중심으로 사회적경제는 고용창출과 사회서비스에 대한 새로운 필요에 대응하는 전략으로 인식되었다. 지역사회를 중심으로 늘어나는 실업계층의 노동통합과 정부에 의해서 철회되거나 만족스럽게 제공되지 않는 서비스에 대한 다양한 시민사회의 실천이 등장하게 되었다. 특히 유럽 차원의 노동통합과 지역개발을 위한 사회정책의 지원은 다양한 지역사회 구성원들 간의 협력을 이끌어내고 있었다.

따라서 19세기의 사회적경제가 자본주의 산업화와 시장경제로의 이행으로 인한 사회적 위험에 대처하는 노동자들의 집합적 대응전략이었다면, 20세기 후반의 사회적경제는 세계경제의 변화 속에서 자본주의 축적체계의 위기 과정에서 발생하는 실업과 복지 후퇴에 대처하는 시민사회의 집합적 대응전략이라 할 수 있다. 최근에 유럽 각국의 정부에서 사회적경제에 대한 적극적인 수용은 그것을 사회정책의 장으로 확장시키는 결과를 가져오고 있다.

3) 사회적경제의 역사적 검토를 통한 교훈

사회적경제에 대한 역사적 접근은 우리에게 무엇보다 그것의 연구를 위해 우선적으로 고려해야 하는 잠재적인 출발점을 제공한다. 우선 사회적경제의 이론적·실천적 궤적을 따라가다 보면, 그것이 정치와 경제 그리고 사회의 분극화에 대한 반박에 기초하고 있다는 점을 확인하게 된다. 따라서 자본주의 역사 속에서 지속적으로 추구되어온, 사회와 정치로부터의 경제의 자유화가 드러내고 있는 사회인식의 협소함과 그것이 야기하는 사회적 위험에 대한 사회적경제의 대응은 경제에 대한 사회적 재개입을 전제로 하고 있다. 이론적으로는 사회적경제를 통해서 경제의 사회적 속성을 해명하려는 노력이 전개되었으며, 사회정의를 토대로 한 경제의 사회적 실현을 구상하였다. 실천적으로는 자본주의 경제가 발생시키고 있는 사회적 위험에 대한 사회구성원들의 집합적 개입전략으로서 사회적경제의 실천을 보여주고 있었다.

따라서 그것이 보여주는 사회적경제의 핵심적인 역할은 정치, 경제 그리고 사회를 결속할 수 있는 사회적 관계의 혁신일 것이다. 그리고 그러한 혁신을 생성할 매개체의 설정과 혁신에 정당성을 부여하는 공유된 가치 그리고 혁신을 실현할 수 있는 메커니즘에 대한 관심은 사회적경제를 규명하려 할 때 우선적인 과제가 될 것이다. 이는 동시대의 사회적경제의 개념구성을 위한 접근들을 이해하는 데 충분한 자원이 될 것이다. 하지만 정치, 경제, 그리고 사회 사이에서 일군의 혼성hybrids 으로서 존재하는 사회적경제의 작동을 밝혀내기에는 전통적인 사회과학적 접근은 한계가 있다. 분명히 사회적경제는 시장교환, 정부개입 그리고 연대와 호혜에 의해서 인도된 집합적 시민부문을 혼합하면서, 여러 가지 사회적 메커니즘의 발명을 위한 지속적인 과정으로 이해될 수 있다(Moulaert & Ailenei, 2005 : 2049~2050).

3. 사회적경제의 개념구성을 위한 동시대적 접근들[4]

1) 조직형태 및 범위에 대한 법적·제도적 접근

주요한 법적·제도적 규정을 통해서 사회적경제를 개념화하려는 시도는 데로쉬의 착안에서 시작되었다고 할 수 있다. 이러한 접근에서 사회적경제는 "시장부문과 공공부문 사이에서 양자를 통해 만족되지 못한 필요를 해결하기 위해서 재화와 서비스를 제공하는 경제활동 영역으로 규정되며, 그것은 일반적으로 협동조합 기업, 공제조합, 연합체의 성격을 가진 다양한 비영리조직들 그리고 재단 등을 포함한다." 19세기부터 비공식적으로 혹은 비밀스럽게 결사하였던 이들 조직의 전통은 자본에 대한 사람의 우선성, 1인 1표의 민주적인 의사소통 그리고 이윤에 대한 제한에 기초하고 있다. 그리고 그것은 이들 조직들이 특정한 법적 지위를 가질 수 있도록 하였다. 이러한 개념은 이들 영역의 활동들을 개념화하려는 '제3섹터'의 접근과 유사하다.

이 같은 사회적경제의 개념은 한 사회에서 사회적경제의 실체를 명확하게 드러내주고 있어서 그 규모를 측정하는 것을 용이하게 한다. 하지만 특히 비영리조직에 대한 규정에서 드러나듯이 재화와 서비스를 제공하는 경제조직들로 사회적경제를 한정하려는 유럽적 접근과 이윤 배분의 제한원리에 기초해서 모든 비영리조직을 사회적경제로 포괄하려는 미국식 접근이 현실적으로 혼선을 가중시키고 있다. 따라서 미국의 비영리부문 전통 속에서 협동조합은 그 영역에서 배제되어 버리고 만다. 그러나 이러한 영역 구분의 혼란보다 좀 더 심각하게 고려되어야 하는 점은 이 개념접근이 기초하고 있는 제3섹터에 대한 배타적인 영역설정이 야기하는 현실적인 문제들이다.

사회적경제를 하나의 정형화된 조직형태 혹은 시장부문과 공공부

---

4 - 드푸르니와 드벨테르(Defourny & Develtere, 2000 : 25~31)는 사회적경제의 개념을 위한 법적·제도적 접근과 규범적 접근을 소개하면서, 사회적경제에 대한 만족할 만한 개념은 이 양자를 혼합하는 것이라고 하였다. 한편 레베끄와 니낙(Levesque & Ninacs, 2000 : 112~129)은 이를 위해 ①(법적·제도적)서술적 개념, ②(조직원리)형식적 개념, ③규범적 개념, ④(사회경제적 조절 메커니즘)실질적 정의로 구분하였다.

문과는 대조적인 배타적 영역, 즉 제3섹터로 이해하는 것은 사회적경제의 다양성과 역동성에 대한 현실적 이해를 가로막고 있다. 이윤추구보다 사회적 목적에 기반하고 있다는 점에서 시장부문과 구별되고, 시민사회의 자발적인 참여와 협력을 중심으로 형성된다는 점에서 공공부문과도 구별되는 사회적경제의 활동은 현실적으로 두 부문과 배타적인 영역에서 이루어지고 있지 않다(장원봉, 2006: 40~41). 사회적경제가 공공부문과 시장부문으로부터 자율성을 갖는다는 것이 양자로부터 배타적인 영역에서 활동한다는 것은 아님을 명심해야 한다. 따라서 사회적경제는 그것이 다양하게 맺고 있는 공공부문과 시장부문과의 관계에 대한 언급 없이는 개념화될 수 없다.

2) 규범적 운영원리에 기초한 접근

이 개념적 접근은 벨기에에서 1989년에 설립된 '왈룬지역 사회적경제위원회the Walloon Council for the Social Economy'를 위해서 제안된 드푸르니와 비에네Vienney의 개념에 기초하고 있다. 드푸르니(1992: 36)에 의하면 "사회적경제는 주요하게 협동조합, 공제조합 그리고 비영리조직에 의해 수행되는 경제활동으로 이루어지며, 이들 조직이 지닌 원칙은 ①이윤보다는 구성원 혹은 집합적 이해를 위한 목적, ②독립적인 경영, ③민주적인 의사결정과정, ④이윤의 분배에 있어서 자본보다는 사람들과 노동자들에게 주어진 우선권 등이다." 이러한 원칙들은 이후에 사회적경제에 관한 '퀘벡 사회적경제 특별위원회Quebec Task Force on the Social Economy'에 의해서 적용되었는데, 이들은 앞의 네 가지 원칙과 더불어 '참여, 권능강화empowerment 그리고 개인적, 집단적 책임의 원칙에 기초한 운영'이라는 원칙을 추가하였다(Lévesque & Ninacs, 2000: 115).

한편 비에네(1994: 72~75)는 주체, 활동 그리고 특정한 규칙 등의 측면에서 사회적경제를 특성화하였다. 그는 일상생활과 활동들에서 상대적으로 지배되고 영향을 받는 '행위자들'이 시장과 정부에 의해서 제공되지 않는 사회적으로 필요한 '활동들'을 수행하는 특정한 규칙들을 정리하였다. 그것은 ①구성원 사이의 민주적 관계, ②구성원과 기업의 관계에서 구성원에 의한 활동의 결정, ③기업과 구성원 사이의 초과이윤 분배, ④재투자된 초과이윤에 대한 지속적인 집합적 소유권으로서의 기업 등이다(Lévesque & Mendell, 2004: 7).

이러한 개념접근이 갖는 장점은 사회적경제 조직들이 규범적인 정당성을 갖게 함으로써 그들의 활동에 관련된 이해당사자들의 동의 수준을 높일 수 있게 한다는 점이다. 이 같은 도덕적 정당성은 다양한 사회적 협력을 이끌어낼 수 있는 근거가 된다. 하지만 기존의 협동조합 조직들이 보여주었던 자본주의 일반기업으로의 퇴행과 낮은 생존율은 협동조합의 특수한 내부 조직문화가 자본주의 경제메커니즘과 적절히 부합되지 못하고 있음을 보여준다. 실제로 많은 협동조합 조직들이 내부의 조직문화와 부합되는 경제전략을 갖지 못하였으며, 이 점이 그들의 퇴행과 낮은 생존율의 근원이 되어왔다(장원봉, 2006: 325~332). 19세기 사회적경제의 전통에서 이어져온 협동조합이나 공제조합이 자본주의 시장경제와 복지체제에 흡수되어버림으로써 그저 하나의 경제조직이나 사회적 위험에 대한 관리자로 제한되었던 구사회적경제의 제도화 과정은 이를 뒷받침해주고 있다. 따라서 규범적 원리를 통해서 사회적경제의 개념에 접근하는 방식은 경제에 대한 사회적 개입을 적극적으로 고려하여온 사회적경제의 전통을 오히려 조직의 민주적 운영원리로 협소화하는 한계를 보이게 된다.

3) 사회경제적 조절 메커니즘에 대한 접근

사회적경제를 사회경제적 조절 메커니즘으로 개념화하려는 시도들은 그것을 사회의 매개적인 영역으로 설정한다. 우선 에베르스(Evers, 1995)는 복지혼합welfare mix 속에서 제3섹터를 시장부문과 공공부문 그리고 비공식부문 등의 다른 영역들 사이에서 그들의 자원과 원리들을 매개하는 시민사회 내의 공공영역public space의 일부로 규정하고 있다. 그리고 사회적경제의 개념이 이러한 매개적 영역을 가장 명확하게 보여주고 있다고 지적한다. 이와 유사하게 라빌(1992; Lévesque & Ninacs, 2000: 115~116, 재인용)도 집합적 서비스 영역에서 등장하고 있는 새로운 사회적경제를 설명하기 위해서 다음과 같은 세 가지 기본요소를 제시하였다.

첫째, 그가 '연대의 경제solidarity economy'라고 부른 새로운 사회적경제의 생성이다. 이는 사회적 필요를 해결하기 위해서 새로운 추진력을 형성하고 있는 주체들과 조직들이 등장하고 있음을 의미한다.

둘째, 새로운 경제활동의 형태이다. 새로운 사회적경제는 시장과 정부 모두에서 재분배 권한을 요구함으로써, 상업적 활동과 공공자금 조달 그리고 자발적 기금을 통한 비상업적 활동 등의 경제적 혼합을 시도하고 있다는 것이다.

셋째, 조절적 사회경제 체계에서의 역할이다. 사회적경제는 케인스주의와 복지국가 모델의 후퇴와 더불어 민주주의와 호혜주의에 기초해서 집합적 서비스 영역에서 중요한 역할을 하리라는 것이다.

이러한 접근에서 사회적경제는 단순히 시민사회부문이 아니라, ①다양한 동원자원과 원칙들에 기초한 복합경제, ②민간부문, 정부, 가정경제 사이의 매개적 공간으로서 사회적경제를 위치 짓게 하는 사회복지의 혼합경제, ③정부, 민간기업 그리고 비공식 가정경제와 구분되지만 이들과 교차되는 제3섹터 등으로 정의된다(Lévesque & Mendell, 2000: 8).

일반적으로 '사회연대경제social and solidarity economy'라고 일컬어지는 이 개념들은 대부분 폴라니(Polanyi, 1991)가 분류한 경제체계 유형에 빚지고 있는데[5], 이들은 시장교환, 기본적으로 국가에 의해서 영향 받는 재분배, 시민사회가 자발적으로 관여하는 호혜를 포함하는 실체적인substantive 관점을 통해 경제를 정의한다. 즉, 이들 경제통합 유형을 대표하는 시장부문과 공공부문 그리고 시민사회부문 사이의 협력을 통해서 생성되는 복합적 형태의 경제활동으로 사회연대경제를 설명하려 한다. 이 세 가지 유형들의 혼합을 통해서 사회적경제의 구조가 주변화되는 것을 막을 수 있다는 것이다(Laville, Lévesque, Mendell, unpublished). 이러한 용어는 구사회적경제의 제도화에 대한 새로운 사회적경제의 등장을 강조하기 위해서 사용되고 있기도 하다.

사회적경제를 시장부문과 공공부문 사이의 배타적인 영역으로 설정하지 않고 좀 더 유연한 매개적 영역으로 설정하고 있다는 점에서 이들의 접근은 사회적경제에 대해 좀 더 실체적인 관점을 제공하고 있다. 하지만 이러한 복합적인 접근이 복지서비스의 공급자를 다원화하는 복지혼합을 넘어서 각 주체들 간의 사회적 관계의 근본적 변화를 어떻게 만들어갈 것인가에 대한 언급은 찾아보기 힘들다. 이윤과 권력으로 지향되어 있는 기업과 정부의 운영원리, 그리고 연대로 지향되어 있는 시민사회 자발적 결사체의 운영원리가 어떻게 복합적 경제를 만들어 갈 수 있을지, 그래서 사회적경제 조직들이 복지혼합 속에서 단

5- 폴라니는《거대한 변환*The Great Transformation*》에서 호혜, 재분배, 집안 살림, 그리고 시장교환 등의 경제체계의 역사적 존재형태를 보여줌으로써 자기조정체계로서 시장에 대한 맹목이 지닌 편견을 적절하게 지적하고 있다(1991).

순히 정부와의 계약을 통해서 서비스를 제공하는 상업적 도급으로 전락되거나 시장경쟁 속에서 생존하기 위한 이윤추구 모델로 퇴행해가는 것을 어떻게 피할 수 있을지에 대한 분명한 답이 있어야 한다. 현재의 추세는 여전히 사회적경제를 통해서 복지서비스의 민영화를 좀 더 선한 얼굴로 포장하려는 정부의 립서비스에 머물고 있는 인상이다.

4. 사회적경제의 대안적 개념화

1) 사회적경제의 개념화를 둘러싼 쟁점들

앞에서 보았듯이 사회적경제를 개념화하는 동시대의 접근들은 조직형태 내지 영역구분, 공유된 규범적 가치 그리고 경제적 조절 메커니즘에 기초하고 있다. 사회적경제의 개념화와 관련해 각각의 접근에서 제기되고 있는 쟁점들은 주체설정의 문제, 정당성의 문제 그리고 대안적 조절 메커니즘의 타당성 문제로 요약될 수 있다. 각각의 쟁점은 사회적경제의 개념화에 있어서 독립적인 완결성을 지니고 있지 못해서, 상호 밀접한 관련성 속에서 사회적경제에 대한 개념화가 이루어져야 함은 명확하다.

첫째, 사회적경제의 개념화와 관련한 주체설정의 문제는 현실의 제도적 필요에 의해서 그들의 경제적 활동에 대한 법적·제도적 규정들을 필요로 할 것이며, 명확한 법인격의 대상으로서 조직의 형태를 규정할 필요도 제기될 것이다. 하지만 사회적경제를 통해서 경제의 사회적 속성을 해명하려던 이론적 전통과 자본주의 경제 속에서 사회적 위험에 대한 구성원들의 집합적인 개입을 시도하였던 실천적 전통을 고려한다면, 이에 대한 좀 더 포괄적인 접근이 이루어져야 할 것이다. 특히 사회적경제를 제3섹터식의 국가와 시장에 대한 배타적인 영역설정으로 고려하는 것은 분명히 제고되어야 한다.

앞에서도 밝혔듯이, 비에네(1994: 72~75)는 이 문제와 관련하여 일상생활과 활동들에서 상대적으로 지배되고 영향을 받는 대상들이 명확하게 사회적경제의 주체임을 밝히고 있다. 이는 자신들의 사회적 필요를 만족시키기 위해서 가격신호에 의해서 움직이는 소비자로서 시장에 등장하고, 공권력에 자신의 권력을 위임한 유권자로서 정치에 등장하는 소극적인 시민의 주체적인 등장을 의미한다. 따라서 사회적경제의 주체설정과 관련해서, 조직의 법적·제도적 형태나 영역설정의 문제 이전에 이 점이 더욱 부각되어야 한다. 사회적경제의 주체들은 제도적인 규정이나 활동영역의 구획보다 좀 더 포괄적인 시민사회의 주도성initiatives을 가지면서 다양하고 폭넓게 나타날 수 있다. 그래서 주체설정의 문제는 사회적경제 조직의 법적·제도적 형태가 아니라 다양한 시민사회의 주도성을 지속적으로 포괄할 수 있는 사회적경제의 새로운 조직원리를 개발하는 것에서 답안이 마무리될 것이다.

둘째, 사회적경제의 개념화와 관련한 정당성의 문제는 사회적경제의 존재가치와 관련된 논의이다. 사실 그 존재가치는 사회적경제 조직들이 역사적으로 처해온 조건에 따라서 변화해왔다. 자본주의 초기에 협동조합, 공제조합 그리고 결사체 등의 전통적인 사회적경제 조직들은 분명히 국가주의와 개인주의에 대한 제3의 길로서 사상적 의미를 갖고 있었으며, 근대사회로의 이행이 만들어낸 원자화된 개인들의 사회적 위험에 대한 집합적 대응전략으로서 분명한 존재가치가 있었다. 하지만 경제성장과 국가의 확대로 특징지어지는 복지국가의 등장은 사회적경제로부터 사회진보를 위한 존재가치를 찾아보기 힘들게 만들었다. 그리고 복지국가의 위기와 더불어 사회적경제가 다시 사회적 논의의 장에 등장하였다. 그렇지만 사회적경제 조직의 규범적 운영원리를 기초로 규정되는 사회적경제의 개념화 속에서, 제2기를 맞고 있는 사회적경제로부터 제1기 때보다 사상적으로나 실천적으로 우월한 존재가치를 발견하기는 힘들다. 물론 사회적경제 조직의 규범적 운영원리는 직접적으로 사회적경제의 정당성 문제와 연관되지 않을 수 있다. 오히려 그 내용들은 일반적으로 사회적경제 조직의 운영원리로서 받아들여지고 있는 것들이다. 따라서 사회적경제의 정당성 차원에서 살펴본다면, 규범적 운영원리를 통해서 인정될 수 있는 사회적경제 조직의 존재가치는 그리 크지 않은 것은 분명하다.

시장경제논리에 대한 사회적경제의 윤리적·정치적 개입이라는 역사적 특성을 고려한다면, 사회적경제 조직 내부의 규범적 운영원리를 통해서 사회적 정당성을 얻을 여지는 아주 협소한 듯하다. 따라서 신자유주의 시대에 자본과 권력을 핵심자원으로 하는 시장과 국가의 실패를 비판하며, 이들이 만들어내는 빈곤화와 사회적 배제를 해결할 수 있는 대안적인 시민사회의 주도성에 대한 필요로써 사회적경제의 정당성을 인정받아야 한다. 사회적경제가 시장과 국가의 모든 영역을 대체할 수 있는 제1의 대안적 원리로 작동하지는 못하더라도, 양자의 보완적 역할로 사회적 위험을 관리하는 완충지대로서 자신의 정당성을 얻어가기란 무척 힘들다.

셋째, 사회적경제의 개념화와 관련한 대안적 조절 메커니즘에 대한 타당성 문제는 구체적으로 연대의 경제 주창자들이 구상하고 있는 복합경제로서 사회적경제의 개념화가 갖는 적절성과 가능성에 대한 논의에서 시작되어야 한다. 이들에게 사회적경제는 시민사회의 호혜적 시도들이 시장과 정부로부터 자원의 재분배 권한을 요구함으로써 상업적 활동과 공공자금 그리고 시민사회의 자발적 기부금 등의 경제적 혼합을 이루는 대안적인 경제 조절 메커니즘이다. 하지만 이들이 구상하고 있는 복합경제는 시장, 국가 그리고 시민사회 간의 합리적 선택에 의해서 이상적으로 도달될 수 있는 것이 아니다. 이들이 말하는 자원분배의 복합적 재구성은 현실에서도 이루어지고 있으며 그것은 상당부문 정치적 문제에 속한다.

따라서 사회적경제의 개념화가 연대의 경제 주창자들처럼 경제적 조절 메커니즘에 한정된다면, 정치적 문제를 사상시켜버림으로써 주체의 문제를 소외시킨 제도주의의 오류를 그대로 반복하게 된다. 자본과 권력을 핵심자원으로 하는 시장과 국가에 대해서 연대를 핵심자원으로 하는 시민사회가 양자로부터 자원의 재분배 권한을 요구한다는 것은 어떻게 가능한가? 더욱이 사회적 필요를 해결하기 위해서 새롭게 형성되고 있는 시민사회의 주도성이 지속적인 이윤추구와 권력유지를 목적으로 하는 기업집단과 정치집단으로부터 복합경제를 실현할 연대의 원리를 어떻게 끌어낼 것인가? 사회적경제는 이 점을 명확히 할 필요가 있다. 분명한 것은 사회적경제는 대안적인 경제 조절 메커니즘이라기보다는 그것을 가능하게 하는 정치사회적 개입전략에 가깝다는 것이다. 그렇지 않다면, 복지의 민영화로 가는 뒷문의 커튼 뒤 실루엣으로 사회적경제를 마주하게 될 것이다. 이것이 사회적경제로 하여금 정치의 문제에서 벗어나지 못하도록 하는 이유이다.

2) 사회적경제의 대안적 개념화와 실천전략

폴라니(1991)의 접근을 따라서, 경제를 일반적으로 재화와 용역을 제공하기 위한 활동으로서의 실질적 의미와 희소한 자원의 합리적 활용원리로서의 형식적 의미를 결합한 체계로 이해한다면, 사회적경제는 후자의 원리에 의해서 전자의 영역에서 소극적인 위치에 있던 시민사회가 전자를 조직하는 주체로 재설정되고 후자의 원리를 인간화하려는 의미를 가진다. 이것을 앞에서 논의한 쟁점들을 따라서 구체적으로 정리해보면, 사회적경제는 ①국가와 시장에 의해서 충족되지 못하는 다양한 시민사회의 필요에 대응한다는 사회적 목적을 가지고, ②폭넓은 시민사회의 주도성과 결속을 보장하는 참여주의 모델로서 사회적 소유를 실현하며, ③호혜와 연대의 원리를 토대로 축적되는 사회적 자본에 기초한, 경제에 대한 시민사회의 정치사회적 개입전략이라 할 수 있다.

사회적경제는 사회적 목적, 사회적 소유 그리고 사회적 자본을 구성요소로 해서 새로운 사회관계를 형성하고자 한다. 그리고 이것은 자본과 권력의 논리로 지향된 시장과 국가가 대안적 자원배분의 권한을 시민사회와 공유하도록 강제하게 된다. 사회적경제가 형성하는 새로운 사회관계는 시민사회 내의 다양한 주도성들의 결속으로 나타날 수 있고, 국가에 대한 사회적경제 조직들의 변화된 개입전략으로서 드러날 수도 있으며 또한 시장경쟁 속에서 사회적경제 조직들이 구사하는 새로운 경제전략으로서 표현될 수도 있다. 여기서 사회적경제가 그러한 새로운 사회관계를 구축하도록 하는 데 앞의 세 가지 요소가 어떻게 기여하고 있는지 살펴보도록 하자. 이는 사회적경제의 대안적 개념화를 위한 실천적 전략에 해당된다. 물론 이 세 가지 요소들은 상호 밀접한 관련성 속에서 작동하게 된다. 따라서 상호 의존적인 관계라고 할 수 있다.

먼저 사회적경제가 지닌 사회적 목적은 대안적인 자원분배를 요구할 수 있는 사회적 정당성의 기초가 되고 있다. 시장과 국가에 의해서 충족되지 못하는 시민사회의 필요를 해결해야 할 일차적인 책임은 누구에게 있는가? 시민사회가 그 일차적인 책임을 질 수 있을까? 시민사회의 자원활동과 자발적 기금을 통해서 시민사회의 필요가 충족될 수 있을까? 실제로 사회적경제를 둘러싼 오해 중에서 가장 대표적인 것은 그것이 시민사회의 필요에 대한 대안적인 생산과 서비스를 제공할 수 있다고 하는 것이다(장원봉, 2005: 300). 하지만 현실은 그러한 착각이 사회적경제를 사회적 어려움에 대한 '선한 행동'으로 미화되는 일시적인 심리요법의 대상으로 전락시키고 만다는 것을 보여준다. 분명히 사회적 필요의 충족에 대한 일차적인 책임은 국가에게 있으며, 이윤원리에 의해서 그것을 위한 서비스와 재화의 공급을 포기한 시장실패도 지적되어야 한다. 따라서 주로 집합적 소비영역에서 만족되지 못하는 사회적 필요는 시민사회가 집합적 행동을 조직할 유인을 제공하고 있으며, 또한 정부와 시장에 대해 정당성을 갖고 개입할 수 있는 계기를 만들어주고 있다. 다시 말해서, 제도적 차원에서 국가로 하여금 대안적인 자원배분을 위한 권한을 시민사회와 공유하도록 강제하는, 시민사회의 정치적 개입을 정당화하고 있다. 이제 사회적경제를 통해서 시민사회는 국가에게 대안적 실행의 역할을 위임하는 소극적 주체에서 벗어나게 된다.

둘째, 사회적경제가 사회적 소유권을 통해서 실현하고자 하는 것은 구성원의 배타적인 이해에 충실하였던 협동조합, 공제조합 또는 결사체 등의 기존 사회적경제 조직들의 한계를 벗어나 사회적 목적에 동의하는 다양한 이해당사자들의 복합적 이해를 충족하는 것이다. 소유권이 조직에 대한 통제의 행사와 잔여수익 수취의 구조라는 점에서 사회적 소유권은 다양한 이해당사자들에 의한 조직의 통제와 집단적 이해의 성취를 위해서 구조화된다. 따라서 이들 이해당사자로 하여금 사회적경제 조직이 애초에 의도한 사회적 목적에 충실하도록 하는 데 기여하게 한다. 물론 사회적 소유권을 통해서 보장된 좀 더 폭넓은 시민사회의 참여는 사회적경제 조직들이 다양한 사회적 자원을 동원할 수 있도록 사회적 결속을 증진한다. 이렇게 증진된 사회적 결속은 다양한 개인과 집단들 그리고 지역사회가 사회적, 경제적 그리고 정치적 행동에서 배제되지 않는 의사소통구조를 마련하도록 한다. 또한 확대된 의사소통구조로서 사회적 소유권은 시민사회가 정부에 대한 정책적 개입의 여지를 넓힐 수 있는 교섭 능력을 향상시키는 계기를 마련해주고 있다.

셋째, 사회적경제는 호혜와 연대에 기초해 축적되는 사회적 자본을 통해서 그 효율성을 높일 수 있다. 사회적 자본을 통해서 정보의 비대칭성 문제를 상당부분 해결할 수 있는 사회적경제는 자원의 효율적인 배분의 장점을 갖게 된다. 또한 사회적경제 조직들 간의 호혜와 연대에 기초한 협력은 그들이 시장경쟁 속에 원자화된 경제조직으로 등장하지 않도록 하며, 다양한 협력체계 속에서 만들어지는 사회적 관계망을 통해 시장경쟁력을 갖도록 한다. 연대의 원리가 자본과 권력의 논리만큼이나 사회를 움직이는 지속적인 힘이 될 수 있다는 점을 사회적경제가 입증해야 하는 것이다. 사회적경제를 통해서 연계되는 다양한 지역사회의 수평적 협력체계는 그들의 민주적 구조와 귀속감을 위협하지 않으면서 규모의 경제가 주는 시너지 효과를 사회적 편익으로 제공한다.

5. 결론: 사회적경제의 대안적 개념화를 위한 과제

개념화가 객관적 실재에 대한 반영이며, 그것을 규정하는 가설적 추론과정의 산물이라는 점에서, 개념의 내용은 역사적 시점과 주체 그리고 목적에 따라서 크게 달라질 수 있다. 특히 실천적 목적을 가진 개념화의 경우, 가설적 총체성을 통해서 현실의 다양한 가능성을 가진 대상에 대한 추론적 해명이 가능할지 의문이 제기된다. 이 점에서 사회적경제의 개념화는 불충분한 추론적 해명을 통해서 이루어져왔다. 이것은 사회적경제라는 것이 상당부분 사상적·윤리적·정치적 고려 속에서 개념화되어 왔기 때문이다. 아마도 이 점이 사회적경제가 현실에서 실질적으로 사회를 움직이는 주류적 원리로 작동하지 못한 이유이기도 할 것이다.

세상은 연대의 가치만으로 돌아가지 않는다. 따라서 사회적경제가 지닌 호혜의 원리가 국가의 재분배 역할과 시장의 교환 역할을 완전히 대체할 수 있을 것이라는 믿음은 완전히 환상이다. 하지만 사회적경제를 통해서 국가의 재분배 역할과 시장의 교환 역할이 제대로 작동하도록 시민사회의 정치사회적 개입이 이루어져야 한다는 절실함도 분명한 사실이다. 그래서 사회적경제의 대안적 개념화가 갖는 실천적 의미는 더욱 크다. 그것은 규범적인 호소만으로 가능하지 않으며, 잘 정리된 시장전략으로도 달성되지 않는다. 현실적인 힘을 가질 수 있는 새로운 사회관계의 형성을 통해서만 가능할 것이다. 물론 현실적 힘을 갖는 사회관계의 형성은 사회적경제의 일관된 정당성과 합리성에 기초하게 될 것이다. 그런 점에서 사회적경제의 개념화는 사회적 목적의 정당한 실현과 합리적 추구를 동시에 충족해야 하는 과제를 안고 있다. 특히 연대의 가치가, 일관된 현실적 힘을 통해서 유지되어온 시장과 국가의 핵심적인 재생산 자원인 이윤과 권력만큼 사회적경제에게 일관된 현실적 힘을 부여할 수 있을 것인가 하는 점은 매우 중요한 문제이다.

시장과 국가를 완전히 대체하는 경제원리로서 사회적경제의 가능성과, 정치 없이 양자로부터 대안적 자원공급을 조절하는 복합경제로서 사회적경제의 가능성이라는 양자의 환상으로부터 자유로워질 수 있다면, 좀 더 현실적인 힘을 발휘하는 실천전략으로서 그 대안적 개념화에 도달할 수 있을 것이라 믿는다. 물론 모든 시공간적 한계를 넘어선 사회적경제의 대안적 개념화는 여전히 가능하지 않을 것이다. 그렇지만 인간적 가치 위에서 정치와 경제 그리고 사회를 통합하려던 유토피아적 상상력이 사회적경제의 대안적 개념화가 시대와 공간을 넘어서 지속적으로 시도되어온 원동력이 아니었을까? 그것이 신자유주의 시대를 살고 있는 우리 세대가 사회적경제의 대안적 개념화를 시도하도록 하는 이유 아닐까? 하지만 혹은 그래서 사회적경제의 대안적 개념화는 우리에게 리얼유토피아적 상상력을 요구하고 있다.

복지사회의 이행전략으로서 사회적경제의 가능성에 관한 탐색[1]

장원봉

1. 들어가며

복지국가에 대한 말이 많아졌다. 복지제도의 확충에 인색했던 집단들까지 복지국가가 화두다. 사실 복지국가 건설이라는 슬로건은 군사정권 때부터 있었던지라 그리 새로운 것이 아닐지 모른다. 하지만 군사정권들에게 복지국가는 정권의 정통성을 얻기 위해서 사용한 수사에 머물렀다. 반면 최근의 복지국가에 대한 논의는 그것의 실현을 놓고 상당히 구체적인 사회적 쟁점들을 형성하고 있는 것 같다.

이는 한국사회의 다양한 위기들이 기존의 대기업을 중심으로 하는 경제성장 패러다임으로는 더 이상 대응하지 못한다는 현실인식에

1 – 이 글은 필자가 성공회대학교 사회적기업연구센터 연구교수로 재직 시 집필하여 〈생협평론〉(2011, 4호)에 실렸다. 필자는 이 글에 다음과 같은 주를 붙였다.
"본고는 사회적경제가 공공성의 재구성을 통한 복지사회 이행전략으로서 어떠한 가능성을 갖는지에 대한 탐색의 글이다. 그만큼 복지사회로 이행을 위한 풍부한 논거를 가지고 있지 못하다는 점을 고백해야 할 것 같다. 이 글에서 고려되었던 몇 가지 쟁점들을 토대로 좀 더 충실한 고민을 다른 지면을 통해 정리하도록 하겠다."(편집자 주)

서 비롯된 듯하다. 물론 각 집단마다 복지국가 건설의 과정을 사고하는 방식은 다르다. 그 중에서 가장 큰 사고의 차이는 복지 혜택을 보편적으로 제공할 것인가 선별적으로 제공할 것인가 하는 점이다. 아마도 보편적 복지를 주장하는 사람들이 선별적 복지를 주장하는 사람들에 비해 소위 진보적이라고 일컬어지는 것 같다.

보편적 복지가 선별적 복지보다 복지국가 담론에 걸맞아 보인다. 선별적 복지의 가장 큰 문제는 복지라는 것이 늘 사회의 주변부 계층을 위한 시혜로 제한돼버린다는 점이다.

사실 복지의 의미는 선별된 대상을 위한 것이기보다는 "인간답게 살 수 있는 물질적·문화적 조건을 충족한" 사회적 안녕well-being을 위한 구성원들의 우애와 연대의 실현이라고 할 수 있겠다. 따라서 사회구성원이면 모두가 복지의 주체가 된다. 하지만 복지제공의 방식에서 보편적이냐 선별적이냐의 문제 이전에 꼭 생각해봐야 할 문제가 있다. 그것은 복지국가 자체에 대한 타당성과 정당성의 문제이다. 사전적인 의미에서 복지국가는 "국민의 삶의 질과 행복을 책임지는 국가"이다. 현재 복지국가는 우리 사회의 타당한 대안인가? 국민의 삶의 질과 행복을 국가의 손에 맡기는 것이 정당한가?

여기서는 복지국가의 타당성과 정당성의 문제제기에 대한 답을 복지사회라는 구상에서 찾아보고자 한다. 그리고 복지사회로의 이행을 위한 주요한 과제로 '경제'와 '사회'의 통합적 접근을 가능하도록 하는 사회적경제의 역할에 대해서 말해보고자 한다.

1. 복지국가의 변화

사회는 불균등하게 발전한다. 그래서 어떤 사회는 먼저 발전하고 또 어떤 사회는 나중에 발전한다. 물론 어떤 사회는 발전하기보다 늘 정체되어 있기도 하다. 그래서 나중에 발전하는 사회는 먼저 발전한 사회의 후발효과를 얻게 된다. 이 후발효과는 후발주자들에게 선발주자들의 경험을 학습하여 좀 더 빠른 발전을 위한 계획을 세우게 한다. 반면 이 같은 후발효과는 이전의 발전경로에 의존하여 후발주자들의 다양한 발전경로의 자율성을 제약하기도 한다. 아마 현재 제기되고 있는 복지국가의 개념은 서구 유럽 복지국가들의 경험에 거의 의존하고 있다고 봐도 무방할 것이다.

그렇다면 서구 유럽 복지국가들의 경험은 한국사회가 꼭 거쳐야 하는 경로의존적 과정인가? 그 자체로 한국사회의 타당한 대안인가? 여기서 복지국가의 역사적 변천과정을 살펴볼 필요가 있다. 이는 복지국가 건설의 경로의존성에서 좀 더 자유롭게 후발효과를 기획하는 과정이 될 것이다. 물론 여러 사회들은 나름의 보편성을 공유하기도 하고 특수성을 고유하게 갖고 있기도 하다. 따라서 유럽 복지국가들의 경험을 보편성의 관점에서 일방적으로 수용하여 이식할 수 없다. 그렇다고 한국사회의 고유한 역사적 특수성이 이들 국가들과 공유할 수 있는 보편적 특성을 애초부터 차단하지도 않는다.

유럽 복지국가의 시작은 1880년대 독일에서 사회보험이라는 강제적인 공적 프로그램의 도입에서 비롯된다. 산업사회에서 사회구성원이 공동으로 겪고 있는 질병, 노령, 실업, 사망, 상해 등의 위협에 대비하기 위한 조치들이었다. 산업사회 이전에 이 같은 위협은 농촌공동체에서 구성원들의 결속으로 어느 정도 대처되어 왔다. 하지만 전통사회에서 산업사회로 이행하는 과정에서 사회와 개인의 관계도 변했다. 산업사회에서 노동자들은 사회로부터 원자화되었으며, 개인과 가족의 고통을 개인적으로 감내해야 하는 상황이 되었다. 산업사회 초기의 노동자들이 겪은 공통의 어려움은 생산, 소비, 신용, 공제, 주거 등 다양한 영역의 협동조합을 통해 대처되기도 하였다. 사실 이 시기 협동조합운동의 등장과 더불어 전통적인 사회적경제가 사회이념이 아닌 사회적 실체로 떠오르게 되었다.

하지만 사회보험을 시작으로 태동된 복지국가는 사회 전반에 대한 국가의 적극적인 개입을 통해서 사회적경제를 주변화했다. 질병, 노령, 실업, 사망, 상해 등의 사회보험을 비롯하여, 공공보건위생, 공교육, 공공주택, 그리고 공공부조로 복지국가의 영역은 넓어졌다. 이러한 복지국가의 확대는 1940년대부터 1970년대에 걸쳐 이루어지게 된다.

여러 가지 설명이 가능하겠지만, 이것이 가능하였던 이유는 역시 유럽 복지국가들의 경제성장을 이야기할 수 있을 것이다. 산업사회의 대량생산과 대량소비 체계는 노동자들의 고용확대와 소득보장이라는 측면에서 사회의 여러 위협들을 상쇄하는 복지국가 확대의 전제가 되었다.

다음으로 시장의 유효수요를 지속적으로 유지할 수 있었다는 점도 복지국가 확대의 전제가 되었다. 또한 노동자계층의 정치적 영향력 확대와 중산층을 포괄하는 보편적 복지를 위한 복지정치의 작동도 언급되어야 한다. 다시 말해 완전고용과 보편적 복지는 복지국가의 개입주의적 국가이론의 핵심적인 전략이었던 것이다.

하지만 복지국가의 황금기는 1973년에 석유수출국기구OPEC가 세계 원유 가격을 2배 이상 인상하면서 야기된 '오일쇼크'에 의해 경제성장이 지속되지 못하면서 막을 내린다. 실업은 증가하였고, 사회복지에 대한 수요도 증가했다. 경쟁력 하락에 직면한 복지국가가 급격하게 증대되는 사회적 위협들에 적절히 대응하기에는 긴축재정의 압박이 너무도 컸다. 물론 유럽의 복지국가들은 실제로 이 시기에도 복지예산을 점진적으로 늘렸다. 하지만 고실업, 산업구조의 변화, 여성의 경제활동 참여 증가, 가족구조의 변화, 고령화 등은 모두 복지수요를 증대시키는 반면 재정에는 압박을 가하는 요인이 되었다. 이에 대해 기존의 복지체계는 그 취약성을 드러낼 뿐이었다.

많은 사회복지 정책들이 개인의 책임을 강조하면서, 시장 지향적인 탈규제화, 탈중앙화, 그리고 민영화 등으로 방향전환이 이루어졌다. 대부분의 유럽 복지국가들에서 개입주의적인 국가의 역할에 대해 회의하는 시각이 팽배해졌다. 노동조합의 영향력과 보편적 복지에 대한 중산층의 지지를 통해 개입주의적 복지국가를 지탱해온 복지정치의 지형이 바뀌기 시작했다. 노동조합의 영향력은 날로 줄어갔으며, 보편적 복지를 떠받치던 중산층의 지지는 보수주의 정당이 주도하는 복지정치의 토대가 되어버렸다.

실업이 늘고 사회적 돌봄은 적절히 제공되지 않았다. 지방정부들은 앞다퉈 제조산업의 유치를 목표로 사회기반구축 공사를 진행하며, 다양한 유인을 제공할 수 있는 지역개발 정책들을 추진하였다. 하지만 이들의 전략은 좀처럼 들어맞지 않았다. 기업유치는커녕 지역경제는 날로 쇠퇴 일로를 걷고 있었다. 개입주의적인 복지국가는 국민의 삶의 질과 행복을 책임지려 하지 않았으며, 시장의 기업들은 저렴한 노동과 새로운 시장을 찾아 떠나버렸다. 그 피해는 온전히 지역사회 구성원에게 돌아갔다. 지역사회의 일자리는 계속 줄었고, 새로운 일자리는 만들어지지 않았다. 노인, 청소년, 아동, 장애인 등을 위한 돌봄서비스의 양과 질은 수요에 현저히 못 미쳤다.

2. 복지국가 위기에 대응하는 사회적경제의 등장

19세기 자본주의 산업화 과정에서 제기된 사회적 위험에 대한 노동자들의 집합적인 대응전략이었던 사회적경제는, 20세기 자본주의 후기산업사회에서 제기되는 복지국가의 구조변화에 따른 사회위기에 대응하여, 지역 시민집단들에 의한 다양한 자조운동으로 새롭게 등장하게 된다.

영국에서는 1971년에 노동자들에게 불리한 경제적 소유권 문제를 해결하기 위해 기독교인들이 주창한 '산업공동소유운동Industrial Common Ownership Movement, ICOM'이 시작되었다. 지역경제의 쇠락 속에서 지역의 시민집단들의 자기고용전략으로 노동자협동조합이 새롭게 건설되기 시작하였다.

1977년 스코틀랜드에서는 처음으로 노동자협동조합의 건설을 지원하는 '협동조합개발기관Co-operative Development Agency, CDA'이 설립되었다. 1978년 전국협동조합개발기관이 설립되면서 전국에 지역협동조합개발기관이 100여 개까지 증가한다. 초기에 노동자협동조합 지원에 집중되었던 활동은 점차 지역재생사업Community Business, 사회적기업 등으로 확대되었다. 이들의 운영을 위한 재정은 대부분 공공부문을 통해서 제공되었다. 1970년대 초반까지 영국 전역에 20여 개 정도에 머물러 있던 노동자협동조합이 1980년까지 300여 개, 1982년까지 500여 개, 1984년까지 900여 개로 급속하게 늘었다. 물론 이들의 활동은 1979년에 신자유주의적인 사회정책을 펼친 대처정부의 등장으로 상당히 위축받게 된다. 하지만 1997년 노동당이 집권하면서 이들의 활동은 다시 사회적 활력을 위한 중요한 정책 파트너가 되어 다양한 사회적기업들이 생성되는 토대가 된다. 최근 영국의 사회적경제는 지역재생, 취약계층을 위한 고용창출과 직업능력 향상, 지역사회 서비스 제공 등 폭넓은 영역에서 시민집단의 참여와 협력을 제도화하고 있다.

스웨덴에서는 1980년대 중반을 시작으로 영국과 같은 협동조합 개발기관을 통해 청년실업에 대한 지역사회의 대응으로 노동자협동조합이 건설되기 시작하였다. 이들은 영국의 CDA 탐방보고서를 통해서 협동조합개발기관의 제도화 필요성을 제기하였으며, 1994년에 이들 지역의 협동조합개발기관들이 연합회Förening för Kooperativ Utveckling, FKU를 구성하였다. 현재 이들 조직은 전국에 걸쳐 25개 지역에서 '쿱파니언Coompanion'이라는 명칭으로 활동하고 있다. 한편 보육, 노인요양, 장애인 돌봄 등의 영역에서 다양한 돌봄협동조합들이 설립되어 운영되기도 하였다.

사실 유럽에서 사회적기업에 대한 관심은 1970년대 초반부터 시도된 이탈리아의 '사회적 연대 협동조합'의 경험에서 비롯되었다고 할 수 있다. 이탈리아의 복지체계는 기본적으로 취약한 집단에 대한 현금이전을 중심으로 이루어졌기 때문에, 사회적으로 필요한 서비스 제공에 대해서는 소홀하였다.

하지만 1970년대 경기침체에 이은 실업 증가와 사회서비스 수요 증대는 기존의 복지체계로는 해결하기 어려웠다. 이 같은 사회적 위협에 적극적으로 대처하기 시작한 집단은 지역사회의 자선조직들이었다. 이들 조직은 노동시장의 취업 애로 계층들을 위한 경제활동을 촉진하는 반면에, 취약한 지역사회의 돌봄서비스를 제공하는 활동을 전개하였다. 기존의 자선활동들이 비영리활동을 전제로 했던 것이라면, 이들 활동은 사회적 목적의 실현을 위한 영리활동이라는 특성을 갖게 되었다. 또한 구성원도 생산자, 소비자, 시민단체, 지방정부 등 다양한 지역사회의 소유권을 인정하는 다중의 이해관계자들이 참여하는 구조였다.

하지만 이들의 활동은 법률체계로는 인정되기 어려웠다. 1980년대 중반부터 이들의 활동에 대한 실태조사를 통해서 새로운 '사회적협동조합법'이라는 특별법의 필요성이 제기되었다. 10년 동안의 오랜 법률적 검토를 통해서 1991년에 사회적협동조합법이 실행되기에 이른다. 현재 이탈리아의 사회적협동조합은 돌봄서비스가 필요한 취약계층에 대한 서비스 제공을 목적으로 하는 A유형 사회적협동조합과, 노동시장의 취업 애로 계층을 위한 노동통합을 목적으로 하는 B유형 사회적협동조합으로 유형화되어 활동하고 있다. 이 조직들은 별도의 지원조직을 두고 있지 않으며, 자신들의 연합회를 통해서 다양한 회원조직들의 활동을 지원하고 있다. 또한 공공정책에 대한 개입과 시장자원의 활용을 위해 적극적으로 상호연대하고 있다.

19세기 전통적인 사회적경제가 수행해온 상호공제활동, 공동생산, 공동구매 등의 영역은 국가의 사회보장체계와 시장경제 안으로 포섭되면서 주변화 과정을 거치게 된다. 하지만 20세기 말의 완전고용과 보편적 복지의 위협 속에서 새롭게 나타난 사회적 위험은 사회적경제 조직들이 생성되는 요인이 되었다. 구성원 중심의 욕구충족을 주요한 조직의 목적으로 하였던 전통적인 사회적경제 조직들과는 다르게, 새로운 사회적경제 조직들은 지역사회의 공익에 기초해서 지역의 다양한 이해관계자들의 참여로 확대되고 있다.

3. 복지국가에서 복지사회로의 이행을 위한 사회적경제의 역할

사회가 운영되는 핵심원리는 국가에 의한 재분배, 시장에 의한 시장교환, 시민사회에 의한 호혜 등으로 요약할 수 있다. 국가는 사회질서를 위해 필요한 공공재의 운영을 위해서 조세를 통해 재분배정책을 펼친다. 시장은 생활세계의 필요를 위한 재화와 용역의 생산·판매를 통해서 시장교환을 촉진한다. 시민사회는 국가와 시장을 통해서 충족되지 못하는 사회적 유대를 위한 호혜에 기초한다.

각각의 운영원리들은 그들이 작동할 수 있게 하는 핵심자원이 필요하다. 먼저 국가의 재분배는 권력자원을 통해서 작동한다. 국민의 권한을 위임받아서 공권력을 집행하는 국가권력은 재분배의 핵심자원이 된다.

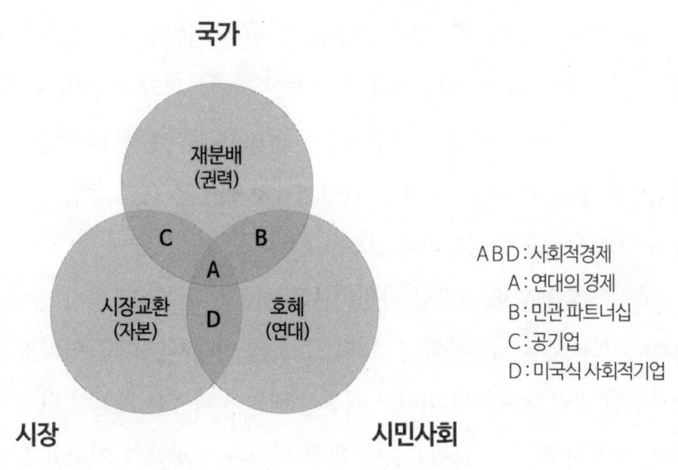

그림 1 사회의 핵심 운영원리 및 자원

이 같은 권력 메커니즘은 공익 수호자로서의 역할을 하기도 하지만, 정치집단의 권력 유지를 위해 권력자원으로 활용되기도 한다. 이 같은 권력자원의 오용은 재분배의 합리성과 효율성을 제약한다. 중앙정부 및 지방정부의 전시행정이나 비합리적인 정책수행은 이러한 재분배영역의 권력자원이 갖는 특성을 반영하고 있는 것이다.

시장에서 소비자의 필요를 충족하기 위한 시장교환은 이윤 욕구에 기초한 자본을 핵심자원으로 한다. 시장교환의 과정은 재화와 용역에 대한 수요와 공급을 통해서 효과적인 자원배분을 가능케 하며, 이는 애덤 스미스의 말처럼, 생산자들의 이기적인 이윤 욕구에 의해서 제공되는 재화와 용역은 소비자들의 욕구를 충족시키게 된다. 하지만 자본축적을 위한 이윤 메커니즘은 구매자의 욕구충족에 지향되어 있는 것이 아니다. 따라서 자본이라는 시장교환의 핵심자원은 시장이 생활세계의 필요를 충족하는 효과적인 매개로 작동하는 데 제약 요인이 되기도 한다.

사회구성원 간의 유대감을 유지할 수 있는 시민사회의 호혜는 연대라는 사회적 자본에 기초한다. 전통적인 시민사회의 역할은 국가와 시장의 부정의에 대항하는 구성원들의 연대자원을 통한 대변 활동이 중심적이었다. 하지만 최근 비영리단체들의 활동은 대변 중심에서 서비스 제공 중심으로 지향점이 변화하고 있다.

사회운영을 위한 주요한 자원배분은 재분배와 시장교환의 영역에 이루어진다. 사실 시민사회의 호혜를 둘러싼 연대자원은 두 영역의 핵심자원인 권력과 자본에 비해서 직접적 배분이 가능한 자원이 되지 못한다. 따라서 시민은 자원배분을 위해 국가와 시장에 참여하고 그를 통해 자신의 욕구를 충족한다. 시민이 자원배분을 위해 국가와 시장에 개입할 때는 유권자와 소비자로서의 지위로 가능하게 된다. 물론 유권자와 소비자일 때 시민의 지위는 국가와 시장의 자원배분에서 결정적인 역할을 하는 것으로 보이지만, 실제로는 정보의 비대칭성과 사후적인 참여라는 제약이 시민의 지위를 두 영역에서 주변화시킨다.

현재 유럽 복지국가의 구조변화는 복지정책, 복지정치, 복지예산 영역에서 이루어지고 있는 듯하다. 공적 책임에 기초한 복지정책은 개인의 책임을 강조하며 시장과의 결합을 적극적으로 모색한다. 보편적 복지에 대한 노동조합의 영향력과 중산층의 신뢰에 기반한 복지정치는 해체되어 보수화되어 갔다. 보편적 복지를 위해 재분배되어야 할 복지예산은 긴축재정의 압력을 받고 있다.

사회적경제는 복지국가의 구조변화 과정에서 정치와 경제에 대한 시민사회의 새로운 사회적 개입전략을 통해 복지국가의 재사회화 resocialization를 시도하고 있다. 사회적경제는 "①국가와 시장에 의해서 충족되지 못하는 다양한 시민사회의 필요에 대응한다는 사회적 목적으로, ②폭넓은 시민사회의 주도성과 결속을 보장하는 참여주의 모델로서 사회적 소유를 실현하며, ③호혜와 연대의 원리를 토대로 축적되는 사회적 자본에 기초한, 경제에 대한 시민사회의 정치사회적 개입전략"이라 할 수 있다.[2] 사회적경제가 추구하는 복지국가의 재사회화 방향은 공공성에 기초한 복지사회로 지향되어 있다. 따라서 복지국가의 구조변화 속에서 제기되는 복지정책, 복지정치, 복지예산 등의 영역에 대한 사회의 역량을 강화하고자 한다. 사회적경제를 통한 공공성의 재구성은 사회구성원이 그들의 이익과 권한 그리고 편익을 공유하도록 하는 데 있다.

---

2 – 사회적경제의 개념적 논의는 졸고 "사회적경제의 대안적 개념화 : 쟁점과 과제"(장원봉, 〈시민사회와 NGO〉, 제5권 2호, 2007)를 참고하기 바란다.

우선 사회적경제는 공적 책임에서 사적 책임으로의 이전을 토대로 하는 복지정책의 방향을 공·사 구분을 넘어 사회적 책임에 두고 있다. 복지정책의 영역에서 사회적경제는 공동생산을 통해서 정책의 효과적인 구상과 집행이 가능하도록 돕는다. 공동생산에 대한 인식은 공공서비스에서 시민참여의 전제 없이는 효율적인 서비스 제공이 가능하지 않다는 것이다.

지역사회 구성원들의 공동의 필요를 해결하기 위한 자율적 생성의 원리를 가진 사회적경제는 시민집단들이 공동생산의 주요한 주체로 등장하도록 하는 경로가 되고 있다. 따라서 복지정책의 구상과 실행과정에서 사후적 참여로 제한되었던 시민집단의 유권자 지위는 사회적경제를 통해서 공동생산자의 지위로 바뀌게 된다.

한편 지역사회 공동의 이익을 위한 복합이해관계자들의 참여를 인정하는 사회적경제는, 복지서비스에 대한 다양한 집단들의 이해를 조정하는 조절 메커니즘을 갖고 있다. 사회적경제는 생산자, 소비자, 자원봉사자, 사회단체, 지방정부를 공익의 생성을 위한 사업파트너로 설정하고 있으며, 사업에 대한 이들의 소유권을 폭넓게 인정함으로써 사업 이해관계자들 사이의 공동선에 접근하도록 한다.

대표적으로 프랑스의 공익협동조합, 이탈리아의 사회적협동조합을 비롯한 다양한 사회적경제 조직들은, 이러한 지역사회 공동의 이익을 위한 다양한 이해관계자들의 참여를 통해서 복지정치를 재사회화하고 있다. 정치권력의 획득을 목표로 하는 정치집단들 간의 권력투쟁의 장이었던 기존 복지정치의 단기적 계산과 시간적 경계의 제약은 이제 공동선을 위한 이해관계자들의 실질적인 참여의 공론장public sphere으로 복지정치를 재사회화하고 있다.

또한 사회적경제가 실현하고자 하는 공익은 국가 및 지방자치단체의 보조금과 세제혜택, 재화와 용역에 대한 판매수익, 자발적 기금 그리고 자원봉사 노동 등의 복합자원을 통해서 이루어진다. 복지정책의 공동생산자로서, 공동선을 위한 이해관계자들의 공론장인 복지정치를 통해서, 사회적경제는 복지예산의 효율적 자원배분을 위해 국가와 시장에 개입하게 된다. 이를 통해 정부의 비효율적인 예산집행과 시장의 무정부적인 투자의 여지를 줄여갈 수 있도록 한다. 따라서 사회적경제는 복지예산을 국가의 재분배영역에서 시장교환과 사회적 자본까지 확장하도록 한다.

4. 마치며

지난해 영국 출장길에 영국의 한 일간지에 실린 아주 흥미로운 기사를 보게 되었다. 영국 현 총리인 데이비드 캐머런David Cameron이 성대하게 개최된 어느 회의장 연설에서 "국민보건서비스Nation Health Service, NHS의 간호사들이 협동조합을 설립·운영할 수 있도록 하며, 아동과 노인을 위한 사회적기업을 양성하도록 하겠다."고 말한 것이다. 그 기사를 보고 아주 묘한 느낌이 들었다. '언제부터 국가가 시민의 자유로운 결사행위를 해라 마라 했는지.'

올해 다른 용무로 다시 영국에 와 대형서점에 들렀다 우연히 데이비드 캐머런에 관련된 책을 발견하였다. 그 책의 제목은 '큰 사회Big Society'였다. 영국 총선에서 그가 내세운 "작은 정부, 큰 사회"라는 정치 슬로건을 담론 수준에서 뒷받침하는 책이었다. 저자는 영국 보수당 상원의원으로 그 당의 주요한 정책통이었다. 책의 내용 중에 상당 부분이 유럽의 사회적경제 주창자들의 수사를 그대로 옮겨 놓은 듯했다.

요즘 한국에서도 비슷한 현상이 일어나고 있다. 정부가 나서서 사회적기업을 육성하자고 떠들어 대더니, 지난번 지방선거에는 보수정당, 진보정당 할 것 없이 사회적기업과 관련한 정책이 보편적인 것이 되었다. 최근에는 보수, 진보를 막론하고 복지국가를 주장하고 있다. 선별적 복지냐 보편적 복지냐의 논쟁은 조만간 해프닝으로 끝날 가능성마저 엿보인다.

이러한 현상에는 우선 복지국가를 둘러싼 환경에 대한 분명한 인식이 사회적으로 자리하고 있다는 반증일 수도 있다. 유럽은 복지국가의 구조변화에 대한 필요가, 한국은 복지확장의 필요가 보편적으로 받아들여지고 있는 것 같다. 하지만 이러한 사회적 인식이 공공성을 토대로 하는 복지사회로의 이행을 저절로 가져다주는 것은 아니다. 앞서 언급하였듯이, 시민사회가 기초하고 있는 연대자원은 직접적 자원배분이 가능한 것이 아니며, 불가피하게 국가와 시장의 접촉을 통해서 재분배와 시장교환의 영역에서 자원배분에 참여하게 된다. 이때 사회적경제는 저렴한 비용을 통해서 국가에게 행정 동원되기고 하고, 시장의 이윤 메커니즘에 의해 영리기업화하는 퇴행의 길을 걷기도 한다. 또한 시민사회의 연대자원을 통한 호혜는 학연이나 지연 등 특정 집단들의 배타적인 이해를 추구하는 도구로 사용되기도 한다. 사실 우리는 많은 사회적경제 조직들이 제도화와 시장화 혹은 정실주의를 통해서 자신의 혁신성을 어떻게 상실해갔는지를 잘 알고 있다.

따라서 사회적경제는 국가와 시장과 긴장관계에 있으며, 자신의 길을 잃지 않고 양자와의 관계를 어떻게 설정해가야 할 것인지에 대해 자신만의 목표와 전략을 가져야 한다. 사회적경제의 목표는 공공성에 기초한 복지사회로의 이행이며, 이를 위한 전략은 복지정책, 복지정치, 복지예산을 둘러싼 공공성의 재구성에 있다. 역사는 말하는 사람의 것이 될 수 없으며, 좀 더 나은 사회를 위해 이행을 실천하는 자들의 것이 되어야 하지 않겠는가? 더욱이 우리 사회의 이행을 정치권력의 획득을 위해서 혹은 이윤 욕구에 의한 자본축적을 위해서 열심인 사람들에게 기대할 수 없는 노릇 아닌가.

도시재생사업에서 사회적경제의 이상과 현실의 괴리와 해결방안[1]

장원봉

1. 도시재생과 지역사회개발

도시재생이라는 개념이 우리 사회에 시민권을 얻으며, 정부의 정책적 흐름으로 정착되어가고 있는 듯하다. '도시재생 활성화 및 지원에 관한 특별법'에 의하면, "도시재생이란 인구의 감소, 산업구조의 변화, 도시의 무분별한 확장, 주거환경의 노후화 등으로 쇠퇴하는 도시를 지역역량의 강화, 새로운 기능의 도입·창출 및 지역자원의 활용을 통하여 경제적·사회적·물리적·환경적으로 활성화시키는 것을 말한다."로 정의되고 있다. 정부가 기존 경제논리 중심의 물리적 지역개발이 갖는 한계를 인정하고, 사회적·경제적·문화적·환경적 문제해결을 위한 장소중심의 통합적인 지역사회개발Community Development의 가능성을 도시재생사업을 통해서 열어 놓았다는 측면에서 많은 지지를 얻어가

1 – 이 글은 《당연하지 않은 도시재생》(2019, 건축공간연구원 발행)에 수록된 원고로, 건축공간연구원의 허락을 받아 실었음을 밝힌다.(편집자 주)

고 있는 것이 사실이다.

도시재생은 지역사회 구성원들이 공동의 문제를 해결하기 위해 집합적 행위를 함께 실행하는 과정이며, 지역사회에 영향을 미치는 다양한 조건과 구성원의 삶의 질을 변화시키는 과정이라는 점에서 지역사회개발의 의미와 연계된다. 전통적으로 지역사회개발은 변화의 사회적 동인과 사람들이 어떻게 상황을 개선하기 위해서 협력할 수 있을지에 초점을 맞춘다. 따라서 지역사회개발은 지역의 문제를 해결하기 위해 긍정적인 변화를 일으키는 아래로부터의 지역공동체의 가능성을 촉진하고 재구조화하는 과정이라 할 수 있다(Jim Ife, 2005; Rubyn Eversole, 2015; 장원봉, 2015). 이러한 지역사회개발의 구상은 새로운 지역개발전략과 연계되어, 새로운 서비스와 일자리 개발, 건강과 교육 등의 유연기반시설Soft Infrastructure에 대한 투자, 인적 자원 개발, 공공선을 위한 민간부문 투자, 삶의 질 개선, 지역의 문화적 이미지 개선 등이 지역개발의 중심적인 전략이 되었다. 그리고 지역사회에서 삶의 질을 향상시키기 위한 네트워킹과 협력에 사회적경제가 이용되고 산업지구와 문화지구의 클러스터 지원 등이 수단으로 활용되었다(Greffe, 2007). 특히 기존의 외부 의존적인 경제개발 중심의 지역개발전략이 갖는 한계를 극복하는, 지역의 내발적 발전을 위한 새로운 전략으로서 사회적경제가 지역공동체의 경제적 통제권을 강화하는 방향으로 구상되고 있었다(장원봉, 2015).

하지만 최근 정부가 추진하고 있는 도시재생 뉴딜이 이러한 지역사회개발의 관점 속에서 이루어지고 있는가를 생각해보면, 많은 거리감이 느껴진다. 특히 지역경제에 대한 지역공동체의 역량강화에 지향되어 있는 사회적경제의 구상이 도시재생 뉴딜에서도 여전히 기존 고용노동부가 보여주던 일자리 창출을 위한 정책적 도구 수준에 머물러 있는 듯하다. 따라서 본 글에서는 도시재생에서 사회적경제의 이상과 현실이 괴리되어 있는 상황을 살펴보고 또 이를 극복할 수 있는 방안을 찾아보고자 한다. 이를 위해서 먼저 도시재생을 배태한 도시쇠퇴의 양상을 밝히고, 그 속에서 도시재생의 방향과 사회적경제의 역할을 구상할 것이다. 그리고 도시재생과 사회적경제의 연계과정에서 벌어지고 있는 현장의 이상과 현실의 괴리 상황을 정리하고 이를 극복할 수 있는 방안을 제안해보고자 한다.

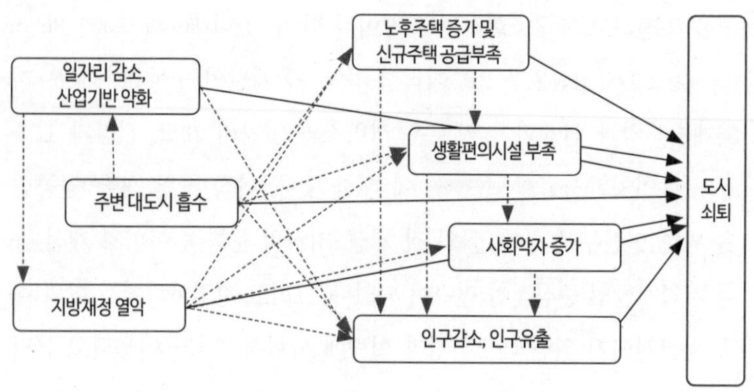

출처: 임준홍·조수희·황재혁(2010), 〈국가 도시재생 정책에 대응한 충남의 도시재생 전략〉, 충남리포트, 충남발전연구원, 14쪽.

그림 1 도시쇠퇴의 영향구조모형

2. 도시재생에서 사회적경제의 역할

지역경제의 외부 의존성 심화는 산업구조 변화에 대한 대응력을 약화시키고 지역산업과 고용기반이 붕괴하게 만들었다. 그리고 도시의 생산과 소비 공간의 계층구조는 제한적인 주택 구매자를 위한 교외화 및 신도시개발로 개편되면서 원도심의 물리적 쇠퇴를 방치하게 되었다. 원도심의 물리적 쇠퇴는 다양한 사회경제적 쇠퇴와 함께 나타나고 있으며, 이것이 인구감소와 사업체 감소 그리고 노후주택 비율의 증가라는 결과를 낳았다. 이는 도시의 사회적·경제적·문화적·물리적 환경의 취약성으로 드러나고 있으며, 도시쇠퇴는 일자리 감소와 사회적 약자의 증가, 생활편의시설 부족 등으로 주민들에게 체감되고 있다.

이 같은 도시쇠퇴의 위계적인 인과관계 및 상관관계로 나타나는 영향구조에 따라, 도시재생을 위해서는 중층적이고 복합적인 대응전략이 필요할 것이다. 무엇보다 도시쇠퇴의 양상이 경제적 문제에서 기인하고 있다는 점은 분명한 듯하다. 하지만 이에 대한 도시재생의 해법은 사회적·경제적 영역의 총체적인 접근이 필요하다. 무엇보다 도시쇠퇴를 극복할 수 있는 지역사회의 역량을 다시 회복하는 것에서 시작될 수밖에 없다. 따라서 새로운 도시재생의 방향으로 다음과 같은 것들이 제안되고 있다. 즉, 지역에 남아 있는 자산을 확인하여 새로운 지역사회개발의 동력으로 활용되도록 자원의 재배치와 집적화, 새로운 지역산업구조의 가치사슬을 만들어내는 산업생태계 조성, 그동안 충족되지 못한 지역의 욕구와 결핍을 해결하기 위한 새로운 서비스와 고용기회 창출, 사회적 자본 축적을 위한 지역사회 네트워크 강화 및 협력증진, 지역주민의 삶의 질 향상과 지역의 문화적 이미지 개선 등이 그것이다. 이러한 과제들은 도시재생의 범위에 따라서 각자 상이한 자원과 관계유형을 바탕으로 해결되어 나가겠지만, 지역사회의 문제해결을 위한 자산 활용과 축적 그리고 지역사회의 새로운 구조변화는 공통된 도시재생의 문법이라고 할 수 있다.

사회적경제는 주체의 구성, 규범적 운영원리, 자원의 복합적 구성 등의 범주구분을 통해 개념화할 수 있을 것이다. 첫째, 사회적경제의 주체는 협동조합, 공제조합, 비영리민간단체 등 시민집단의 주도성에 기초한다. 둘째, ①이윤보다 구성원이나 보편적 이익general interest을 위한 사회적 목적의 설정, ②이러한 목적에 따르는 초과이윤 배분원칙, ③구성원들에 의한 민주적 운영원리, ④정부기구나 기업으로부터 독립적인 경영 등의 규범적인 운영원리를 가진다. 셋째, 정부, 시장, 시민사회 등을 매개하는 공간에서 다양한 복합자원에 기초한 복합경제영역으로 개념화할 수 있다(장원봉, 2014a). 사회적경제의 존재가치는 거시적인 관점에서 사회적 위기의 진원 중 하나인 경제문제에 대한 사회적 역량강화social empowerment에서 찾을 수 있다(Eric Olin Wright, 2010). 즉, 경제에 대한 사회의 통제권을 강화하는 것인데, 이는 지역적 관점에서는 지역사회의 필요충족과 문제해결을 위한 지역사회의 역량강화를 의미하며, 또한 지역의 긍정적인 변화를 이끌어낼 수 있도록 지역사회를 새롭게 재구조화하는 것을 의미하기도 한다(장원봉, 2019).

최근 들어 지역사회에 대한 사회적경제의 역할은 ①취업애로계층을 위한 노동통합과 고용창출, ②지역사회의 결핍된 사회서비스 제공, ③낙후된 지역사회의 지역순환 경제체제 복원, ④사회적 배제 극복을 위한 사회적 포용 등의 네 가지로 요약되고 있다(장원봉, 2015). 첫째, 노동시장의 취약계층을 위한 노동통합과 고용창출에 대한 사회적경제의 역할은 노동력 구매자인 기업과 노동력 판매자인 노동자가 거래하는 노동시장의 권력 비대칭 때문에 생기는 실업문제에 대응하는 지역의 고용전략으로 고려되고 있다. 최근 여러 연구를 통해서 협동조합이 경제위기에 대응하여 일반 기업보다 고용유지비율이 높다는 결과가 발표된 바 있다(CECOP, 2011a; CECOP, 2011b). 둘째, 사회적경제의 주체들은 지역사회의 필요에 반응하여 다양한 사회서비스를 개발하고 새로운 고용기회를 만들어내고 있다. 특히 도시쇠퇴지역에서 충족되지 못하는 사회서비스의 제공을 위한 공공 및 민간자원의 적극적인 연계 노력은 지역사회의 부족한 생활여건을 개선하고 서비스 공급 여력을 확대하는 계기가 되고 있다. 셋째, 낙후지역의 낮은 구매력으로 인한 시장투자 기회의 부재는 새로운 지역개발전략을 요청하고 있으며, 사회적경제는 지역경제의 생산과 소비 그리고 유통 등을 아우르는 지역순환 경제체제의 협력구조를 통해서 지역경제 생태계를 복원하고자 한다. 넷째, 도시쇠퇴지역의 고령자, 장애인, 저소득자 등의 사회적 약자들이 직면하는 사회적 배제로 인한 사회적, 경제적, 정치적 기본권 박탈에 대응하는 사회적 포용Social Inclusion은 사회적경제가 기초하고 있는 사회정의와 한 방향이다. 이는 사회적경제가 사회적 약자들의 대변조직일 뿐만 아니라 그들 스스로 사회적·경제적으로 대변할 수 있는 자치조직의 전망을 만들어가는 도구로 활용될 수 있다는 점을 뜻한다.

도시재생이 지역의 문제를 해결하는 지역사회의 역량강화에 지향되어 있다는 점에서 사회적경제가 지닌 지역구성원들에 의한 자율적 생성원리는 도시재생과 사회적경제의 접점을 넓혀가고 있다고 할 수 있다. 무엇보다 다양한 지역문제를 해결할 수 있는 지역사회 회복력Community Resilience을 위한 실질적인 주민참여의 훈련과 자율적인 자원동원의 가능성이 도시재생에서 사회적경제가 갖는 커다란 매력이 아닐 수 없다. 실제로 지역사회의 주체로서 주민은 자신들의 구체적인 필요의 파악과 지역의제 설정 그리고 해결을 위한 프로세스 조직화 등의 실천 경험이 부족하며, 사회적경제는 이를 훈련하고 실천할 수 있는 좋은 구조로 인식되고 있는 것이다(장원봉, 2015).

3. 도시재생과 사회적경제의 연계방향과 한계

2018년에 관계부처 합동으로 발표된 〈내 삶을 바꾸는 도시재생 뉴딜 로드맵〉에 의하면, 도시재생 뉴딜의 4대 정책목표와 3대 추진전략 그리고 5대 추진과제는 아래와 같이 요약되고 있다. 이중에서 사회적경제와 관련된 내용은 일자리 창출의 정책목표 아래, 도시재생 경제 활성화 추진전략으로서 도시재생 경제조직 활성화 및 민간참여 유도의 과제를 통해서 2022년까지 250곳 이상의 국토교통부형 예비사회적기업 육성을 목표로 하고 있다.

정책목표	3대 추진전략	5대 추진과제	주요 목표
① 삶의 질 향상 ② 도시 활력 회복	① 도시공간혁신	① 노후 저층주거지의 주거환경 정비 ② 구도심을 혁신거점으로 조성	• 저층 주거지의 주거만족도 제고 (16년 67% ▶ 22년 75% 이상) • 지역 혁신거점 조성 (22년까지 250곳 이상)
③ 일자리 창출	② 도시재생 경제 활성화	③ 도시재생 경제조직 활성화, 민간 참여 유도	• 국토교통부형 예비사회적 기업육성 (22년까지 250 개 이상)
④ 공동체 회복 및 사회통합	③ 주민과 지역주도	④ 풀뿌리 도시재생 거버넌스 구축 ⑤ 상가 내몰림 현상에 선제적 대응	• 도시재생대학(200개 이상) • 도시재생지원센터(300곳 이상) • 내몰림 예상지역의 상생 계획 마련 • 공공임대상가 공급(100여 곳 이상)

출처: 관계부처 합동(2018), 《내 삶을 바꾸는 도시재생 뉴딜 로드맵》 재구성

표 1 도시재생 뉴딜 로드맵의 전략과 과제

그리고 도시재생 뉴딜 로드맵에서 밝힌 사회적경제 관련 정책방향의 세부 내용을 살펴보면, 우선 주민이 원하는 생활편의 서비스를 공동구매·관리하는 마을관리협동조합 활성화를 볼 수 있다. 집수리, 공동구역 청소, 임대관리 지원, 마을상점 운영 등 주민이 원하는 서비스

공급의 플랫폼 역할을 하는 협동조합 구성 지원, 주민이 조합원인 마을관리협동조합을 구성하여 서비스 공동구매, 주민고용을 통해서 지역 내 일자리 창출과 연계 등을 내용으로 하고 있다. 또한 도새재생 관련 청년 스타트업 등을 국토교통부형 예비사회적기업으로 우선 지정하고 기금을 융자하는 등 지원 방향을 밝히고 있다. 그뿐 아니라 통합 플랫폼 모델안을 통해서 도시재생지원센터와 주거복지지원센터, 사회적경제지원센터, 지역자활센터, 창업지원센터 등의 주민서비스 생산-전달체계 협력모델의 발굴을 유도하고, 중장기적으로 지역기반의 도시재생 경제조직 등이 공공거점시설 등을 건립·운영하여 도시재생의 이익이 지역에 환원될 수 있도록 유도한다고 밝히고 있다. 그리고 사업시행·운영단계에서 공동체토지신탁CLT, 도시재생회사CRC 등을 통해 주민·지역공동체가 재생사업을 주도하도록 유도하겠다고 한다.

도시재생과 사회적경제의 연계지점에는 지역사회가 직면하고 있는 다양한 사회적·경제적·물리적·환경적 문제에 대처하는 지역역량 강화를 통한 구체적인 지역사회 변화의 지향이 있으나, 노후 저층주거지의 소단위 개량 및 정비사업과 공공임대주택 공급, 구도심을 혁신거점으로 조성 그리고 일자리 창출사업에 초점을 맞춘 도시재생 뉴딜과 사회적경제의 연계 가능성은 상당히 제한적일 것으로 보인다(장원봉, 2017). 특히 국토교통부의 도시재생 뉴딜에서도 '일단 (사회적)협동조합으로'의 경향이 낳은 수량에 대한 집중현상은, 사회적경제의 일자리 창출 여력에만 정책적 관심이 집중될 가능성을 높이고 있다. 따라서 기존의 고용노동부를 통해서 학습된 사회적경제를 통한 일자리 창출의 정책방향은 도시재생에 대해 사회적경제가 갖는 다양한 인센티브 구조를 무력하게 할 뿐만 아니라, 사회적경제의 역할과 범위를 협소하게 가두는 한계로 인해 그 생존력을 위협하는 퇴행의 경로로 진입하고 있는 듯하다.

물론 도시재생 뉴딜과 사회적경제의 연계를 위한 정책방향의 한계보다 더욱 관심을 가져야 할 내용은 도시재생 뉴딜과 사회적경제와의 연계과정에서 드러나고 있는 다양한 현장의 문제들[2]이다. 실제로 이들 문제에서 도출된 과제 영역의 내용은 도시재생을 위한 사회적경제의 가능성을 현실에서 확보하고 확장시켜낼 수 있는 방향을 도출하는 기반이 되기 때문이다. 다음 표는 전국의 도시재생 뉴딜사업과 관련한 담당부서 공무원들과 사회적경제 중간지원조직 및 현장활동가 등을 통해서 정리된 도시재생 뉴딜과 사회적경제 연계과정의 어려움을 정리한 내용이다.

첫째, 도시재생의 사업주체인 사회적경제의 공공성에 대한 의심이다. 공공사업으로 추진되고 있는 도시재생사업의 성과가 사업에 참여한 사회적경제 조직의 구성원에게만 분배되는 상황에 대한 우려와 기업의 이윤에만 집중된 사회적경제 조직의 협소한 사업관심에 대한 불만이 현실에서 대두되고 있는 것이다.

둘째, 도시재생사업에 필요한 핵심적 지역의제를 사회적경제의 활성화 아이템으로 선정하는 것의 어려움이다. 다양한 지역구성원들의 이해와 욕구를 합의된 핵심적 지역의제로 설정하고 사회적경제의 활성화 아이템으로 결정하는 과정의 경험이 부재하다. 실제로 많은 경우

2 – 도시재생사업과 사회적경제 연계과정에서의 어려움은 2017~2019년에 전국의 도시재생 전담 공무원 및 도시재생지원센터 직원을 대상으로 국토교통인재개발원에서 진행한 '도시재생 전문과정' 참여자들을 대상으로 진행한 ICE Break 질문지(개방형 질문: "도시재생사업을 추진하는 과정에서 사회적경제를 결합시키는 데 있어서 어려움?")에 대한 응답내용과 2019년 3월 초에 지역의 사회적경제 지원조직 및 도시재생 활동가 5인을 대상으로 한 전화인터뷰(개방형 질문: "도시재생사업과 사회적경제가 연계되는 과정에서 야기되고 있는 어려움", "도시재생사업과 사회적경제가 연계되는 과정에서 중요하게 고려해야 하는 점")를 통해서 수집된 응답 내용을 정리한 것임을 밝혀둔다.

도시재생사업과 사회적경제 연계과정의 어려움	과제 영역
• 수익의 일부를 지역사회에 환원하고 순환경제 및 관계 활성화를 목적으로 하지만 사실 수익의 일부만 제도적 제약에 따라 분배하고, 그 외의 지역사회 관계에 대해서는 신경을 안 씀 • 도시재생을 통한 공익이 일부에게만 분배되는 상황 • 명목상 사회적 기업을 구성해서 개인 이익을 위해 운영	도시재생의 사업주체인 사회적경제의 공공성을 어떻게 확보할 것인가?
• 주민소통과 참여 도출과정의 어려움 • 원래 형성되어 있는 상인회의 생각과 새로 사업을 추진해서 연계할 청년회의 생각 그리고 중간에서 협의하고 중계해줄 공무원(도시재생지원센터)의 생각 조율이 어렵다는 것 • 사회적 경제주체와 시민들 그리고 공무원 간의 이해 차이 • 도시재생사업에 대한 문제해결 과제파악이 부족해, 사회적경제 방향을 설정하기 어려움 • 창업사업 콘텐츠 부족 • 너무 많은 기대감으로 지나친 요구: 다양한 사업	도시재생을 위한 핵심지역의제는 어떻게 구성되며, 지역사회의 합의를 도출해나갈 수 있을까? 사회적경제의 사업아이템은 어떻게 발굴되는가?
• 전문적 지식부족과 노령화 • 주민(노인, 청년)의 활동을 위한 수준(청년: 일정수익)을 만들기 어려움과 활동(노인: 체계 갖추기)을 이끌기 어려움 • 쇠퇴지역 노인인구가 많아 지도자 혹은 일할 사람이 부족 • 주민 주도적 조직체계의 역량강화 어려움 • 경제성의 한계성 • 지방소도시에 인력부족, 의식부족, 해당되는 사업에 맞는 사회적경제 단체 부족	도시재생지역의 사회적경제 활성화를 위해 취약한 지역자산을 어떻게 확보할 것인가?
• 도시재생사업 부서와 사회적경제를 다루는 부서가 달라 상호 협업이 되지 않음 • 각 사업 부처 간 연계가 안 되고 정보공유 어려움 • 주도권 싸움으로, 함께 하길 거부하는 센터의 인식으로 협치 불가	도시재생의 지역사회 거버넌스를 어떻게 구성할 것인가?
• 전문성을 갖춘 사회적경제의 부재 • 사회적경제 기업의 경우, 이윤창출이 목적이며, 어떤 방법으로 이익과 공동화합을 도출할 것인지 중간지점 찾기가 어려움 • 수익창출과 지원종료 후 지속가능성 의심 • 도시재생계획이 지역사회의 다양한 주체들과 논의되어 설계되는 것이 아닌, 용역기관의 구상에서 이루어짐 • 도시재생 심사과정에서는 지역유관기관 참여해야 한다고 불러놓고서는, 막상 도시재생지역으로 선정되면 지방정부 담당부서나 도시재생지원센터 주도로 사업추진이 이루어짐	도시재생사업에 사회적경제는 어떻게 진입할 수 있을까?
• 사회적경제 기업의 경력과 실력 검증의 어려움 • 주체의 선의파악 곤란	도시재생에서 사회적경제의 가치평가는 어떻게 할 것인가?
• 사회적경제 분야에 대한 담당자의 역량부족 • 사회적경제에 대한 기본 개념이 없어 사업연계의 어려움	도시재생에서 사회적경제의 역할에 대한 이해를 어떻게 증진할 것인가?

표 2 도시재생 뉴딜의 실행과정에서 야기되고 있는 사회적경제 연계과정의 어려움

사회적경제의 사업아이템은 도시재생사업지역의 주민이 직면하고 있는 결핍에 대응하기보다는 도시재생 뉴딜사업 제안서에서 유행처럼 떠도는 아이템이 자리를 차지하고 있다.

셋째, 도시재생을 위한 사회적경제 조직의 설립을 위한 인적·물적 자원의 부족이다. 특히 도시쇠퇴지역에는 노인인구가 많고, 사업에 참여할 시민사회단체도 부족한 상황이다. 특히 사회적경제의 사업수익이 보장되지 못하다 보니 청년의 유입은 기대하기 어려운 상황이다.

넷째, 행정기관 내의 도시재생사업 부서와 사회적경제 부서가 다르다 보니, 부서별 행정칸막이가 상호간의 원활한 사업협의 및 협력을 가로막고 있다. 도시재생사업 부서는 사회적경제 부서의 사업을 활용하려고 하지만, 사회적경제 부서는 성과를 도시재생사업 부서에 빼앗긴다는 생각에 사업협력에 방어적인 태도를 보이고 있다.

다섯째, 도시재생사업을 위한 구상과 실행 과정에 사회적경제 조직이 참여할 경로와 공간이 존재하지 않는다. 특히 그러한 과정이 사회적경제에 대한 이해가 없는 용역기관이나 현장지원센터에 의해서 주도되기라도 하면, 도시재생사업에 사회적경제 조직들이 진입할 가능성이 애초에 차단된다. 더욱이 도시재생사업과 관련한 정보에 사회적경제 조직들이 접근하기란 불가능에 가까우며, 애초에 도시재생사업에 대한 사회적경제 조직들의 이해 수준도 매우 낮은 형편이다.

여섯째, 도시재생사업에서 사회적경제의 효과성을 검증하기 어렵다는 점이다. 도시재생사업에서 사회적경제에 대한 정책적 관심이 새롭게 설립되는 사회적기업과 창출된 일자리 개수에 집중되는 한, 사회적경제의 다양한 효과성과 가능성에 대한 관심은 제한된 범위에만 머무를 것이다.

4. 도시재생에서 사회적경제 활성화의 방향전환을 위한 과제와 해결방안

도시재생 뉴딜과 사회적경제의 연계과정에서 제기되고 있는 과제 영역별 해결방안을 정리하면 아래 표와 같다. 앞에서도 지적했듯이, 이들 과제영역별 해결방안은 도시재생사업에서 사회적경제의 역할과 범위를 확대하고, 실질적인 지역사회개발로서 도시재생사업이 추진될 수 있도록 사회적경제가 기여할 수 있는 방향을 제안하고 있다.

과제 영역	과제 해결방안
• 도시재생에서 사회적경제의 역할에 대한 이해를 어떻게 증진할 것인가?	• 지역사회개발에 대한 인식제고 및 역량강화 계획수립
• 도시재생을 위한 핵심지역의제는 어떻게 구성되며, 지역사회의 합의를 도출해나갈 수 있을까?	• 지역사회조사 및 지역의제 발굴 역량강화
• 도시재생지역의 사회적경제 활성화를 위해 취약한 지역자산을 어떻게 확보할 것인가?	• 도시재생사업을 위한 지역자산기반 지역사회개발 (Asset Based Community Development, ABCD)
• 도시재생의 사업주체인 사회적경제의 공공성을 어떻게 확보할 것인가?	• 지역사회 소유권의 확립
• 도시재생사업에 사회적경제는 어떻게 진입할 수 있으며, 지역사회 거버넌스를 구성할 것인가?	• 대안적 구상과 실행의 공동생산을 위한 민·민 및 민·관 협력체계
• 도시재생에서 사회적경제의 가치평가는 어떻게 할 것인가?	• 지역사회효과(Community Impact) 측정을 위한 사회적 회계(Social Accounting)의 적용

표 3 도시재생 뉴딜에서 사회적경제 활성화의 방향전환 과제

1) 지역사회개발에 대한 인식제고 및 역량강화 계획수립

도시재생을 위한 사회적경제 활성화 방향 및 지역사회 역량강화의 관점은 지역사회개발의 이해 속에서 고려되어야 한다. 영국의

NOS(National Occupational Standards, 국가직업표준)에 지역사회개발 영역이 설정되어 있다. 이 기준에 따라 지역사회개발의 관점과 필요한 역량강화의 방향을 제안하고 있다. 우선 지역사회개발의 5가지 원칙을 사회정의와 평등, 반차별, 지역사회 역량강화, 집합행동, 함께 일하고 배우기 등으로 정리하여, 지역사회개발의 목표가 지역사회의 불균등을 해소하고 새로운 지역사회구조로 변화하기 위한 지역사회의 공동행동 방향을 제시하고 있다. 특히 지역사회개발의 6개 주요영역을 통해서 지역사회개발의 이해와 실천, 지역사회의 이해와 참여, 그룹활동과 집합행동, 협업과 교차영역 작업, 사회변화를 위한 지역사회 학습, 협치와 조직개발 등 세부적인 실천방향을 제시하고 있다.

표 5는 국토교통부와 LH도시재생지원기구(2018)가 개발한 〈도시재생 전문가 양성을 위한 도시재생 뉴딜 교육 프로그램〉의 기본 프로그램 내용이다. 프로그램의 주요한 내용이 도시재생 뉴딜사업의 단계별 절차와 사업추진을 위해 필요한 정보제공에 집중되어 있음을 볼 수 있다. 이 프로그램이 지향하는 도시재생 전문가의 역량강화 목표가 무엇인지 모호하고, 필요한 역량강화의 영역이 제대로 구성되어 있지 않아 교육 프로그램의 효과성을 예측하기 어렵다. 이는 도시재생의 목표가 무엇인지 모호하게 만들고 있다.

2) 지역사회조사 및 지역의제 발굴 역량강화

도시재생사업 추진에서 가장 먼저 제기되는 문제는 제한적인 도시재생사업에 대한 정보가 제한적인 주민들에게만 공유된다는 점이다. 이는 지역사회에서 도시재생사업 추진의 정당성과 공감을 형성하기 어렵게 하고 있으며, 무엇보다 제한적인 주민들에 의해서 도시재생사업

지역사회개발을 위한 국가직업표준 (National Occupational Standards : Community Development)	
지역사회개발의 5가지 가치 (5 values of Community Development)	사회정의와 평등
	반차별
	지역사회 역량강화
	집합행동
	함께 일하고 배우기
지역사회개발 6개 주요영역(6 Key areas of work)	
❶ 지역사회개발의 이해와 실천	S1. 지역사회개발의 가치와 과정 통합 및 사용하기
	S2. 지역사회개발실천에 고유한 긴장감으로 일하기
	S3. 다른 지역사회와 관계 맺기
	S4. 지역사회개발 실천가로서 자신을 계발하기
	S5. 자기 조직 내에서 지역사회개발 실천을 유지하기
	S6. 포용적 · 집합적 작업 지원하기
❷ 지역사회의 이해와 참여	S7. 지역사회 알아가기
	S8. 지역사회 조사와 상담 촉진하기
	S9. 지역사회 조사의 결과 분석하고 확산하기
❸ 그룹작업과 집합행동	S10. 지역사회 행사 및 활동 조직하기
	S11. 공동체 · 지역사회 그룹들의 효과적인 갈등 관리 및 처리 지원하기
	S12. 긍정적인 사회변화를 만들고자 하는 지역사회 지원하기
	S13. 지역사회 리더십 촉진하기
❹ 협업과 교차영역 작업	S14. 지역사회 · 공공기관 · 다른 기관들의 효과적인 관계 촉진 · 지원하기
	S15. 공공기관들의 지역사회와의 효과적인 관계형성 촉진 · 지원하기
	S16. 협력적인 파트너십 작업을 지원하기
	S17. 네트워크와 파트너십을 전략적으로 조율하기
❺ 사회변화를 위한 지역사회 학습	S18. 지역사회개발 학습을 위한 기회 제공하기
	S19. 사회적 · 정치적 개발을 위한 지역사회 학습 촉진하기
❻ 협치와 조직개발	S20. 지역사회개발 지원을 위한 조직구조 조언하기
	S21. 지속가능성을 위한 자원 및 기금조성 계획과 확보하기
	S22. 집단의 조직개발 강화하기
	S23. 지역사회개발 활동을 모니터 및 측정하기
	S24. 내부조직개발 및 외부관계 관리하기
	S25. 지역사회개발 실천가들을 지도하고 지원하기

출처: Community Development National Occupational Standards, 2015. p.8 재구성

표 4 영국의 지역사회개발을 위한 국가직업표준

교육대상	사업준비	계획수립	사업시행	사후관리
주민	● 도시재생 뉴딜의 이해 ● 뉴딜사업유형의 이해 ● 사업계획서 작성 방법론 ● 도시재생 국내외 우수사례(답사) ▶(실천형 교육 시행)	● 도시재생 뉴딜의 단위사업 유형과 사례 ● 지역자원조사 ● 도시재생과 주민참여유형 ● 단위사업의 발굴 ▶(실천형 교육 시행)	● 지역 내 복지서비스 발굴 ● 도시재생 경제조직 육성 ● 협정의 이해와 운영 ▶ 젠트리피케이션과 상생 ● 단위사업의 구체화 ▶(실천형 교육 시행)	● 자생적 지역 공동체 운영 ● 공동체공간의 이해와 참여 ▶ 젠트리피케이션 대응 ● 자발적 지역활동 참여방안 ▶(실천형 교육 시행)
전문가 (활동가 코디네이터)	● 도시재생 뉴딜의 이해 ● 뉴딜사업유형의 이해 ● 도시재생 거버넌스 구축 ● 도시재생과 사회적경제 ● 도시재생지원센터의 역할 ● 사업계획서 작성 방법론 ▶ 젠트리피케이션과 상생 ● 서비스디자인 기법 ● 유관사업 참여사례 및 경험 공유·발표	● 도시재생 뉴딜의 단위사업 유형과 사례 ● 지역자원조사 ● 관계부처 사업 이해 ● 도시재생 사업계획 수립 전략 ▶ 퍼실리테이션 전략 ▶ 조직운영 및 의사결정 ● 관련법제 이해 ● 단위사업의 발굴	● 지역 내 복지서비스 발굴 ● 공동체공간의 이해와 참여 ● 도시재생 경제조직 육성 ● 도시재생 사업 홍보 전략 ● 협정의 이해와 운영 ▶ 지역공동체 육성 및 운영 ▶ 주민소통 및 갈등관리 ● 단위사업의 구체화	● 자생적 거버넌스 운영 ● 상생거점시설의 관리·운영 ● 성과평가 및 관리(모니터링) ▶ 젠트리피케이션 대응
공무원	● 도시재생 뉴딜의 이해 ● 뉴딜사업유형의 이해 ● 도시재생 거버넌스 구축 ● 도시재생과 사회적경제 ● 도시재생지원센터의 역할 ▶ 젠트리피케이션과 상생 ▶ 도시재생 뉴딜 종합정보 시스템 ● 유관사업 참여사례 및 경험 공유·발표	● 도시재생 사업계획 수립 전략 ● 관계부처 사업 이해 ● 재원조달 방안 ● 관련법제 이해 ● 지역 활성화 전략 ▶ 조직운영 및 의사결정 ● 단위사업의 발굴	● 사업관리 역량강화 ● 상생거점시설의 이해 ● 도시재생사업 홍보전략 ● 협정의 이해와 운영 ● 단위사업의 구체화 ▶ 주민소통 및 갈등관리	● 부동산시장 관리 및 대응 ● 상생거점시설의 관리·운영 ● 성과평가 및 관리(모니터링) ▶ 젠트리피케이션 대응 ● 노하우 공유 ● 백서발간 및 기록화 방안
총괄 코디네이터	● 도시재생 뉴딜의 이해 ● 뉴딜사업유형의 이해 ● 도시재생 거버넌스 구축 ● 도시재생과 사회적경제 ● 도시재생지원센터의 역할 ▶ 젠트리피케이션과 상생 ● 참여사례 및 경험 공유	● 도시재생 사업계획 수립 전략 ● 관계부처 사업 이해 ● 재원조달 방안 ● 지역 활성화 전략 ▶ 퍼실리테이션 전략 ▶ 조직운영 및 의사결정 ● 관련법제 이해	● 사업관리 역량강화 ● 상생거점시설의 이해 ● 도시재생사업 홍보전략 ● 협정의 이해와 운영 ▶ 지역공동체 육성 및 운영 ▶ 주민소통 및 갈등관리	● 자생적 거버넌스 운영 ● 상생거점시설의 관리·운영 ● 성과평가 및 관리(모니터링) ▶ 젠트리피케이션 대응 ● 노하우 공유 ● 백서발간 및 기록화 방안

● 필수 ● 선택 ▶ 필수·전문화

출처: 국토교통부·LH도시재생지원기구(2018), 〈도시재생전문가 양성을 위한 도시재생 뉴딜 교육〉, 23쪽.

표 5 도시재생 전문가 양성을 위한 도시재생 뉴딜 교육: 주체별·유형별·단계별 표준 프로그램(안)·기본 프로그램

의 핵심 지역의제들이 선정된다는 점이다. 실제로 많은 지역에서 거의 비슷한 설문지를 통해서 지역조사가 진행되고 있으며, 주민추진위원회 등의 제한된 인원을 대상으로 하는 워크숍을 통해서 주요 지역의제들이 선정되는 실정이다. 이나마도 용역기관에 따라서는 유행하는 사업아이템을 따라 적는 과정을 통해서 생략되기 일쑤이다. 특히 사회적 경제 활성화 아이템은 대부분 유행하는 사업아이템의 모방이나 도시재생대학에 참여한 소수 주민들의 사업제안에 의해서 결정되고 있다.

지역사회조사는 특정집단 혹은 지역사회 구성원들의 특별한 필요와 욕구의 평가, 그 욕구의 충족 여부, 서비스 경향 파악 및 개선방안 도출, 존재하고 있는 지역서비스와 조직들의 발견, 서비스나 특정사업의 모니터링과 평가, 캠페인의 정보제공, 효과적인 서비스 제공, 지역사회의 네트워크 확대, 지역사회 참여의 확대 등의 필요성을 갖는다(Murray Hawtin 외, 김영란 역, 2016). 특히 도시재생에서 지역사회조사는 지역의제와 재생사업의 사회적 목적을 구체화하고, 지역사회의 욕구와 필요에 적절하게 대응하는지를 확인하는 과정이다. 이 과정을 통해서 도시재생사업 계획의 가설을 통계적 데이터나 자료로 입증하고 구체적인 현실의 모습을 확인하는 것이다. 지역사회조사를 통해서 확실치 않았던 문제나 특정한 문제들의 상호작용이 발견되기도 하며, 조사에 의해서 새로운 문제를 확인하게 되기도 한다(장원봉 외, 2014).

따라서 현재 도시재생 계획수립을 위한 기술용역업체에게 이를 기대하기는 현실적으로 어려움이 있으며, 이를 수행할 수 있는 전문기관이 기술용역업체와 공동수급으로 과제를 수행할 수 있도록 강제할 필요가 있다. 도시재생사업을 위한 지역사회 역량강화는 기술용역과정과 다르며, 계획수립부터 시작하여 지속적인 주민접촉과 공동호흡이 요구되는 지원활동임을 분명히 인식해야 한다. 다음 표는 지역의제 발굴을 위한 지역사회조사의 방향을 잡아가기 위한 기초질문지 구성의 예시다.

질 문
(1) 당신이 고려하고 있는 지역의 범위는 어딘가?
(2) 당신이 고려하고 있는 지역사회의 필요와 욕구는 무엇인가?
(3) 당신이 고려하고 있는 지역사회의 필요와 욕구가 가장 절실한 사람들은 누구이며, 그들의 구체적인 실태는 어떠한가?
(4) 당신이 고려한 지역사회의 필요와 욕구와 관련된 이해관계자들은 누구인가?
(5) 당신이 고려한 지역사회의 문제와 관련된 이해관계자들은 그 문제에 적절하게 대응하고 있는가?
(6) 당신이 고려한 지역사회의 문제와 관련된 이해관계자들과 차별적인 방식으로 그 문제를 해결할 수 있는 방안을 당신은 가지고 있는가?

표 6 지역사회조사 및 지역의제발굴을 위한 기초질문지

3) 도시재생사업을 위한 지역자산기반 지역사회개발

도시재생에서 성공적인 사회적경제의 설립 및 활성화는 제안된 지역범위 내의 주민이나 사업규모에 의존하여서는 안 되며, 지역의제를 중심으로 하고 지역자산에 기반한 지역사회 개발전략이 요구된다. 마을이 가진 특징적인 환경과 공동체적 구성요소로서 마을의 환경과 삶의 질에 직간접으로 영향을 미치는 유·무형의 자원이 존재한다. 그리고 그 지역만의 고유한 자산특성으로서 지역사회의 개선을 위해서 활용할 수 있는, 다른 지역과는 차별적인 자산의 범위와 분포를 갖게 된다.

표 7은 필요기반 지역사회개발Need-Based Approach과 자산기반 지역사회개발Asset-Based Community Development, ABCD의 차이를 비교하여 정리한 내용이다. 자산기반 지역사회개발은 지역의 지속가능한 발전을 위하여 지역 내에 존재하는 다양한 인적, 물적 자산을 최대한 밝혀내고 활용하

여 지역공동체의 역량을 발전시키는 공동체 발전방식이다. 지역의 강점은 물론이고 취약한 부문으로 인식되던 요인들이 지역에 기여할 수 있는 방법을 찾고 동기를 유발하는 것으로, 정부나 기업 등 외부의 지원보다 내부의 역량강화에 초점을 맞추는 태도이다(송두범 외, 2014). 반면에 필요기반 지역사회개발은 지역의 문제나 결핍 등 부족한 것이 무엇인지에 초점을 맞춘다. 그리고 이를 해결하기 위해 외부 전문가를 개입시켜 직접적인 해결방안을 도출하고, 이를 추진할 수 있도록 제도적 변화를 목표로 삼는다.

하지만 도시재생 영역에서 이 두 가지 접근방식은 서로 배타적이기보다는 상호보완적이라 할 수 있다. 도시쇠퇴의 구체적 문제를 해결하기 위한 욕구 확인과 지역자산의 발견은 도시재생사업의 시작이며, 이를 실천하기 위한 다양한 지역사회 구성원들의 참여와 해결방안의 공동생산은 필요기반 지역사회개발과 자산기반 지역사회개발을 지역의제를 중심으로 한 자산기반 지역사회개발의 전략으로 수렴시킨다.

구분	필요기반 지역사회개발	자산기반 지역사회개발
개발의 핵심	욕구 (필요·부족)	자산
목표	제도의 변화	공동체 형성
변화의 주체	권력의 소유자	다양한 구성원 간의 연결망
개인에 대한 관점	고객·소비자	생산자·소유자
대응방식	문제에 대응	기회와 강점을 확인
역할주도	기관의 역할을 강조	시민사회의 역할을 강조
개발의 초점	개인에 초점	커뮤니티·이웃과 공익에 초점
해결방식	해결책으로 프로그램을 시행	사람들을 해답으로 봄

출처: 송두범 외(2014), 〈지역사회 자산을 활용한 충남 시군의 사회적경제 특성화 방안〉, 충남발전연구원, 12쪽.

표 7 필요기반 지역사회개발과 자산기반 지역사회개발의 비교

아래 표는 지역사회개발을 위해서 고려할 수 있는 지역자산을 정리한 내용이다.

구분		자산별 유형구분
사회적 자원	인적 자원	예술가, 거주 외국인, 적극적인 행정, 참여주민, 민간단체, 지역리더, 전문가, 시민단체, 봉사단체, 출향민 등
	공동체자원	생활공동체(경로잔치, 친목계), 농업공동체(작목반, 판매 등), 지역주민조직, 마을만들기추진위원회, 상인회, 주민자치위원회, 지역공동체, 지역자생조직 등
경제적 자원	경제자원	지역특산물(특화작물, 특산품), 폐교, 유휴시설(빈건물), 향토기업, 빈공간, 도농교류활동(관광농원, 휴양단지, 민박, 직거래장터) (방문객 증가로 인한)지역활성화 사례 등
	활동자원	학습프로그램, 주민참여프로그램, 마을축제, 체험행사, 외부행사 등
자연적 자원	자연자원	특용작물 재배지, 농경지, 휴경지 등
		뒷산, 산책로, 등산로, 약수터, 고목
		식생(보호수, 노거수, 마을숲, 보호수림 등), 국립공원, 시민공원, 비옥한 토양 및 동물(천연기념물, 희귀동물 등)
		수자원(마을 개천, 호수, 저수지, 하천, 지하수 등)
	생태자원	자연보호지역(습지), 생물서식지(습지, 생물서식지), 생태원
역사적 자원	역사자원	문화재, 사적, 한옥건물, 향교, 서원, 역사흔적터, 역사인물, 옛 우물터, 신앙공간, 전통주택, 마을상징물 등
	문화자원	박물관, 국악원, 미술관, 야외공연장 미술품, 분수대, 주민문화자원, 체험관, 복지관련기관, 도서관, 군부대 등

출처: 장원봉·김미현·김동언(2014), 〈화성시 마을기업 육성을 위한 지역자원조사 연구보고서〉, 사회투자지원재단·화성시, 25쪽

표 8 지역자원의 유형

4) 지역사회 소유권의 확립

도시재생 사업자인 사회적경제의 공공성 확보를 위한 지역사회 소유권Community Ownership의 확립이 요구된다. 실제로 많은 도시재생사업 관련자들이 사업에 참여한 사회적경제 조직들의 공공성에 대해 회의

적인 시각을 갖고 있다. 도시재생 분야에서 대표적인 사회적경제 조직으로 언급되고 있는 마을기업은 지역공동체를 위한, 지역공동체에 의한 소유와 경영이 이루어지는 기업으로 정의할 수 있다. 또한 마을기업은 지역사회 안에 뿌리내리고 있다는 점에서 지리적 범위를 강하게 전제하고 있으며, 그러한 지리적 범위 내의 주민들을 주체로 스스로를 위한 서비스를 제공하는 자조전략에 기초하고 있다. 이 점에서 일반적인 사회적기업 영역에서 자신들만의 차별적인 특성을 공유하고 있다. 특히 지역의 주민공동이용시설 등을 운영하게 될 도시재생 기반조직community development anchor organization인 마을관리협동조합은 지역사회 소유권의 실현에 관심을 가질 필요가 있다.

사회적기업은 다양한 사회적 문제의 해결에 지향되어 있다는 측면에서 사회적 목적, 사회적 의제와 관련한 다양한 이해관계자들의 참여를 촉진하는 사회적 소유, 시장과 정부 그리고 시민사회로부터 복합적으로 구성된 자원연계를 가능하게 하는 사회적 자본으로 구성되는 특성이 있다(장원봉, 2006). 반면에서 마을기업은 이러한 사회적기업의 특성을 지역사회에서 ①지역사회 영향Community Impact, ②지역사회 소유권, ③지역사회 거버넌스 등의 3가지 측면에서 실천하고 있다. 특히 지역사회 소유권은 마을기업 존재가치 구성의 가장 중요한 특성을 제공한다(장원봉 외, 2017).

표 9는 마을기업의 지역사회 소유권 기준을 제시한 내용이다. 우선 도시재생 마을기업은 지역사회의 문제를 해결한다는 구체적인 사업목표를 설정하고 지역사회 영향의 방향을 분명히 제시하여야 한다. 둘째, 구체적인 지역사회 소유구조를 마련하여야 한다. 개방적인 조합원제도, 제한적인 이윤분배와 자산활용은 마을기업의 지배력과 소유구조의 사회적 실현을 가능케 한다. 마지막으로 마을기업이 해결하고자 하는

주요 시사점		현재 상황	변화 방향
지역사회 영향 (Community Impact)		• 포괄적이고 추상적인 사업목적 • 목적을 실현할 구체적인 활동과 상품 부재 • 재무적 성과와 고용에 제한적인 평가체계	• 지역사회의 구체적인 문제해결을 위한 명확한 목표 설정과 이를 실현할 수 있는 현실적인 활동과 상품 구성 • 지역사회 영향에 대한 통합적인 성과평가에 대한 촉진과 지원 • 실질적인 지역사회 문제해결에 지향된 역량강화 계획 및 지원
지역사회 소유권 (Community Ownership)	개방적인 회원제도	• 대부분 마을기업이 (사회적)협동조합법인 • 주민 5 인 이상의 형식적인 조합 구성 • 협동조합기본법 제21조 (가입) 제1항에 의해 조합원의 참여제한 금지	• 마을기업이 해결하고자 하는 지역사회 문제해결에 관심을 가진 많은 주민들이 참여할 수 있도록 다양한 유형의 조합원구성을 통해 마을기업에 대한 지역사회 통제권 강화 • 마을기업 조합원에 대한 적극적인 교육 및 활동 공유
	제한적인 이윤배분	• (인증)사회적기업과 사회적협동조합 이외에는 이윤배분을 제한하고 있지 않음 • 공공지원을 통한 이윤의 조합 사유화에 대한 우려	• 공공지원을 통한 이윤의 배분을 제한함으로써 마을기업의 편익이 지역사회와 공유될 수 있도록 강제 • 사회적협동조합 전환 혹은 공공지원을 통한 이윤의 비배분에 대한 정관 개정
	제한적인 자산활용	• 마을기업의 자산활용에 대한 규정 없음 • 협동조합기본법 제 59 조 (잔여재산의 처리)와 제 104 조 (잔여재산의 처리)에서 조합원 배분과 유사목적 비영리법인 증여 인정	• 마을기업의 자산활용 제한(Asset lock)을 통해서 그것이 개인적인 편익으로 돌아가지 않고, 지역사회의 편익을 위해서 활용될 수 있도록 시민자산화 • 마을기업의 청산 시 유사한 자산활용 제한의 원칙을 두고 있는 비영리기관에게 증여되도록 제한 • 사회적협동조합 전환 혹은 이에 대한 정관 개정
지역사회 거버넌스 (Community Governance)		• 지역사회의 제한적인 영향력과 연결망 • 지역사회 자원에 대한 정보부족 • 마을기업의 주요 지역현안 해결을 위한 지역연대활동의 미약	• 마을기업이 해결하고자 하는 지역의제와 관련한 지역의 다양한 이해관계자들과 공동의 문제인식과 해결방안을 공유할 수 있는 일상적인 대면활동 필요 • 마을기업의 주요 지역의제 해결을 위한 의사결정 구조에 지역기관들의 참여 촉진 : 사외이사제도 및 지역의제회의 운영 • 지역의제 해결을 위한 공동활동 및 정보공유의 핵심적인 매개조직의 역할수행과 이를 위한 역할강화

출처: 장원봉·신명호·Alan Kay·문보경·김동언·김난희(2017), 〈서울시 마을기업 신모델 개발 사업〉, 사회투자지원재단·서울특별시사회적경제지원센터, 133쪽.

표 9 마을기업의 지역사회 소유권 기준

지역의제와 관련한 지역의 다양한 이해관계자들과 공동의 문제인식과 해결방안을 공유할 수 있는 일상적인 대면활동과 협력체계를 구성하기 위해 공동생산의 관계망을 형성하는 것이 필요하다.

또한 최근 떠오르고 있는 도시재생사업의 시민자산화 혹은 공동체자산화는 지역사회 소유권의 관점을 잃어서는 곤란하다. 시민자산화와 공동체자산화의 범위가 특정 주체가 소유하는 '짧은 연대Short Solidarity'로 제한될 경우에 이들이 기회주의적인 조합주의로 퇴행할 가능성도 있다. 이러한 관점에서 보면, 시민자산화나 공동체자산화의 이행을 위한 경로에 '공유재산 및 물품관리법'이나 '공익신탁법'의 개정이 절실하다 할 수 있다. 실제로 많은 도시재생 지역의 주민공동이용시설을 주민조직이나 사회적경제 조직이 운영·위탁하게 될 텐데 이들을 대상으로 하는 무상위탁 및 임대료 감액 등을 규정하고 있는 '공유재산 및 물품관리법'의 개정이 꼭 필요하다. 물론 혹자는 주민공동이용시설의 무상위탁이 운영주체들의 도덕적 해이를 낳을지도 모른다고 우려하지만, 사실 주민공동이용시설의 효과적인 운영은 무상위탁의 조건보다 프로그램과 사업의 내용에서 결정된다. 하지만 주민공동이용시설의 임대료는 주민들의 공간활용 접근성을 상당히 제약하는 조건이 되고 있다.

최근에 '공유재산 및 물품관리법' 시행령 개정이 입법예고되었다. 그 주요한 내용은 "사회적기업·사회적협동조합·마을기업·자활기업에 대한 수의계약 허용 및 사용·대부료 감경(안 제13조 제3항 제23호, 제17조 제7항, 제29조 제1항 제25호, 제35조 제2항)이다. 사회적경제 활성화를 위한 공유시설 활용촉진 및 정부 공유플랫폼 개발과 사회적기업·사회적협동조합·자활기업·마을기업에 대해 수의계약 및 사용·대부료감경 확대(조례로 50% 범위 내)를 예고하였다. 공유재산 및 물품관리법 개정과 더불어, 도시쇠퇴지역의 노후건물 및 공실건물 등의 신탁을 좀 더 원활히 제도화할 수 있는 '공익신탁법'의 개정도 필요하다. 현행 공익신탁은 금융 중심의 기부를 활성화하는 방안으로만 제한되어 있는 신탁금융상품이며, 영구신탁을 원칙으로 하고 있다. 도시재생지역의 노후건물과 공실건물 혹은 신축건물이 시민자산화의 대상이 되기 위해서는 공동체토지신탁Community Land Trust과 같이 토지의 공통체Commons 전환을 위한 신탁재산 인정, 그리고 영구신탁과 더불어 계약신탁 등을 허용하여 진입장벽을 완화할 필요가 있다.

5) 대안적 구상과 실행의 공동생산을 위한 민민 및 민관 협력체계

도시재생을 위한 핵심적인 지역의제 발굴 이후에 그 과제를 해결하기 위해서는 대안적 구상과 실행을 위한 지역사회 거버넌스를 구성하여 공동생산체계를 수립하는 것이 필요하다. 앞에서도 잠시 언급했지만, 지역 내 사회적경제 조직들에 대한 도시재생사업 실행주체들의 이해는 매우 취약한 상황이며, 동시에 도시재생사업에 대한 사회적경제 조직들의 이해 역시 마찬가지 수준으로, 상호 정보공유체계가 부재한 형편이다. 실제로 많은 사회적경제 조직들은 도시재생사업에 대해 이해할 수 있는 기회가 없으며, 도시재생사업지역에서 구체적으로 어떤 사업이 추진되고 있는지 사업내용에 접근할 접촉면이 없는 상황이다. 따라서 도시재생사업 지역설명회를 개최하여 사회적경제 및 지역의 시민사회단체들이 도시재생사업지역의 사업내용을 이해하고 각 지역별 도시재생에 참여할 수 있는 계기를 마련할 필요가 있다. 뿐만 아니라, 도시재생사업지역에서 구체적으로 계획되고 있는 개별사업에 지역의 사회적경제 조직들이 참여하여 사업지역 주민들과 지역문제

해결을 위한 사업의 추진 경로로서 지역공모사업의 추진을 생각해볼 수 있을 것이다. 물론 지역에 사회적경제 조직들의 사업연합체가 구성되어 있을 경우에, 각 도시재생사업지역의 사업에 사회적경제를 연계하기 위한 사업협의구조를 마련할 수도 있을 것이다.

이러한 도시재생사업과 사회적경제 조직의 연계는 각 영역의 중간지원조직들 간의 협의구조를 통해서 논의되는 것이 가장 현실적일 것이다. 하지만 도시재생지원센터, 사회적경제지원센터 그리고 마을공동체지원센터 등의 중간지원조직들 사이의 논의구조는 실제로 운영되지 못하고 있는 형편이다. 물론 제주특별자치도와 같이 도시재생지원센터, 사회적경제지원센터, 마을만들기종합센터, 지역균형발전센터 등이 월 1회 실무회의를 통해서 상호 사업연계나 정보공유를 논의하고 있다. 또한 각 기관들이 서로 운영위원회 등에 교차 참석함으로써 일상적인 정보공유체계를 마련하기도 하였다.[3]

형식적인 도시재생행정협의회의 운영보다 더욱 중요한 것은 도시재생과 관련한 다양한 민민 혹은 민관 협력구조를 지원하고 촉진할 수 있는 실질적인 지역사회 논의구조이다. 이러한 논의구조를 통해서 도시재생사업지역을 중심으로 하는 지역사회 문제해결을 위한 맞춤형 의제회의 등을 운영할 필요가 있다.

이 같은 지역사회 협력구조는 다양한 방식으로 측정될 수 있으나, 구체적으로는 사회연결망 분석을 통해서 지역사회의 다양한 관계유형을 살펴볼 수 있다. 표 10은 노원, 안성, 과천, 포천 지역의 사회적경제 및 마을공동체의 연결망을 분석한 결과이다. 물론 지역사회마다 상이한 경험 및 환경에 놓여있기 때문에 이 결과를 단순

3 – 위와 같은 내용은 제주사회적경제지원센터장과의 전화인터뷰(2019. 3. 15)를 통해서 정리되었다.

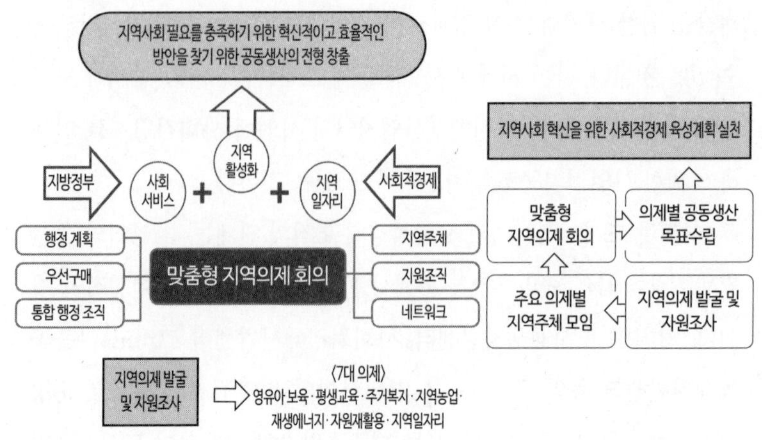

출처: 장원봉·정연경·김정자(2013), 〈노원구 사회적경제 활성화를 위한 지역자원조사연구〉, 노원사회적경제활성화추진단·사회투자지원재단, 141쪽

그림 2 맞춤형 지역의제회의 구성예시

구분	전체 링크수				밀도				평균 링크수			
	노원	과천	포천	안성	노원	과천	포천	안성	노원	과천	포천	안성
상호인지 관계	1,724	2,138	259	938	0.302	0.33	0.115	0.206	22.684	26,295	5.39	13.794
정기모임 관계	460	349	65	349	0.081	0.054	0.029	0.077	6.053	4.309	1.354	5.132
공동사업 제안관계	294	217	36	225	0.052	0.033	0.016	0.049	3.868	2.679	0.75	3.309
공동사업 참여관계	252	324	35	226	0.044	0.05	0.016	0.05	3.316	4	0.729	3.324
공동구매 / 이용관계	488	440	28	267	0.086	0.068	0.012	0.058	6.421	5.432	0.583	3.912
정보제공 관계	153	175	21	126	0.027	0.027	0.009	0.028	2.013	2.16	0.438	1.853

출처: 장원봉(2016), 〈노원구 사회적경제 지역사회 영향 평가의 방향과 기초조사〉, 노원사회적경제지원센터·사회투자지원재단, 35쪽.

표 10 수도권 4개 지역의 사회적경제 및 마을공동체 사회연결망 분석 결과

비교하기는 어렵다. 다만 지역사회의 각 관계유형별 연결망의 특성을 확인할 수 있으며, 주기적인 관계망 분석을 통해서 지역사회의 관계유형 변화를 발견할 수 있다. 이를 바탕으로 지역사회의 협력구조 형성을 위한 방향설정과 진단이 이루어질 수 있을 것이다.

아래 그림은 과천지역의 사회적경제와 마을공동체 조직들 간에 이루어지는 정기적인 모임관계의 연결망이다. 과천지역의 정기적인 모임관계는 전통적인 풀뿌리조직, 행정에 의해서 주도되는 관변조직, 그리고 복지기관 등의 3가지 하위집단으로 구성되어 있다. 이들 하위집단 사이에서 정기적인 모임관계를 매개하는 중심 집단은 복지기관이었다. 도시재생사업 추진을 위해서 지역기반의 사회적경제 조직과 마을공동체 그리고 다양한 지역기관 등의 융·복합의 필요성은 커져가고 있으며, 이 같은 지역사회 관계구조를 이해하는 것은 도시재생의 방안 모색에 많은 시사점을 제공하고 있다.

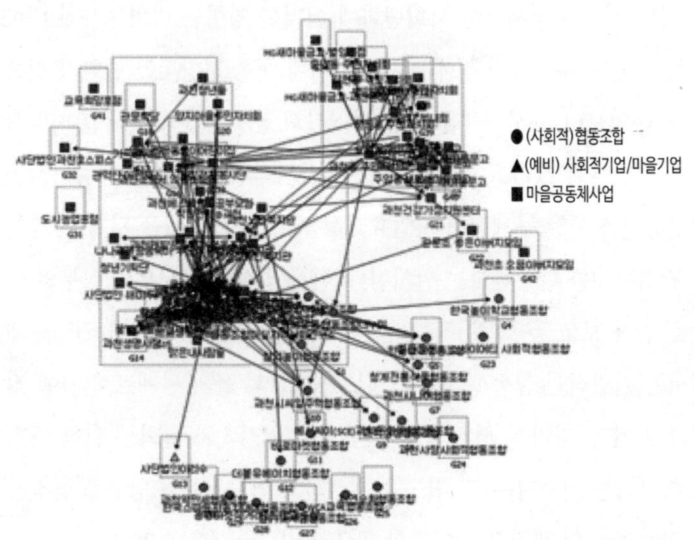

출처: 사회투자지원재단(2016), 〈안성·과천·포천 사회적연결망 분석보고서〉

그림 3 과천지역 사회적경제 · 마을공동체 정기모임 연결망

6) 지역사회 효과측정을 위한 사회적 회계의 적용

도시재생사업을 위한 사회적경제의 효과측정을 위한 다양한 도구의 개발이 필요하다. 실제로 도시재생은 지역사회 문제해결을 통해서 주민들에게 체감되어야 하며, 도시재생사업의 결과를 측정하고 개선하기 위한 평가과정은 매우 중요하다. 이를 위한 여러 도구들이 있는데, 사회적경제 활동에 대한 총체적인 평가도구로서 소개되고 있는 사회적 회계Social Accounting를 소개하면, "조직의 사명과 목적에 대한 다양한 활동을 검토하고, 그것의 사회적, 환경적 그리고 경제적 효과를 측정하고 개선하기 위한, 내부 구성원과 이해관계자들에 의해서 이루어지는 조직의 지속적인 조절과정"으로 사회적 회계를 정의하고 있다(장원봉, 2014b).

공공정책의 측면에서, 평가는 단순히 관련 공공정책의 목적달성뿐만 아니라, 공공정책들이 사회변화에 어떠한 영향을 미치는가에 대한 관심을 포함한다. 그런 점에서 평가방식에 대한 전향적인 변화가 필요하다. 무엇보다 도시재생을 위한 지역사회 공동생산의 주체인 지방정부와 시민사회 그리고 이를 매개하는 사회적경제 조직들의 참여적인 평가방식을 통해 구체적인 사업효과성을 측정할 수 있을 것이다. 평가는 권력관계를 반영한다는 말처럼, 예산을 집행하는 정부와 정부의 예산을 받아 보조금사업을 하는 민간단체들이 평가를 둘러싼 권력관계에서는 전형적인 공동생산의 관계보다는 갑과 을의 관계로 평가에 직면하게 된다. 따라서 평가의 목적은 지원의 지속과 철회를 위한 근거를 확보하는 것보다는, 그 활동을 개선하고 역량강화의 방향을 설정하기 위한 학습의 과정으로 이해할 필요가 있다(노대명 외, 2016).

도시재생에서 사회적경제는 지역순환경제를 구축하는 중요한 역할을 하는데 그 효과를 측정하기 위한 도구로는 지역승수효과분석Local Multiplier3을 들 수 있다. 아래 그림을 보면, A도시는 80%의 돈이 지역에서 순환되고 있으며, B도시는 20%의 돈이 순환되고 있는데, 양 지역에서 지역순환경제를 위한 승수효과가 다르게 나타나고 있다. 한편 고성지역자활센터의 1년 예산이 1,284,896,188원으로, 이의 지역승수효과는 2.51배로 나타났다.

• LM3 Multiplier : 2.51

A도시		B도시	
80%의 돈이 지역에서 순환		20%의 돈이 지역에서 순환	
투입	잔류	투입	잔류
100,000원	80,000원	100,000원	20,000원
80,000원	64,000원	20,000원	4,000원
64,000원	52,000원	4,000원	800원
52,000원	41,000원	800원	......
41,000원	32,800원		
32,800원	......		
총가치 : 500,000원		총가치 : 125,000원	

1단계 + 2단계 + 3단계 (직원+공급업체) / 1단계
= 1,284,896,188원 + 1,139,528,438원 + 522,415,596원 + 276,831,162원 / 1,284,896,188원
= 2.51

출처: 장원봉·정연경(2013), 〈고성지역자활센터 지역사회영향조사연구〉, 사회투자지원재단·고성지역자활센터·강원광역자활센터, 86~92쪽.

그림 4 고성지역자활센터의 Local Multiplier 효과

고성지역에는 대형매장이 없으며, 대부분의 자활사업 참여자들이 지역의 전통시장을 이용한다는 점을 고려한다면, 지역자활센터가 지역순환경제에 미치는 효과가 크다는 점을 예상할 수 있다.

5. 도시재생에서 사회적경제 역할의 전망

도시재생에서 사회적경제가 수행하는 역할의 전망을 고려할 때, 우리는 도시쇠퇴에 대응하는 도시재생의 문법으로 되돌아가볼 필요가 있다. 지역경제의 통제권을 외부 자본에 의존하게 되면 도시기능은 파편화의 길로 접어든다. 이 과정에서 지역산업 및 고용기반이 붕괴하면서 지역사회는 경제적 회복력을 상실하였다. 따라서 도시재생에서 사회적경제가 맡는 거시적인 차원의 역할은 지역사회의 필요를 충족하기 위해 생산영역, 소비영역, 신용영역, 집합소비영역의 경제적 관계를 협동과 연대라는 관계망으로 재구성하는 것이다.

사회적경제의 이 같은 지역경제 운영역량은 이탈리아의 협동조합운동을 통해서 확인할 수 있다. 다음 그림과 같이 트렌토지역의 협동조합연합회는 지역의 생산과 소비, 지역의 신용·금융 그리고 사회서비스를 연계하는 경제구조를 구축해가고 있다. 트렌토지역은 이탈리아 북부의 고지대에 위치하고 있으며, 이탈리아 면적의 2%를 차지하고 50만 명 남짓의 인구를 지닌 지역이다. 1890년 첫 번째 소비자협동조합 매장과 신용협동조합 설립을 시작으로 지역의 협동조합운동이 발전하였다. 트렌토지역의 협동조합은 2006년 현재, 545개 협동조합과 223,700명의 조합원, 13,500명의 직원을 고용하고 있다. 먼저 농업협동조합은 25,000명의 조합원, 93개 조합, 2,500명의 직원을 고용하고 있으며, 이들의 지역 시장점유율은 90%에 이르고 있다. 소비자협동조합은 73,000명의 조합원과 390개의 매장, 2,600명의 직원을 두고 있으며, 신용협동조합은 10만여 명의 조합원과 350,000의 고객을 두고 2,400명의 직원을 고용하면서 48개의 은행을 운영하고 있다. 이들 은행의 예금액은 지역 전체의 68%, 대출액은 61%에 이른다. 그리고 노동자 및 사회적협동조합을 통해서 각종 고용과 돌봄, 전기, 교육, 여행, 청소, 교통, 급식 혹은 주택공급 등의 사회서비스를 제공하는 협동조합이 295개가 있는데, 25,700명의 조합원을 두고 있으며 6,000명의 직원을 고용하고 있다. 이들은 특히 취약계층에 1,800개의 일자리를 공급하고 있으며, 다양한 사회서비스를 제공하고 있다 (Federazione Trentina della Cooperazione, 2006).

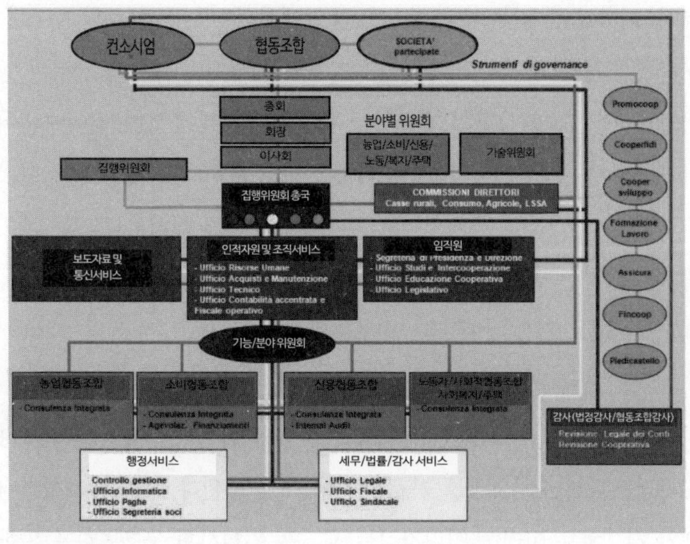

출처: https://www.cooperazionetrentina.it

그림 5 이탈리아 트렌토 협동조합연합회 체계

이러한 현황에 비추어 볼 때, 실로 지역에서 경제에 대한 사회적 통제력을 협동의 이상을 바탕으로 축적해가고 있으며, 지역경제 운영을 위한 지역자산을 지역사회의 통제력 아래 두고 있다고 할 수 있겠다. 무엇보다 경제영역에서 이들의 협력구조는 다양한 규모의 경제를 실현하고 있다. 인적 자원 관리와 경영, 기술혁신, 행정이나 세무 및 법률 등의 서비스 지원은 협동조합연합회를 통해서 실행하고 있다. 이러한 협동조합의 연합구조는 새로운 협동조합 설립과 지원을 위한 자원으로도 활용되며, '협동조합 지역사회'의 확대를 위한 기반의 역할을 하고 있는 것이다.

그레그 맥레오드(2012)에 의하면, 지역사회 사업연합체제의 핵심 구성요소로 ①금융수단을 제공하는 금융업, ②제품 및 서비스를 판매하는 유통사업체, ③단체결합 사업체제의 지속적인 혁신을 위한 연구센터: 대학교 및 전문대학, ④시스템 일체화의 기능을 제공할 수 있는 교육기관 등을 제안하고 있다. 그는 규모의 경제와 전략적 기획이 양립할 수 있는 지역사회의 자율성을 최대한 유지해야 하며, 전국수준이나 권역수준 못지않게 지역수준의 연합도 소홀히 다루지 않아야 한다고 설명한다. 그리고 스페인 바스크지역에서 이를 실천하고 있는 몬드라곤의 사례는 자신의 인근지역에서부터 사업연합을 실행할 때 더욱 효과적이라는 점을 보여주고 있다고 말한다.

또한 도시재생에서 사회적경제가 맡는 미시적인 차원의 역할은, 지역사회가 직면한 다양한 문제를 해결하기 위한 역량강화를 얼마나 효과적으로 시도하고 있는가 하는 점에서 비롯된다. 그리고 사회적경제가 시도하는 이러한 역량강화는 새로운 지역사회 구조변화를 위한 사회연결망의 확대로 나타나게 될 것이다.

하지만 현재 도시재생지역에서 추진되고 있는 사회적경제 활성화의 방향은 아래 그림이 보여주듯 외톨이형 조직의 설립으로 제한되어 있다. 한정적인 도시재생사업지역 내에서 제한적인 주민역량 속에서 사업아이템이 제안되고 이를 실현하기 위한 사회적경제의 창업이 우리가 일반적으로 목격하는 도지재생사업 속 사회적경제의 모습이다.

하지만 도시재생에서 필요한 사회적경제의 역할은 도시쇠퇴에 직면하여 생기는 다양한 지역의 문제를 해결하기 위해 지역사회 이해관계자들의 참여를 확대하고 지역자산을 연계하여 지역경제의 회복력을 도모하는 것이다. 이는 사회적경제로 하여금 사회적 자본의 축적 가능성을 높이도록 하여, 다양한 자원에 대한 접근성을 넓히고 지역사회의 교섭력을 높인다. 이는 쇠퇴지역에서 인적·물적 자원의 유출입이 증대하도록 하며, 도시재생지역의 결핍을 지역사회의 협력적인 사회연결망을 통해서 메우도록 한다.

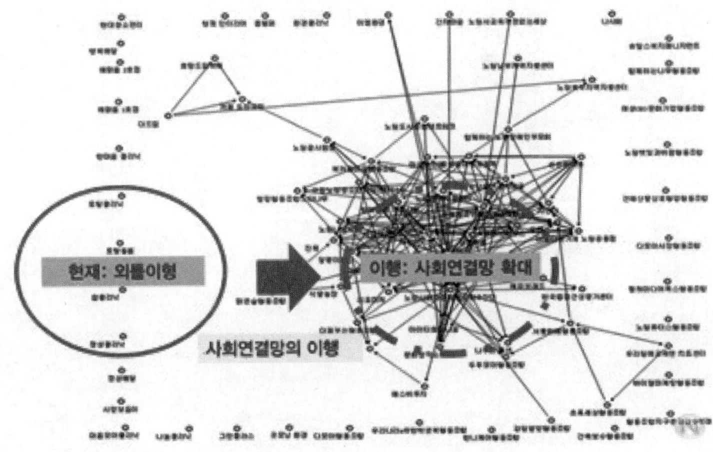

출처: 장원봉(2016), 〈노원구 사회적경제 지역사회영향 평가의 방향과 기초조사〉, 노원사회적경제지원센터·사회투자지원재단

그림 6 도시재생을 위한 사회적경제의 사회연결망 이행전망

만약 사회적경제가 지역사회에 필요한 재화와 용역의 생산·분배·소비 과정을 협동의 관계망으로 재구성할 수 있다면, 생존을 위한 경제를 위해서 외부 자본에 대한 의존도를 높이면서 지역의 자치력과 회복력을 양보하였던 기존의 도시쇠퇴 과정을 도시재생의 이행경로로 전환하는 새로운 지역사회의 동력으로서 사회적경제의 역할을 기대할 수 있을 것이다. 그렇지 못한 경우, 도시쇠퇴를 극복하지 못하면서 그래도 무엇인가 해야 하는 정부의 립서비스로 사회적경제가 그저 소모되는 꼴이 되고 말 것이다. 이것이 지금 도시재생의 현장에서 사회적경제를 되돌아봐야 하는 이유이다.

탈임금 노동사회의 딜레마와 한국 사회적경제

노대명

"대부분의 사람들은 시장에서 사거나 국가에서 해주는 데 익숙해져 있다.
우리 국민이 협동조합에 대해 필요성을 느끼고 있을까?"
- 장원봉, 2012

1. 들어가며

21세기는 한편에서는 기술 낙관주의가 다른 한편에서는 노동 없는 미래에 대한 불안이 각축하는 시대이다. 분명한 것은 생산에서 인간노동에 대한 의존도가 감소할 것이라는 점이다. 다만 그것이 가져올 편익과 고통에 대한 이해(관계)가 상이한 것이다. 그리고 현재 사회는 격차와 불평등 그리고 불공정이 여전히 존재하며, 시민들은 한편으로는 자유를 다른 한편으로는 연대를 꿈꾸는 딜레마 속에서 살아가고 있는 것처럼 보인다. 한국사회의 현실은 이러한 모순을 잘 보여주고 있으며, 이 문제에 대한 시민들의 내적 갈등 또한 적지 않게 표출되고 있다. 한편에서는 시장에 의존해 살아온 시간의 무게를 느끼며 경쟁에서 살아남아야 한다는 강박적 생활을 하고, 다른 한편에서는 보편복지에 대한 바람을 표출하고 있다는 점이 이를 말해준다. 그리고 이는 2000년대에 새로운 전기를 맞이한다. 1990년대까지의 역사가 식민치하에서의 억압, 해방 이후 이념대립 속에서의 혼란, 권위주의 정권하에서의 억압과 침체로 관철되어 왔다는 점을 감안하면 새로운 도약의 기회가 되었던 셈이다.

2021년 한국 사회적경제는 상대적으로 우호적인 공간 속에서 새로운 도약을 준비한 지 20년이 경과했다. 이 기간은 내용적으로 신사회적경제 기업들이 국가 주도의 정책적 보호 속에서 확장된 기간이라는 특징을 갖는다. 물론 그 이전에도 국가의 지원 없이 시장에서 독자적 공간을 확보하기 위해 분투했던 사회적경제 기업들이 없었던 것은 아니다. 하지만 지난 20년을 이전 시대와 구분 짓는 가장 주요한 특징 중 하나는 국가와 보다 긴밀한 관계 속에서 공공성과 사회연대를 강조하는 새로운 사회적경제 조직의 약진이었다. 특히 양적으로 새로운 사회적경제 조직들은 빠르게 성장했다.

이제 지난 20년간 한국 사회적경제는 무엇을 얻고 무엇을 잃었는지 냉정하게 평가하고 전향적으로 미래를 고민할 시점이 되었다고 판단된다. 시민사회의 정치영역과 경제영역 모두에서 진행되었던 국가 및 정치집단과의 협력적 관계가 주는 편익과 손실 또한 냉정히 평가할 필요가 있다. 그리고 여기서 한 걸음 더 나아가 노동세계와 생활세계가 급격하게 변화하는 지금 한국의 사회적경제가 이 문제를 해결할 대안적 경제사회체제를 꿈꾸고 있는지 반문해봐야 할 시점이다.

2. 왜 탈임금사회와 사회적경제인가

1) 탈임노동사회와 그 딜레마

21세기 노동의 세계가 심각하게 요동치고 있다. 근래에 4차 산업혁명과 디지털경제, 노동의 종말, 탈노동사회 등 많은 담론이 회자되었고, 지금도 여전히 같은 주장이 되풀이되고 있다. 디지털경제의 도래와 함께 노동시장에서 많은 변화가 발생하고, 가치창출의 기반으로서 노동의 위상은 도처에서 흔들리고 있다. 전통적 임노동관계가 해체 또는 약화되고 있는 것이다. 임노동le salariat 사회가 노동이 가치창출의 기반이 되고 임금노동자가 다수를 차지하는 경제체제를 지칭한다면, 임노동사회의 근간이 흔들리고 있는 셈이다. 멀지 않아 임노동관계에서 해방된 사회, 즉 탈임노동post-salariat 사회가 도래할 것이라는 주장 또한 없을 수 없다.

하지만 지금의 세계가 탈임노동사회를 향해 가고 있는 것처럼 보이지는 않는다. 기술혁신이 자동화를 가속화하고, 전통적 임노동관계에서 벗어난 새로운 고용형태가 확산되고 있지만, 여전히 임노동은 자본주의체제의 지배적 고용형태이기 때문이다. 오히려 임노동자 간의 이질성이 증가하고 내부 균열이 확대되면서, 노동시장의 취약한 집단이 탈임노동화의 대상이 되고 있는 상황이다. 최근 자주 언급되는 플랫폼노동자나 특수고용형태노동자, 긱노동자, 프리랜서 등은 고용보장과 사회보장의 사각지대로 내몰린 노동자의 성격이 강하다. 기존 노동법을 기준으로 보면, 이들은 임노동자로 간주하기 힘든 특징을 가진 집단이라는 점에서 탈임노동화를 경험하는 집단이라 표현할 수 있다. 하지만 이러한 노동자가 전체 노동자의 다수를 차지하고 있는 것은 아니다. 반추해 보면, 1987년 체제 이후 지속적으로 확대되었던 노동 내부의 소득격차의 현상처럼 탈임노동화는 특정한 노동자에게 집중되어 나타나고 있기 때문이다. 이처럼 탈임노동사회 담론은 노동 내부의 균열과 갈등 속에서 온전한 모습을 드러내지 못하고 있으며, 노동 내부의 갈등을 해소해야 하는 딜레마에 처해 있다.

그렇다면 이 딜레마는 어떻게 해결할 수 있는가. 지금까지 존재해 왔던 해결방식은 크게 세 가지로 구분할 수 있다.[1]

①노동을 통해 1차 소득분배가 제대로 이루어지지 않는 상황을, 기업이나 소득상위층의 소득이 소비를 통해 저소득층에게 흘러내리는 낙수효과를 통해 부분적으로 해결하고, 실업과 빈곤위험에 처한 집단에 대해 선별적 사회보장을 강화하는 것이다. 이것은 이미 철 지난 신자유주의 논리라고 말할 수 있다.

②완전고용과 전일제노동의 확산을 기대하는 것이다. 2020년 한국사회를 달구었던 사회보장 논쟁을 염두에 두면, 전국민고용보험 도입을 통해 모든 유사 임노동자의 고용지위를 확정하고, 이를 출발점으로 삼아 모든 시민을 경제사회적 위험에서 보호할 수 있는 보편적 사회보험체계를 완성하는 것이다.

③탈노동 또는 탈임노동사회의 도래에 맞는 새로운 보상방식을 모색하는 것이다. 노동시간 단축을 통한 일자리 나누기나 임금노동에 국한되지 않은 대안적 재분배체계를 구축하는 것이다. 최근 활발히 거론되고 있는 기본소득 또한 이러한 모델의 한 형태라고 말할 수 있다.

물론 팀 던럽은 이 세 가지 관점 중 세 번째 관점에서 논의를 풀어가고 있다. 우리의 노동형태와 일하는 방식은 그 뿌리부터 바뀌고 있으며, 전일제노동과 완전고용의 시대가 돌아오리라는 기대를 접어야 할 때라고 말한다. 더불어 자본과의 관계에서 노동의 대가로 임금을 보상받는 방식이 더는 유일한 방식이 아니라고 말한다. 일의 미래에 대한 새로운 발상이 필요하다는 것이다. 근로빈곤층이라는 개념 자체가 문제라는 발상 또한 새롭다. 더불어 기본소득 등을 주요한 대안으

1 – 팀 던럽, 엄성수 옮김(2016).《노동 없는 미래》, 비지니스맵.

로 제시하는 것 또한 그렇다. 그리고 이 모든 대안의 끝에는 항상 국가의 역할이 자리하는 것처럼 보인다. 그런데 과연 그것이 해법인가.

2) 코로나-19와 노동세계의 균열

코로나-19의 팬데믹 상황은 노동세계의 균열을 더욱 확대하는 한편, 그것을 해결할 다양한 대안을 부각시키는 이중의 역할을 하였다.[2] 한편으로는 언제나 위기상황이면 가장 약한 노동자들이 가장 먼저 고통받는다는 진실을 드러냈고, 다른 한편으로는 구조화된 모순을 해결하기 위해서는 기존의 관성적 사고를 넘어 혁신적 대안 모색이 필요하다는 점을 확인시켜 주었다. 실제로 코로나-19가 전 세계로 확산되는 동안, 적어도 각국의 시민사회와 사회운동 진영에서는 대안적 경제사회체제를 더욱 열렬히 상상해왔다고 말해도 과언이 아니다.

먼저 코로나-19는 여느 경제위기처럼 노동시장의 가장 약한 고리를 공격하였다. 세계 각국에서 소득상위계층은 안전한 공간으로 이동하여 비대면생활을 편안하게 영위할 수 있었지만, 이른바 필수노동을 담당했던 노동자들은 그러한 위험에도 일자리를 떠나지 못했다. 이는 지금까지 이 노동자들이 경험했던 힘든 삶과 비교해도 전혀 이상하지 않은 장면이었다. 그리고 그 결과 또한 예전과 크게 다르지 않았다. 2020년 내내 소득하위계층의 시장소득은 지속해서 감소해왔고, 상위계층의 시장소득은 상대적으로 크게 감소하지 않았거나 소폭 증가하

2 – 코로나-19는 인류의 경제사회적 생존방식의 지속가능성을 다시 생각하게 하는 감염병이었다. 서구의 대량소비시대가 저물고, 비서구권 국가들의 대량소비시대가 열리는 상황에서, 인류는 환경을 생각하면서 끝없이 자연을 개발하는 경주를 멈추기 쉽지 않아 보인다. 인류가 포스트-코로나시대를 지금까지와는 다르게 살아가기 위해 어떠한 고민이 필요할지 많은 생각이 필요한 시점이다.

였다.[3]

위기상황에서 기업들이 노동자를 해고하거나 무급휴직을 통해 그 비용을 사회에 부담시키는 것은 전혀 새로운 일이 아니다. 사실 사회보장제도 또한 이 문제를 해결하기 위해 고안된 것이기도 하다. 따라서 해고 등에 따른 사회적 비용을 사회보장제도를 통해 감당하는 것은 서구 복지국가의 일반적인 작동방식이다. 코로나-19의 확산 직후, 많은 국가들이 천문학적 규모의 재정을 투입하여 일자리 창출과 고용유지 그리고 소득지원을 했다는 점이 이를 말해준다. 그렇지만 모든 국가가 실업보험과 소득보장제도 등을 통해 실업자와 빈곤층의 소득감소 충격을 흡수했던 것은 아니다. 보편적 사회보장제도가 구축된 국가와 그렇지 않은 국가 간에는 접근방식의 차이가 매우 컸다. 보편적 사회보장체계가 구축되지 않은 국가들일수록 전체 시민들 대상으로 현금의 대량살포 방식을 취했다는 점은 이미 잘 알려진 일이다.[4]

이어 코로나-19는 과거 주목받지 못했던 다양한 대안적 경제사회체제 논의를 활성화하는 역할을 하였다. 그 중 하나가 기본소득이라 할 수 있을 것이다. 그것은 이미 1980년대부터 많은 전문가들이 제안해왔으며 2010년대에는 세계 각국에서 정책적 실험의 대상이 되었다. 스위스의 국민투표를 비롯해, 핀란드와 캐나다의 기본소득 실험, 이란 등 비서구권 국가의 기본소득 도입 등이 그것이다. 기본소득은 이미 오래 전에 출현했지만 장기간 큰 주목을 받지 못하다 변화된 환

3 – 참고로 2020년 4/4분기 상위 5분위 소득계층의 시장소득은 전년 동기 대비 소폭 증가하였다. 통계청(2021), 2020년 4/4분기 가계동향조사 결과 보도자료

4 – 서구 국가들 중 각 시민이 처한 위험에 구분없는 현금지원 방식은 2008년의 글로벌 금융위기 상황에서도 있었다. 이른바 헬리콥터머니였던 셈이다. 흥미로운 점은 이러한 방식이 주로 보편적 사회보장체계가 잘 구축되지 않은 국가들을 중심으로 이루어졌다는 것이다.

경으로 인해 다시 호출된 이론이라는 점에서 낡은 새 것이라고도 표현할 수 있을 것이다. 특히 우리 사회에서 기본소득을 많은 전문가들이 소개해왔지만, 뒤늦게 주목받는 의제가 되었다. 물론 전 국민을 대상으로 지급된 한시적 소득지원에 기본소득이라는 이름을 붙인 것은 정치적 또는 전략적 의미 이상을 갖지 못한다. 사실 한시적 소득지원 방식은 위기상황에서 노동자와 시민을 보호할 수 있는 상시적 사회보장체계가 잘 갖추어지지 않은 국가들이 채택한 방식이었다.[5]

하지만 기본소득은 역설적으로 기존 사회보장체계, 특히 사회보험체계가 잘 작동하지 않는다는 비판을 통해 대안적 사회보장체계에 대한 논의를 촉발하는 역할을 했다. 실제로 코로나-19를 통해 기존 사회보험 중심 사회보장체계가 노동시장의 이중구조를 해소하기보다 그대로 재생산하고 있다는 점이 잘 드러났다. 그리고 사회보장체계를 확대하고 내실화한다는 주장들이 허구에 불과하다는 점도 확인되었다. 그 틈새에서 대안적 소득보장제도 또는 대안적 패러다임으로서 기본소득 논의가 촉발되었다는 점도 주목할 필요가 있다. 이는 기본소득 논의에 대한 찬반 입장을 넘어 인정해야 할 대목일 것이다.

3) 탈임노동사회와 사회적경제

코로나-19가 촉발한 기본소득이나 지역화폐 논쟁은 사실 사회적경제를 다시 호출한 것이라 보아도 무방하다. 그것은 크게 두 가지 측

5 – 이미 강력한 사회보장제도를 구축한 국가들은 위기상황에서 지원이 필요한 실업자와 소득감소자에게 신속하게 지원을 할 수 있었기 때문이다. 오히려 이러한 상시적 지원체계를 갖지 못한 국가들이 허둥지둥 현금살포 방식을 택했던 것이다. 노대명(2020), "재난기본소득 논의를 통해 본 한국 소득보장제도의 문제점과 향후 과제", 〈보건복지포럼〉, 2020년 3월호.

면에서 그러하다. ①탈임노동의 균열에 대응하는 연대적 노동의 가능성에 대한 실험, ②새로운 소득지원방식의 가능성에 대한 탐색이다. 최근 우리 사회에서 논의되고 있는 다양한 대안적 프로그램들은 사회적경제와 밀접한 관계를 갖고 있다. 기본소득의 핵심전제와 실험기반이 사회적경제의 이념이었다는 점은 분명해 보인다. 기본소득을 단순한 소득이전 프로그램이 아니라, 연대적 노동과 새로운 생활세계 구축 그리고 이를 뒷받침할 새로운 사회보장체계라는 종합적 관점에서 생각하면, 그것은 사회적경제의 이론과 실험에 매우 근접해 있다는 점을 알 수 있다.

사회적경제의 진화과정은 역사적으로 자본주의의 형성과 발전과 함께 해왔다. 그리고 국가와 시장의 관계 속에서 자신의 위상을 끊임없이 재정립해 왔다. 자본주의체제에 대한 가장 급진적 도전의 시대였던 19세기, 사회적경제는 사회주의운동의 다양한 분파 속에서 자신의 위상을 정립해야 했으며, 반국가주의적 사회운동을 지향해 왔다. 물론 볼셰비키혁명이 성공한 시점 이후 사회적경제 운동은 온건 개혁주의로 치부되며 수세에 몰리기도 했다. 거대한 경제사회적 변혁운동 속에서 조합주의적 태도를 지닌 자구적 운동의 한계였을지도 모른다. 제2차 세계대전 이후 동서 양진영에서 강력한 국가의 시대가 시작되면서 이후의 사회적경제는 각 체제 내에서 약화되거나 굴절된 형태로 생존해 왔다. 시장경제체제하에서는 대안적 세력이기보다 조합원의 이익을 보호하는 자구적 조직에 머물도록 요구받았고, 사회주의체제하에서는 생산단위를 구성하는 원리에 머물러야 했다. 그 틈바구니에서 자주관리auto-gestion를 강조하는 흐름이 형성되고, 1970년대 유럽과 세계 각지에서 주목받기도 했지만, 그 실험 또한 오래가지 못했다.

20세기 후반까지 서구와 동구의 사회적경제는 침체상태 또는 굴절상태에 머물러 있었다고 할 수 있다. 물론 협동조합 등 사회적경제

조직의 경제규모를 예로 들어 쇠퇴하지 않았다는 반론도 가능할 것이다. 하지만 경제사회체제를 바꾸는 운동으로서의 위상이 크게 약화되었다는 점을 부인하기는 힘들다. 특히 북미국가에서 사회적경제는 시장경제에 편입되고, 서유럽에서는 복지국가에 의해 그 기능 중 일부가 흡수되는 양상을 보이기도 했다. 이런 맥락에서 보면, 동유럽 사회주의가 붕괴하고 신자유주의가 절정에 달하면서 국가주의에 대한 시장주의의 공격이 절정에 달했던 1990년대 사회적경제가 르네상스를 맞이하게 된 것은 우연이 아니다. 왜 영국의 보수당이 '큰 사회'를 표방하며 사회적기업(또는 공동체이익기업)을 원용하고, 프랑스와 이태리 등 유럽대륙 국가들이 복지국가 재편을 강조하며 사회적경제 기업들을 복지서비스 공급자로 포함시켰는지 생각해볼 일이다.

1990년대 이후 세계 각국은 경제사회적 불평등과 사회적 배제가 확산되는 국면으로 접어들었고, 이처럼 사회가 균열되던 시점에 사회적경제는 다시 그 사회적 효용을 인정받기에 이르렀다. 이는 사회적경제 기업들이 오랜 기간 지역사회에서 다양한 연대적 실험을 지속하며 그 정체성을 유지해왔던 결과이기도 했다. 사회적경제의 부상 이면에는 당시의 힘겨운 시대상황이 자리하고 있기도 했다. 당시를 상징하는 단어 중 하나는 근로빈곤층working poor이었다. 많은 근로연령층이 안정적으로 일을 하지 못하거나, 일을 해도 가난에서 벗어나지 못하는 상황을 상징했던 것이다. 그리고 이 문제에 대응하는 방식은 신자유주의의 노동유연성 담론뿐 아니라 사민주의자들의 유연안정성flexicurity 담론도 존재했다. 유연안정성의 핵심은 노동의 유연성을 인정하는 대신, 소득보장 등을 통해 그 충격을 흡수한다는 것이었다.

노동유연성과 유연안전성 담론과 비교하면, 사회적경제는 노동의 연대성과 생활세계에서의 참여와 상호부조라는 오랜 기본원칙에 따른 새로운 실천에 주목하였다. 실제로 1990년대 이후 불평등과 배제가 확산되는 시기에 사회적경제는 지역사회를 중심으로 다양한 실천적 대안을 제시한 바 있다. 저소득층 실업자를 대상으로 하는 사회적기업, 사회서비스 공급과정에서 공공성을 강조하는 사회적협동조합, 일자리 창출과 지역사회 사회자본을 연계했던 근린서비스services de proximité, 지역화폐 등은 이 시기에 생겨났거나 재발견된 것이었다. 장기실업자를 위해 일자리를 창출하고, 이들의 노동이 지역사회 시민과 취약계층의 기초생활을 보장하는 데 기여하도록 연계하는 아이디어는 노동과 복지를 분리하는 당시의 지배적 사고와 결이 다른 것이었다. 일자리 창출을 지역사회 연대성을 유지하는 데 필요한 다양한 서비스 공급과 연결한다는 것은 분명 기존의 시장주의적 접근이나 국가주의적 접근과 다른 것이었다.

결과적으로 사회적경제 조직과 사회적경제 기업들[6]의 혁신적 실험은 복지국가의 위기 또는 재편과정에서 큰 영향력을 행사하게 된다. 사회적경제의 르네상스는 복지국가의 재정위기로 인한 공공서비스의 민영화 또는 민간공급 확대와 밀접한 관련이 있지만, 당시 사회적경제 기업들이 지역사회에서 다양한 사업을 통해 시민의 신뢰와 참여를 얻고 있었기에 가능했다. 공공성이 중요했던 각종 사회서비스와 관련해서 영리기업을 공급자로 결정하기보다 시민의 신뢰를 받는 사회적경제 조직을 영리기업과 경쟁하는 공급자로 육성하는 것은 정부 입장에서는 충분히 생각해볼 수 있는 합리적 선택이었다. 물론 사회적경제 기업 측면에서도 정부의 각종 서비스를 위탁받아 운영하기 위해서는

6- 이 글에서는 사회적경제 조직을 영리활동을 하는 기업 외에도 온전히 비영리활동을 하는 조직들을 포괄하는 개념으로 사용하고, 사회적경제 기업은 사회적경제 조직 중 영리활동에 참여하는 조직들을 포괄하는 개념으로 사용하고 있음을 밝혀둔다.

공공성과 사회적 유용성에 천착할 필요가 있었고, 이러한 변화는 당시 신사회적경제 기업, 특히 사회적기업을 통해 나타나게 되었다. 결과적으로 사회적경제 기업은 정부와 함께 일하는 주요한 사회서비스 공급자로 성장한다.

사회적경제의 실천가와 이론가 중 일부는 일찍부터 탈임노동사회의 실현을 강조해왔다. 이들에게 '경제민주화'는 오랜 희망사항이었다. 여기서 말하는 경제민주화는 자본주의에 대한 야심찬 개혁이며, 노동이 임노동관계에서 해방된 대안적 경제체제를 의미하는 것이었다. 그렇다면 대안적 경제체제는 어떤 체제이며, 그것에 도달하기 위해서는 어떠한 전략을 생각할 수 있는가. 이미 우리가 잘 알고 있는 다양한 목표와 전략이 존재한다. 그리고 그것은 다양함을 넘어 상충되기도 한다. 여기서는 사회적경제의 이론가들이 말하는 대안적 경제체제, 그리고 그것에 이르는 해법에 주목할 필요가 있다. 그것은 연대적 이니셔티브와 기본소득le revenu d'existence이다.[7] 여기서 사회적경제의 연대적 이니셔티브가 협동조합이나 사회적경제 기업, 지역화폐나 지역재생, 사회적경제 네트워크 등을 지칭한다면, 기본생존소득은 이러한 활동을 가능하게 하는 소득재분배 프로그램으로 '제2의 수표', 기본소득 또는 참여소득 등을 지칭한다. 그리고 이러한 프로그램이나 대안의 대부분은 지난 수십 년간 사회적경제 조직들이 지역에서 실험해왔던 것이기도 하다.

이 모든 과정은 21세기 탈임노동사회를 둘러싼 딜레마를 해결하는 데 사회적경제가 매우 중요한 역할을 해왔음을 보여준다. 이것이 탈임금사회를 이야기하는 경우 사회적경제의 역할과 기여를 말하지

7– 다슈와 구종(Éric Dacheux & Daniel Goujon, 2012), Dépasser le salariat pour passer à l'économie solidaire: L'opportunité du revenu d'existence, Revue internationale de l'économie sociale, Numéro 323, Janvier 2012, p. 96~112

않을 수 없는 이유일 것이다.

3. 한국사회의 탈임금화와 프레카리아트

1) 노동의 균열과 프레카리아트

21세기 탈임노동사회의 딜레마는 프레카리아트 문제에 대한 관심과 깊은 관련이 있다. 왜 세계 각국에서 프레카리아트에 대한 논의가 확산되고 있는가. 이 두 가지 개념은 21세기 자본주의체제의 변화, 특히 노동의 지위가 급격하게 변화하고 그에 따라 새로운 계급화가 발생하고 있는 상황을 반영한다. 프레카리아트는 분석적 개념으로서는 많은 약점이 있지만, 정치적 확산력 측면에서는 큰 강점을 갖는다. 세계 각국에서 노동자들은 점점 더 고용불안과 저임금의 위험에 직면하고 있으며, 그것이 장기화되면서 근로빈곤층에 대한 논의는 이제 새로운 하층계급으로서의 프레카리아트의 형성과 관련한 것으로 이어지고 있다. 실제로 프레카리아트 개념을 차용한 분석이 유럽뿐 아니라 아시아나 중남미 국가를 넘어 아프리카 지역에서도 활발히 이루어지고 있다는 점이 이를 말해준다.[8]

잘 알려진 바와 같이, 프레카리아트precariat는 고용불안과 저임금 일자리에서 일하는 노동자를 지칭하는 용어로, Precarity와 Proletariat의 합성어다. 이 개념은 그에 앞서 많은 전문가들이 비숙련노동자, 계절노동자, 비전형자 등 불안정한 고용조건을 가진 취약집단précaires을 지칭하기 위해 사용하던 용어였다.[9] 하지만 가이 스탠딩Guy Standing은 이 집단에 보장성이나 안정성이 결여된 집단 또는 계급이라는 정체성을 부여하고자 했다. 그가 말하는 프레카리아트는 7가지 특징을 갖는데,[10] 다소 설명이 혼동되어도 이를 통해 전달하고자 하는 메세지는 명확하다. 노동과 일상에서 불안정하고 배제된 집단, 또는 새로운 하층계급을 상징하는 것이다. 프레카리아트 개념과 관련해서, 채석진은 앤덜Andall, 그리고 치아노스와 파파도풀로스Tsianos & Papadopoulos의 설명을 빌어 이 집단의 특성과 본질을 명쾌하게 설명하고 있다. 프레카리아트는 모든 형태의 불확실하고 보장되지 않은 유연한 착취를 받는 집단이며, 구체적으로는 안전security과 안정stability이 결여된 노동자들을 지칭한다. 주로 임시로 고용되어 유연한 노동을 수행하는 사람으로서 서비스 분야에서 비정규직으로 일하며 사회보장의 혜택에서도 배제된 집단이다. 그리고 단순히 노동력만 착취당하는 것이 아니라 일상이라는 연속체를 착취당하는 계층인 것이다.[11]

물론 프레카리아트 개념에 대한 비판이 없는 것은 아니다. 즉, 분석

---

8 – 각국에서 프레카리아트와 유사한 용어들은 어떻게 사용되고 있는가. 영미권에서는 근로빈곤층(working poor), 건강보험이 없는 노동자(workers without social security(health insurance)) 등이 이와 유사한 집단을 지칭하는 용어로 사용되고 있다. 프랑스에서는 프레카리아트와 유사한 용어로 불안정한 노동(travail précaire), 기간제계약직 노동자(contrat de travail à durée déterminée), 비숙련노동집단(non-qualifié), 복지수급자(RMIsts) 등을 들 수 있다. 스페인에서는 청년층을 중심으로 한국의 88만 원 세대와 유사한 용어로 밀레우리스타(mileurista: 천 유로 세대)라는 표현이 사용되고 있다. 일본에서는 이와 유사한 용어가 매우 많으며, 그 중 우리에게 익숙한 표현으로 프리터(freeters: free + arbeiter)가 있다. 그렇다면 우리 사회에서 프레카리아트는 어떻게 표현할 수 있을까. 하나의 단일한 개념을 말하기는 힘들다. 다만 그에 해당되는 유사한 표현으로 근로빈곤층, 80만 원세대, 임계장 등을 생각해볼 수 있다.

9 – 포감(Paugam, S., 2000), Le salarié de la précarité. Les nouvelles formes de l'intégration professionnelle, P.U.F.

10 – 스탠딩의 프레카리아트는 모두 7가지 특징을 갖는 것으로 설명된다. 1)노동시장 보장:적정한 소득/근로소득 기회의 보장, 그리고 완전고용정책에 대한 의지, 2)고용 보장:자의적 해고로부터의 보호 및 고용보호, 위반하는 고용주에 대한 비용징수, 3)직무 보장:고용에서 적정 직무 유지, 숙련기술 손실 방지, 지위와 소득의 상향 기회, 4)노동 보장:산재보호, 근로시간 준수, 여성의 야간근로 금지 등, 5)기술력 취득기회 보장:기술습득의 기회와 훈련기회 보장, 6)소득보장:안정적이고 충분한 소득보장(보험), 최저임금, 포괄적 사회보장, 조세 등, 7)대의보장:노동조합이나 파업을 통한 노동시장에서의 집단적 의사 표출이 그것이다. Standing, G.(2017). 《Basic income: a guide for the open-minded》 (Vol. 14). Yale University Press, p.10

11 – 채석진(2016), "테크놀로지, 노동, 그리고 삶의 취약성", 〈한국언론정보학보〉 79, 247쪽, 251쪽.

적 측면에서 모호하고, 정치적 효과 측면에서 중심성이 취약하다는 것이다. 프레카리아트는 하나의 계급으로 정체성을 갖기에는 이민자부터 배달노동자까지 지나치게 이질적이라는 것이다. 그리고 이 개념은 분석적 효용성이 낮다는 것이다. 결국 밀러Millar에게 프레카리아트란 분석적 효용이 크지 않음에도 다른 사회문제에 대한 관심을 빨아들이는 블랙홀 같은 개념인 셈이다.[12] 물론 이러한 비판이 갖는 긍정적 측면이 없는 것은 아니다. 하지만 이 개념의 한계를 보완하고 그 잠재력을 발굴하려는 노력이 없다는 점이 아쉬움으로 남는다. 이 개념을 분석적 효용이 낮다고 비판하는 것을 넘어, 탈임금정치의 맥락에서 노동영역에서 발생하는 계층화와 생활세계에서 발생하는 취약성, 그리고 사회보장으로부터의 배제 등을 종합하여 새로운 하층계급을 정의하는 새로운 실험으로 인식할 수도 있기 때문이다.

스탠딩이 제시하는 대안은 사회적경제가 고민해왔던 많은 대안들과도 무관하지 않다. 임노동 중심체제에서 이중구조화 또는 전반적 하층계급화가 진행되면서 사회적경제는 기존 시장경제 및 공공경제와 공존해야 하는지, 모순을 적당히 봉합해야 하는지, 새로운 경제사회체제에 대한 비전과 전략을 제시해야 하는지 선택의 기로에 서 있다. 그리고 이 문제에 답하기 위해 새로운 계급화 또는 신분화의 문제에 주목하는 것은 자연스러운 일이다.

2) 한국사회의 노동과 프레카리아트

한국사회에서 프레카리아트와 관련된 논의는 어떻게 그 실마리를

12 – 밀러 (Millar, K. M., 2017). "Toward a critical politics of precarity. Sociology Compass", 11(6), e12483. pp.3~5

찾을 수 있을까. 한국사회에서 노동은 크게 다음과 같은 세 가지 문제를 경험하고 있다. ①임금과 비임금의 경계에 위치한 집단들이 늘어나고 있다. ②임금노동자 내부의 격차가 확대되고 있다. ③새로운 고용불안 집단은 코로나-19를 계기로 더욱 확산될 위험에 직면하고 있다.

한국의 노동시장은 이중구조로 양극화되고 있다는 주장이 오래전부터 제기되어 왔지만, 하나의 거대한 카스트제도가 되고 있다는 비판 또한 존재한다. 카스트제도라는 용어는 다소 선정적이지만, 우리 노동시장의 현실을 잘 표현한 개념이기도 하다. 많은 노동자들은 그가 어떠한 역량을 갖고 있는가보다, 그가 가진 스펙이나 배경의 도움을 받아 어떤 일자리에 진입하는지에 따라 그 미래가 달라지는 상황을 경험하고 있다. 우리 시민들이 교육과 채용과정에서의 부정에 이토록 분노하는 이유도 이와 무관하지 않다. 교육과정에서의 성취는 전체 일자리의 10% 남짓한 최상위 일자리로 진입하는 데 큰 영향을 미치고, 그러한 일자리에 진입하는가에 따라 일자리 안정성과 노동소득 등이 결정되기 때문이다.

물론 현대사회는 상위 10%를 중심으로 작동하기에는 매우 힘든 상황이다. 현대사회는 국가나 일부 전문가가 정보를 독점하고 이를 토대로 지배하기에는 정보환경이 너무도 빠르게 변화하고 있다. 많은 시민들은 그러한 카스트제도의 일원이라는 점에서 더 이상 정보독점이 가능하지 않은 것이다. 이런 세계에서 노동시장의 카스트제도는 우리 사회의 연대성과 통합성을 위협하는 가장 큰 문제로 자리하고 있다. 우리는 지난 20년간 보수와 진보를 막론하고 이 카스트의 상위에 진입하려는 경쟁에 매몰되어 왔으며, 그에 따른 추태를 여실히 목격하고 있다.

그렇다면 우리 사회에서 노동의 카스트화와 프레카리아트의 규모를 측정할 수 있을까. 이를 가늠하기 위해 스탠딩의 개념을 수정하여 조작적 정의를 하고, 이를 토대로 그 규모를 추정하고자 하였다. 참고로 스탠딩의 7가지 기준을 모두 수용하기보다 현실적으로 조작적 정의가 가능한 6가지 기준에 따라 프레카리아트의 규모를 추정하고자 하였다. 이 기준에 따르면, 우리 사회에서 20~69세의 인구집단 중 프레카리아트는 43.8%로 거의 절반에 달한다. 6가지 기준 중에는 현실

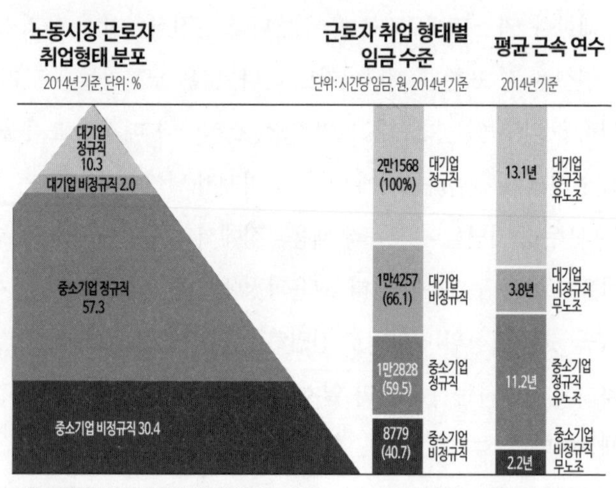

부모·자녀의 고용 형태

부모	정규직	비정규직
자녀	정규직으로 진입 : 27.4% 비정규직으로 진입 : 67.8%	정규직으로 진입 : 21.6% 비정규직으로 진입 : 77.8%

* 2005년 이후 노동시장에 첫 진입한 15세 이상 ~35세 미만 근로자와 부모 1460쌍을 분석한 결과(자료 : 성공회대 김연아 박사)

* 자료: 김연아, 정원오(2016). 비정규직의 세대 간 전승: 부모세대의 직업적 지위가 자녀세대의 비정규직 여부에 미치는 영향; 김성모, 최종석(2015. 3. 23.). 靑年실업 함께 풀자 [3] 노동시장 격차 해결책은?, 조선일보. https://www.chosun.com/site/data/html_dir/2015/03/23/2015032300374.html. 한국판 노동 카스트 실태 정리 그래픽 재인용.

그림 1 한국판 노동카스트 실태 * 카스트(caste) : 고대부터 내려오던 인도 사회의 계급제도

적으로 한국의 노동자들이 충족시키기 힘든 기준들이 존재하며, 노동조합 가입이 대표적이다. 실제 고용안정과 소득지위 등과 무관하게 노동조합에 미가입한 집단이 모두 프레카리아트로 분류될 수 있다는 점에서 보완이 필요하다. 따라서 고용이 불안한 집단 중 노동소득이 낮은 저소득노동자를 〈Model 2_2〉로 정의하고 그 규모를 추정하였다. 이 기준에 따르면 한국의 프레카리아트는 전체 노동자의 28.3%로 추정해볼 수 있다. 이는 스탠딩이 말하는 프레카리아트 43.8%에서 약 15.5%는 고용형태는 불안하지만 노동소득은 최저임금을 넘어서는 집단이라는 의미이다. 반대로 말하면, 28.3%의 프레카리아트는 고용불

종사상 지위		Standing 개념에 따른 Precariat 규모 추정		
		Model 2_1 (Standing 기준)	Model 2_2 (노동소득 반영)	Model 2_3 (가구소득 반영)
임금 노동자	상용직	25.9	6.4	3.8
	임시직	74.0	51.0	38.6
	일용직	60.8	39.1	28.52
비임금 노동자	고용주	15.5	0	0
	자영업자	49.4	13.1	11.8
	무급가족	41.4	32.1	27.2
미취업	실업자	100.0	100.0	89.6
	실망실업자	100.0	100.0	89.6
	비경활인구	0	0	0
전 체		43.8	28.3	23.6

단위 : 종사상 지위별 인구의 %

주: 1) Model 2_1: 가이 스탠딩의 프레카리아트 판별 기준(6항목)을 적용하여 규모를 추정 (비임금노동자에 대해서는 기준을 변형하여 적용하였음).
2) Model 2_2: 가이 스탠딩 기준과 개인노동소득에 최저임금 미만 기준을 적용.
3) Model 2_3: 가이 스탠딩 기준에 균등화 가구 중위소득의 60%미만 기준을 적용.

자료: 한국보건사회연구원(2020a), 고용형태 다변화 양상과 주관적 삶의 인식조사(원자료), 노대명 외(2020), 고용다변화에 따른 사회보장 패러다임 재편방안 연구, 한국보건사회연구원에서 재인용

표 1 한국 프레카리아트의 규모추정(2020년) – 가이 스탠딩 기준

안과 숙련기회 부재 등의 문제 외에도 저임금노동이라는 위험을 안고 있는 집단이다. 그리고 저소득노동자 중 가구소득 측면에서 빈곤상황에 있는 집단을 〈Model 2_3〉로 정의하고 그 규모를 살펴보았다. 이 기준에 따르면, 한국의 프레카리아트 규모는 전체 노동자의 23.6%로 추정된다. 노동시장에서 고용불안과 저임금 외에도 가구 단위에서 박탈을 경험하는 상태, 즉 삼중고에 처한 집단을 의미한다.

그런데 이처럼 규모로 나타낸 자료는 프레카리아트의 삶을 구체적으로 보여주지 못한다. 이들의 노동세계와 생활세계 그리고 복지체제와 관련된 많은 문제들은 특정집단에서 특히 취약하게 나타나고 있다는 점을 간단히 설명할 필요가 있다. 이는 대부분의 사회에서 그러하듯, 청년과 노인, 여성과 이민자 등 소수자에게서 더 크게 드러나고 있다. 한국사회 또한 노동시장에서 많은 어려움을 겪고 있는 집단은 청년층과 고령층이고, 생활세계에서 돌봄노동과 경력단절 그리고 불안한 노후를 경험하는 것은 여성이며, 그 사회에서 생산의 많은 부분을 담당하고 있지만 시민권을 부여받지 못하는 외국인 노동자와 이민노동자들이다. 그리고 이들의 고통은 지역사회 곳곳에서 확인되고, 이 문제를 해결하기 위한 노력은 사회적경제의 현장에서 계속되어 왔다. 하지만 대부분의 문제가 그러하듯, 아직 정치적, 경제적, 사회적 영향력이 약한 한국 사회적경제가 그 구조를 바꾸기에는 한계가 있는 것도 사실이다. 이것이 그와 관련된 많은 역할이 국가에게 맡겨지는 이유일 것이다.

3) 프레카리아트 문제는 해결되고 있는가

탈임노동사회의 딜레마는 노동자들이 굴레로서의 노동 또는 임노동관계로부터 해방된다는 기대는 현실의 노동시장과 복지체제와는 거리가 멀다는 점이다. 그리고 그 내부는 계층화를 넘어 신분화되는 위기를 보이고 있다는 것이다. 이러한 문제의 한복판에서 삼중고에 시달리는 프레카리아트, 또는 새로운 하층계급이 형성되고 있다. 그렇다면 한국사회에서 이 문제는 잘 해결되고 있는가. 설사 단기적으로는 더디더라도 장기적으로 올바른 방향으로 가고 있는가. 특히 촛불시위로 상징되는 새로운 정치와 새로운 경제사회체제에 대한 기대는 현실로 나타나고 있는가. 이 문제에 대해서는 비판적 평가가 불가피해 보인다.

첫째, 노동존중의 사회는 도래하고 있는가. 물론 그 길은 여전히 멀어 보인다. 노동자의 안전과 생명에 대한 존중조차 제대로 개선되지 않는 상황에서 다른 많은 노동개혁은 더 요원해 보이는 것이 사실이다. 특히 노동 내부의 갈등은 해결을 더욱 어렵게 만든다. 최저임금 인상이나 비정규직의 정규직화는 일부 공공부문에서 성과를 거두었을 뿐, 민간노동시장에서는 크게 개선되었다는 평가를 찾기 힘들다. 더 나은 고용지위에 들지 못하면 안정적으로 필요한 소득을 보장받기 힘든 상황에서 경쟁은 점점 더 치열해지고, 그것을 둘러싼 노동 내부의 연대는 용이하지 않다. 상대적으로 고용지위가 나은 사람이 그것을 양보하기란 쉽지 않은 상황이라는 점이다. 그렇다고 노동의 세계를 바꿀 대안적 실험들이 없었던 것은 아니다. 소유와 경영 그리고 작업방식에서의 혁신이 민주적으로 이루어질 가능성은 항상 존재해왔다. 다만 이러한 가능성을 달갑게 생각하지 않는다는 것이 문제일지 모른다. 기술혁신을 통해 노동에서 해방될 수 있다는 기대도 있겠지만, 현실에서는 기술과 정보를 가진 노동자와 그렇지 않은 노동자로의 양극화에 대한 우려가 더 크게 다가오고 있다.

둘째, 결과로서의 소득재분배는 개선되었는가. 노동으로부터의 해방에 이르는 길이 지난하다면, 소득을 재분배하는 차선책은 제대로 작동하고 있는가. 지금 우리 사회는 기본소득 등 대안적 소득재분배에 많은 관심을 갖고 있다. 하지만 그것이 구체적으로 어떠한 모습인지에 대해서는 이견이 있다. 공유부에 대한 과세도 흥미로운 방안이다. 하지만 기존 사회보장제도를 통한 연대조차 제대로 이루어지지 못하고 있다는 점을 생각할 필요가 있다.[13] 물론 역발상으로 기본소득의 실험이 연대를 강화할 것이라는 기대도 존재하지만, 그리 큰 설득력을 갖기 힘들다. 오히려 보편적 사회보장체계를 구축함으로써 소득재분배를 강화하여 할 걸음 더 전진하는 것이 중요하다는 주장이 더 설득력이 있어 보인다. 그렇다고 기존 사회보험제도에 지속가능한 미래가 있다고 생각하는 것은 아니다. 동질적인 이해관계를 갖는 집단이 많았던 20세기 중반의 서구국가에서는 사회보험체계가 빠르게 확대되는 지속가능한 대안이었다. 하지만 지금처럼 노동 내부의 균열이 확장되는 상황에서 그 미래를 기대하기는 점점 힘들어지고 있다. 그리고 지금 한국사회가 바로 그러한 경우이다. 상대적으로 소득이 높은 사람이 적은 사람을 위해 좀 더 많은 사회보장비용을 부담하는 기본적 연대는 정치권에서 외면당해 왔고, 많은 전문가들에 의해서도 실현가능하지 않은 것으로 치부되었다. 이런 상황에서 기본소득의 실현 가능성을 이

---

13 – 한국 사회보장제도의 가장 큰 문제는 적정한 소득재분배를 하는 데 필요한 재원문제를 거론하지 않고, 제도의 합리성과 효율성만을 논의해왔다는 점이다. 계층간, 세대간 연대의 핵심이라 할 수 있는 재원부담과 그 재원의 재분배는 뗄 수 없는 것이다. 하지만 이 문제와 관련한 정치적 무책임은 공허한 재원조달방안 또는 추가부담 없는 복지확대와 같은 주장을 되풀이하는 형태로 반복되어 왔다. 그것이 시민들의 태도를 반영하고 있다는 점은 분명해 보인다. 하지만 좀 더 들여다보면, 왜 시민들이 그러한 태도를 보이는지 생각해볼 일이다. 이는 문제의 해결방법이 없는 것이 아니라, 문제를 해결할 용기가 없는 것에 더 가깝다.

야기하고 있다. 흥미로운 논리적, 정치적 비약이다.

셋째, 시민들은 노동이나 소득과 무관하게 최소한의 인간다운 생활을 할 수 있는 토대를 갖추고 있는가. 소득재분배에서 거대한 전환을 이루기 힘들다 하더라도, 인간다운 삶의 기초가 되는 필수 재화와 서비스에 대한 보편적 보장은 이루어지고 있는가. 예를 들면, 자신의 고용지위나 소득지위와 무관하게 건강보장과 주거보장, 교육보장과 돌봄보장이 가능한 사회로의 개혁이 이루어지고 있는가. 이 문제와 관련해서도 과연 어떠한 진전이 있었는지 말하기 힘들다. 서구 복지국가가 경제위기 등 많은 외부의 위험에도 지난 30년간을 버티어 왔던 배경에는 고용보장과 소득보장제도 외에도 시민의 건강과 주거, 그리고 교육과 돌봄 분야에서 보편적 보장체계를 유지해 왔던 노력이 자리하고 있었다고 해도 과언이 아니다. 그렇다면 우리 사회는 이러한 보편적 기초보장을 하고 있는가. 일부 영역에서 점차 많은 개선이 이루어지고 있는 것은 사실이다. 건강보장의 점진적 보장성 확대와 의무교육의 확대 등은 이러한 진전을 말해준다. 하지만 그 이면에는 여전히 돈이 없으면 양질의 의료서비스에서 배제되고, 자녀에게 더 나은 교육기회를 제공하기 힘든 현실이다. 심지어 대안적 의료서비스나 대안교육을 하더라도 이러한 부담에서 완전히 자유롭지 못하다. 그리고 주거보장과 돌봄영역에서는 그 문제가 더욱 심각하다. 주택은 과거보다 더 심각하게 거처로서의 기능보다 자산축적의 수단이라는 지위를 갖고 있으며, 노인에 대한 돌봄서비스 또한 계층 간 차이를 극대화하는 방향으로 진행되고 있다. 결국 건강과 주거, 교육과 돌봄 그 어느 것에서도 돈이 없으면 인간다운 삶을 영위하기 힘들다. 과연 우리 사회는 진정한 의미에서 공정한 기회를 보장하고 있는가.

지금 우리 사회는 위에 언급한 세 가지 문제를 해결할 실마리를 찾지 못하고 있는 듯 보인다. 정부 차원에서 노동세계를 변화시킬 의지와 노력은 잘 드러나지 않고 있다. 마찬가지로 소득 재분배를 강화하는 정책 또한 실질적인 개혁이 이루어지지 않고 있다. 심지어 빈곤층에게 최소한의 인간다운 기본생활을 보장하는 정책 또한 장기간 개혁이 지체되어 왔다. 이러한 개혁의 지체는 노동세계와 생활세계에서 연대의 가능성에 대한 불신을 심화시켜 왔다. 물론 사회적경제 조직들이 주도하는 연대적 실험이 없었던 것은 아니며, 그러한 실험들이 성과를 거두지 못했던 것도 아니다. 다만 그러한 실험들은 장기간 성과를 축적하며 강력한 주체와 토대를 구축하지 못한 채 정부정책으로 흡수되었다. 대안적 경제사회적 실험을 주도해왔던 사회적경제 주체들 또한 개혁의 주체로 바로 서지 못하고 있는 상황임을 말해준다.

시민들은 좀 더 인간다운 노동을 원하고 노동존중사회를 말하지만, 정작 노동지위를 둘러싼 경쟁에서 좀처럼 양보하기 힘들다. 더 많은 복지를 원하지만, 이를 가능하게 할 비용부담에 동의하지 않는다. 이런 상황에서 모두가 쉽게 동의할 수 있는 쉬운 해법 중 하나는 국가주의다. 국가에게 보호자의 역할을 위임하는 것이다. 그리고 포스트-코로나시대는 국가주의의 시대가 될 개연성이 높다. 지난 30년간 시장주의의 폐해에 대한 반작용으로 국가에게 공정한 경쟁을 보장하는 역할을 부여하는 것이다. 물론 시장주의의 폐해를 해결하는 일은 중요하다. 그렇다고 노동시장과 복지체제에서 연대와 책임을 전제하지 않은 채 국가에 문제해결을 위임하는 것이 바람직한, 그리고 문제를 해결할 선택인가. 정치권과 정부가 노동과 일상을 개혁할 지속가능한 대안을 채택하고, 그것을 실현하기 위해 노력을 기울이게 하는 것은 강력한 시민사회, 그리고 더 강력한 사회적경제가 아닌가.

4. 대안적 경제사회체제의 모색과 한국의 사회적경제

1) 국가주의와 개혁의 지체

우리 사회가 노동의 미래를 어떻게 바꿀 것인지는 간단한 문제가 아니다. 현실진단부터 대안제시에 이르기까지 다른 주장과 이해관계가 충돌하고 있기 때문이다. 실제로 지난 20년간 우리 사회에서 노동의 격차가 커지고 그것이 마치 하나의 신분처럼 공고화되는 상황에서 이 문제를 해결하기 위한 많은 개혁은 지체되거나 좌초되었다. 일부 정책은 성과를 거두었지만 여전히 미흡하다. 더 많은 노동자들이 일할 기회를 갖고, 비정규직 노동자가 정규직이 되고, 같은 노동을 수행하는 노동자 간의 임금격차가 축소되고, 기술숙련을 통해 지속적으로 더 나은 임금과 지위를 획득하고, 자신의 권리를 보장할 수 있는 단결권을 행사하고, 보편적 사회보장제도를 통해 모든 시민이 사회권을 보장받고 있는가. 장기간 이러한 문제들은 해결되지 않았으며, 가까운 미래에 해결될 것이라고 말하기도 힘들어 보인다.

포스트-코로나 시대에는 시장에서 발생한 많은 문제를 해결하기 위해 국가역할이 더욱 강화될 것으로 예상된다. 그리고 국가역할 강화에 비례하여 노동세계와 생활세계 그리고 복지영역에서 시민사회의 각 주체들, 특히 사회적경제 조직들은 국가영역으로 빨려들어갈 위험에 노출될 수 있다. 물론 이를 통해 앞서 제기된 많은 문제들이 해결될 수 있다면 그나마 긍정적인 평가도 가능할 것이다. 하지만 국가에게 많은 권력이 위임된 현재 상황에서 시민들의 기대와 다른 결과가 나타나는 이유에 대해 생각해볼 필요가 있다. 한편에서는 강한 기득권세력의 저항을 돌파할 개혁세력이 취약하기 때문이라고 말할지 모른다. 물론 그러한 측면도 있겠지만, 강력한 정치적 지지를 받은 정치세력조차 개혁을 수행하지 못하고 있다는 점을 보면 기득권세력의 저항만을 탓할 일이 아니다. 다른 한편으로는 정치세력을 압박할 수 있는 시민들의 영향력이 강력하지도 지속적이지도 않기 때문이라고 말할지 모른다. 물론 그렇다. 시민들은 노동과 생활세계에서 엇갈리는 이해관계를 갖고 있고, 그것이 그대로 정치에 투영되는 상황에서 강력한 영향을 행사하기 힘든 것이다. 그렇다면 시민들은 어떻게 국가에 위임한 권력이 제대로 행사되도록 압박할 수 있을까.

코로나-19의 팬데믹 상황이 우리에게 주는 시사점은 매우 희화적이다. 이미 오래전부터 우리 사회의 시민사회 활동가와 전문가들은 보편적 사회보험체계 구축과 소득파악체계의 정비 필요성을 주장해 왔으며, 상병수당의 도입 등 노동자의 기본적 건강권을 보장하는 방안을, 산업재해와 관련해서는 보다 엄정한 처벌과 법개정을 요구해왔다. 하지만 이러한 조언은 정부와 정치권에 의해 제대로 수용되지 않았다. 오히려 비현실적인 제안이라는 힐난이 훨씬 많았다. 그러나 불과 1년 뒤 코로나-19로 위기에 직면하면서 이러한 각종 정책과제가 정부의 공적 추진의제로 채택되었다. 이는 전문가가 정책을 만드는 것이 아니라 위기, 즉 정치적 정당성의 위기가 기존의 정책대안 중 하나를 선택한 것이라고도 해석할 수 있다.

물론 각종 경제사회적 개혁과 관련해 의제설정이나 정책추진 과정에서 정부역할이 중요하다는 점은 분명하다. 최근 정부가 추진하는 각종 개혁 중 산업재해에 대한 법률이나 상병수당 도입 등과 같은 것은 물론이고, 전국민고용보험 도입을 매개로 하는 보편적 사회보험 도입, 더 나아가 보편적 사회보장체계의 구축, 그리고 주거와 돌봄 등 필수 사회서비스에 대한 공공성 강화 등이 이를 말해준다. 노동과 복지를 둘러싼 각종 제도의 설계와 법제화, 실효성 있는 시행방안 마련, 효율적인 전달체계 구축 등에 있어 정부의 역할은 매우 중요하다. 그리고 각종 정책을 추진하는 데 필요한 재원조달 또한 정부의 매우 중요한 역할 중 하나다. 이 점에서 정책추진을 위해서는 좀 더 유능하고 효율적인 정부가 필요하다.

하지만 이러한 개혁이 보다 지속적으로 추진되어 성과를 거두기까지는 시민들의 관심과 압력이 필요하다는 점을 강조할 필요가 있다. 개혁에 대한 압력이 약해지는 순간 왜곡되거나 중단되는 사례가 많았기 때문이다. 실제로 현재 모든 소득자에 대한 소득파악과 그에 따른 사회보장비용의 징수는 정치권과 정부의 강력한 의지가 필요하다. 마찬가지로 고령자의 법정정년과 국민연금 수급개시 연령 간의 격차를 해결하는 것도 정치권의 의지가 필요한 사안이다. 물론 이 모든 사안에는 시민 내부로부터의 이해관계 충돌이 있다. 따라서 노동과 생활 그리고 복지 측면에서 우리 사회가 어떠한 방향으로 개혁을 추진해야 하는지 지배적 여론을 형성하는 일이 중요하다. 국가가 경제사회적 개혁을 이끌 추진력을 갖지 못하는 상황에서는 시민사회의 강력한 압력이 필요한 것이다. 역설적으로 표현하면, 권력과 시민단체의 유착은 문제해결을 압박하기 힘들게 만들 수 있다. 이 또한 최근 우리가 목격하는 바이기도 하다.

2) 국가주의와 사회적경제

2021년 현재 노동 내부의 균열이 확대되고, 그 문제를 국가주도 방식으로 해결하려는 상황에서 사회적경제가 이 문제에 어떻게 대처해야 하는지가 새로운 과제로 대두되고 있다. 사실 시장경제와 공공경제(특히 복지경제) 그리고 사회적경제의 관계는 출발부터 매우 기울어져 있었으며, 이는 크게 두 측면에서 사회적경제의 정체성을 흔들고 있다. 즉, 시장에 의한 사회적경제 기업의 잠식과 국가복지에 의한 사회적경제의 제도화가 그것이다. 물론 뒤늦게 확장되고 있는 한국의 사회적경제는 시장경제나 공공경제와의 협력적 관계가 필요한 것도 사실이다. 그리고 양적 확대가 사회적경제의 정체성을 강화하는 기반이 될 수 있다는 주장에도 동의할 수 있다. 하지만 사회적경제의 확장과 복지확장이 서로 맞물려 시너지를 발휘할 수 있는 새로운 체제에 대한 구상이나 전략이 사회적경제 진영 내부에 존재하고 있는지는 의문이다.

탈임노동사회의 딜레마가 심각한 상황에서, 그리고 코로나-19의 충격이 가해지는 상황에서 한국의 사회적경제는 어떤 역할을 할 수 있는가. 그것은 과거 각국의 사회적경제가 담당해왔던 역할을 통해 쉽게 유추해볼 수 있다.[14] 그것은 단기적으로는 고용유지와 신규 고용창출을 통해 시장에서 발생한 실업자를 흡수하고, 지역사회 시민에게 필요한 다양한 서비스 공급을 확대하는 것이다. 장기적으로는 대안적 경제사회체제에 대한 정책적 상상력을 자극하고 압박하는 것이다. 그렇다면 한국의 사회적경제는 지금 그러한 역할을 하고 있는가. 물론 일정 정도 그러한 역할을 담당하고 있다고 평가할 수 있다. 지난 20년간 지속적으로 증가한 사회적경제 조직과 기업들이 일자리를 창출하고 서비스를 제공하고 있다는 점에서 그러하다.

하지만 사회적경제의 고용규모가 전체 취업자의 10%에 육박하는 국가와 같은 수준의 역할을 기대하기는 힘들 것이다. 예를 들면, 몬드

14 – 경제위기 상황에서 사회적경제의 고용충격 흡수효과 등에 대해서는 다음 글을 참조. 김신양 외(2021), 《한국 사회적경제의 역사》, 한울, 제2판.

라곤 협동조합이 코로나-19 상황에서 노동자들이 임금을 나누어 일자리를 지키고, 고용여력이 있는 기업들이 실업자를 흡수했던 성과를 내기도 한계가 있을 것이다.[15] 물론 한국 사회적경제의 경제규모와 고용규모에 대한 체계적인 연구는 크게 부족한 상황이다. 과거 이와 관련된 연구결과가 발표되었고,[16] 최근에는 협동조합부문에서 그 고용규모를 추정하는 연구결과가 발표되기도 했지만,[17] 전체 사회적경제의 경제규모와 고용규모를 파악할 수 있는 신뢰할 만한 데이터나 추정결과는 존재하지 않는다. 이 점에서 경제위기 상황에서 한국 사회적경제의 효용을 실증적으로 입증하기는 쉽지 않다.[18]

이처럼 한국 사회적경제의 경제규모가 크지 않아 고용충격을 흡수하고 지역사회를 위해 대안적 서비스를 제공할 수 있는 여력이 부족하다는 것은 이미 오래전부터 중요한 해결과제였다. 물론 경제규모가 크다 해도 사회적경제 조직들이 그러한 역할을 하겠다는 의지가 전제되어야 할 것이다. 지금 한국의 사회적경제가 비단 경제규모가 작아서만 그러한 역할을 못한다고 말하기는 힘들기 때문이다. 이름은 협동조합이고 사회적경제 조직이지만 실제 활동은 사회적경제와 아무런 관련이 없는 조직들이 많다는 점을 고려해야 할 것이다. 경제규모를 확대

---

15 – 코로나-19 상황에서 스페인 몬드라곤협동조합의 경험에 대해서는 한겨레신문의 기사를 참조. 이니고 알비수리 란다사발 스페인 몬드라곤협동조합 부회장 인터뷰 기사. "협동조합 가치, 위기 때 더 빛나 ... 코로나 해법도 연대·협력에서 찾자", HERI 뉴스, 2020년 4월 20일자. http://heri.kr/heri/970939.

16 – 김혜원 외(2009), 〈제3섹터 부문의 고용창출 실증연구〉, 한국노동연구원.

17 – 안주엽 외(2019), 〈2019년 협동조합 실태조사 및 정책수립을 위한 기초연구〉, 한국노동연구원.

18 – 문재인 정부에서 사회적경제의 경제규모와 고용규모를 추정하기 위한 노력이 성과를 거두지 못하고 있는 것 또한 안타까운 일이다. 프랑스 통계청의 사례를 보면, 사회적경제 조직과 기업의 고용규모와 경제규모를 추정하기는 그리 어려운 일이 아니다. 각종 사업체에 대한 기초조사에서 사회적경제 조직들 여부를 판별하는 문항을 추가하면 될 일이다. 설사 이러한 추정결과, 한국 사회적경제의 고용규모나 경제규모가 다른 국가들에 비해 현저하게 취약하다면, 이를 보완하는 정책을 제시하면 될 일이다.

하기 위한 노력은 힘들고 시간이 걸리더라도 시민참여를 활성화하고 연대의 원칙을 지키며 이루어져야 하는 이유이다.[19]

어찌되었든, 한국 사회적경제 내부에서는 그 전략의 차이에도 불구하고 사회적경제의 경제규모를 확장해야 할 필요성에 대해 일정한 공감대가 형성되어 있었던 것은 사실이다. 그리고 이를 위해 2000년대 초반부터 다양한 실험이 진행되었으며, 결과적으로는 정부 주도의 법제화를 통해 사회적경제의 생태계를 건설하는 것으로 구체화되었다. 사회적경제 기업에게 새로운 지위를 부여하여 사회적경제의 기본원칙을 지키면서 경제활동을 할 수 있는 제도적 기반을 마련하고, 창업자금지원 프로그램과 대출기금을 조성하고, 공공우선구매와 조달체계를 바꾸어 보호된 시장을 만드는 것이다. 이는 사회적기업육성법 제정부터 협동조합기본법 제정을 거쳐 현재 논의되고 있는 사회적경제 기본법 제정까지 이어지고 있다.

그리고 이러한 노력은 일정한 성과를 거두었다. 공공조달정책과 우선구매정책 등이 개선되고, 지역재생정책 등 주거사업이 확대되고, 협동조합 등 사회적경제 기업의 설립이 보다 용이해졌으며, 이 기업들을 지원하는 중간지원조직 또한 크게 증가하여 사회적경제의 생태계가 형성된 것이다. 그에 따라 사회적기업, 협동조합, 사회적협동조합, 마을기업, 자활기업 등 사회적경제 기업은 지속적으로 증가해왔고, 지방정부는 앞다투어 사회적경제 지원계획을 수립하기에 이르렀다. 이

---

19 – 물론 사회적경제 부문에서 오랜 기간 활동해 왔던 실천가들의 입장에서는 시민참여를 강조하는 것이 공허한 말로 들릴 수 있다. 경제규모가 작은 사회적경제 생태계에서 창업에 필요한 자금을 조달하고, 안정적으로 수익을 창출할 기술력과 판매망을 보유하고, 위기상황에서 일자리를 나누고, 적정한 가격으로 양질의 생산품과 서비스를 제공하기란 쉬운 일이 아니기 때문이다. 충성도 강한 조합원 비율이 높지 않은 상황에서 간헐적 시민참여로 이 모든 문제를 해결하기 힘들다는 것은 당연한 일이다.

점에서 지난 수년간 한국 사회적경제는 국가의 재정확대에 기대어 고용규모를 키워왔다고 해도 과언이 아니다. 지역재생사업이나 지역화폐, 다양한 사회적경제 기업에 대한 지원사업 등은 모두 정부의 재정투입을 매개로 성장해왔던 것이다. 긍정적인 측면도 있다. 협동조합부문에서는 정부의 지원이 크지 않지만, 많은 협동조합이 생겨나고 있기 때문이다. 정부지원을 받기 용이한 사회적협동조합의 수는 더 빠르게 증가하기도 했다.

이처럼 사회적경제 기업이 증가하는 상황에서도 한국 사회적경제가 위기상황에서 고용충격과 사회충격을 흡수하는 성과를 얼마나 이루어내고 있는지 평가하기 힘들다는 것은 문제다. 하지만 더 큰 문제는 사회적경제가 정부의 각종 정책이 갖는 한계와 문제점을 비판함으로써 더 나은 대안을 제시할 수 있도록 압박하는 동력이 살아있는가 하는 점이다.

한국 사회적경제는 이미 오래전부터 국가주의의 위험에 노출되기 시작했다. 김대중정부나 노무현정부하에서는 그것을 위험이라고 인식하기보다는 사회적경제를 확장하기 위한 전략의 하나로 이해했던 측면이 있었다. 하지만 이후 한국의 사회적경제는 국가에 의해 수용되는 국면으로 진입하게 된다. 이에 대해 크게 두 가지 사례를 들 수 있다.

민간 사회적경제 조직들의 마이크로크레딧이 이명박정부하에서 미소재단으로 흡수된 것이 첫 번째 사례이다. 민간 사회적경제 조직들이 후진국보다 늦게나마 마이크로크레딧 사업을 시작하게 된 배경에는 외환위기 이후 민간금융기관들이 대출프로그램에서 시민을 배제함에 따라 심각한 금융소외 문제가 발생하고, 이것이 대량실업과 맞물려 빈곤문제 등 다양한 사회문제가 발생했던 현실이 있다. 따라서 이러한 구조적 문제에 대한 사회적경제 조직 차원의 대응은 소액대출을 통해 자립의 기반을 마련하는 것이었다. 문제는 가난한 사람들에 대한 신용대출사업이 사회적으로 큰 반향을 일으키자 정부가 나서서 정책적으로 그 규모를 대대적으로 키우는 국가주의적 수용을 했다는 점이다. 물론 그것은 서민금융에서 일부 개선을 의미하기도 했지만, 국가가 해야 할 보다 근본적인 문제, 즉 금융소외를 야기하는 금융제도에 대한 개혁을 지체 또는 회피하는 수단이기도 했다. 이는 사회적경제가 실험했던 많은 사업들을 정부가 수용하여 확대하는 것도 필요할 수 있지만, 대부분의 경우에는 문제를 발생시키는 구조적 문제를 해결하는 데 집중해야 한다는 시사점을 준다. 국가의 역할이 있고, 사회적경제의 역할이 있는 셈이다.

두 번째 사례는 지역화폐 등 현 정부에서 실시된 사회적경제의 사업들에 관한 것이다. 특히 지역화폐는 사회적경제의 대표적 실험사업 중 하나로 시민의 자발적 참여와 봉사가 핵심내용을 이룬다. 그리고 이를 중심축으로 하여 지역단위에서 연대경제를 가능하게 하는 새로운 동력을 조직하는 것이다. 하지만 현재 정부가 말하는 지역화폐는 이와는 거리가 멀다. 소상공인 중 일부 집단, 특히 전통시장 등에 국한된 지원프로그램의 성격을 갖기 때문이다. 이는 사회적경제의 실험사업이 상징하는 브랜드를 수용하지만, 그 내용은 사회적경제의 기본원칙이나 가치를 제거한 채 이루어진다는 점이 문제이다. 사회적경제 주체가 없는 사회적경제의 실험이라는 점에서 이전의 국가주의적 수용과 크게 다르지 않다. 지금 지역화폐가 노동자나 사업자 간의 연대나 지역시민과의 연대를 토대로 작동하고 있는지 반문해보면 쉽게 이해할 수 있다.

사회적경제의 현장에서 이루어지는 많은 실험들 가운데 정부가 수용함으로써 발전할 수 있는 것도 있을 것이다. 하지만 더 많은 사업들은 경제사회체제가 발생시킨 충격을 흡수하는, 사회적경제가 나름의 자원으로 그 사회적 비용을 감당하는 성격을 갖는다. 그들 중 일부는 복지 프로그램에 흡수되는 것이 더 바람직할 수도 있다. 하지만 다른 사업들은 국가가 수용하여 동일한 프로그램을 확대하기보다, 그것을 발생시킨 구조를 개선해야 하는 것이다. 특히 마이크로크레딧 프로그램에 대한 국가주의적 수용의 결과는 참담하다. 민간에서 자생적으로 10년 이상 성장해왔던 다양한 마이크로크레딧 기관들을 사실상 와해시켰다는 점에서 그러하다. 사실 이러한 프로그램은 국가가 수용하기에 적합하지 않다. 마찬가지로 사회적경제 조직을 공공기관화하는 것도 바람직하지 않다. 자발성과 헌신 그리고 상호부조를 국가정책에 그대로 접맥해서 동일한 성과를 내기는 사실상 불가능하며, 사회적경제의 확장에도 장기적으로는 부정적인 영향을 끼치기 때문이다. 이러한 이유에서 국가는 사회적경제 프로그램을 지원하되 국가정책을 수행하는 시행기관으로 흡수하는 것을 경계할 필요가 있다.

그러나 우리사회에서는 정부가 사회적경제 조직과 실험을 자신의 정책도구로 활용하는 것을 경계하기보다 오히려 그것을 권장하는 경향이 확산되어 왔다. 물론 정부가 사회적기업이나 사회적경제 기업에 대해 지원하더라도 간섭하지 않을 수 있다면 바람직할 것이다. 수많은 규정과 간섭이 자발성과 책임성을 약화시킬 수 있기 때문이다. 하지만 결과적으로는 사회적경제 조직들의 자발성을 약화시키는 일들이 벌어졌다. 많은 중간지원기관이 정부 지원을 매개로 설립되었고, 정부에 의해 관리되고 있다. 문제는 이 중간지원조직들이 사회적경제 기업의 선정과 지원, 평가와 자격박탈 등의 권한을 갖고 있는 상황에서 사회적경제 기업들은 자발적이거나 스스로의 책임성을 강화할 유인은 사라지고, 시민을 의식하기보다 정부를 의식하는 상황이 벌어지고 있기 때문이다. 사회적경제의 실천가와 전문가들이 이러한 문제를 모르지는 않을 것이다.

이 점에서 사회적경제의 주체들은 정부가 사회적경제와 관련해서 해야 할 일과 해서는 안 될 일에 대해 정확하게 말해줄 필요가 있다. 사회적경제 기업들이 일부 운영자에 의해 사유화되어서도 안 될 일이다. 그리고 마찬가지로 사회적경제의 국유화에 대해서도 경계가 필요하다.

3) 한국 사회적경제의 역할 : 그 한계와 가능성에 대해

이제 사회적경제의 국유화에 대한 냉정한 평가의 시간이 다가오고 있다. 정부 정책을 통해 위로부터 사회적경제의 규모를 확대하고 많은 사회적경제 기업과 지원조직을 설립했던 지난 10년간의 전략은 어떤 공과를 남겼는가. 이와 관련해서 다음과 같은 질문이 가능할 것이다. 첫째, 사회적경제는 지속가능한 생태계를 구축하였는가. 둘째, 사회적경제의 경제규모와 고용규모는 얼마나 확대되었는가. 셋째, 시민들은 사회적경제 기업을 자신의 노동과 삶에서 중요한 부분으로 인식하게 되었는가. 넷째, 저소득층이나 취약계층 그리고 실업자에게 괜찮은 일자리를 제공하였는가. 다섯째, 시민참여 없는 사회적경제 기업들의 세계를 구축해왔던 것은 아닌가.

아직 지난 10년의 사회적경제를 평가하기에 이르다고 말할 수도 있겠다. 하지만 한국 사회적경제의 혁신을 위해서는 더 미루기 힘든 질문인지도 모른다. 사실 이 질문은 2012년 협동조합기본법이 제정된 직후에 한 대담에서 장원봉 박사가 했던 질문의 연장선에 있는 것이기도 하다. "대부분의 시민이 자신이 필요한 것을 시장에서 구매하거나, 국가가 해주는 것에 익숙해진 상황에서, 시민들은 협동조합이 필요하다고 느끼고 있을까."[20]

장원봉 박사의 문제제기가 있고 약 9년의 시간이 흐른 지금, 국가가 노동시장에서의 차별과 불공정을 해결하고 복지서비스 공급을 확대하고 있는 상황에서 사회적경제 기업들은 자신의 존재이유를 시민에게 납득시키고 있는가. 점점 많은 시민이 사회적경제가 표방하는 연대와 나눔의 가치에 우호적 태도를 보이고 있는 것처럼 보인다. 이를 뒷받침할 전국단위의 조사결과가 있는 것은 아니지만,[21] 지역차원에서 실시한 몇 가지 조사결과가 이를 말해준다.[22] 하지만 이러한 조사결과들은 한국 사회적경제에 시민참여가 활성화되지 않고 있다는 점 또한 여실히 보여주고 있다. 그리고 경제사회시스템을 바꾸는 사회운동으로서의 정체성을 유지하고 있는가 하는 질문도 해볼 수 있다. 이 질문에 대해서도 시민들은 보다 인간적이고 연대적인 방식의 실험으로서 사회적경제와 그 실험에 우호적인 태도를 보이고 있으며, 일선의 많은 활동가와 전문가들이 그러한 가치를 지향하고 있다. 하지만 아직은 충분히 합의된 목소리를 형성하며 개진되고 있지는 않는 것처럼 보인다.

그럼에도 한국의 사회적경제에는 많은 가능성이 있다. 이는 크게 두 가지 측면에서 설명할 수 있다. 첫째, 사회적경제의 일선에서 활동하는 많은 실천가들의 꾸준한 노력과 국유화된 사회적경제 사업에 본

---

20 – "0.1% 자본주의를 대체할 99.9%의 협동경제", [헬로! 협동조합법] 〈5·끝〉 좌담회: 현장의 목소리, 프레시안, 2012년 2월 22일 기사에서 인용. https://www.pressian.com/pages/articles/106033?no=106033#0DKU(2021년 1월 15일)

21 – 지금까지 사회적경제와 관련해 이루어진 각종 조사와 연구 중 시민의 사회적경제에 대한 인지 및 참여 정도를 파악한 조사결과를 발견하기 힘들다는 점이 놀랍다. 대부분의 조사가 사회적경제 기업의 관리자나 참여자를 대상으로 이루어졌다는 점에서 시민이 사회적경제를 어떻게 생각하고 있는지 가늠하기 매우 힘든 상황이다.

22 – 필자가 접한 지역단위 조사보고서 중 매우 이상적인 사례는 노원지역의 지역자원조사 보고서이다. 이 보고서는 사회적경제 조직과 기업에 대한 개념화와 사회적경제 생태계에 대한 이해도, 조사내용의 구성 등의 측면에서 매우 잘 짜인 것으로 판단된다. 특히 사회적경제 조직의 조합원 외에도 지역주민, 공무원 등을 대상으로 인식조사를 하고 있다는 점도 눈에 띈다. 노원사회적경제연대사회적협동조합(2020), 〈사회적경제 지역생태계 구축을 위한 지역자원조사 보고서〉, 서울시 노원구, 2020. 12. 14. 참조

래의 혁신적 실험의 가치를 부여하려는 노력들이 계속되고 있다는 점이다. 이는 국유화된 사회적경제 실험들이 갖는 치명적 한계에 대한 명확한 비판적 인식과 무관하지 않다고 판단된다. 둘째, 우리 사회에서 노동자와 시민의 욕구는 여전히 충족되지 않고 있다는 점이다. 그만큼 사회적경제 주체들이 감당해야 할 역할이 크게 남아있다는 의미이다. 노동존중은 아직 지켜지지 않은 약속이고, 인간의 생명을 경시하는 산업안전정책도 크게 바뀌지 않았다. 더욱이 사회보장 측면에서도 실질적인 혁신은 나타나지 않았다. 최근 전국민고용보험 등 중요한 정책변화가 나타나고 있지만, 그 또한 여전히 더 많은 개선이 필요하다.

사회적경제 기업을 위한 생태계를 구축하는 데 많은 노력을 해왔던 이유가 무엇인지 생각해 보면, 단기적으로 노동에서 배제된 사람들을 위한 연대적 노동공간을 만들고, 보다 환경친화적이고 인간의 미래를 생각하는 소비공간을 만드는 것이다. 그리고 이것은 물리적 공간이 아니라 사회적 공간이며, 이러한 공간은 국가주의적 방식으로 만들어지지 않는다. 지역단위에서 시민의 참여와 헌신, 그리고 이를 통한 욕구실현이 결합됨으로써 가능한 일이다. 공공성을 회복할 필요가 있다. 하지만 그것이 모든 서비스를 공공이 공급해야 한다는 것은 아니다. 공급방식이 핵심이라는 주장은 때로 선의를 의심받는 요인이기도 하다는 점에 주목할 필요가 있다.

마찬가지로 기본소득과 관련된 논의에 대해 사회적경제 주체들이 어떠한 입장을 갖고 있는지도 중요한 사안이다. 다른 소득보장 프로그램과 다름없는 사업으로 인식한다면, 기본소득을 뒷받침하는 노동존중의 문제와 보편적 사회서비스의 문제, 지역단위에서 시민들의 참여와 봉사의 문제 등을 함께 다루지 않아도 좋다는 생각과 이어질 수 있다. 이것이 어쩌면 기본소득에 대한 우파적 논의와 좌파적 논의의 구분선

일지도 모른다. 각종 노동개혁이 신분제처럼 공고화되는 기존 질서를 해체하지 못하는 상황에서 최종적 결과물인 소득의 격차를 축소하는 다른 대안을 모색해야 할 필요성은 충분히 공감할 수 있다. 하지만 이 경우에도 위험하기는 마찬가지다. 이 모든 시도는 구조적인 문제를 해결하지 못하고 지엽적인 문제를 건드리는 방식일 수 있기 때문이다.

그 중 가장 손쉬운 해결방법 중 하나가 국가주의의 길을 걷는 것이다. 국가가 재정을 투입해서 일자리를 창출하고, 재정으로 모든 국민에게 일정한 소득을 배분하는 방식이 그것이다. 하지만 이는 근본적으로 시민의 삶에서 가장 중요한 문제들을 비켜가고 있다. 앞서 언급했던 프레카리아트를 생산하는 노동과 복지영역에서의 핵심적 개혁과제를 우회하는 것일 수 있다. 더욱이 노동존중을 강조하면서도 여전히 노동자의 생명을 보호하는 문제에서 별다른 개혁의지를 보이지 않을 수도 있다. 주거와 돌봄에서도 이러한 문제는 예외가 아니다. 그렇다면 이러한 개혁을 지속적으로 추진할 수 있는 동력은 어디에 있는가. 이것이 지금 우리가 생각해 보아야 할 문제이다.

5. 맺으며

지금 우리 사회는 새로운 국가주의 시대를 맞이하고 있다. 국가에게 시민의 욕구에 부응하는 법제정과 공정한 법집행을 요구하고 있으며, 노동존중을 가능하게 하는 새로운 노동정책의 확립, 소득재분배와 관련해 각종 소득보장제도의 개혁, 지속가능한 사회체제를 구축하기 위한 재원조달, 교육-주거-돌봄 등 필수 서비스에 대한 보편적 보장체계의 구축 등을 요구하고 있다. 이는 사회적경제가 보다 공정하고 보편적인 복지국가를 구축하는 일에 함께해야 할 필요성을 말해준다.

그리고 사회적경제의 활성화를 위해 국가의 지원 또한 필요하다. 하지만 이에는 국가가 해야 할 일과 사회적경제가 해야 할 일에 대한 구분이 필요하다. 사회적경제가 강점을 갖는 일을 국가가 대신하거나 감독하는 것은 문제를 해결하기보다 더 악화시킬 수 있다. 그리고 사회적경제의 주체들은 이 점에 대해 좀 더 확고한 윤리의식을 가질 필요가 있다. 이는 다음과 같이 정리할 수 있다. '노동존중과 보편복지를 강화하는 국가의 역할에 동의한다. 하지만 사회적경제의 국유화에는 반대한다.'

이제 사회적경제의 규모를 키웠던 동력이 무엇인지 생각해볼 필요가 있다. 사회적경제는 사람들의 마음을 감동시키고 참여와 동기를 이끌어내며, 그것을 지속가능한 것으로 바꾸어낸다. 하지만 감동은 계속되지 않는다. 시민참여는 욕구와 필요에 기반해서 이루어져야 한다. 그리고 그것이 힘이 되어 정치를 바꾸고 약속을 지키도록 압박한다. 설령 정치를 바꾸지는 못해도 정치가들의 계산법을 바꾸도록 만든다. 위로부터 이루어지는 정부 지원은 양적 확대를 위해 잠시 도움이 되지만 그렇게는 지속가능하지 않다. 그렇다면 위로부터의 지원에 얽매이지 않는 작은 실험들을 모을 필요가 있다. 탈임금사회에는 많은 위험이 잠재하고 있다. 하지만 비관할 필요는 없다.[23] 그러한 현실을 바꾸어 새로운 미래를 만드는 것이 사회적경제가 가진 가장 큰 장점이었기 때문이다.

23 – 2017년경 국내에서 많이 소개되었던 독일 노동사회부(BMAS)가 발표한 《노동 4.0 백서 *Weissbuch Arbeit, 4.0*》는 디지털경제하에서 제기되는 다양한 위험을 경고할 뿐 아니라, 그것에 어떻게 대처해야 노동자를 위한 방향으로 미래를 변화시킬 수 있는지 고민하고 있다는 점을 언급하고 있다. 이 점 또한 주목해야 할 대목이다.

사회적경제의 노동관에 대한 탐색적 문제제기로서 협동노동

김정원

1. 들어가며 : 사회적경제와 노동의 관계, 한국의 현실

사회적경제가 우리 시대의 노동을 구원할 수 있을까라는 질문을 누군가 던질 때 선뜻 '그렇다'고 답할 사람이 있을까? 역설이다. 우리가 사회적경제로 지칭하는 실천들이 처음 세상에 모습을 드러냈을 때 그것은 당대의 노동자들이 처한 위험 상황을 극복하려는 집합적 행위였기 때문이다.

사회적경제의 실천들이 본격적으로 세상에 모습을 드러내기 시작한 것은 이른바 이중혁명기이다. 공업혁명과 부르주아혁명으로 묶어지는 이중혁명은 인류 역사에서 자본주의가 뿌리 내리게 되는 역사적 사건이었다. 인류가 장기간 몸담았던 생산양식과 사회체계가 물러가고 새로운 생산양식과 사회체계가 들어서는 이 역사적 전환의 시기에 노동자들의 삶은 비참했다. 당대 도시의 노동자들은 '백인노예'로 지칭되었으며, 당시의 공장은 '완화된 감옥' 또는 '완만한 인간학살장'으로 불릴 정도였다(장원석, 1985). 극한의 상황에 놓인 노동자들은 이런 현실에 다양한 방식으로 맞섰으며, 이 과정에서 협동조합과 공제조합을 비롯한 다양한 결사체들이 노동자 조직으로 모습을 드러냈다. 그리고 그것을 우리는 지금 사회적경제라고 부른다.

이처럼 사회적경제는 인류의 역사적 전환기에 발생한 사회적 위험에 대한 노동자들의 집합적 응전이 탄생시킨 역사적 경험을 지니고 있다. 그럼에도 오늘날 한국에서 사회적경제가 노동과 하나의 묶음으로 세상에 비칠 때 그 모습에서 이러한 흔적을 느끼기는 쉽지 않다. 물론 최근 노동운동 현장과 사회적경제 현장의 교류가 확산되고 있음은 분명하다. 노동조합이 협동조합을 조직하거나 기업을 인수해 자주관리기업으로 운영하려는 시도가 있으며, 노동운동의 경험을 가진 이들이 사회적기업을 만들거나 사회적경제 중간지원조직에 참여하기도 한다. 또한 최근에는 '봉제인 공제회'가 발족하고 플랫폼노동자들의 공제 조직화에 대한 필요성이 제기되는 등 노동자 조직화의 새로운 시도로 사회적경제가 주목을 받기도 한다.

그러나 이러한 모색보다도 더 눈길을 끄는 것은 사회적경제 현장에서 나타나는 긴장과 갈등이다. 2017년부터 2년여에 걸쳐 구례자연드림파크에서 일어났던 노동쟁의를 비롯해서 한국택시협동조합에서 발생했던 갈등과 같이 널리 알려진 사례를 제외하고도 사회적경제 현장에서 노동을 매개로 한 긴장과 갈등은 심심찮게 언론에 보도되곤 한다. 그런가 하면, 사회적경제의 노동이 전혀 '사회적이지 못한 방식'으로 작동하고 있음이 토로되기도 한다(이영롱 · 명수빈, 2017). 이뿐만이 아니다. 사회적경제 현장은 2차노동시장의 한 영역으로 이해되기도 한다.

적당한 스펙이라면 현실적으로 지역의 적당한 중소기업 사무보조직이나 시민사회단체, 사회적기업, 도시재생센터(강조는 필자), 또는 학교의 조교나 계약직 행정직원이라도 찾아보라고 권할 것이다.[1]

한국에서 사회적경제의 역사를 찾아가면, 100여 년에 걸친 흔적이 발견된다. 그러나 아쉽게도 그 역사 속에서 노동에 대한 문제의식이 치열하게 드러난 사례를 찾기란 쉽지 않다. 물론 노동자 자주관리기업이나 노동자협동조합의 조직화 시도가 역사적으로 존재했고, 현재 협동조합기본법에 의거한 직원협동조합도 600개가 넘는다.[2] 하지만 사회적경제에서 노동을 둘러싼 논의가 깊이 있게 진행된 적은 없다. 이는 사회적경제를 둘러싼 상상력이 제약되어 있음을 뜻한다. 사회적경제가 노동자들의 결사체 조직화에서 처음 세상에 등장했다는 것은 그 자체가 사회변혁의 상상력과 결합되었음을 시사한다. 상상력의 부재는 항상 실천을 제약한다. 어쩌면 지금 한국의 사회적경제가 안고 있는 가장 큰 문제는 생태계도, 기금도, 법령도 아닌 취약한 상상력일지 모른다. 그런 의미에서 현재 한국의 사회적경제 현장은 노동에 대한 상상력을 가져야 한다. 사회적경제의 노동관에 대한 탐색은 이러한 모색에서 시도되었다.

이 글은 협동노동associated work이라는 개념을 통해 사회적경제의 노동관을 탐색적으로 제기해보려 한다. 협동노동이라는 개념에 주목하는 것은 그것이 용어로서 사회적경제를 구성하는 단어인 '사회적social'이 지니는 문제의식을 노동에 투영하고 있다고 봤기 때문이다. 글의 구성은 다음과 같다. 먼저, 사회적경제에서 '사회적'이 갖는 의미를 짚

---

1 – 〈경향신문〉 2019년 11월 24일자. "[양승훈의 공론공작소] 지방대 여학생에게 좋은 직장이란…"에서 인용.

2 – 협동조합 홈페이지(http://www.coop.go.kr/COOP/state/guildEstablish.do), 2020년 11월 22일 접속.

어본다. 특히 이 과정에서 사회적경제의 이론과 실천에서 빈번히 사용되는 '호혜reciprocity'라는 용어가 '사회적'의 고유성을 담고 있음을 제시할 것이다. 두 번째로는 사회적경제의 노동관으로서 협동노동의 자격을 살펴본다. 이 과정은 협동노동이라는 용어를 논리적으로 구조화하고 실천현장에 적용하는 일본노동자협동자합연합회(이하 일본노협연)의 사례를 짚어보면서 그것이 호혜의 내용을 담고 있음을 보인 후 협동노동이라는 용어가 노동의 고유성에 대한 문제의식 또한 담고 있음을 주장하는 것으로 이뤄진다. 이렇게 용어에 대해 탐색한 후에는 협동노동을 이론적·실천적으로 발전시켜나가기 위한 몇 가지 제언을 하면서 글을 맺는다.

2. 사회적경제에서 '사회적'을 어떻게 볼 것인가?

1) 사회적경제와 경제의 재사회화 전략

오래전에 장원봉은 현 시기에 적합한 '경제의 재사회화 전략'으로서 사회적경제의 대안적 개념화를 시도한 바 있다(장원봉, 2007). 이는 그가 폴라니의 영향 속에서 경제와 사회의 관계를 바라보고 있음을 보여준다. 잘 알려져 있는 것처럼 폴라니의 접근에서 경제는 애초에 사회 속에 묻혀 있었다. 그러나 시장경제의 지배력이 크게 확대되면서 종국에는 사회를 삼켜버렸고 이는 인류에 커다란 재앙을 안겨주고 있다. 그러니 이러한 재앙을 극복하기 위해서는 경제를 재사회화하는 것이 중요한 과제이다. 폴라니의 이러한 문제의식은 사회적경제의 이론과 실천 전반에 큰 자극을 주었다. 아마 각론에서는 차이가 있더라도 사회적경제가 궁극적으로 지향하는 목표가 탈사회화된 경제의 재사회화라는 것에 대해 이론과 실천의 영역 모두에서 어느 정도는 합의가 이뤄지지 않았을까 싶다.

시장경제는 다양한 모습으로 사회를 지배해왔다. 오늘날에는 신자유주의를 핵심규율로 하여 사회를 지배하고 있다. 신자유주의는 사회관계의 전면적인 상품화를 특성으로 한다(뒤메닐·레비, 2006). 우리가 현재 목도하는 빈곤과 실업, 불안정노동과 그에서 기인하는 불안한 삶의 기저에는 인간의 다양한 활동(심지어 감정조차도)을 상품으로 재구성해서 출현시키는 신자유주의가 자리를 잡고 있다. 어제는 상품이 아니었던 인간의 행위가 오늘은 상품이 되는 현실. 사회적경제가 이러한 신자유주의, 나아가 시장경제에 맞서 경제의 재사회화를 도모할 수 있다고 여겨지는 것은 그것의 작동원리에서 기인한다.

예컨대 사회적경제에 대한 규정 중 가장 일반적으로 받아들이는 왈룬사회적경제위원회Conseil wallon de l'économie sociale의 견해[3]는 사회적경제가 재화와 서비스를 생산하는 방식에서 시장경제의 일반적 원리라 할 수 있는 '최소비용-최대이윤'과는 전혀 다른 원리를 갖고 있음을 보여준다. 주목할 것은 이 견해에서 사회적경제를 이와 같은 원리에 깃든 **연대, 자율성, 시민성의 가치를 바탕으로 하는 결사체 기반 경제조직**(강조는 필자)이라고 규정한다는 것이다(Defourny & Develtere, 1999; Ninacs & Toye, 2002). 이러한 규정은 사회적경제가 시민사회를 기반으로 하는 속성이 있음을 드러낸다.[4] 시민사회는 17~18세기 유럽에서 등장한 시민들의 자율적 공간으로(비판사회학회, 2014), 사회영역의 하나이

---

3 – 이 내용은 이 책의 2부 1장(210쪽)을 참조 바란다.

4 – 근대 시민사회 개념은 토크빌(A. Tocqueville)의 '시민적 결사체(civic association)'에서 비롯되었다(기든스·서튼, 2019)

다(기든스·서튼, 2019). 그런데 시민들의 자율적 공간으로서 시민사회는 국가 및 시장에 의한 끊임없는 포섭의 대상이기도 하다. 역사적으로 이 포섭이 성공적으로 진행되었을 때 민주주의는 약화되었고 사회의 불평등은 심화되었다. 이에 대응하는 시민사회의 힘의 원천이 역사적으로 '연대, 자율성, 시민성의 가치'였다.[5] 사회적경제는 이러한 가치를 경제활동을 통해 실현시켜간다. 따라서 사회적경제는 시장경제의 지배력을 제어하는 의미가 있다고 할 수 있다. 하지만 왈룬사회적경제위원회의 접근은 사회적경제에 대한 이념형, 즉 분석적 구성물이다. 현실의 사회적경제 조직들이 모두 이러한 의미를 갖는 실천을 수행하지는 않는다. 국가와 시장에 포섭되었던, 아니 포섭 정도가 아니라 국가의 일선 통치기구였거나 시장경제의 가치를 적극 실현하는 사회적경제 조직은 역사 속에서 얼마든지 있었다. 따라서 이야기는 이렇게 정리되어야 한다. 사회적경제가 경제활동을 통해 경제의 재사회화 전략을 바람직하게 수행하려면 시민사회가 국가 및 시장의 포섭 시도에 저항했던 힘의 원천에 기반한 경제활동을 조직하고 그것을 확장해가야 한다고.

2) 사회적인 것의 등장과 사회적경제

사회적경제가 시민사회를 기반으로 하는 속성을 지니고 있다는 설명은 사회적경제로 규정할 수 있는 조직들의 집합적 실천이 그간 역

5– 이런 접근이 시민사회를 이상적인 장으로 설정하는 것은 당연히 아니다. 시민사회는 다양한 이해가 각축하는 장이다. 그렇기에 시민사회 내부에서 연대, 자율성, 시민성의 가치가 얼마나 확장되느냐에 따라 국가 및 시장에 의한 포섭에 저항할 수 있는 힘의 정도가 달라질 수밖에 없다.

사적으로 보여준 모습에 바탕을 두고 있다. 그런데 하필이면 왜 이런 집합적 실천을 '사회적'경제라고 했을까? 이는 특정한 역사적 시기에 형성된 인간들의 감각과 무관하지 않다. 사회적경제가 등장한 시기는 'social'에 대한 문제의식, 즉 사회구성원들이 'social'에 대한 공통의 감각을 형성하던 시기였다. 이 공통의 감각은 어떻게 형성되었을까? 이 질문의 답을 먼저 사회라는 개념에 대한 이해를 시도하면서 찾아보자.

'사회'에 대한 일반적인 접근은 크게 두 갈래로 구분된다. 하나는 구조의 총체로서 사회를 이해하는 것이고 또 하나는 상상의 공동체로 사회를 이해하는 것이다(김현경, 2020). 전자에는 정치며, 경제며, 문화며, 법이며 이런 것들이 모두 포함된다. 우리가 보통 인류 역사를 고대 사회니 봉건사회니 하는 식으로 구분할 때, 또는 한국사회나 일본사회와 같은 표현을 사용할 때 택하는 접근이다. 후자는 공동체이므로 경계를 갖게 된다. 이 경계 안에서 구성원은 동질적이고 수평적인 존재여야 한다. 인류가 오랫동안 신분제 사회였음을 생각한다면 상상의 공동체로서 사회는 인류가 동질적이고 수평적인 존재로서 서로를 자각하면서 발견된 것이라고 할 수 있다.

물론 상상의 공동체라고 해서 그것이 하루아침에 만들어진 것은 아니다. 근대 이전에 인간의 삶은 조상 대대로 이어진 공동체를 지배적인 단위로 전개되었다. 그러던 인간의 삶에서 도시를 중심으로 이질적인 개인들이 인위적·의도적 목적으로 만나는 방식들이 확산되기 시작했다. 이질적인 개인들이 모여든 도시에는 각종 결사체, 작업장, 그리고 기타 서비스 인프라들이 들어섰으며, 그에 부합하는 규율체계들이 형성되었다. 여기서 인간들의 관계는 전과 다르게 재구성되기 시작했다. 이질적인 개인들의 집합장이었기 때문에 개인적·합리적 이익을 매개로 한 관계가 선호될 수밖에 없었다. 오랜 시간에 걸쳐 이런 관계가 점차 지배적이 되어가는 과정에서 신분에 입각한 차별적 질서의 쇠퇴, 즉 신분에 따른 경계의 붕괴가 결합한다. 그리하여 기존의 신분에 입각한 위계적인 인간관계는 서로를 동등한 개인으로 바라보는 인간관계로 대체되기 시작했다.

퇴니스F. Tönnies의 공동체(게마인샤프트)와 사회(게젤샤프트)는 이러한 변동을 설명하는 용어이다. 퇴니스는 세상이 공동체에 기반한 작동방식에서 이질적인 개인들이 인위적·의도적 목적으로 만나는 방식으로 바뀌어가는 것에 주목했고, 이런 변화를 설명하는 용어로 게젤샤프트를 제시했다. 즉, 게젤샤프트는 세상이 공동체적 관계에서 개인적·합리적 이익을 강조하는 관계로 변했음을 설명하는 용어이다. 이제 공동체가 아닌 개인이 사회의 중심이 되었고, 여기에서 각 개인은 자유롭고 수평적인 존재였다. 개인들의 '사적' 소유가 정당화되었고, 개인들의 관계는 '계약'을 중심으로 재구성되었다. 자본주의네, 국민국가네, 시민사회네 하는 것들은 이러한 인간관계의 변화된 양상을 기반으로 등장한 것들이었다.

인간들이 자유롭고 수평적인 존재가 되었다고 하지만 그것이 '실질적'인 자유와 평등을 가져다준 것은 아니었다. 전에 없던 새로운 불평등이 인간들을 기다리고 있었다. 특히 그것은 대중적 빈곤으로 나타났다. 이는 새로운 사회현상이었다. 1830년대에 이르면 급속한 도시화와 산업화로 도시빈민층이 출현하기 시작했는데, 예컨대 1840년 당시 파리시 인구의 약 1/3~1/4가 빈곤층일 정도였다(다나카, 2014). 이 도시빈민층이 노동자들이었다. 대중적 빈곤은 커다란 '사회'문제였으나 '자유로운 시장'은 이를 해결할 수 없었다. 하지만 해결해야 할 '사회적' 과제였다. 두 개의 경로가 이 과제를 해결하기 위해 만들어진다. 하나는 빈곤층 당사자인 노동자들의 집합적 실천이었고 또 하나는 국가에 의한 '사회'정책이었다.

노동자들의 집합적 실천은 대중적 빈곤에 대한 노동자 당사자들의 방어였다(다나카, 2014). 하지만 그에 그치지 않고 노동자들의 정치 및 사회적 영향력의 확장을 낳았다. 특히 나중에 유토피아 '사회'주의자들로도 불리는 초기 사회주의자들의 다양한 상상력이 노동자들의 집합적 실천과 결합하면서 당대의 지배적인 질서에 대항하는 '새로운 사회'의 구상을 탄생시킨다. 그런가 하면 노동자들의 집합적 실천은 노동자와 국가 사이에 새로운 관계를 낳는다. 바로 두 번째 경로인 국가에 의한 사회정책의 등장이다. 시장 메커니즘만으로는 대중적 빈곤에 대처할 수 없음을 지각한 국가는 사회정책을 통해서 노동자들의 집합적 실천이 가져오는 급진성을 차단하고 사회적 통합을 이뤄내려 했다. 사회정책의 대상이 된다는 것은 정책의 작동 메커니즘 내부에서 '동등한' 자격을 갖춘 존재임을 의미한다. 이제 노동자는 국가공동체 내의 동등한 성원이 된 것이다. 결국 대중적 빈곤이라는 사회문제는 이에 대응하는 '사회적 해결방식'으로서 노동자들의 집합적 실천을 탄생시켰고, 이는 다시 국가의 사회정책이라는 또 하나의 '사회적 해결방식'을 탄생시켰다. 노동자들의 집합적 실천이 다양한 상상력과 결합하면서 새로운 사회의 상을 만들어냈다면 국가의 사회정책은 빈곤이 가져올 사회적 위험에 대한 관리 차원의 대응이었다고 볼 수 있다. 어쨌든 모두 대중적 빈곤에 대한 '사회적 해결방식'이었다. 즉, 사회문제는 사회적으로 해결되어야 한다는 감각이 이 시기에 만들어진 것이다(김주환, 2018).

이 과정은 사회적인 것이 두 측면에서 작동했음을 보여준다. 하나는 시장 메커니즘에 대한 불신이며, 또 하나는 공동체 내에서 동등한 자격을 갖춘 존재에 대한 문제의식이다. 이 둘은 함께 작동했다. 우선,

당대의 사회문제를 자유로운 시장은 해결할 수 없었다. 노동자들은 자유로운 시장의 최대 피해자였으며, 그로부터 자신을 방어하기 위해 집합적인 실천에 나섰다. 이는 노동자들의 조직화와 정치 및 사회적 영향력의 확장을 가져왔다. 동질성을 갖는 사회집단, 즉 계급으로서 노동자들이 그렇게 등장했다. 그러나 노동자들의 조직화와 새로운 사회를 꿈꾸는 급진적 실천은 사회 지배층에게는 위험하기 짝이 없는 일이었다. 이에 국가공동체 내 동등한 자격을 갖춘 이들의 확장이 모색된다. 그것이 사회정책이다. 정리하자면 당대에 '사회적인 것'은 시장 메커니즘에 대한 불신과 공동체 내 성원으로서의 자격이라는 두 측면이 작동하면서 형성된 공통감각이었던 것이다. 그리고 이처럼 사회라는 것에 대한 지각과 '사회적'에 대한 관념이 형성되던 시기에 사회적경제도 등장한다.

사회적경제는 특정한 집합적 실천을 범주화한 개념이다. 바로 앞에서도 언급한 노동자들의 결사체 조직화라는 집합적 실천이다. 노동자들의 다양한 결사체들은 저항이 조직되는 단위이기도 했지만 '상호부조'를 실현하는 단위이기도 했다. 상호부조는 공동체 내 성원들이 사회적 위험에 대응하기 위한 자치적 활동이다. 노동자들의 결사체들이 보여준 상호부조의 원리는 멀리는 기독교에서, 조금 더 가깝게는 길드의 형제애에서 기원한다. 그리고 프랑스혁명에서 그것은 '우애'로 나타났으며 이후 좀 더 넓은 의미를 갖는 '연대'로 이어진다(촐, 2008). 그런데 형제애 또는 우애는 서로를 수평적인 관계로 인식하면서 동질적인 존재로 여기는 표현이다. 이를 다른 말로 표현하면 '동료되기'라 할 수 있을 것이다.

근대에 이르러 인간들의 교류는 기존의 공동체에서 벗어나 이질적인 개인들이 인위적·의도적 목적으로 만나는 방식으로 변화했다. 또한 시장 메커니즘은 점차 인간들이 살아가는 방식을 지배하기 시작했다. 자유로운 시장은 노동자들을 일상적인 사회적 위험에 노출시켰고, 노동자들은 이에 대응해나갔다. 노동자들은 결사체라는 공동체 내에서 동등한 성원권을 가진 존재였다. 그러나 거기에 머무르지 않았다. 결사체는 다양하게 변이되면서 연합적인 실천을 확장해갔다. 이는 연대의 실현이자 자율적 영역의 확장이라고 할 수 있을 것이다.[6] 즉, 노동자들의 결사체는 서로 이질적인 개인으로서 관계를 맺는 것이 아니라 동료로 관계를 맺도록 했으며, 상호부조는 이를 위해 필요한 것이었다. 그것이 집합적으로 조직되는 것이 사회적경제였다. 그리고 여기서 '호혜'가 등장한다.

3) 호혜, 사회적경제에서 '사회적'의 고유성[7]

아마도 한국에서 사회적경제의 집합적 실천 현장에서 가장 빈번하게 사용되는 용어 중 하나는 호혜일 것이다. 물론 한국의 실천 현장에서만 그런 것은 아니다. 사회적경제 이론의 영역에서도 호혜는 무척 강조된다. 니낙과 토이(Ninacs & Toye, 2002)는 사회적경제의 비전이 경제행위로서 호혜적 거래를 설정하고 있음을 주장한다. 베스트룬트(Westlund, 2003)는 아예, 사회적경제가 호혜의 원리에 기반한 행동에 대한 현대의 일반적 용어라고 할 수 있을 것이라고 주장한다. 또한 니센(Nessens, 1997)은 사회적경제의 실천 동력이 호혜에 기반하고 있음

---

6 – 앞에서 사회적경제가 연대, 자율성, 그리고 시민성(성원으로서의 자격)의 가치를 바탕으로 하고 있으며, 이것이 시민사회의 힘의 원천이었음을 언급한 바 있다.

7 – 이 부분은 김정원(2014)의 일부를 기반으로 해서 이마무라 히토시(今村仁司, 2016)의 제1장의 일부 내용을 접목시켜 구성했다.

을 지적한다(Golob, Podnar, Lah, 2009에서 재인용). 에반스와 로슨(Evans & Lawson, 2000)도 사회적경제의 경제통합 양식이 호혜에 기반함을 주장한다. 장원봉(2006)은 사회적경제가 시민사회 혹은 지역사회의 이해당사자들이 그들의 다양한 생활세계의 필요들을 충족하기 위해서 실천하는 자발적이고 호혜적인 참여경제 방식임을 강조한다.

사실 호혜는 인류의 오랜 역사 속에서 존재해온 내재적 속성이기도 하다. 일반적으로 그것은 '주고-받기give and take'라는 증여의 순환에 참여하는 이들의 사회적 교환으로 반공리주의적 성격을 지니고 있다(최기춘, 2001). 모스(Mauss, 2002)는 이에 주목해 선물경제라는 용어를 창안하기도 한다. 그런데, 선물이라는 것은 받으면 반드시 어떻게든 답례를 해야 한다. 그래야 주고받은 이들의 관계가 평등함을 입증할 수 있기 때문이다. 그렇다고 해서 답례가 즉각적이어야 할 필요는 없다. 다만, 누군가가 선물을 계속 받기만 하면 이 관계는 결코 평등할 수 없다. 이럴 경우 호혜의 원칙을 위반하는 것으로 여겨지며, 이런 위반은 평등한 공동체에 위협을 주는 존재로 여겨질 수 있다(해리스, 1996). 이는 호혜가 공동체의 결속, 즉 공동체 내부 유대의 구축에서 핵심 요건임을 뜻한다. 만약 그것이 특정한 공동체 내부에서만 작동하지 않고 사회 전반에 걸쳐 작동한다면, 그것은 사회적 유대의 구축일 것이다.

호혜가 사회적경제의 실천과 이론의 현장에서 빈번하게 사용되고 강조되는 것은 이처럼 평등한 관계에 바탕을 둔 사회적 유대의 구축을 속성으로 하기 때문일 것이다. 그런데 유대의 구축은 사회적경제의 등장과 밀접한 관계가 있는 접근이다. 이는 사회적경제가 용어 내부에 호혜를 고유성으로 내재하고 있음을 시사한다. 이를 이마무라(今村仁司, 2016)의 주장을 통해 확인해보자.

이마무라에 의하면 social은 감정적인 부하가 작동하고 의무와 책임이 겹겹으로 얽혀있는 사람과 사람의 관계로, '주고-받는' 순환의 한 토막을 이루는 상호관계의 한 측면이다. 감정적 부하를 가지며, 의무와 책임이 겹겹으로 얽혀있는 관계라면 범상한 관계라고 볼 수 없을 것이다. 이처럼 의무와 책임이 겹겹으로 얽혀있는 관계를 표현하는 용어가 프랑스어 le social이고 이 말의 어원인 socialis는 '동료가 되다'는 의미를 갖는 socius의 형용사이다. 즉, social에는 "결합한, 친구가 된, 그래서 하나를 이룬(=associé)"이라는 의미가 담겨 있다. 그래서 social과 association(어소시에이션)은 내용적으로 동의어인데, association은 '상호부조'를 내용으로 하는 용어로 타인을 동료로서 대우하고, 특히 어려운 이들을 원조하는 의미를 갖고 있다. 이런 의미를 갖는 association이 19세기가 되면서 다양한 생산 혹은 소비를 위한 조합의 의미를 갖게 된다. 그러니 조합은 상호부조를 그 내용으로 갖고 있으며, social의 의미를 보존하고 있는 조직인 셈이다. 그리고 여기에서 작동하는 것이 '환대'이다. social은 좁은 의미 속에서는 동료에게 친절하고 가난한 동료를 원조하는 것이지만 넓은 의미에서는 타인을, 특히 이방인을 동료로서 처우하는 것이라는 게 이마무라의 주장이다. 멀리서 온 손님에게 식사와 음료를 대접하는 것, 호위해주고 노잣돈을 제공하는 것 등과 같은 것인데, 이는 인류 역사 속에서 오래된 관습이다. 이 같은 환대는 증여의 관행이기도 하다. 그리고 환대의 관행이라는 의미를 보존한 프랑스어가 l'économie sociale, 즉 사회적경제이다. 환대는 사실 본디 관계가 불가능하게 보이는 상태(왜냐면 이방인은 원칙적으로 적대적이므로)에 놓인 이질적인 사람들과 양호한 관계를 만드는 것이다. 바로 이런 관계를 창출하는 것이 'social'인 것이다. 결국 social은 이방인에 대한 환대와 약자에 대한 부조로서의 의미를 갖는다고 할 수 있다.

이마무라의 이 같은 주장의 핵심은 social이 '동료 되기'라는 의미를 지니고 있다는 것이다. 이방인은 잠재적 적대성이 전제되는 존재이다. 그러니 이방인을 환대하는 것은 동료가 되는 것을 통해 우호적인 관계를 만들어간다는 것이다. 약자에 대한 원조도 그런 의미를 갖는다. 약자는 고통받는 존재이다. 약자들의 고통이 누적되고 집합화될 때 사회의 균열은 심화되기 마련이다. 그러니 도움을 제공하는 것은 동료가 되는 것이고, 이는 우호적인 관계를 확장시켜 사회의 균열을 예방한다. 이것을 사회적 유대의 구축이라고 할 수 있겠다. 이방인에 대한 환대와 약자에 대한 원조는 '선물을 주는' 행위이다. 선물을 주는 행위는 호혜가 시작하는 출발선이다. 그런 의미에서 social의 고유성은 '호혜'에 있다고 할 수 있다. 따라서 사회적경제의 집합적 실천은 호혜의 실현을 통해 사회적 유대의 확장을 모색하는 행위라고 할 수 있을 것이다.

그런데 문제가 제기될 수 있다. 호혜는 주고받는 것인데 환대나 원조는 주는 행위에서 그치는 것으로 비칠 수 있기 때문이다. 그렇지 않다. 호혜에는 크게 세 유형이 존재한다. 일반적 호혜generalized reciprocity, 균형적 호혜balanced reciprocity, 부정적 호혜negative reciprocity가 그것이다(살린스, 2014). 부정적 호혜는 즉각적인 앙갚음에 해당하며 좀 더 폭넓게 바라보면 특히 공리적인 이득 추구까지 여기에 해당할 수 있다. 균형적 호혜는 주어진 짧은 기한 내에 등가적인 물품이 되돌아오지 않으면, 당사자 간의 관계는 위험에 처할 수 있다. 일반적 호혜는 예상된 보답의 즉각성과 등가성에서 그 의무가 긍정적이고 무한적이다(최종렬, 2004). 우리가 통상 생각하는 긍정적 이미지의 호혜는 일반적 호혜에서 찾을 수 있다. 그것은 일반적 호혜의 속성에서 기인한다. 일반적 호혜는 직접 돌려받을 것에 대한 기대가 크지 않다. 또 제공한 만큼 돌려받을 수 있을지도 모른다. 자신보다는 상대방의 이해관계를 먼저 고려한다. 이는 매우 높은 수준의 신뢰가 중요하게 작동함을 뜻한다. 이 신뢰는 하루아침에 형성되지 않고 지속적인 축적의 과정을 통해서 형성된다. 상당한 시간이 소요될 수밖에 없다. 그러나 궁극적으로는 모든 이들에게 도움이 된다. 즉, 일반적 호혜는 선물을 주고받는 관계가 상호 대칭적인 것을 넘어서 확장되는 것이다. 내가 누군가에게 선물을 준다고 해서 그 답례를 상대방에게 받을 것으로 생각하지 않는 것, 대신에 나에게 선물을 받은 이가 다른 이에게 선물을 줄 수 있다면 선물을 주고받는 관계가 확장되는 것이니 그것은 곧 유대의 강화인 셈이다. 폴라니가 《거대한 전환》에서 사례로 든 쿨라교역Kula이 일반적 호혜에 해당한다고 보면 된다. 그런 맥락에서 이마무라가 이야기한 환대나 원조를 통한 '동료 되기' 역시 일반적 호혜의 한 양상이다. 즉, 사회적경제에서 말하는 호혜는 일반적 호혜여야 한다.

정리하자면 호혜, 그중에서도 동료를 만들어가고 그 범위를 확장하는 일반적 호혜야말로 사회적경제가 담고 있는 '사회적'의 고유성이다.

	일반적 호혜	균형적 호혜	부정적 호혜
이해관계	상대방의 이해관계를 먼저 고려	자신과 상대방의 이해관계를 동등하게 고려	자기의 이해관계를 먼저 고려
예상된 보상의 즉각성	즉각성이 낮다 (정해지지 않음)	즉각성이 중간 (상대적으로 그 기간이 짧음)	즉각성이 높다 (보상이 굉장히 즉각적으로 이루어짐)
예상된 보상의 등가성	정해지지 않음	등가적	부등가적 (자기 자신을 위한)
이념형 또는 예	순수 선물, 공유, 친절, 무료 선물, 도움, 관용, 노블리스 오블리제	혼인거래, 친구 간의 계약, 평화협약, 선물교환, 노동교환, 원시화폐를 사용하는 무역	값 깎기, 바터, 도박, 속임수 강탈

자료 : 최종렬(2004:109)에서 인용

표 1 살린스가 구분한 호혜의 유형

이것은 경쟁과 단절을 끊임없이 재생산하고 상품화를 확산시키는 신자유주의의 대척점이기도 하다. 그렇기에 사회적경제가 신자유주의 또는 시장경제의 대안으로서 의미를 갖는다면 그 근거는 바로 이 '사회적'의 고유성에 있다고 할 수 있을 것이다. 그러면 이러한 사회적경제의 고유성을 사회적경제의 노동에 적용한다면 그것은 사회적경제의 노동관이 될 것이다. 그것을 협동노동이라는 용어를 통해서 탐색해보자.

3. 협동노동이 갖는 사회적경제 노동관으로서의 자격

1) 일본노동자협동조합연합회의 논리구조로 살펴본 협동노동

협동노동은 한국의 사회적경제 현장에서 관행적으로 사용되는 용어이기도 한데, 그것이 일본의 노동자협동조합운동 진영에서 사용되는 용어라는 점에 비춰볼 때 일본과의 교류 속에서 자리 잡은 용어일 가능성도 존재한다.[8] 특히 일본노협연은 이 용어를 창안하고 적용하면서 조직의 핵심규범으로 설정하고 있기도 하다. 또한 나름의 이론적 정립과 함께 이를 부단히 현장의 실천 속에서 적용하려 한다.

그런데 이 협동노동의 영어식 표기가 associated work이다. 우리는

8 – 일본노협연과 한국은 1990년대 중반부터 교류했다. 교류기간이 짧지 않은 데다 빈번했기에 그랬을 개연성은 충분하다. 실제로 개인적인 경험도 있다. 과거 필자가 한국지역자활센터협회의 자활정책연구소장으로 재직시 한국지역자활센터협회와 일본노협연이 MOU를 체결했는데, 이때 일본노협연은 협동노동에 대한 한국지역자활센터협회의 관점을 요구했다. 일본노협연의 협동노동 개념을 관철시키려는 것이 아니라 한국의 자활사업 현장이 인식하는 협동노동을 이해하고자 했던 것이다. 물론 한국의 자활사업 현장에서 협동노동에 대한 이론적 정립은 당시까지 존재하지 않았다. 그럼에도 이미 관행적으로 사용하던 용어였기에 내부 논의를 통해서 거칠게나마 한국지역자활센터협회의 관점을 제시할 수 있었다.

앞에서 association이 social과 내용적으로 동의어임을 이마무라의 주장을 통해서 살펴본 바 있다. 그리고 social의 고유성이 호혜에 있음도 살펴봤다. 따라서 일본노협연이 협동노동을 associated work로 표기한다는 것은 협동노동을 사회적경제의 고유성을 갖는 노동으로 여기고 있다고 추정할 수 있다. 물론 이들은 지금처럼 사회적경제라는 용어를 일반적으로 사용하기 이전부터 협동노동이라는 용어를 사용했으므로 용어가 지니는 의미와 맥락을 이론적으로 이해하고 associated work를 표기어로 택했는지는 불분명하다. 하지만 사실의 전후 관계를 떠나서 일본노협연이 협동노동을 제기하고 그 용어를 사용하는 맥락을 살펴보면 이들의 협동노동 개념에는 social의 고유성이 자리 잡고 있음이 확인된다.

일본노협연이 사용하는 협동노동이라는 용어는 '노동에 대한 관점의 변화'를 시도하는 기획 속에서 나왔다. 구체적으로는 제2차 세계대전에서의 패전 이후 일본정부가 시행한 실업대책사업에서 나타나는 문제를 해결하고자 하는 노동운동 진영 내부의 노선투쟁의 결과물이었다. 당시 실업대책사업의 참여자들을 조합원으로 했던 전일본자유노동조합의 일부 그룹이 민주적 개혁노선을 내걸고 1960년대 중반에 노동운동이 시민의 지지를 받아야 함을 제기하면서 '좋은 일'과 '피고용자 근성의 극복'을 주창한다. '좋은 일'은 사업장이 위치하거나 사업장을 조직하려는 지역에서 필요한 '사회적 유용성'을 지니는 노동이어야 한다는 문제의식을 담고 있으며, '피고용자 근성의 극복'은 노동자가 자신이 행하는 노동의 주체여야 한다는 문제의식을 담고 있다. 이러한 문제의식을 아우르는 개념이 협동노동이다. 전일본자유노동조합 내부에서 이러한 문제의식에 동의한 이들이 설립한 조직이 오늘날의 일본노협연이다. 이들은 1979년 설립 이래 협동노동을 구현하고 보급하는 것을 자신들의 역할로 여기고 있다.

등장 과정에서 주창한 내용에서 알 수 있듯이 일본노협연의 협동노동은 크게 세 가지 특징을 갖는다. 하나는 고용노동을 중심으로 노동을 바라보는 인식에 거리를 둔다. 둘째, 하나의 사업장으로서 노동자협동조합은 일자리를 만드는 것이 중요한데, 그 일자리를 만들어 가는 과정에서 일work을 둘러싼 '사회관계'에 초점을 둔다. 셋째, 일터가 위치한 지역을 단지 사업대상으로 바라보지 않는다. 노동자와 일터가 위치한 지역의 주민이 함께 지역을 만들어가는 '동반자'로서 접근한다(田中夏子, 2011). 이를 바탕으로 일본노협연은 세 가지 협동을 제시한다. '일하는 동료와의 협동', '이용자와의 협동', 그리고 '지역과의 협동'이 그것이다. 즉, 노동행위에서 이 세 가지 협동이 이뤄져야 한다는 것이다. 일본노협연의 이러한 인식은 노동의 초점을 '생산'이 아니라 '협동'에 두고 있음을 보여준다. 실제로 이들은 이 세 가지 협동이 지역의 각 사업 현장과 일터에서 제공하는 서비스의 이용자 및 지역주민들과 연대성을 높이고, 일터 내외부의 동료 및 지역주민들과의 관계를 풍부하게 구축해가며, 이를 바탕으로 노동자의 성장과 발전에 기여할 수 있다고 바라본다(田中羊子, 2011). 이러한 접근은 노동을 매개로 노동자와 그 노동이 작동하는 지역 현장이 동반성장하고, 궁극적으로는 사회를 변화시켜가는 것이 협동노동의 목표임을 시사한다.

그런데 협동노동은 '노동자 주체성'에 대한 고민에서 출발한 개념이다. 자본주의 사회에서 일반적으로 받아들여지는 노동은 '고용노동'이다. 민주적 개혁노선의 주창자인 나카니시(中西五洲)는 고용노동은 노동자들로 하여금 자신의 노동에 대한 태도를 수동적으로 만든다고 생각했다. 따라서 노동자가 주체적으로 세상에 대응하기 위해서는 노동에 대한 접근이 달라야 했다. 이러한 문제의식이 낳은 개념이 협동노동이고 결국 훗날 일본 최초의 본격적인 노동자협동조합이 만들어지게 된 출발점이 된다(中西五洲, 1986). 그래서 일본노협연은 실제 조직의 활동 속에서도 노동자협동조합의 조합원이라는 존재와 지역의 시민으로서의 존재를 어떻게 결합할 것인가를 중요하게 설정했고 노동자협동조합에서 일하는 사람이 조합원으로 있음과 동시에 시민으로서, 사회의 생활 전체와 개개 지역에서의 다양한 문제를 어떻게 해결해가야 하는지 깊이 생각할 때 진정한 의미의 노동자협동조합으로 발달한다고 바라본다(永戶祐三, 2015).

협동노동을 바라보는 이러한 관점은 조직의 운영방법론인 경영론을 통해서 심화되는 모습을 보여준다. 이들이 제시한 최초의 경영론은 '전조합원경영'이었다. 전조합원경영은 노동자 주체성을 강조하는 내용을 담고 있어 노동자협동조합의 가장 일반적인 경영 태도로 받아들여진다. 하지만 일본노협연은 내부 성찰을 통해서 전조합원경영만으로는 협동의 조직화에 한계가 있음을 인식하고 이를 변경해간다. 그것이 지역의 필요에 응하는 것이어야 한다는 인식을 담은 '공감경영'이었으며, 이는 다시 지역주민들 속에서 협동을 조직해야 한다는 취지의 '사회연대경영'으로 이어진다. 즉, 이들은 사업장 수준의 연대(전조합원경영)가 갖는 한계를 성찰하고 조합원들이 지역 및 동료와의 협력을 증진해야 함(공감경영)을 제기했고, 다시 이것을 넘어 조합원들이 지역과 일상의 생활을 주제로 해서 지역 그 자체의 힘을 되살리고 '사회를 복원'하고자 하는 의지(사회연대경영)를 천명하고 있는 것이다. 이러한 경영론 속에서 이들은 지역사회에서 꾸준히 주민들과 협동하는 사례를 만들어내고 있으며, '사회연대기구'라는 조직을 만들어 내부에서 상호부조 시스템을 체계적으로 운영함과 동시에 정치 및 사회 문제에 적극적인 목소리를 내기도 한다.

그런데 이처럼 사회적 유용성을 강조하는 '좋은 일'이나 노동행위에서 세 가지 협동이 이뤄져야 한다는 관점은 결국은 호혜, 특히 일반적 호혜의 추구라고 할 수 있다. 김기섭(2018)에 의하면, 호혜는 제공자의 호의에서 시작한다. 일본노협연의 경우 노동자협동조합이 사회를 변화시키겠다는 목표를 가지고 지역사회에 무엇인가를 제공하려 한다. 그 제공은 '단순 제공'에 머무르지 않고 지역사회에 기여하고자 하는 취지 및 그것을 실현하려는 활동과 결합한다. 그래서 지역주민들이 참여할 수 있는 통로를 만들고 이런 활동을 바탕으로 지역의 공동체성을 강화하고자 한다. 이 과정에서 노동자들은 지역을 변화시키는 주체로 성장한다. 그리고 이런 행위는 언젠가 더 나은 사회가 되는 것으로 돌아올 것이다. 이런 점에서 볼 때 협동노동에는 노동이 호혜적인 행위여야 하며, 노동자는 호혜적 행위를 하는 존재여야 한다는 인식이 서려 있다고 볼 수 있으며, 그런 의미에서 협동노동이라는 용어 속에는 사회적경제의 고유성, 즉 호혜의 내용이 담겨 있다고 평가할 수 있다.

2) 협동노동이 보여주는 노동의 고유성과 사회적경제

일본노협연의 협동노동은 노동을 노동자 개인이 일터에서 수행하는 행위로 국한하지 않는다. 노동이 작동하는 장은 노동자를 둘러싼 사회관계까지 확장된다. 이렇듯 확장이 이뤄지는 것을 일본노협연은 '협동의 조직화'로 바라본다. 필자는 이를 노동을 매개로 전개되는 일반적 호혜의 추구라고 해석한다. 그렇다면 일본노협연이 말하는 협동노동에는 사회적경제의 고유성이 작동하고 있는 셈이며, 협동노동은 노동을 통해서 사회의 재구성을 시도하는 행위라 할 수 있겠다. 시장경제가 지배적인 자본주의 사회에서 노동은 화폐를 매개로 이뤄지는 거래대상이다. 그래서 노동은 구입해야 할 생산요소이고, 그렇기에 비용으로 치부된다. 이러한 논리 속에서 노동은 이윤과 효율성보다 열위에 놓이며, 이는 자본만의 가치가 아니라 사회의 핵심가치가 되었다(김정원 외, 2018). 즉, 우리는 지금 노동을 시장 안에만 가둬놓는 사회에 살고 있는 것이다. 이것은 노동자를 보수에만 관심을 두는 경제적 인간으로 만든다. 협동노동은 이에 반기를 드는 노동인 것이다. 그러면 협동노동은 어떤 평가를 받고 있을까?

오오타니(大谷禎之介)에 의하면 협동노동으로 표기되는 associated work에 크게 여섯 가지의 특징이 있다. 첫째, 노동하는 개인들이 주체적, 능동적, 자각적, 자발적으로 협동하여 이루어지는 노동. 둘째, 노동하는 개인들이 행하는 '사적 노동'이 아닌 '직접적인 사회적 노동'. 셋째, 어소시에이트한 개인들이 모든 생산을 공동으로 하면서 의식적·계획적으로 제어하는 행위. 넷째, 노동하는 개인들의 '개별적 노동'이 아니라, 다수의 노동하는 개인들에 의해 협업으로서 행해지는 '사회적 노동'. 다섯째, 주체적으로 노동하는 개인들이 협동으로 자연을 전면적으로 제어하는 실천적 행위 즉, 생산과정에서 과학의 의식적 적용. 여섯째, 개인들이 자발적으로 행위를 해서 개성이나 능력을 자유롭게 발휘하는 노동이다(大谷禎之介, 2011; 富沢賢治, 2013에서 재인용). 토미자와(富沢賢治)는 오오타니가 정리한 'associated work'의 위와 같은 특징 속에서 '협동노동'의 본질을 읽어낼 수가 있다고 지적한다. 그가 보기에 '협동노동'은 노동자가 주체적으로 행하는 협업노동이며, 생산과정을 과학적 과정으로 전화(轉化)시키는 동시에 모든 개인의 개성을 전면적으로 발전시킬 가능성을 가진 노동이다(富沢賢治. 2013).

한편, 협동노동을 '노동의 복권'으로 평가하는 견해도 있다. 우치야마(内山哲朗, 1999)에 의하면 협동노동이 보여주는 노동의 복권은 크게 두 가지를 의미한다. 첫째, 노동자들이 자발성과 협동성을 기반으로 스스로 노동의 주체가 되어 서로에게 제반 노동을 결합시켜갈 수 있도록 하는 노동의 사회적 형태를 창출하는 것이다. 둘째, 이러한 노동의 사회적 형태를 기초로 '노동의 유용성'에 초점을 두어 평가하는 질적으로 다른 노동을 창출하는 것이다. 그런데 이것이 왜 노동의 복권일까? 우치야마는 이러한 접근이 고용노동이라는 현대의 노동이 지닌 문제를 극복하고자 하는 의지가 서려 있기 때문이라고 바라본다. 그에 의하면 구상conception과 실행execution의 총체로서의 노동이라는 노동 본연의 모습에서 구상을 빼앗기고 단순한 부분기능으로서의 실행을 의미하는 행위로 왜소화된 것이 고용노동이다. 그런데 협동노동은 구상을 노동에게 돌려준다. 그래서 노동을 둘러싼 총체를 결합하는associate 속성을 지닌다. 그러니 협동노동은 우선은 노동자들 간 관계를 재발견하는 데서 출발하지만 관계의 형성을 거기에서 멈추는 것이 아니라 노동의 장에서 주인공으로 결합하는 관계를 형성하려는 시도이며, 나아가 노동의 성과가 사회, 특히 지역사회의 주민들을 '결합하는' 관계로 발전하는 가능성을 지니고 있는 개념이다. 이의 실현은 피고용자가 아닌 '주체적인 노동자'일 때 가능한 것이다. 우치야마는 일본노협연이 그 역사를 통해서 길러온 중요한 상상력이 바로 이 같은 노동에 대한 다른 접근, 즉 노동의 복권이라고 평가한다. 우치야마의 이런 논리에 동의한다면, 결국 노동의 고유성은 구상과 실행의 총체적 결합이라 할 수 있을 것이다.

노동은 인간과 인간을 둘러싼 환경 사이의 조정을 통해 작동한다(기아리니 · 리트케, 1999). 이런 점에서 볼 때 노동의 수행은 자아정체성의 형성과 자아의 표현에 기여하는 주요 수단이기도 하다(김경일,

2014). 또한 인간이 인간을 둘러싼 환경과의 상호작용을 통해 작동한다는 점에서 볼 때 무엇인가를 만들어내는 창조의 과정이기도 하다. 구상과 실행의 결합은 바로 이 창조를 주체적으로 할 수 있음을 의미한다. 이처럼 무엇인가를 만들어내는 행위이자, 자아실현의 과정이며, 정체성을 표현하는 수단이라는 점에서 노동은 인간을 구성하는 핵심요소이다. 통상적으로 노동이 다른 종과는 차별적인 인간만의 고유한 활동으로 여겨지는 것은 이 때문이기도 하다. 하지만 노동의 역사를 보면 노동의 이러한 속성이 다양하게 변주되었을 뿐 아니라 오랫동안 인간을 지배-피지배로 나누는 핵심기제이기도 했다. 노동은 자유의 반대에 놓여있어 시민으로서 결격사유였던 적이 있었는가 하면 찬양의 대상이 되기도 했다. 문명을 일으키고 인간의 역사를 이끌어 왔지만 지금 노동은 다수의 인간을 옥죄는 핵심적인 기제이기도 하다. 인간의 역사를 보면 어느 사회에서나 전문적으로 노동을 하는 존재들이 있었고, 대부분의 역사에서 높은 지위를 가진 인간들은 전문적인 노동을 하지 않았었다(크루즈, 2007). 이는 노동이 기피해야 할 것이었음을 의미한다. 고대 그리스·로마, 중세 동방문명에서 노동은 대체로 저주로 간주되었다(김경일, 2014).

그러나 현대 이후 급격한 사회의 변화, 특히 생산력의 급격한 증진은 그 원인을 노동에서 찾는 중요한 명분을 부여했고, 특히 목적의식적 행위로서 '노동'의 적극적 의미를 발전시킨다. 문제는 이 과정에서 모든 노동은 합목적적으로 이용되어야 한다는 인식을 낳았다는 것이다(콘체, 2014). '가치 있는 노동'과 '가치 없는 노동'의 구분이나 '생산적 노동'과 '비생산적 노동'의 구분은 이의 결과물이다. 구상과 실행의 총체적 결합으로서의 노동은 없고, 오직 경제행위로서의 노동만 남은 것이 오늘의 노동이다. 노동이 경제 안에 갇혀 있으니 인간도 경제 안에서 재생산된다. 바로 '인적 자본'이다. 노동자들은 한편으로는 자본가를 위해서 노동해야 하고 또 한편으로는 인적 자본으로 바꾸기 위해 끊임없이 시도해야 한다. 자신을 인적 자본으로 재구성한다는 것은 자기가 지닌 역량을 하나의 자본처럼 관리하면서 모든 책임을 자신이 떠맡음을 뜻한다. 인간은 '자유방임'되는 존재일 뿐이다. 그리고 개인의 이익과 합리적 선택만을 쫓는 경제행위는 '보이지 않는 손'에 이끌려 자신의 의도와는 상관없이 시장 메커니즘의 작동에 기여하게 된다(김정원 외, 2018). 고용된 노동자는 주체적 노동이 불가능하다. 그런데 협동노동은 주체적 노동자일 때 가능하다. 구상과 실행의 총체로서 노동은 인간이 갖는 고유한 속성이다. 그래서 이것을 노동의 고유성이라 할 수 있는 것이며, 그것을 회복한다는 점에서 노동의 복권이라 할 수 있다. 하지만 단순한 복권이 아니라 구상과 실행의 총체로서의 노동이 오랫동안 잊혀왔음을 고려한다면, 그리고 협동노동이 이야기하는 바가 일터와 삶터의 관계를 재구성하고 노동자들 간의 관계를 재구성한다는 점에서 바라본다면 그것은 노동의 새로운 형태이기도 하다.

정리하자면 협동노동은 노동의 고유성을 복원하고자 하는 시도이다. 협동노동에서 노동자는 개인으로 존재하는 노동자가 아니라 동료 및 사회와 협동하는 존재로서의 노동자이다. 그래서 구상과 실행의 총체로서 노동을 실현하는 노동의 주체이자, 더 나은 사회를 모색하는 사회의 주체이다. 그런 의미에서 협동노동은 노동을 매개로 전개되는 일반적 호혜의 추구라고 해석할 수 있다. 앞에서 사회적경제는 호혜를 고유성으로 하며, 여기에서 호혜는 일반적 호혜여야 한다고 말한 바 있다. 그리고 협동노동은 노동의 고유성을 드러내고 있으며, 일반적 호혜의 추구라는 양상을 보여주고 있다. 이런 점에서 볼 때 노동에 대한 사회적경제의 관점을 정립할 때 협동노동이라는 개념은 염두에 둘 만한 가치가 있을 것으로 보인다.

4. 나가며 : 몇 가지 제언

지금까지 협동노동이라는 용어를 사회적경제의 노동관으로 채택할 필요가 있음을 사회적social과 호혜, 그리고 협동노동이라는 용어를 중심으로 살펴봤다. 그 핵심은 협동노동이었다. 이러한 접근이 사회적경제에서의 노동에 대한 답은 아니겠지만 답을 찾아가는 시발점은 되었으면 한다. 한편, 이 글에서 협동노동이라는 개념을 소개하면서 일본의 사례를 소개했는데, 그렇다고 해서 협동노동을 일본노협연 고유의 것으로 생각할 필요는 없다. 하나의 참고 사례일 뿐이며, 일본노협연 역시 현실의 실천에서 많은 제약이 작동한다. 결국 사회적경제의 노동관으로서 협동노동은 이론적 · 실천적으로 좀 더 발전시켜나가야 할 접근일 수밖에 없다. 끝으로 이러한 발전을 위해 고려했으면 하는 것을 몇 가지 제시하고 글을 맺겠다.

첫째, 사회적경제에서의 노동에 대한 부단한 성찰적 점검이 있어야 할 것이다. 인간은 '상호행위의 집합체'이다(今村仁司, 2016). 상호행위의 집합체라는 것이 협동을 통해서 살아가는 존재라는 것만을 의미하지 않는다. 상호행위는 사회관계의 양상에 따라 다르게 조직되고 표출된다. 또한 주체적 실천의 정도에 따라 조직되고 표출되는 양상도 달라진다. 현재의 지배적인 사회관계는 끊임없이 사회적 유대를 침식해가고 있다. 그래서 상호행위를 통한 호혜의 실현이 쉽지 않기도 하다. 그런 점에서 사회적경제의 노동이라면 사회적 유대를 복원 및 확대할 수 있어야 한다. 그런데 협동노동은 노동자가 자기 노동의 주체여야 한다는 인식을 밑바닥에 깔고 있다.[9] 이 주체는 처음부터 완벽한 주체가 아니다. 끊임없이 성장하는 주체이다. 김기섭(2018)이 사회적경제의 목적이 인간의 자유와 성장에 초점을 두는 것으로 바라본 것과 같은 맥락이다. 인간이 자유를 확장하고 성장하는 것은 부단한 성찰을 전제로 한다. 즉, 부단한 성찰 속에서만이 주체로서의 자기 정립이 가능한 것이다. 이를 노동에서도 시도해야 한다.

둘째, 추상적 개념이 현실에서 힘을 갖기 위해서는 현실에서 작용할 수 있는 구체적 틀을 갖추어야 한다. 협동노동은 추상 수준이 매우 높은 개념이다. 이를 관행적으로 사용할 경우 각자의 협동노동이 존재한다. 이러면 현실적 힘을 갖기 어렵다. 따라서 협동노동의 개념을 정립하는 과정을 조직해야 한다. 그중에 하나가 바로 현실에서 작용하고 평가할 수 있는 구체적 틀이다. 이것을 다른 말로 표현한다면 '지표'이다. 물론 국가가 제공하는 지표가 아닌 현장의 집합적 지혜에 기반해서 도출한 지표여야 한다. 지표를 절대화하면 자칫 규격화된 실천을 낳을 수 있다. 하지만 지표에 근거해서 실천을 점검할 수 있기에 더 나은 실천을 도모할 수 있는 기회를 제공하는 장점도 있다. 또한 현장에서 정립한 지표라면 현장의 실천을 통해서 지속적으로 개선해나갈 수도 있을 것이다.[10]

셋째, 협동노동을 어떻게 어느 정도 수준에서 실현하고 있는지가 사회적경제 기업 운영의 중요한 기준이 되어야 한다. 협동노동이 발생

9 – 물론 여기서 말하는 주체는 '관계적 주체'이다. 상호행위, 협동, 호혜, 이 모든 용어는 관계를 전제로 한다. 주체 역시 관계적 주체일 수밖에 없다.

10 – 김정원 외(2018)는 이를 실험적으로 현장에 적용한 사례이다. 여기에서는 '노동자 경영통제', '지역사회와의 협동', '사회적 유용성', '조직문화' 등을 기준으로 설정하고 진단했다.

하는 일차적 장은 특정한 조직, 즉 기업이다. 그리고 사회적경제 기업은 사회적경제의 최일선 실천 단위이다. 따라서 사회적경제의 노동관으로서 협동노동에 동의한다면, 협동노동의 실현 정도는 해당 사회적경제 기업의 중요한 과제가 된다. 이렇게 될 경우에 사회적경제 기업은 협동노동을 그 내용으로 하는, 다시 말하면 협동노동기업의 다른 이름이 될 것이다.

노동자협동조합은 '대안기업'인가?[1]

엄형식

1. 들어가며

노동자협동조합은 19세기 초반에 등장한 이후 오늘날까지 꾸준히 발전해온 협동조합 유형의 하나이다. 시장경제 확장기에 해당 산업에서 일정한 규모를 확보할 수 있었던 농업협동조합, 소비자협동조합, 금융협동조합과 달리 노동자협동조합은 그 규모에 있어서 큰 성공을 거두지 못했다. 그러나 자본중심 기업과 대비되면서, 보다 인간적이고 민주적인 일터에 대한 영감을 불러일으키는 동시에 빈곤, 실업, 산업

1 – 필자는 대안사회로 가는 경로로서 노동자협동조합과 사회적경제에 대해 관심을 갖고 관련한 연구와 활동을 해왔다. 몬드라곤 협동조합에서 영감을 얻었던 노동자협동조합에 대한 추상적 이해는 성남지역 건설노동자협동조합 사례에 대한 장원봉 박사의 석사 논문을 통해 구체적이고 한국적인 현실에 대한 이해로 발전할 수 있었다. 이후, 사회적기업과 사회적경제 등 다양한 주제와 사안에 대해 함께 이야기하고 공부하였지만, 장원봉 박사는 무엇보다 필자의 평생현장이 된 노동자협동조합 연구의 첫 길잡이로 남아있다. 그의 길잡이로 시작된 지난 20여 년 동안 노동자협동조합에 대한 필자의 경험과 고민을 담은 이 글을 고 장원봉 박사에게 바친다. 이 원고는 한국노동연구원《국제노동브리프》2020년 8월호에 〈노동자협동조합의 역사적 경험과 현황. 대안적 기업모델을 위한 교훈〉이라는 제목으로 실렸던 글을 수정한 것으로, 한국노동연구원의 동의를 얻어 수록한다.

발전, 지역개발 등 사회의 필요에 응답하는 혁신성과 효용성을 보여줌으로써 공공정책뿐 아니라 일반대중의 끊임없는 관심의 대상이 되었다. 스페인 몬드라곤 그룹을 필두로 세계 곳곳의 다양한 사례는 민주적 지배구조, 참여적 생산관리 및 기업적 성공을 입증하는 근거로 소개되며 노동자협동조합 모델의 원형을 구성하고 있다.

국제노동자협동조합연맹Comité International des Coopératives de Production et Artisanales, 이하 CICOPA을 중심으로 한 국제적인 노동자협동조합운동은 노동자협동조합과 그것이 지닌 규범적 지향을 국제적 수준에서 인정받기 위해 노력해 왔다. 그러나 200여 년에 걸친 역사와 세계 곳곳에서의 경험을 좀 더 자세히 살펴보면, 노동자협동조합이라는 개념을 통해 전개된 현상이 매우 복잡하고 다양함을 알 수 있다. 노동자협동조합은 '대안적 기업모델'로서 새로운 실험과 시도에 대한 영감을 불러일으켰지만, '어떠한 의미에서', '무엇에 대한' 대안인가는 구체적 맥락에 따라 재해석되고 재규정되어 왔다. 따라서 노동자협동조합의 대안적 성격은 고정된 답을 갖는 것이 아니라 특정 시기, 특정 사회가 당면한 도전에 노동자협동조합이 어떤 답을 어떻게 제시하는가에 대한 논의를 통해 구성된다고 할 것이다.

이 글에서는 한국 및 국제 노동자협동조합운동에 대한 필자의 경험과 관찰에 기반하여 노동자협동조합이 역사적으로 발전시켜온 대안적 성격에 대한 다양한 해석을 살펴봄으로써, 오늘날 변화하는 노동의 세계가 당면한 도전에 노동자협동조합이 어떻게 기여할 수 있을지 질문하고자 한다.

2. 노동자협동조합이란 무엇인가?: 분석적 정의

노동자협동조합 현상이 보여주는 다양성을 살펴보기에 앞서 이 현상을 관통하는 공통의 대상물로서 노동자협동조합이라는 조직형태가 갖는 특징을 간략히 살펴보자.

우선, 노동자협동조합은 무엇보다 '협동조합'이다. 이 언명에는 두 가지 함의가 있다. 협동조합은 제도적으로 협동조합 관련 법률에 의해 규정되고 이에 따라 등록될 수 있지만, 관련 법률이 부재하거나 특정 유형의 협동조합 설립이 어려운 경우, 스스로의 규칙 즉 정관이나 연합회 헌장 등을 통해 일정 수준의 제도적 특징을 갖춤으로써 협동조합으로 인정받을 수 있다. 따라서 근대적 의미의 협동조합은 무엇보다 제도적 틀을 갖춘 조직형태를 뜻하며, 이 지점에서 사람들 사이의 일시적 협동이나 전통사회 및 소규모 공동체에 존재하는 관행으로서의 협동과도 구별된다. 내용적으로 보면, 오늘날 협동조합은 국제협동조합연맹ICA을 중심으로 한 국제협동조합운동에 의해 합의되고 주요 국제기구와 각국 법률이 인정하고 있는 협동조합의 정의·원칙 및 가치에 기반해야 한다.[2] 노동자협동조합은 무엇보다 협동조합으로서 제도적 특질을 갖는 동시에 협동조합 공통의 정체성에 기반하고 있다고 정의할 수 있다. 가령, 협동조합의 원칙인 '1인 1표'가 아닌 '1주 1표' 원칙에 기반을 두는 종업원소유기업employee-owned enterprise은 노동자협동조

2 – 1895년 ICA 설립 이후 시대변화에 따라 몇 차례 수정이 있었지만 협동조합의 정의·원칙 및 가치는 협동조합을 규정하는 국제적 규범으로 받아들여지고 있다. 현행 협동조합의 정의, 원칙 및 가치를 포괄적으로 정리한 '협동조합 정체성 선언'은 1995년 영국 맨체스터에서 개최된 제31차 세계협동조합대회에서 채택되었으며, 2002년 국제노동기구의 협동조합 활성화를 위한 권고 193호에 반영됨으로써 국제적 규범으로 인정받고 있다. 자세한 내용은 ICA 협동조합 정체성 관련 웹페이지 참조. https://www.ica.coop/en/cooperatives/cooperative-identity

합과 종종 혼동되곤 하지만, 협동조합이 아니라는 점에서 분명히 구분된다.

둘째, 노동자협동조합에서 주요 조합원의 범주는 자신이 일하는 협동조합을 소유하고 그 활동을 통제하는 노동자이며, 노동자 조합원의 지속가능한 일자리 창출 및 유지를 기본 목적으로 한다. 이는 다른 협동조합 유형, 즉 농업협동조합, 금융협동조합, 소비자협동조합 등과 노동자협동조합을 구분해주는 특징이다. 노동자협동조합에서 파생되어 많은 특징을 공유하고 있지만, 조합원의 일자리 창출과 유지 그 자체보다는 지역사회에 관련된 사회적 사명의 실현 과정을 주요 목적으로 하면서, 그 과정에서 일자리 창출이 부차적으로 발생하거나 지역사회 경제개발의 방법으로서 일자리 창출 및 유지가 강조되는 사회적협동조합과도 구분된다.

셋째, 노동자협동조합의 대부분은 산업 및 서비스 분야에서 활동하지만, 농수산업, 금융, 부동산 등 다른 유형의 협동조합 활동 분야에서도 활동을 수행한다. 따라서 경제활동 내용을 통해 노동자협동조합을 정의하는 것은 쉽지 않다. 가령, 농업협동조합으로 분류되는 스페인의 공동토지경작협동조합이나 구공산권 국가에 남아 있는 농업생산협동조합의 경우, 농민이 토지를 보유하고 있는 협동조합의 피고용인 또는 이에 준하는 계약을 체결하고 있다는 점에서 노동자협동조합과 유사한 특질을 가진 것으로 평가되기도 한다.

넷째, 노동자협동조합은 산업 및 서비스 분야에서 활동하는 생산자협동조합producer cooperative과 구별된다. 노동자협동조합의 조합원은 협동조합이 제공하거나 협동조합이 보장하는 일자리에 직접적 이해관계를 갖는 반면, 생산자협동조합 조합원의 주요 이해관계는 자신들이 운영하는 생산활동과 관련된다. 즉 생산자협동조합 또는 서비스공유

협동조합shared service cooperative이라 불리는 협동조합에서는 조합원이 개인 사업자의 지위를 유지하고 본인의 사업을 영위하면서 이를 위해 마케팅, 구매, 가공 등의 특정 기능을 공유하는 협동조합을 구성한다. 이는 농업협동조합이나 수산업협동조합 등의 1차 산업 생산자협동조합과 동일한 작동원리이다.

각국에서 불리는 다양한 명칭과 운영방식 및 조직문화에도 불구하고, 노동자협동조합은 이상의 네 가지 공통 특징을 통해 다른 협동조합이나 다른 기업형태와 구분된다. 그러나 공공정책 및 법률을 포함한 대중적·일반적 인식은 분석적 정의와 일치하지 않는 경우가 많으며, 해석의 동기에 따라 위에 언급한 주변 개념들과 혼동되는 경우가 적지 않다. 또한 노동자협동조합의 오랜 역사를 비추어보면, 이들 네 가지 공통 특징은 2000년대에 접어들어 구성된 매우 최근의 것이라 할 수 있다. 도리어 노동자협동조합은 오랜 기간 생산자협동조합의 하위개념으로 간주되거나 산업 및 서비스 분야에서 활동하는 다양한 협동조합으로 기술되어왔음을 알 수 있다. 급격하게 변화하는 고용 및 노동형태가 제기하는 도전에 따라 기존 개념정의로 포괄할 수 없는 새로운 협동조합들이 등장하고, 이를 반영하기 위한 논의가 시작되는 것은 어찌 보면 당연하다고 할 수 있다.

3. 노동자협동조합의 대안적 성격 : 역사적 고찰

노동자협동조합은 그 발생부터 주류 기업모델과는 구별되는 '대안적 기업모델'로 출발하였다. 그러나 '대안'이라는 개념은 '무엇에 대한'

대안이고, '어떠한 방향으로의' 대안인가에 대한 설명 없이는 단순히 '현재의 것이 아닌, 다른'이라는 기능적 의미 이상을 가질 수 없다. 이러한 점에서 대안적 기업모델로서 노동자협동조합의 역사를 간략하게 살펴보는 것은 노동자협동조합의 대안적 성격이 갖는 복잡성과 다양성을 환기시켜줄 것이다.

19세기 : 인간적인 작업장과 조화로운 산업사회를 향한 실험

노동자협동조합은 19세기 서구사회가 산업사회로 전환하는 과정에서 발생한 문제에 대한 해법으로 등장한 여러 협동조합 유형의 하나이다. 소비자협동조합, 신용·금융협동조합, 농업협동조합, 소매점협동조합 등 다른 유형의 협동조합들은 노동자, 도시 서민, 농민, 소상공인들이 자신들의 기본적 생활과 생산활동에서 충족되지 못하는 필요를 해소하기 위해 조직한 것이다. 반면 노동자협동조합은 산업혁명으로 인해 일자리의 위협을 받는 장인들이 주도하거나, 실업자와 취약계층을 산업사회에 통합시키기 위한 박애적 동기를 가진 사회활동가들에 의해 주로 발전하였다. 노동자협동조합은 산업사회 초기 노동자들의 비참한 처지와 자본가들의 잔혹한 착취를 넘어서 형제애에 기반한 노동공동체와 보다 인간적인 산업사회에 대한 열망을 한 축으로 하면서, 동시에 산업사회의 윤리를 체득하지 못한 채 빈곤과 실업에 시달리는 취약계층 문제를 해결할 수 있는 실용적 해법으로도 관심을 끌었다. 생시몽, 뷔셰, 푸르동 등 프랑스의 사회철학자들과 이에 영감을 받은 영국의 기독교사회주의자들은 비참한 처지에 있던 임노동자와는 구분된 독립적인 고숙련 생산자들의 공동체로써 노동자협동조합의 규범적 지향을 삼았고, 이를 중심으로 저숙련 노동자들이 보다 인간적인 보호를 받을 수 있는 조화로운 산업사회의 도래를 추구하였다. 당초 노동자협동조합을 위한 법적 지위로 고안되어(1851년) 협동조합과 상호공제조합 일반이 이용하게 된 영국의 산업우애조합Industrial and Provident Society이란 명칭이 이를 상징적으로 보여준다.

제1차 세계대전부터 1970년대까지

20세기에 들어와서도 1970년대까지의 노동자협동조합 현상은 '산업과 서비스' 영역에서 일하는 '생산자들'의 협동조합으로 대표되었다. 제1차 세계대전 이후부터 1970년대까지 노동자협동조합은 전 세계에 걸쳐 상당히 발전하였는데, 이는 전후 국가 주도 경제개발과 사회주의 블록의 존재 그리고 식민지에서 독립한 많은 국가가 혼합 계획경제를 채택했던 맥락에서 이해할 수 있다.

서구의 경우, 프랑스와 이탈리아에서 두 차례의 세계대전 이후 전후 국가 주도의 복구과정에서 노동자협동조합들이 빠르게 성장하였으며, 미국에서도 뉴딜 시기 실업대책으로서 자조협동조합self-help cooperative이 육성되었다. 사회주의 블록 및 제3세계 혼합 계획경제 체제는 국가와 시장 외에 협동조합부문을 국가 경제의 한 축으로 인정하면서 산업 및 서비스 분야에서 계획경제 실행의 주체로서 협동조합들을 적극 육성하였다. 제3세계 국가에서 여전히 중요한 비중을 차지하는 수공업과 장인 등, 비공식 부문까지 포괄하는 경제조직으로서의 협동조합은 국가의 자원배분과 수요관리를 통해 관리되는 부문의 역할을 부여받았다.

해당 시기 문헌자료들을 보면, 개별 기업의 기업가적 성격과 민주적 지배구조를 가진 조직경영에 대해 초점을 맞추기보다는 거시경제

정책에서 할당된 산업 생산단위이자 취약계층이 보다 쉽게 접근할 수 있다는 성격을 강조하고 있다. 개별 협동조합의 경영 능력보다는 공공기관의 관리와 지원이 보다 중요한 비중을 차지하였고, 협동조합 지도부의 무능력과 부패로 인한 실패가 주된 문제로 지적되면서 이에 대한 대책으로 계몽적 당국에 의한 지도·감독 및 계몽 대상으로서 조합원에 대한 교육이 강조되는 것을 볼 수 있다.[3]

1970년대 이후 새로운 세대 노동자협동조합

1970~1980년대에 접어들면서 노동자협동조합 현상은 새로운 국면을 맞이한다. 먼저 제3세계 신생 독립국들의 정치 및 경제 위기, 이로 인한 국제통화기금IMF 등의 개입은 이들 국가의 혼합 계획경제를 붕괴시키고, 경제의 전면적 자유화를 강제하였다. 이는 시장경제가 중심에 오는 동시에, 계획경제에 의존하던 많은 기존 협동조합부문의 붕괴를 야기하였다.[4] 또한 협동조합은 전통적인 사회조직으로서의 역할보다는 시장에서 경쟁력을 가지고 살아남는 '기업'으로서의 위상을 더욱 요구받게 된다.

반면 서구사회의 자유주의적 변화는 노동자협동조합의 새로운 동력으로 등장하였다. 68혁명으로 상징되는 서구의 사회문화적 변화는

---

3 – 아벨·마호니(Peter Abell & Nicholas Mahoney, 1988), 《*Small-scale industrial producer co-operatives in developing countries*》, Delhi, Oxford University Press

4 – 1970년대 협동조합 경제의 모범사례로 언급되었던 페루, 탄자니아, 인도에서의 협동조합부문 붕괴 또는 약화가 이를 상징적으로 보여준다. 1990년대 동유럽 사회주의권의 붕괴 역시 노동자협동조합의 침체와 정당성 약화를 가져왔으며, 동유럽에서 노동자협동조합을 포함한 협동조합 전반이 다시 인정받기 시작한 것은 유럽연합 가입 과정에서 사회적경제와 협동조합의 중요성을 재인식하게 된 2000년대 중반에 이르러서이다.

개인의 개성과 자율성을 강조하고 권위적 위계에 대한 거부와 평등한 조직문화에 대한 갈구를 폭발시켰는데, 이러한 새로운 문화적 영감은 새로운 세대 노동자협동조합의 등장을 촉진하였다. 보다 개별화되고 급진적이면서도 사회적 가치에 기반한 문화적 취향(채식주의, 자연주의적 생활, 비주류 문화, 비관료적·비제도적 절차 등)을 지속적으로 유지하고자 했던 젊은 세대는 이를 위한 재화와 서비스를 직접 생산하기 시작했으며, 노동자협동조합이 자연스러운 선택의 대상이 되었다. 전통적 노동자협동조합에서의 민주주의가 소유와 배분 문제에 주로 집중하고 생산방식 자체는 여전히 산업적 위계 체제를 유지하고 있었다면, 새로운 노동자협동조합들은 생산과정 자체에 대한 노동자 참여와 직접 관리를 지향한다는 점에서 자주관리self-management를 강조한다는 특징이 있다.[5]

새로운 세대의 노동자협동조합들은 주로 미국과 캐나다, 서유럽에서 신사회운동 및 풀뿌리사회운동과의 연계 속에서 빠르게 증가하였다. 당시 문헌들을 살펴보면 프랑스 립Lip 시계공장의 자주관리 경험, 스페인 몬드라곤 사례, 유고슬라비아 자주관리기업 등이 새로운 노동자협동조합에 영감을 주는 사례로 언급된다. 또한 노동자협동조합은 아니지만 노동자의 직접적인 생산관리 참여에 초점을 맞춘 자주관리기업이나 노동자의 직접적 생산관리나 경영참여 없이 단지 기업지분 소유를 통해 개별적 소유의식과 재무적 동기부여를 도모하는 미국의 종업원주주제도Employee Stock Ownership Plan, ESOP, 영국의 종업원소유기업employee-owned enterprises, 스페인의 노동자기업Sociedad Anonima Laboral, SAL 등도 같은 시기에 등장하여 빠른 속도로 증가했다.

5 – 자주관리 개념은 비단 노동자협동조합뿐만 아니라 일반 기업의 생산과정에도 영감을 주었으며, 이는 1980년대 초반 서구에서 도요타식 생산방식이라고도 불리는 유연적 생산방식이 해방적 성격을 갖는 사회혁신으로 이해되는 배경이 되었다.

새로운 세대 노동자협동조합이 지닌 혁신적 성격은 노동자협동조합이 경제위기 속에서도 취약계층과 노동자의 일자리를 보호하는 데 적합하다는 전통적 기대와 맞물리면서 혁신적 사회정책의 대상으로 간주되었다. 1970~1980년대 세계 경제위기 과정에서 노동자들이 위기에 처한 기업을 인수하여 협동조합 방식으로 경영하는 사례들이 대중적 주목을 받게 되고, 영국은 노동당이 집권한 지방정부들을 중심으로 협동조합개발기관을 설립하면서 실업위기에 대한 해법으로 노동자협동조합 설립을 지원하였다.[6] 사회운동, 특히 사회서비스 공급 부족과 빈곤 및 실업 문제를 연결해 지역사회 수준의 해법을 시도하는 운동들은 자신들의 활동을 실천하는 조직형태로서 노동자협동조합 모델을 채택하는 한편, 지향하는 사회적 목적에 동의하는 지역사회의 다양한 이해당사자가 참여하는 다중이해당사자 지배구조를 도입하기 시작하였다. 이러한 새로운 이니셔티브들은 영국의 커뮤니티 비즈니스, 이탈리아의 사회적협동조합, 프랑스의 공익협동조합 등 다양한 방식으로 제도화되기 시작하였으며, 전통적 노동자협동조합 모델을 넘어서서 사회적협동조합 및 다중이해당사자협동조합이라는 새로운 협동조합 유형으로 발전하고 있다.

노동자협동조합의 어두운 측면도 확인할 필요가 있다. 1970년대까지 노동자협동조합에 대한 비판은 개별 노동자협동조합의 경제적 취약성 및 사회주의체제와 제3세계 국가에서의 관료주의, 지도부의

6 – 협동조합개발기관들은 1980년대에 1,000여 개가 넘는 노동자협동조합을 설립하면서 노동자협동조합 붐을 일으켰으나, 대부분의 협동조합은 오래가지 못하고 사라졌다. 그러나 1980년대의 경험과 이를 통해 구축된 협동조합 컨설턴트와 지원 인프라는 이후 영국에서 커뮤니티 비즈니스와 사회적기업, 커뮤니티 협동조합 등 다양한 실험을 촉진하는 토대가 되었다.

무능력과 부패에 초점이 맞추어졌다. 반면 1980~1990년대에는 신자유주의 정책을 도입한 라틴아메리카 국가들에서 공공서비스 및 주요 기업의 하청 외주화 과정에서 노동자협동조합이 도구로 사용되는 관행이 비판의 대상이 되었다. 라틴아메리카에서 노동자협동조합은 기업으로서의 지위보다는 조합원의 결사체로 규정되며, 이에 따라 노동자 조합원과 노동자협동조합 사이의 관계는 근로계약으로 규정되지 않는다. 이러한 제도적 특징은 기존 공공서비스와 기업의 하청 외주화 과정에서 노동자협동조합을 통해 일하게 되는 노동자들이 고용계약에 따른 권리와 보호를 받지 못한 채 독립생산자로 간주되는 결과를 낳았으며, 정부와 기업은 이러한 특징을 이용하여 기업의 구조조정 수단으로 노동자협동조합을 남용하였다. 특히 콜롬비아와 브라질에서 이러한 유형의 노동자협동조합이 확산되었으며, 전통적 노동자협동조합을 포함한 협동조합운동으로부터 강한 비판을 받게 되었다.

오늘날 노동자협동조합의 규범적 성격

오늘날 노동자협동조합은 20세기 후반에 노동자협동조합들이 답해야 했던 문제에 대한 대안모델로서 구축되어 왔으며, 주요하게 아래와 같은 규범적 특징을 강조하고 있다.

- 괜찮은 일자리로서의 협동노동: 1999년 국제노동기구ILO의 '괜찮은 일자리decent work' 개념 도입이 상징적으로 보여주듯이 고용과 노동의 문제는 일자리의 양적 성장을 넘어 질적인 측면이 강조되고 있으며, 임노동관계에만 국한되었던 노동보호 및 노동권의 문제가 모든 형태의 일자리로 확장되는 경향을 보이고 있다.

노동자협동조합 역시 취약계층 일자리 창출 및 비공식경제의 공식화를 위한 수단이라는 소극적 역할을 넘어서 양질의 일자리라는 규범적 지향을 강화한다. 이는 라틴아메리카에서 확산되었던 유사 노동자협동조합에 대한 비판으로 정립된 "노동자협동조합에 대한 세계선언World Declaration on Worker Cooperatives"[7]으로 구체화되었으며, CICOPA와 ILO의 긴밀한 협력을 통해 강화되었다. CICOPA가 발간한 "협동조합과 고용-제2차 글로벌 리포트(2017)"에서는 협동노동이 임노동관계에서 노동보호와 노동권을 제도적으로 보장해야 한다는 규범적 입장을 피력하고 있다.

• 사회적 역할 강화: 2000년대 이후 새롭게 설립되는 노동자협동조합들은 취약계층의 빈곤과 실업문제를 해결하는 도구적 역할뿐 아니라 사회적이고 환경적인 가치를 중심 사명으로 삼는 사회적기업의 콘셉트와 점점 중복되고 있음을 보여준다. 이는 이미 새로운 세대의 노동자협동조합에 의해 1970년대부터 확산되어온 경향의 연장선에 있으며, 사회적협동조합, 다중이해당사자협동조합, 커뮤니티협동조합 등 노동자협동조합에서 파생된 새로운 협동조합 모델들과 함께 제도적으로 공고해지고 있다. CICOPA는 노동자협동조합뿐만 아니라 사회적협동조합을 국제적으로 대변하고 있으며, "사회적협동조합에 대한 국제기준World Standards of Social Cooperatives"[8]을 2012년에 채택한 바, 사회적협동조합이 노동자협동조합 현상의 중요한 부분을 구성하고 있음을 상징적으로 보여준다.

7 – https://www.cicopa.coop/wp-content/uploads/2017/12/World-declaration-on-Worker-coops_EN.pdf

8 – https://cicopa.coop/wp-content/uploads/2018/02/world_standards_of_social_cooperatives_en-4.pdf

- 강한 회복력을 가진 기업모델: 2008년 금융위기에 따른 경제위기 국면에서 노동자협동조합을 포함한 협동조합 전반은 금융자본에 점차 종속되어 가는 자본 기업들의 취약성에 비해 상대적으로 높은 회복력resilience을 보여주었다. 경제위기 이후 일반 기업과 협동조합에 대한 비교연구들은 협동조합의 정체성에 기반한 조직구조가 어떻게 경제위기 과정에서 특별한 역할을 수행하였는지를 보여주면서 대중의 주목을 받았다. 또한 베이비붐 세대의 은퇴가 진행되는 2000년대 후반부터 2010년대에 걸쳐 베이비붐 세대의 사업 이전 문제가 서구 여러 나라에서 사회적 문제로 등장한 바, 노동자협동조합 모델이 대안적인 기업전환 모델로 주목받게 되었다. 이에 따라, 미국, 캐나다, 이탈리아 및 프랑스 등에서는 보다 체계적인 협동조합으로의 기업전환을 지원하는 공공정책이 도입되었다. 2000년대 초반 경제위기 중에 등장한 아르헨티나 노동자들의 작업장 점거 및 협동조합으로의 전환 경험은 노동자협동조합 모델로의 기업인수와 전환에 관한 영감을 다시 불러일으켰다. 또한 프랑스 등지에서 미디어를 통해 광범위한 주목을 받았던 노동자들의 투쟁을 통한 기업전환 사례도 지원정책 도입에 큰 영향을 미쳤다.

4. 변화하는 노동의 세계에서 노동자협동조합은 대안이 될 수 있는가?

오늘날 세계 경제와 노동시장은 급격한 변화를 경험하고 있다. 2008년 경제위기 이후 새롭게 생겨나는 일자리의 상당수는 전통적인 의미에서 양질의 일자리인 정규직, 즉 전일제, 무기계약, 직접고용의 조건을 모두 갖춘 일자리와는 거리가 있다. 이러한 추세는 기술발전을 통해 강화되면서 새로운 형태의 노동인 플랫폼노동을 확산시키고 있으며, 동시에 밀레니얼이라 불리는 세대가 가진 자유와 유연성의 선호는 다양한 분야에서 프리랜서 노동형태를 증가시키고 있다. 임노동관계를 중심으로 사회보장과 노동보호가 발전해온 대부분의 사회시스템에서 이러한 새로운 일자리는 충분한 사회보장과 노동보호를 받지 못하고 있으며, 고용의 책임이 모호한 가운데 많은 경우 열악한 노동조건을 경험하고 있다.

이러한 문제를 해결하기 위해 노동운동 및 행정당국은 새로운 형태의 노동을 전통적 임노동관계에 편입시키거나, 맞춤형 사회보장 및 노동보호를 제공하는 방식으로 다양한 제도적 수단을 고안하고 있다. 협동조합 자체가 제도적 해법을 대체할 수는 없지만, 제도적 해법이 충분히 다루지 못하는 영역에서 문제 당사자들 스스로가 고안한 혁신적이고 현실적인 해법으로서 새로운 실험들이 시작되고 있다.

사업고용협동조합coopérative d'activité et d'emploi, CAE은 창업을 희망하는 사람들이 창업에 앞서 협동조합의 피고용인 지위로 개별적 창업 아이템을 실제 시장에서 테스트 해볼 수 있도록 하는 목적으로 1990년대 중반 프랑스에서 시작된 협동조합 모델이다. 사업고용협동조합은 노동자협동조합이나 공익협동조합의 법적 지위로 설립되며, 2014년 사회연대경제법에 의해 제도적으로 인정받았다. 당초에는 창업지원에 초점을 맞춘 모델이었지만, 신규 창업자들이 자신의 사업아이템을 유지한 채 협동조합의 노동자 조합원으로 남는 경향이 강화되면서 점차 프리랜서로 구성된 협동조합으로 성격이 변화하고 있다. 다양한 분야에서 활동하는 프리랜서 및 개별 사업자들은 사업고용협동조합을 통해 자기 사업의 독립성을 유지하는 동시에 노동자 조합원으로서의 임노동관계를 통해 사회보장 및 대부분의 노동권을 보장받을 수 있다. 또한 프리랜서의 전형적 문제인 개별화되고 고립된 관계를 극복하면서 새로운 의미의 '함께 일하기'를 경험하는 노동공동체에 참여하게 된다.

문화예술인으로 출발하여 현재 다양한 분야의 프리랜서들이 참여하고 있는 벨기에의 스마트Smart협동조합은 프랑스의 사업고용협동조합과는 다른 기원에서 출발했지만, 프리랜서들의 협동조합으로 유사한 기능을 수행하고 있다. 고객에게 사업을 따낸 프리랜서들은 스마트협동조합을 통해 해당 계약을 체결할 수 있는데, 이때 고객과 계약을 맺는 당사자는 스마트협동조합이 되고, 프리랜서는 협동조합과 유기고용계약을 맺는 방식을 취한다. 이를 통해 프리랜서는 개인사업자가 아닌 피고용인으로서 사회보장과 노동보호를 적용받는다.

프랑스 사업고용협동조합 및 벨기에 스마트협동조합과 유사한 사례가 핀란드와 스페인에서도 보고된다. 이들 모두 법적 지위로는 노동자 조합원과 고용계약을 체결하는 노동자협동조합이지만, 실질적으로는 개별적인 비즈니스를 수행하고 자신의 경제적 성과를 스스로 책임지는 프리랜서의 협동조합이라 할 수 있다. 그러나 전통적 산업 시스템의 생산공동체와는 다른 의미의 노동공동체로서 역할을 수행한다는 점에서 이 새로운 모델을 단순히 고용계약 관련 서비스만 제공하는 생산자들의 서비스공유협동조합으로 환원시킬 수만도 없다. 이러한 점에서 새로운 협동조합 모델은 새로운 의미의 노동과 노동공동체에 대한 실험으로서 주목받고 있으며, 전통적인 협동조합 유형 분류뿐만 아니라 노동형태에 대한 개념 정의와 분류에도 도전을 던지고 있다.

노동운동의 전통적 관점에서 보면 임노동관계를 기반으로 구축한 사회보장과 노동보호의 틀을 흔들 수 있는 이러한 사례들은 오남용의 가능성이 높은 수상한 시도이자 어렵게 쌓아올린 사회보장과 노동보호 전반에 대한 위협으로 여겨질 수 있다. 실제로 기능적으로만 보면 자체 비즈니스가 없이 인력송출만 하거나, 하도급으로 위장하여 기존 사업장의 고용을 위협하는 유사 노동자협동조합과 비슷해 보일 수 있다. 노동시장 유연화의 확산은 1990년대 라틴아메리카에서 증가하였던 유사 노동자협동조합의 사례가 필리핀, 남아공, 영국 등 세계 곳곳에서 발견되는 경향과 맞물리고 있으며, 새로운 협동조합 실험들도 이 같은 맥락에서 의심받기도 한다.

5. 한국의 노동자협동조합 : 개념과 명칭의 변화

해방 직후 적산기업에서 일어났던 노동자 자주관리운동이나 1970년대 빈민운동에서 보고되는 소규모 노동자협동조합의 경험을 제외하고, 한국에서 현재와 같은 개념의 노동자협동조합이 등장한 것은 1980년대 후반과 1990년대 초반의 노동운동과 빈민운동에 뿌리를 둔 실험적 경험을 통해서이다.

'노동자생산협동조합', '노동자 생산공동체' 또는 '생산공동체'라는 명칭으로 불렸던 이들은, 관련 법적 지위가 없는 상황에서 온전한 기업이라기보다는 공동체적 소유와 협동적 노동 및 경영이라는 가치를 추구하는 실험적 경제활동의 성격을 가졌다. 주로 노동자들의 기업인수와 지역 노동운동과 빈민지역운동의 조직화 사업이라는 맥락에서 시작되었던 초기 실험들은 해외 사례를 통해 제도적 도구들(정관, 운영 모델 등)을 점점 갖추면서 보다 분명하게 노동자협동조합 모델로 발전하였지만, 여전히 그 중심은 비공식적이면서도 공동체적 성격에 놓여 있었다.

1995년부터 시범사업으로 시작된 자활지원사업에서는 이들 초기 실험을 제도적으로 받아들이면서 '생산공동체'의 맥락을 확장한 '자활공동체'라는 명칭을 통해 노동자협동조합 모델에 대한 간접적이지만 제도적 인정을 하게 된다. 2000년대 초반 논의에서는 공동체적 문화와 특징을 자활공동체의 고유한 것으로 간주하면서 해외의 이상화된 모델로서 노동자협동조합과 구분하는 경향과, 반대로 자활공동체가 가진 비공식성과 자활지원사업에 종속된 프로그램으로 퇴행하는 경향에 대한 비판으로서 보다 공식적이고 기업적인 성격의 노동자협동조합 모델을 전면적으로 강조하는 경향 사이의 긴장이 존재했다. 후자의 경향은 '한국노동자협동조합연합회'라는 조직을 중심으로 '노동자협동조합'이라는 명칭을 본격적으로 사용하면서, 기존 초기 실험들과 자활공동체를 노동자협동조합의 한국적 적용으로 해석하였다. 또한 해외 노동자협동조합운동, 특히 일본 노동자협동조합운동 및 CICOPA와의 연계를 통해 한국의 현상을 세계적인 수준의 보편적 해석과 연결시키고자 하였다.

생산공동체라 불렸던 실험 및 초기 자활공동체들의 실패 요인으로 경영의 비전문성이 지목되면서, 점차 공동체적 성격보다는 기업적 전문성 및 기업가 정신을 강조하게 되었고, 이는 2000년대 초반 사회적기업 논의와 맞물리면서 '기업'이라는 명칭을 강조하는 경향으로 이어진다. 2006년 사회적기업 육성법에 따른 사회적기업의 등장과 2012년 자활공동체 명칭이 자활기업으로 바뀐 것이 이러한 경향을 단적으로 보여준다. 노동자협동조합을 위한 적절한 협동조합의 법적 지위가 부재한 상황에서 한국노동자협동조합연합회는 순수한 노동자협동조합 모델을 고수하기보다는 변화된 현실을 반영하면서 자활기업 및 사회적기업을 포괄하기 위해 대안기업연합회로 명칭을 변경하고 다른 조직형태들에도 문호를 개방하였다.

그러던 중 2012년 협동조합기본법의 제정으로 새로운 국면을 맞이한다. CICOPA의 회원 지위를 유지하고 있던 대안기업연합회는 협동조합기본법 제정 과정에서 노동자협동조합 모델을 포함시키기 위해 다양한 노력을 전개하였다. 그 결과 협동조합기본법 법안 자체에서는 명시하지 않았지만 노동자협동조합과 상충되는 초안의 내용을 배제함으로써 노동자협동조합의 설립이 가능한 법률이 탄생하는 데 기여하였다. 법률에 명시되지는 않았지만 실무 가이드라인에서 노동자협동조합은 기본법에 의해 설립될 수 있는 일반 협동조합의 한 유형으로 인정되었다. 그러나 '노동', '노동자'라는 표현을 회피하려는 당국에 의해 '직원협동조합'이라는 명칭으로 불리게 된다. 이로 인해 행정문서에서는 직원협동조합이라는 표현이 사용되었지만, 노동자협동조합 운동 당사자들을 중심으로 한 현장에서는 노동자협동조합이라는 명칭을 적극적으로 사용하였고, 실제로 대안기업연합회 역시 협동조합기본법에 따른 연합회로 전환하는 과정에서 2014년 대안노동자협동조합연합회라는 명칭을 사용하였다.

흥미로운 점은, 대안노동자협동조합연합회는 2016년 '일하는 사람들의 협동조합 연합회'로 명칭을 바꾼 것이다. 이는 직원협동조합과 노동자협동조합 사이에서 발생하는 불필요한 오해를 줄이고, 다른 한편으로는 노동자협동조합을 지향하지만 업종특성과 시장 조건으로 인해 조합원들이 느슨한 프리랜서 및 개별 사업자 지위를 갖고 결합하는 사업자협동조합들이 다수 등장한 것을 반영하고 있다.

6. 마치며 : 노동자협동조합은 대안기업인가?

해외와 한국의 경험을 통해 살펴보았듯이 노동자협동조합 현상은 서로 다른 시기와 장소에 따라 제기되는 문제와 도전에 답하면서 자신의 역할과 지향을 변화시켜왔다. 절대불변의 개념으로서 노동자협동조합은 존재하지 않으며, 대안적 기업모델로서의 의미와 가치 역시 상황적 맥락에 따라 해석과 재해석해야 할 대상일 뿐이다. 그리고 그 해석 과정을 통해 노동자협동조합 모델 자체도 변화하고, 더 나아가 새로운 명칭[9]과 새로운 정체성을 찾아나갈 수도 있을 것이다. 오늘날 변화하는 노동의 세계에서 노동자협동조합운동은 다음과 같은 질문을 마주하고 있다.

새롭고 혁신적인 협동조합 실험들을 어떻게 긍정적이고도 생산적으로 제도화하는 동시에 잠재적 위험을 축소할 것인가? 이러한 실험들은 현재 노동자협동조합의 개념과 지향을 어떻게 변화시킬 것인가? 미래의 노동에서 협동조합의 정체성은 보다 양질의 일자리를 창출하고 지키는 데 어떻게 기여할 수 있을 것인가? 새로운 협동조합들은 전통적 노동자협동조합과 구별되는 새로운 유형의 협동조합으로 진화할 것인가, 아니면 노동자협동조합의 확장으로서 자리매김할 것인가? 이 질문들에 답하기 위한 끈질긴 조사와 연구 및 토론만이 "노동자협동조합이 대안적 기업모델인가?"라는 추상적 질문의 답을 온전히 채울 수 있을 것이다.

---

9 – 새로운 협동조합 모델을 다룬 최근 CECOP(CICOPA의 유럽 지부)의 보고서 "All for One - Response of worker-owned cooperatives to non-standard employment"에서 worker cooperative가 아닌 worker-owned cooperative라는 명칭을 사용하는 것이 이러한 변화를 시사하고 있다.

지역중심정책 시대의 사회적경제 역할과 과제

오단이

1. 중앙중심에서 지역중심으로

문재인 정부는 〈국민이 주인인 정부〉, 〈더불어 잘사는 경제〉, 〈내 삶을 책임지는 국가〉, 〈고르게 발전하는 지역〉, 〈평화와 번영의 한반도〉를 국정목표로 정하고 100대 국정과제를 제시하였다.

'고르게 발전하는 지역'이 국정목표 중 하나로 선정됨으로써 최근 들어 중앙정부 정책 중 지역중심 혹은 지역주도 정책들이 눈에 띄게 늘고 있다. 이러한 흐름은 2018년 대통령 신년 기자회견에서 "지방정부가 재정, 조직, 인사, 복지에 대한 자치권을 확대해 나아가 주민들과 더욱 밀착해 많은 일을 할 수 있고 이를 통해 지역이 공동화되는 것을 막을 수 있다."며 지방분권의 필요성을 강조한 것과 맥을 같이한다.

대표적인 지역주도 혹은 지역중심정책들을 소개하자면 행정안전부의 주민자치형 공공서비스, 국토교통부의 도시재생, 보건복지부의 지역사회 통합돌봄을 들을 수 있으며 이러한 정책들을 통해 문재인 정부는 지방분권화에 대한 의지를 나타냈다고 할 수 있다. 이 외에도

2020년부터 시작된 보건복지부의 보건복지 전달체계강화사업, 2021년 시작되는 행정안전부의 소지역내 다부처 정책연계 체계구축지원사업 등이 지역중심 중앙정부 정책의 범주에 들어간다.

한편, 문재인 정부의 사회적경제와 관련된 국정운영 방향은 더불어 잘사는 경제영역 26번 과제인 사회적경제 활성화를 통해 알 수 있으며 고르게 발전하는 지역에서도 사회적경제와 관련된 내용을 찾을 수 있다.[1] 그럼 이렇듯 다양한 지역중심정책들이 쏟아지는 상황에서 사회적경제는 어떤 역할을 해야 하는지 그리고 사회적경제 진영의 과제는 무엇인지 개별 정책들을 소개하면서 논의해보자.

2. 커뮤니티와 지역중심정책

1) 커뮤니티의 이해

커뮤니티community는 'common' 또는 'communal'의 의미인 '공동의'와 'unity'의 의미인 '결속', '통합'의 합성어로 공동, 공동체계, 공동소유 등의 의미를 지닌다. 우리말로 옮기면 지역사회, 공동체, 지역공동체 등으로 연구자에 따라 다양하게 사용된다(Chaskin, 1997; 정지웅·임상봉, 2000). 또한 'community'는 'commune', 즉 '친하게 교제한다'는 어미에 -ity를 붙여 공동체 및 공동사회라는 뜻으로 명사화하였다는 의견도 존재한다.

---

1 – 과제 81번 누구나 살고 싶은 복지 농산어촌 조성의 내용을 살펴보면, 지역경제 활성화를 위해 농어업활동 기반 6차 산업고도화 및 사회적경제 모델 정립이 나와 있으며 사회적 농업 시범사업과 관련 법적 근거 마련을 추진한 것이 대표적인 사례이다.

커뮤니티의 어원을 통해 개념적 정의를 한다면, 커뮤니티는 라틴어의 'communis'에서 유래한 것으로 친목, 인간관계나 정서적 지역사회를 뜻한다. 이후 중세 라틴시대에 'communis'는 동료나 성곽 안에 거주하는 사람들의 총체를 의미하는 용어로 사용되기 시작했다(박태영·채현탁, 2014).

커뮤니티에 지역사회의 의미를 부여한다면, 학문적으로 커뮤니티는 지리적 경계를 갖는 일정한 공간적 범위 내에서 경제, 사회, 문화적으로 상호유대와 의존적 관계를 형성하면서 지역적, 문화적 정체성을 지니고 살아가는 사람들의 집단으로 볼 수 있다(정기환 외, 2006). 유사하게 지역공동체는 집단을 이루는 공통요소로 지리적 영역, 공동의 유대감, 사회적 상호작용 등을 내포한다. 따라서 커뮤니티는 지리적으로 한정된 지역 안에 거주하면서 그 지역에 대해 서로 사회적, 심리적 유대를 갖고 있는 사람들로 볼 수 있다(Hillery, 1955; Mattessich et al, 1997; 이승재·오단이, 2016).

이렇듯 커뮤니티는 지역(지리)성과 사회적 동질성을 기반으로 정의된다. 지역중심정책에서 커뮤니티는 지리적 의미와 함께 공동체성(동질성)이라는 다중적 의미를 내포하는 중요한 단어이다.

2) 행정안전부 주민자치형 공공서비스

주민자치형 공공서비스 구축사업은 주민이 만드는 자치, 공동체가 함께하는 복지라는 비전을 갖고 지역공동체 활성화를 목표로 주민자치와 찾아가는 보건복지서비스를 통해 구현하고자 하는 사업이다. 다시 말해, 주민자치형 공공서비스는 자치와 복지분야로 구분할 수 있다.

주민자치형 공공서비스의 자치분야는 주민들이 공감할 수 있는 지역문제 해결에 주민들이 주체로 참여하는 방식으로 행정과 지역사회 간 협업을 통해 새로운 공공성을 창출하고 지역문제를 해결하고자 하는 목적과 지방분권시대 주민자치의 성공적 정착을 위해 주민자치회를 핵심수단으로 설계하고 제도화하는 추진목적을 가진다. 이를 위해 주민자치회의 대표성을 확보하기 위한 노력과 더불어 자치계획(읍면동 단위 마을계획) 수립과정에서 공론의 장을, 그리고 주민총회를 진행하여 공공성을 확보하고 주민참여예산, 주민세 상당액, 행정사무 위수탁 등과 같은 다양한 이행수단을 마련하고 있다(행정안전부, 2020a).

보건복지 분야는 통합돌봄·사례관리를 통한 함께 살아가는 지역 만들기라는 비전과, 읍면동 찾아가는 보건복지팀(맞춤형 복지팀) 기능 확대, 시군구(읍면동) 연계협력체계 확립, 주민력 강화, 공공서비스 인프라 확충을 4대 목표로 한다. 그리고 이를 달성하기 위해 읍면동 공공서비스 플랫폼 기능 확대, 시군구 공공서비스 연계 및 협력 지역화, 주민력 강화지원이라는 3대 추진전략을 세우고 있다(행정안전부, 2020b). 이는 1997년 경제위기 이후 정부가 사회안전망 확충과 복지제도 정비를 통해 지속적으로 국가복지를 강화하는 노력을 기울였음에도, 여전히 '송파 세 모녀 사건'(2013년), '관악구 북한이탈주민 아사사건'(2019년) 등과 같은 복지 사각지대가 발생하고 있다는 문제의식에서 시작되었다.[2]

주민자치형 공공서비스 내 주민자치와 찾아가는 보건복지서비스 사업의 차이는 주민자치가 주민자치회를 통한 민주성 확보에 있다면, 찾아가는 보건복지서비스는 지역 내 복지 등 소규모 의제를 발굴하고

2– 정부의 사각지대 발굴을 위한 다양한 노력에도 불구하고 2019년 관악구 북한이탈주민 아사사건, 2020년 방배동 모자의 비극 등 아직도 한국사회에서는 여전히 사회안전망에 구멍이 있다.

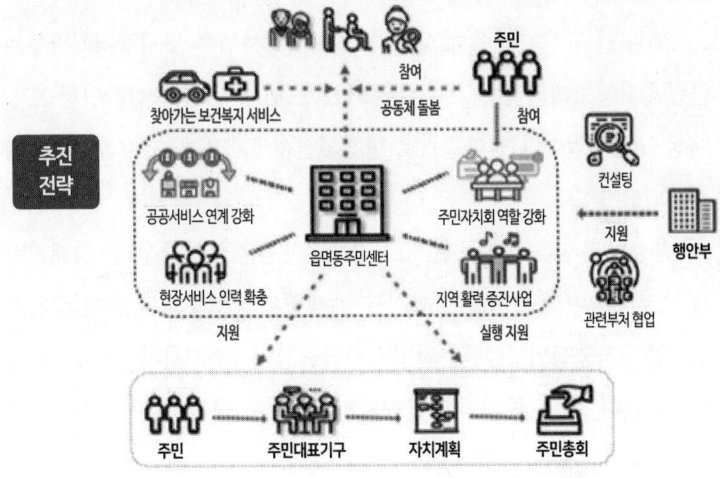

출처: 행정안전부 내부자료(2019)

그림 1 주민자치형 공공서비스 구축사업

해결하는 것에 있다. 이는 자치와 달리 복지는 다수결의 원칙과 같은 민주적 절차보다는 복지라는 전문성에 기인하기 때문이다.

정리하자면, 행정안전부의 주민자치형 공공서비스는 주민이라는 키워드로 주민에 의한 지역력(주민자치와 지역복지력)을 강화하여 지속가능한 복지국가를 건설하고 이와 더불어 공동체복지 강화라는 복지사회를 구현하기 위한 정책이다.

3) 국토교통부 도시재생

도시재생은 인구감소, 산업구조 변화, 도시의 무분별한 확장, 주거환경 노후화 등으로 쇠퇴하는 도시를 지역의 역량강화를 통하여 새로

운 기능 도입·창출 및 지역자원을 활용하여 경제적, 사회적, 물리적, 환경적으로 활성화하는 사업이다.

2013년 도시재생법 제정 이후 도시재생사업은 도시경제기반형과 근린재생형 2개의 유형으로 추진되었다. 현 정부가 출범하면서 도시재생 뉴딜사업이라는 명칭으로 변경되면서 5개 유형으로 세분화하여 추진되고 있다.

변경된 유형을 살펴보면, 도시경제기반형은 산업중심의 〈경제기반형〉으로 사업명을 변경하였고, 근린재생형은 상업중심의 〈중심시가지형〉, 준주거중심의 〈일반근린형〉, 주거중심의 〈주거지지원형〉으로 세분화하였다. 이와 함께 국가균형발전특별법을 근거로 〈우리동네살리

구분	주거재생형		열린근린형	중심시가지형	경제기반형
	우리동네살리기	주거지지원형			
법정유형	-	근린재생형			도시경제기반형
기존사업 유형	신규	일반근린형		중심시가지형	도시경제기반형
사업추진 지원근거	국가균형발전 특별법	도시재생 활성화 및 지원에 관한 법률			
활성화계획 수립	필요시 수립 (기금활용 등)	수립 필요			
균특회계계정	지역자율계정	지역지원계정			
특성	소규모 주거	주거	준주거, 골목상권	사업, 지역상권	산업, 지역경제
대상지	소규모 저층 주거밀집지역	저층 주거밀집지역	골목상권과 주거지	상업, 창업, 역사, 관광, 문화예술 등	역세권, 산단, 항만 등
국비지원규모	50억	100억	100억	150억	150억
기간	3년	4년	4년	5년	6년
보조율	50% (특별시 40%, 광역 및 특별자치시 50%, 기타 60%)				

출처: 국토교통부

표 1 도시재생 뉴딜사업의 유형 및 지원내용

기〉 사업을 신규사업으로 추가하여 추진하고 있다.

이번 정부의 도시재생 뉴딜정책은 노후주거지와 쇠퇴한 구도심을 지역주도로 활성화하여 도시 경쟁력을 높이고 일자리를 만드는 사업이다. 사업목적은 주거복지 실현, 도시경제력 회복, 사회통합 및 일자리 창출 등이고, 도시공간 혁신, 도시재생 경제활성화, 주민과 지역주도의 추진전략을 가진다.

도시공간 혁신은 주거환경이 열악한 주거지를 정비하고 쇠퇴한 구도심을 지역혁신거점으로 재생하는 것이며, 도시재생 경제활성화는 도시재생 경제조직과 민간의 비즈니스 모델을 발굴 및 지원함으로써 도시재생 경제활성화와 더불어 일자리를 창출하는 것을 목적으로 한다. 마지막으로 주민과 지역주도는 도시재생지역 내 공동체 회복과 사회통합을 목적으로 하고 있다(박중신, 2019).

4) 보건복지부 지역사회 통합돌봄(커뮤니티케어)

한국 지역사회 통합돌봄 정책의 등장은 스웨덴, 영국, 일본 등 다른 국가와 마찬가지로 인구구조의 변화(노령화)에서 비롯되나 지방분권 강화와 같은 문재인정부의 국정과제 그리고 탈시설화와 같은 복지정책이 복합적으로 이루어진다. 이번 정부 100대 국정과제 중 '고르게 발전하는 지역'과 국민의 기본생활을 보장하는 맞춤형 사회보장의 주요 내용으로 장애인지원 강화와 관련하여 '탈시설 등 지역사회 정착 환경조성'이 포함된 사실이 이를 뒷받침한다. 지역사회 통합돌봄은 돌봄 비용 증가와 지속가능성의 위기, 존엄성dignity이 보장되지 않는 의료와 돌봄, 비효율적이고 공공성이 미흡한 돌봄체계, 그리고 공급자 중심의 분절적이고 절대적으로 부족한 사회서비스에 대한 대응으로 볼

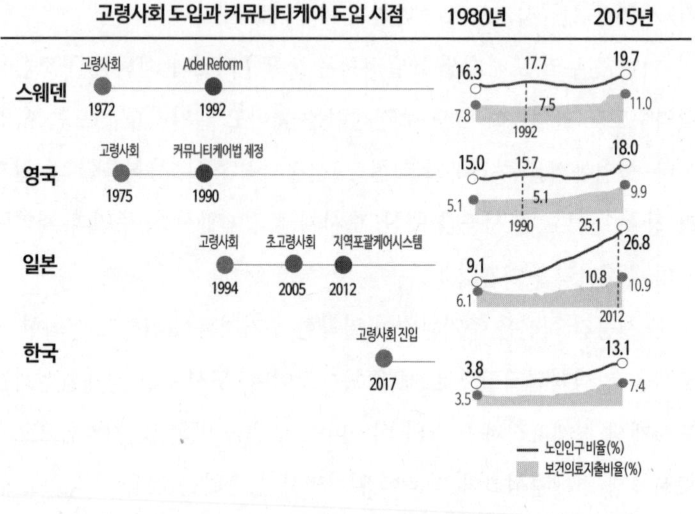

그림 2 각국의 커뮤니티케어 도입시기와 노인인구 및 보건의료지출비율

수 있다(김진우, 2018; 석재은, 2018).

한국사회는 그동안 보건 · 복지에 있어 병원·시설중심으로 서비스를 제공하였다. 커뮤니티케어는 이에 대한 한계와 함께 비용, 접근성, 인권 측면에서의 새로운 복지패러다임을 의미한다. 좀 더 자세히 말하면, 돌봄care이 필요한 주민이 자택이나 그룹홈 등 지역사회community에 거주하면서 개개인의 욕구에 맞는 복지급여와 서비스를 누리고, 지역사회와 함께 어울려 살아가며 자아실현과 활동을 할 수 있게 하려는 사회서비스 체계를 의미한다(보건복지부, 2018). 이는 급속한 인구고령화와 돌봄 욕구의 급증으로 인해 지금의 의료 및 돌봄 방식은 지속가능하지 못하다는 정부의 정책적 판단이 작용한 것이다. 따라서 문재인 정부는 건강·돌봄 체계의 효율적인 재편이 요구되는 시점(고령사회)에 지역사회 통합돌봄정책을 통해 사회복지에 대한 패러다임 전환을 시도하고 있다.

복지부의 커뮤니티케어는 크게 2가지 정책방향을 제시한다. 하나는 탈시설 촉진이고 다른 하나는 지역 내 돌봄체계 구축이다. 커뮤니티케어를 통해 노인, 장애인 등 취약계층의 선택권을 기존 시설에서 재가까지 확대하고 지역사회중심의 돌봄을 통해 인권과 삶의 질을 제고하며, 저출산·고령화 가속화에 따른 돌봄 수요에 필요한 사회서비스 확충 및 사회서비스 제공과정에서 양질의 일자리 창출을 기대한다. 따라서 커뮤니티케어는 개인 삶의 질 저하와 고령사회로의 진입으로 인한 의료 및 돌봄 수요 급증에 대응하기 위한 지역사회 재가서비스 확충 및 보건복지의 서비스 체계로 볼 수 있다(홍선미, 2018).

5) 지역중심정책 해외 사례

지역중심정책의 해외 사례로 우리에게 잘 알려진 영국의 도시재생과 일본의 지역포괄케어 시스템 정책에 대해 소개하고자 한다. 먼저 영국 도시재생 정책의 역사적 전개를 살펴보면, 19세기 중반부터 도시와 주택문제에 대한 정부개입이 시작되었으며 공중위생법Public Health Act의 제정으로 지방정부의 개입이 정당화되었다. 기존 지역의 쇄신과 새로운 주택 수요가 성장하는 시기였던 초기에는 생활수준의 향상과 주택 공급을 목표로 했기 때문에 도시 재구축reconstruction 정책[3]이 실시되었으며, 1970년대 들어와서 노후화된 도시지역에서의 근린계획과 광범위한 주거지역의 재개발에 초점을 둔 도시 재개발renewal 정책이 추진되었다. 1990년대 보수당의 메이저정부가 들어서면서 영국의 도시

3 – 이는 가장 쉬운 방식으로 분당과 일산과 같이 한국에서 신도시를 만드는 방식으로 이해할 수 있다.

재생 정책은 중요한 변화를 경험하는데 이때부터 지역사회 역할의 중요성을 강조하는 방향으로 정책을 수정한다. 당시 본격적으로 대두된 개념이 통합재생예산을 기반으로 한 지역기반주도방식Area-Based Initiative이고 이 방식은 지역적으로 집중된 도시의 빈곤문제 해결을 위한 자원배분에 있어 선택과 집중을 강조하는 것이다. 이는 영국의 도시재생 정책에서 상향식bottom-up의 단초를 제공하게 되었다.

영국의 지역주도(지방주도)형 도시재생 정책 추진체계의 특징은 지방정부의 역할을 강조하고 있는 점과 지방정부가 재원을 조달한다는 점이다. 또한 성숙한 시민사회 역량을 바탕으로 지역사회의 참여가 이루어진다는 점과 도시재생공사나 도시개발회사와 같은 추진기구의 전문성을 바탕으로 이루어진다는 점이다.

영국의 도시재생 정책이 우리에게 시사하는 점은 초기 물리적 재개발 방식에서 점차 지역사회의 역할을 강조하고 삶의 질 향상을 위한 방안으로 변모하였다는 점과 중앙정부 단일 주도의 획일적인 재생사업이 아닌, 다양한 분야의 기관들이 파트너십을 형성하여 종합적 해결 방안을 모색한다는 점, 그리고 주민의 적극적인 참여를 유도하여 지역문제 상황을 깊이 있게 분석하고 혁신적인 방안으로 문제를 해결한다는 점이다(김성완 외, 2011).

다음으로 일본의 지역중심정책을 살펴보면, 한국의 지역사회 통합돌봄과 주민자치형 공공서비스가 결합된 지역포괄케어 시스템 정책이다. 일본은 2000년 4월 시행된 개호보험제도에 대한 개혁과 이와 관련된 케어서비스 중심의 포괄화 논의가 이루어졌고, 2003년 법·행정상 지역포괄케어 시스템은 고령자개호연구회 보고서에서 처음 제기되었다. 이후 2005년 개호보험법을 개정하면서 지역밀착형 서비스의 신설과 지역포괄 지원체계 확립 등의 조치가 이루어졌다. 단카

이 세대 700만 인구가 후기고령자가 되는 2025년을 대비하기 위하여 2013년 '지속가능한 사회보장제도의 확립을 도모하기 위한 개혁의 추진에 관한 법률(약칭 사회보장개혁프로그램법)'을 제정[4]하면서 지역포괄케어 시스템[5]을 본격화하였다.

이는 고령자가 자신이 살아온 지역에서 생활을 영위하도록 의료, 돌봄, 예방, 주거 및 다양한 일상생활 지원이 포괄적으로 확보되는 체제이다. 최근에는 신(新)복지비전의 일환으로 고령자에 한정되어 있던 대상을 전 연령층으로 확대하여 지역에서 생활하는 주민 전체로 확장할 계획이다. 일본의 니키 교수에 의하면, 지역포괄케어의 실체는 지역포괄지원센터가 아니고 네트워크에 있으며, 이를 위해서는 일상 생활권역(30분 내에 이동 가능한 권역)에서 의료, 돌봄, 예방 등 다양한 생활지원서비스가 포괄적으로 연계 가능해야 하고, 지자체(보험자)가 지역특성에 맞추어 지역의 자주성, 주체성을 토대로 추진하므로 각 지역에 따라 다양한 형태로 전개된다(김승연·권혜영, 2018; 박유미, 2018).

한편, 일본은 2016년에 지역공생사회[6]를 발표하여 지원하는 자와 지원받는 자를 양분하지 않는 사회를 만들고, 지역주민 주체의 과제해결력 강화를 위해 지역력 강화 검토위원회를 설치하였다(박유미, 2018). 앞서 설명한 지역포괄케어가 한국의 지역사회 통합돌봄을 의

4 – 사회보장개혁프로그램법은 '지역의 실정에 맞추어 고령자가 가능한 한 정든 지역에서 자신이 지닌 능력에 따라 자립한 일상생활을 영위할 수 있도록 의료, 개호, 개호예방, 주거 및 자립한 일상생활 지원이 포괄적으로 확보되는 체제'로 지역포괄케어 시스템을 규정하였다(김승연, 권혜영, 2018).

5 – 일본의 지역포괄시스템은 개호보호 중심으로 추진된다(박유미, 2018).

6 – 행정안전부의 주민자치형 커뮤니티케어는 지역포괄케어 시스템(community-based integrated care system)보다 지역공생사회(all-inclusive care community)의 내용을 이룬다. 물론 2015년 개호보험법 개정을 통해 지역포괄케어 시스템에서도 '지역만들기'가 제시되었지만 내용면에서 주민자치형 커뮤니티케어는 후자인 지역공생사회에 가깝다.

미한다면 지역공생사회는 주민자치형 공공서비스로 이해 가능하다. 즉, 행정안전부 주민자치형 공공서비스와 보건복지부 지역사회 통합돌봄이 합쳐져 공공성 강화와 공동체성 복원을 통해 커뮤니티에 의한 커뮤니티케어가 실현가능하게 될 것이다.

3. 커뮤니티와 사회적경제

1) 사회적경제의 이해

한국에서 사회적경제는 다중적 의미로 해석되는데 다음과 같이 크게 3가지를 들 수 있다.

첫째, 사회적경제는 상호 배려정신에 입각한 호혜성 원리, 나눔의 원칙으로 하는 재분배 원리가 작동하는, 경제 혹은 이윤보다 구성원과 지역사회에 대한 공헌 목적, 자율적인 운영(경영), 민주적인 의사결정 과정, 이윤배분에 있어 자본보다 사람이 우선하는 원칙을 지닌 협동조합, 공제조합, 그리고 비영리조직에 의해 수행되는 경제활동으로 이해된다(polanyi, 1944; Defourny, 2004).

둘째, 사회적경제는 협동조합, 마을기업, 자활기업, 사회적기업 등을 포함한 조직적 의미로 이해된다(오단이, 2013). 즉, 사회적경제라는 우산 안에 이러한 개별 조직들이 들어가 있는 것이다. 과거에는 이러한 개별 조직들을 사회적경제라고 통칭했으나 최근에는 사회적경제 기업이라는 표현하기도 한다. 하지만 이럴 경우, 사회복지법인과 같은 비영리조직도 사회적경제 기업으로 불리는 불편함이 있다. 따라서 개별조직들을 통칭할 때는 사회적경제 기업보다 사회적경제 조직이라 불리는 것이 적절하다.

마지막으로 운동적 성격으로 이해하는 방식이다. 이는 장원봉(2006)에 의해 정의된 사회운동적 성격과 사회적경제를 경제나 조직으로 한정해서 이해하기보다는 일상생활 속에서 개인이 어떻게 살아가느냐와 같은 삶의 방식 혹은 태도로 이해하는, 개인단위의 운동성으로 구분할 수 있다(오단이 외, 2017).

그동안 한국에서 사회적경제는 생산중심 그리고 전술했듯이 조직중심으로 주로 논의되어왔다. 그러나 최근 들어서는 '사회적경제다운' 삶의 방식으로 살아가려는 개인의 노력 그리고 소비에 있어서도 사회적으로 소비하려는 사회운동으로 이해되기도 한다.

한편, 2018년 6월에 대한상공회의소 국제회의장에서 열린 '사회적경제 국제포럼' 기조강의에서 유엔사회개발연구소장 폴 래드는 "사회적경제는 이윤보다 사회적·환경적 목표를 우선으로 삼고, 경제활동에서 윤리의 중요성을 강조하며, 민주적 자주관리와 적극적 시민의식의 관점에서 경제적 실천을 성찰함으로써 경제에 대한 사회의 통제력을 회복하려는 움직임이다."로 정의하였다. 즉, 사회적경제는 기회의 형평성을 높이고, 경제성장의 열매가 보다 많은 사람들에게 돌아갈 수 있도록 성장과 분배 정책을 선순환적으로 결합하려고 노력하며, 활성화를 통해 불평등을 완화하고, 포용적 성장을 견인하는 역할을 할 수 있다(한겨레, 2018. 6. 22).

2) 지역사회에서 사회적경제의 역할

사회적경제를 언급하고 발전전략을 논의할 때 지역사회 기반이 중요한 요소로 거론된다. 일부 연구는 대다수의 발전된 사회적경제 조직이 지역사회에 필요한 서비스를 공급하는 자발적 조직에서 발전해왔다고 지적한다(한국노동연구원, 2004). 한국과 인연이 깊은 벨기에 드푸르니(2004) 교수는 근린지역과 도시의 혁신 및 재건을 사회적기업의 주요 과제로 제시하고 있다. 그는 사회적기업이 영국 내 많은 빈곤지역이 직면하고 있는 문제들에 대한 해결책을 제시할 수 있다고 주장한다. 또 사회적기업은 고용기회뿐만 아니라 고객으로서의 기회도 제공하고 있다고 한다. 사회적기업은 지역의 경제적, 사회적 인프라를 개선하고 사람들이 살기에 더 매력적인 지역으로 만들면서, 일반 기업이 그곳을 사업하기에 알맞은 곳이라고 생각하게끔 지역사회를 촉진한다(채종헌·최준규, 2012). 이를 통해 주민이 더 나은 커뮤니티 라이프를 즐길 수 있게 해준다.

한국 사회적경제 조직은 사회서비스 시장확대로 그동안 사회서비스를 제공하던 전통적인 사회복지기관 외에 사회적기업과 같은 다양한 조직이 참여의 기회를 얻게 되어 지역 사회복지 제공주체로 진입하게 되었다. 그러므로 사회서비스 영역에서 사회적경제 조직은 제도권에서 배제된 계층의 사회적 욕구를 충족하며 지역차원에서 사회통합에 기여하고 있다. 또한 복지 사각지대에 놓인 취약계층을 위해 다양한 서비스를 제공하고, 공동화되는 지역사회의 재생과 공동체성 회복을 위한 역할을 수행한다(오단이, 2013). 이러한 과정을 통해 사회적경제는 사회자본을 증가시키는 역할을 한다(홍현미라, 2007).

한편, 한국 사회적경제 1세대 연구자인 장원봉(2017)은 지역사회에 대한 사회적경제의 역할을 노동시장에서 취약한 계층에게 일자리를 제공하고, 지역사회에서 충족되지 못하는 다양한 사회서비스를 제공하고, 낙후된 지역사회의 사회적·경제적 재생 그리고 사회적 배제에 대응하는 다양한 사회통합으로 보고 있다. 이는 앞서 우리가 살펴보았던 정부의 3가지 정책들과 밀접한 관계가 있음을 짐작할 수 있다.

4. 사회적경제의 역할과 과제

대표적인 지역주도 정책인 주민자치형 공공서비스, 도시재생, 그리고 지역사회 통합돌봄은 공통적으로 상향식 방식을 가지며 이와 더불어 주민참여와 거버넌스(민-민, 민-관, 관-관) 기제가 필요하다. 한편, 사회적경제는 지역사회와 밀접한 연계가 필수로 요구되고, 사회적경제 조직의 성공에는 지역사회에서의 신뢰형성과 네트워크 구축 및 활용이 중요한 요인된다. 따라서 사회적경제 조직이 지속가능하기 위해서는 지역공동체와의 연계가 필수이다(채종헌, 2015).

주민이 주체가 되어 지역주도 사업을 수행하여 지역사회에 이바지하고 지역발전 순환체계를 이루는 데에 사회적경제는 어떠한 역할을 할 수 있으며, 또 그러한 역할을 수행할 때 어떤 과제를 갖게 될까?

먼저, 지역사회 통합돌봄에서 사회적경제의 역할은 크게 3가지로 요약할 수 있다. 첫째, 국가나 시장방식과는 다른 사회적경제다운 돌봄이다. '사회적경제다움'이 무엇인지 논란의 여지가 있으나 필자는 공동체를 지향하면서, 지역 안에서 누구도 배제하거나 배제당하지 않고[7], 서로 관계 맺으며 자기 것을 내놓으면서 불편을 감수하려는 돌봄을 사회적경제다운 돌봄으로 이야기하고 싶다. 다만 과거와 같은 끈끈하고 강한strong 연대적 관계보다는 조금은 느슨한 연대, 즉 연결적 의

7 – 개인적으로는 가능하다면 '나', '우리'를 넘어서 이방인에 대한 환대로까지 확장되면 좋을 것 같다. 이는 공동체의 확장으로 지구별을 하나의 공동체로 보는 글로벌 시티즌십으로 볼 수도 있다.

미로서의 사회적경제다운 돌봄을 기대한다.

둘째, 서비스 제공자로서 사회적경제 역할이다. 지역사회 통합돌봄은 보건의료와 복지의 통합이 중요하다. 이에 사회적경제 조직인 의료복지사회적협동조합이 주목받고 있다. 지역사회 통합돌봄 정책이 성공하기 위해서는 의료보건의 절대적인 협력이 필요하다. 그러나 의료전문가인 의사들의 지역사회 통합돌봄 참여가 부진한 상황에서 서비스 제공자로서 의료복지사회적협동조합의 역할이 매우 필요하다.

셋째, 지역에서 사회적경제는 돌봄체계에 대한 공론의 장(새로운 판을 만들 수도 있고)을 만들어 내용을 담아내는 역할을 할 수 있다. 사실 그동안 의료복지사회적협동조합은 공공기관(지방자치단체나 보건소 등)이나 복지기관과 협력한 경험이 부족하다. 그러나 이번 기회에 이 기관들과 협력하여 지역 내 돌봄체계를 시장방식이 아닌 공공성을 추구하는 방식으로 바꿀 수 있을 것이다. 그동안 의료복지사회적협동조합이 주민을 조직하고 지역사회 건강문제(예방적 건강을 포함한)를 해결하려는 노력과 이웃이 이웃을 돌보는 돌봄체계를 구축하려는 노력을 해온 것이 지금의 지역사회 통합돌봄 정책과 맞아떨어지기 때문이다.

마지막으로 사회적경제는 도시재생과 주민자치형 공공서비스 정책에서 주민이 참여하는 사회적경제에 대한 체감도를 높이는 역할을 해야 한다. 최근 한국사회에 대두되고 있는 지역관리기업을 국토교통부, 행정안전부 양 부처에서 주목하고 있다. 특히 행안부 자치분야에서는 주민자치회를 통한 행정사무 위수탁과 관련하여 주민참여의 기제로서 사회적협동조합 형태의 지역관리기업에 관심이 많다. 이러한 기업들이 많이 생긴다면, 사회적경제에 대한 체감도가 높아질 것이다.

지역중심정책 시대는 지역을 기반으로 하여 주민참여, 협력적 관계(거버넌스)에 익숙한 사회적경제 진영에게 기회임이 틀림없다. 따라서 사회적경제의 과제는 주류적 사고를 통한 전략을 이끌어냄으로써, 그리고 주민, 사회적경제 조직, 비영리조직을 비롯하여 다양한 지역사회 주체들이 연대하고 협력함으로써 민간이 주도할 수 있도록 선도하는 것이다. 그간 사회적경제는 한국사회에서 비주류였고 앞으로도 그럴지 모른다. 그럼에도 불구하고 사회적경제가 가지는 공동체성을 중시하고 연대와 협력의 태도를 통해 지역사회의 변화를 이루어가야 한다.

주민이 사회적경제 활동에 참여함으로써 사회적경제를 올곧이 이해하고 더불어 사는 세상을 꿈꿀 수 있을까? 그럴 수 있기를 희망한다. 나아가 사회적경제가, 경제에 포섭된 사회가 그 기능을 제대로 수행하지 못하고 있다고 한 폴라니(1994)의 지적에서 벗어나 경제를 사회로 되돌릴 수 있는 역할까지 할 수 있기를 꿈꾸어본다.

소외된 협동조합 소내하기

김기섭

1. 들어가며

장원봉 박사 추모집에 실을 글을 부탁받았다. 모든 이의 죽음이 추모의 대상이겠지만 그의 죽음은 특히 마음 아프다. 너무나 젊은 나이에 좋은 친구를 잃었다.

모든 인간은 경계에서 산다. 삶과 죽음의 경계에서, 현장과 사유의 경계에서 고뇌하며 산다. 내가 기억하는 장원봉 역시 마찬가지였다. 장 박사 앞에는 항상 연구자와 활동가라는 서로 다른 두 수식어가 붙었고, 이들 사이의 모순을 그는 기꺼이 받아들이며 살았다. 누구보다 그는 현장에 뿌리내리면서 사유하는 활동가형 연구자였다.

장 박사의 수많은 활동 가운데 내가 특히 주목하는 것은 말년에 지인들과 공들였던 '사회적경제 학습공동체 페다고지'이다. 이 이야기를 처음 들었을 때의 내 느낌은 한마디로 "40년도 훌쩍 지난 지금, 파울로 프레이리의 재소환이라니?"였다. 하지만 곰곰이 따져보면 '페다고지Pedagogy'는 교육학이라는 일반 명사지 특정인과는 관련이 없다. 스스로를 돌아보자는 것이지 누군가로부터 전수되는 것이 아니다.

세상이 온통 협동조합이니 사회적경제니 아우성칠 때, 누군가는 침묵하고 사고해야 한다. 내 안에 드리운 그것들의 그림자를 돌아보면서 혹시나 있을지 모를 확증편향과 자가당착에 빠지지 않도록 경계해야 한다. 내가 어떤 생각을 갖고 활동하는지, 그 생각과 활동이 스스로에게 거짓 없는지. 이런 자기소외 과정이 지금의 협동조합과 사회적경제 진영에 꼭 필요하다고 그는 보았던 모양이다.

돌이켜보면 같은 시도는 150여 년 전에도 있었다. "신은 죽었다. 그러나 사람의 삶에서 항상, 어쩌면 또 수천 년의 긴 동안, 신의 그림자가 보이는 동굴이 있게 될 것이다. 우리는 (이런) 신의 그림자를 타도해야만 한다!"[1]고 니체는 외쳤다. 아니 이런 시도는 이미 수천 년 전부터 있었다. "무릇 있는 바의 형상은 모두 허망한 것이고, 만약 모든 형상이 원래 형상 아님을 보면 곧 여래를 볼 것이다."[2]고 부처는 설법했다.

이런 점에서 볼 때 장원봉의 시도는 어쩌면 영원한 미완인지도 모른다. 누구도 그 완성을 호언할 수 없는 질문을 그가 남겼는지 모른다. 참으로 짓궂은 친구지만 그를 기억하는 한 사람으로서 나 또한 이 미완의 질문에 내 나름의 답을 찾고자 한다. 사회적경제 안에서도 특히 협동조합에 대해, 그것도 내 밖에서 날뛰는 협동조합이 아닌 내 안에 드리운 협동조합의 그림자에 대해, 조금은 낯선 시선으로 바라보고자 한다.

1 – 다케우치 츠나후미(竹內綱史), 〈超越者なき自己超越 : ニーチェにおける超越と倫理〉, 22쪽
2 – 《金剛般若波羅蜜經》, 五.如理實見分 "凡所有相 皆是虛妄. 若見諸相非相 卽見如來"

2. 근대와 협동조합

1) 근대를 어떻게 볼 것인가?

협동조합이 근대의 유산이면서 동시에 성과라는 점에 대해서는 누구나 동의할 것이다. 근대 이전에도 물론 비슷한 것들이 있었지만, 소위 '협동조합'이라 이름 붙는 것들의 역사는 모두 근대 이후부터다. 근대의 의식이 협동조합을 정형화했고, 근대의 폐해에 대응하면서 협동조합은 발전해왔다.

그런데 지금은 너나없이 '포스트모던'을 이야기한다. 본래는 '근대 이후post-modern'라는 의미지만 어떤 이유에선지 우리는 '근대를 넘어(脫近代)'라는 취지로 자주 쓴다. 수 세기에 걸친 근대의 여정이 종착점에 도달해 있고, 근대와는 다른 세계관과 가치관이 세상을 지배할 것이라 말한다. 만약 이 말이 사실이라면 협동조합은 과연 어떻게 될까? 근대와 함께 태동하고 성장해온 협동조합은 소위 탈근대의 시대에도 여전히 살아남을 수 있을까?

이 질문에 대한 답을 찾으려면 먼저 근대가 무엇이고, 또 협동조합 안에 드리운 근대의 그림자가 무엇인지 고찰할 필요가 있다. 이를 바탕으로 근대 이후가 되었든 근대를 넘어가 되었든, 새로운 시대에 걸맞은 협동조합의 길을 찾을 필요가 있다. 물론 이런 시도는 협동조합이 새로운 시대에도 여전히 유용할 것이라는 가정하에서다.

돌이켜보건대 지난 근대의 여정을 우리는 두 가지 목표로 달려왔다. 하나는 모든 초월적인 것[3]의 지배에서 '인간'을 해방하는 것이었고,

3 – 아마도 초기에는 '종교', 중기에는 '국가', 후기에 들어서는 '이데올로기'로 대표될 수 있을 것이다

또 하나는 모든 관습적인 인간관계의 구속으로부터 '나'를 해방하는 것이었다. 그리고 이제 근대가 어느 정도 성과를 냈다고 보는 지금, 우리는 한편에서는 그 어떤 초월적인 것에도 지배받지 않는 '평등한 인간'이 되었고, 또 한편에서는 그 어떤 정해진 인간관계에도 구속받지 않는 '자유로운 나'가 되었다.[4]

물론 근대의 지난 여정이 반드시 좋은 결과만 낳은 것은 아니다. 경외의 대상이고 삶의 준거였던 초월적인 것의 죽음은 존엄의 대상과 가치의 원천을 인간 자신에게서 찾아야 함을 의미하는데, 우리 인간은 아직은 "신은 죽었다"[5]고 자신 있게 외칠 만큼 '차라투스트라'가 못 되고 있다. 정해진 인간관계에서 선택하는 인간관계로의 변화는 나 스스로가 인간관계를 만들어야 함을 뜻하는데, 나는 아직은 충분한 '사회적 자본가social capitalist'가 못 되고 있다. 존재의 근거를 인간 스스로가 부여하지 못하고 있고, 삶의 의미를 나 스스로가 찾지 못하고 있는 것이 포스트모던이라 불리는 지금을 살아가는 우리 개개인의 모습이다.

인간이 평등하고 자유로운 줄 알면서도 하나 같이 모두가 공허하고 쓸쓸한 나날을 보내는 것은 아마도 이런 이유 때문일 거다. 내가 세상에 둘도 없는 존재인 줄 알면서도 여전히 타자의 시선에 휘둘리는

4 – 대승불교에서는 어떤 인간관계에도 구속되지 않는 것을 '무연(無緣)'이라 하고, 이런 속에서 펼치는 자비를 '무연자비(無緣慈悲)'라 한다. 상(相)에 따른 친소의 '중생연자비(衆生緣慈悲)', 법(法)에 따른 공통 신념의 '법연자비(法緣慈悲)'에 비해, '무연자비'는 일체의 상과 법을 떠나 펼치는 자비다. 자비를 상호부조로 바꾸면 그 의미하는 바가 훨씬 명확해진다. 과거에는 전통적 공동체 안에서 상호부조를 해왔고, 지금은 협동조합을 통해 상호부조를 해왔다면, 앞으로는 일체의 인연에 구애됨 없이 상호부조를 할 수 있고 또 해야 한다는 이야기다.

5 – "신은 죽었다"는 니체(차라투스트라)의 명제를 나는 신이 더는 믿을 만한 존재가 아니게 되었다는 '불신'과, 이를 대체하는 그 어떤 가치 있는 것이 객관적으로 실재하는지에 대한 '의심'의 두 가지로 이해한다. 그리고 이런 '불신'과 '의심'은 모두 내 마음의 영역이다. 즉 객관적 실재로서의 신의 죽음이 아니라 그런 신을 믿고 따라온 내 마음의 죽음이다. 한마디로 "신은 죽었다"라는 명제의 진의를 나는 "신(을 믿고 따르는 내 마음)은 죽었다"로 이해한다.

것 또한 같은 이유 때문일 거다. 이런 점에서 볼 때, 울리히 벡이 지금을 '재귀적 근대reflexive modern'라 부른 것은 나름 의미가 있다. 근대가 끝나고 근대와는 전혀 다른 시대가 열린 듯 보이지만, 실은 근대의 긴 여정이 나 자신에게로 돌아와 근대 자체가 새로운 단계로 접어든 것이 지금이다. 존재의 의미와 삶의 희망을 찾지 못한 채로 고독한 나날을 보내고 있는 것은, 근대가 내게 미친 필연적 결과이면서 동시에 지금이 근대의 분기점임을 암시하는 징후다.

2) 재귀적 협동조합

근대에 대한 이런 내 이해는 협동조합에도 똑같이 적용된다. 근대와 함께 태동하고 성장해온 협동조합 역시 근대와 마찬가지로 지금 재귀적 상황에 놓여 있다.

근대를 향한 지난 여정에서 협동조합은 분명 유용한 도구였다. 협동조합을 자유롭고 평등한 인간의 결사로 불러온 것은, 자유와 평등이라는 근대의 목표를 향해 가는 데에 협동조합이 얼마나 유용한 도구였는가를 방증한다. 보통의 인간은 자연상태에서 혼자서는 역경을 헤쳐나갈 수 없고, 특히 자유와 평등을 향해 가는 근대의 여정에서는 자유와 평등이 실재하는 협동조합 같은 중간 사회의 역할이 중요하다. 근대의 여정이 본격적으로 시작된 시기에 협동조합이 태동했고, 근대의 여정이 정점에 이른 시기에 협동조합이 성장한 것은 다 이런 이유 때문이다.

그런데 지금은 사정이 조금 다르다. 협동조합이 앞으로도 여전히 그 위세를 떨칠지 모르지만, 그 안의 사람들은 오히려 공허하고 쓸쓸하다. 자유와 평등은 실재에서 제도로 추락해 있고, 사람들은 더는 그 안에서 존재의 의미도 삶의 희망도 찾지 못하고 있다. 아니 정확히는 찾지 못하도록 포기당한 채로 단지 경제적 이해관계로만 묶여 있다. 근대가 나에게로 돌아온 재귀적 상황에서도 협동조합은 여전히 근대에만 머물러 있다.

사회가 사회이기 위해서는 두 가지 조건이 필요하다. 하나는 '자유'와 '평등'이고, 또 하나는 '의미의 창출'과 '희망의 분배'다. '자유'와 '평등'이 사회의 존립 근거라면, '의미의 창출'과 '희망의 분배'는 사회의 존재 이유다. 인간의 삶에서 사회가 중요한 이유는 그것이 인간의 자유롭고 평등한 결사를 통해 만들어졌기 때문이고, 만들어진 다음부터는 그 안의 인간에게 살아가는 의미와 미래에의 희망을 주기 때문이다. 존재의 의미를 찾지 못하는 인간만큼 공허한 인간은 없고, 희망을 나눠 갖지 못하는 인간만큼 쓸쓸한 인간은 없다. 과거에는 그것을 초월적인 것에 의존했지만, 모든 초월적인 것이 죽은 근대 이후에는 사회가 그 역할을 해야 한다. 그런데 지금의 협동조합은 여전히 자유와 평등에만, 그것도 실재에서 제도로 추락한 자유와 평등에만 머물러 있다. 협동조합이 유지될 수 있을지는 몰라도 유지되어야 하는 이유가 사라져버린 것이다.

혹자는 이런 역할을 국가에서 찾는다. 특히 보수에서 진보로 정권교체에 성공한 우리나라에서는 이런 역할을 국가에 기대하는 이들이 많다. 하지만 현대사회에서 국가는 보수냐 진보냐에 상관없이 더는 사회에 개입하려 들지 않는다. 사회로부터 소외된 국가는 조합원으로부터 소외된 협동조합과 마찬가지로 국민의 삶에 더는 직접 개입하려 들지 않는다. 국가가 하는 일이라고는 세계를 떠도는 기업과 투자자를 상대로 자기 나라가 얼마나 매력적인지를 선전하는 '외관 관리자'일 뿐이고, 기껏해야 국내에서 첨예하게 대립하는 이해관계의 영혼 없는

'조정자'일 뿐이다.

다시 한 번 강조하지만, 문제는 의지 없는 국가에 있는 것이 아니라 제 역할을 잊은 사회에 있다. 자유롭고 평등한 결사로 태동했지만 정작 중요한 삶의 의미와 희망을 주지 못하고 있는 것이 지금의 사회이고 협동조합이다. 아니 이런 상황을 지금의 협동조합은 오히려 즐기는 듯하다. 당연한 자기 역할을 잊은 채로 국가가 부여한 기능, 가령 '사회적 가치의 추구'니 '일자리 창출'이니 하는 것에만 매달려 있는 듯 보인다. 무엇 때문에 그토록 열심히 협동조합을 해왔는지, 협동조합을 바라보는 내 시선은 점점 낯설어져만 간다.

3. 소외된 협동조합

1) '소외'란 무엇인가?

어떤 일의 결과가 생각지 못한 낯설음으로 다가올 때, 우리는 이를 '소외(疏外)'라 부른다. 지금의 협동조합이 낯설어졌다는 것은 최소한 나로부터 협동조합이 소외되기 시작했음을 의미한다. 일본 그린코프 생협의 유키오카 요시하루(行岡良治)는 소외에 대해 다음과 같이 탁월하고 알기 쉽게 비유한다.

> 소외란 '자립한 외화(外化)', '특수한 외화'를 말합니다. 좀 더러운 비유지만, 예를 들어 여기 똥이 있습니다. 똥은 인간이 배설한 것이고, 인간이 외화한 것입니다. 이렇게 외화한 똥이 벌떡 일어나 두 팔을 휘저으며 걸어 다니는 것, 이것이 말하자면 소외입니다. 물론 실제로 똥은 걸어 다니지

않습니다. 왜냐하면 똥은 외화된 것이지 소외된 것이 아니기 때문입니다. 그렇다면 소외에는 어떤 것이 있을까요? 가장 단적인 예가 여성의 출산입니다. 물론 아이를 낳지 않는 분도 계시지만, 여성이 아이를 낳습니다. 그렇게 태어난 아이는 곧 기어 다니기 시작하고, 걷기 시작하고, 또 자기 주장도 하기 시작합니다. 여성이 아이를 소외한 것입니다.[6]

유키오카의 비유가 탁월한 것은, 단지 소외를 알기 쉽게 설명해서만이 아니라 모든 소외가 일차적으로 생리적이고 신체적인 관계에서 일어난다는 사실을 밝히고 있기 때문이다. 소외는 단순히 '신에 의한 인간의 지배'(포이에르바흐), '자본가에 의한 노동자의 지배'(마르크스)가 아니다. 19세기와 20세기에 들어 확연해진 소외의 몇몇 양상을 마치 소외의 전부인 양 이야기하는 것은, 사유의 공간을 (단지 물질의 작동으로) 부정하고 노동자(의 폭력적) 혁명을 부추기기 위한 기획일 뿐이다. 한 걸음 더 나아가 "소외의 고리가 굵어지면 굵어질수록 그것을 지양하는 고리도 또한 그에 상응하여 굵어지도록 이미 처음부터 예고되고 결정되어 있었다."[7]는 식의 변증법으로는 소외를 넘어설 수도 없다.

소외의 시작은 생명의 태동부터다. 소외를 '어떤 일(것)에 대한 낯설음'이라 정의할 때, 이는 '어떤 일(것)'이라는 자타의 구분과 '낯설음'이라는 타자에 대한 지각을 전제로 하고, 따라서 그 시작은 의식이든 무의식이든 마음을 가진 생명의 태동부터다. 실제로 일본의 사상가 요시모토 다카아키(吉本隆明)는 무기물에서 유기물 즉 생명이 태동하면서 '원시적 소외'가 발생했다고 말한 바 있다.

---

6 – 유키오카 요시하루, 〈2020年度組合員事務局全体研修会講演録〉, 10~11쪽.

7 – 김진석, 《'소외'를 말하는 자는 건강한가?》, 246쪽.

생명체는, 그것이 고등이든 원시적이든, 단지 생명체라는 존재 자체로 인해 무기적 자연에 대해 하나의 낯설음(異和)을 형성하고 있다. 이 낯설음을 가령 원시적 소외라 부른다면, 생명체는 아메바에서 인간에 이르기까지 단지 생명체라는 이유로 원시적 소외라는 영역을 지니고, 따라서 이런 소외의 부정으로서 존재한다.[8]

굳이 인간에 한정해 소외를 논하더라도 결과는 마찬가지다. 인간의 소외는 그 무리가 숲에서 나와 자연을 타자로 바라보기 시작하면서이지 결코 자본주의 사회에 들어 처음 태동한 것이 아니다. 자연으로부터 소외된 결과로 소외를 지각하는 영역 즉 마음이 진화했고, 이런 마음의 에로스적이고 공동체적인 관계(요시모토는 이를 '짝(對)환상'과 '공동(共同)환상'이라 불렀다[9])가 사회나 국가 같은 제도를 낳았다.

정리하자면, 먼저 소외의 역사는 곧 생명의 역사이고 인간의 역사다. 소외가 없었다면 생명도 없었고 인간사회도 없었다. 다음으로 소외의 내용은 소외된 대상 자체가 아니라 그 대상에 대한 내 지각이다. '어떤 일(것)에 대한 낯설음'에서 '어떤 일(것)'보다 '낯설음'이 소외의 내용이다. 마지막으로 이런 소외의 내용을 주관하는 것은 다름 아닌 내 마음이다. 원시생물에서 그것은 "단지 외부 세계와의 접촉과 감

---

8 - 요시모토 다카아키, 《心的現象論序說》, 23~24쪽.

9 - 요시모토는 인간의 마음을 해부하는 세 가지 축으로 '자기(自己)환상', '짝환상' '공동환상'을 들었다. '자기환상'은 개체로서의 인간이 자기 자신과 관계하면서 생겨난 것이고, 짝환상은 개체로서의 인간이 다른 개체로서의 인간과 관계(요시모토는 이를 '에로스적 관계'라 부른다)하면서 생겨난 것이며, 공동환상은 3인 이상의 인간관계에서 생겨난 것이다. 인간 사회가 피나 성(性)으로 연결된 씨족집단에서 법을 기반으로 하는 국가로 변모한 기저에 짝환상이 공동환상을 형성해온 과정이 있다. 인간이 국가를 사랑의 대상으로 보거나 쉽게 상대화하지 못하는 것도 이런 구조에서 유래한 때문이다. 마르크스가 국가(정치적 국가)를 단지 법과 제도 중심의 '환상의 공동체(illusorische Gemeinschaftlichkeit)'로 규정한 데 비해, 요시모토는 그 환상이 결국은 인간의 에로스적이고 공동체적 마음이 만들어낸 것임을 밝혔던 셈이다.

지에 따른 무정형의 반사운동"[10]에 지나지 않았지만, 인간은 (불교 유식학의 언어를 빌자면) 접촉과 감지 등의 전오식(前五識)에서 이를 융합하는 의식(意識)을 거쳐 다시 이를 주관하는 마나식(末那識)으로 진화해갔다.

근대 이후가 그 이전과 확연히 다른 점은 이런 마음을 이제는 모든 인간이 알게 되었다는 것이다. 자기 마음을 자기가 아는 또 다른 마음을 갖게 되었다는 사실, 표현을 달리하자면 정신을 정신할 수 있게 되었다는 사실이야말로 근대가 낳은 가장 큰 성과이면서, 동시에 그 성과를 즐기지 못하는 근대적 인간의 고뇌이기도 하다.

2) 협동조합에서의 소외

소외가 중요한 이유는 그것이 단지 무기물과 유기물 사이, 자연과 인간 사이에서만이 아니라 인간과 협동조합 사이에서도 일어나기 때문이다. 유키오카에 따르면 협동조합 역시 인간(조합원)으로부터 소외된 것이다.

> 생활협동조합도 마찬가지입니다. 생협은 조합원이 낳은 것입니다. 그런 생협이 조합원으로부터 자립해 자기 하고 싶은 대로 합니다. 조합원 위에 군림하고, 조합원 의식을 높이고자 교육합니다. 이렇게 인간이 낳은 것이 인간으로부터 자립해 자기운동을 하는 것, 이것이 바로 '소외'입니다. 생협은 인간으로부터 소외된 것이고, 아이는 여성이 소외한 것입니다.[11]

---

10 – 요시모토 다카아키, 《心的現象論序說》, 24쪽.

11 – 유키오카 요시하루의 같은 강연록, 11쪽.

협동조합을 조합원이 만들었다는 것은 누구도 부정할 수 없는 사실이다. 이런 협동조합이 성장하고 자립하기를 바라는 것은, 아이가 커서 스스로 자립하기를 바라는 엄마의 마음처럼, 조합원이라면 누구나 갖는 당연한 마음이다.

문제는 이렇게 성장하고 자립한 협동조합이 조합원에게서 떨어져 나와 자기 하고 싶은 대로 하고, 나아가 조합원 위에 군림해 조합원을 상대로 교육한다는 데 있다. 아이가 커서 엄마를 교육하는 것과 다를 바 없는 양상이 너무나 자연스럽게 협동조합 내부에서 벌어진다는 데 있다. 특히 운동성을 강조하고 정체성을 찾으려는 협동조합일수록 조합원을 향한 교육은 더욱 장려된다. 세계적인 차원에서도 협동조합은 교육의 중요성을 '원칙'에까지 담아 다음과 같이 강조하고 있다.

> 협동조합 제5원칙【교육, 훈련 및 홍보】: 협동조합은 조합원, 선출된 대리인, 경영자, 직원들이 협동조합의 발전에 효율적으로 기여하도록 교육과 훈련을 실시한다. 협동조합은 일반 대중, 특히 젊은 세대와 여론 지도층에게 협동의 본질과 장점을 홍보한다.[12]

경영자나 직원을 협동조합 발전에 기여하도록 교육해야 한다는 데는 전혀 이의가 없다. 이들은 처음부터 그런 목적을 위해 조합원에게 위임받은 사람들이다. 일반 대중을 상대로 홍보해야 한다는 데도 동의한다. 물론 이때는 홍보는 그 대상이 '협동조합'이 아니라 '협동'의 본질과 장점이라는 사실을 기억해야 한다.

문제는 조합원과 선출된 대리인(임원)까지도 협동조합의 발전에

12 – 원문 https://www.ica.coop/en/cooperatives/cooperative-identity#education-training-and-information

효율적으로 기여하도록 교육한다는 대목에 있다. 선출된 대리인 역시 조합원의 한 사람임을 고려할 때, 이는 모든 조합원을 협동조합 발전을 위해 교육한다는 것과 같은 의미다. 나를 위해 협동조합이 있는 것이 아니라 협동조합 발전을 위해 내가 있다는 것이고, 이는 국가 발전을 위해 모든 국민을 유능한 애국자로 교육한다는 것과 별로 다르지 않다.

같은 차원에서 1995년에 국제협동조합연맹이 채택한 '협동조합의 정체성에 관한 ICA 성명'[13]에서는 조합원에게 이런 '가치'를 강요한다.

> 협동조합은 자조, 자기책임, 민주주의, 평등, 공정 그리고 연대의 가치를 기초로 한다. 각 설립자들의 전통을 이어받아 **협동조합의 조합원은** 정직, 공개, 사회적 책임 그리고 타인에 대한 배려라는 윤리적 가치를 신조로 한다.[14](강조는 필자)

협동조합이 "자조, 자기책임, 민주주의, 평등, 공정 그리고 연대"의 가치에 기초해 운영되도록 한다는 점에는 의심의 여지가 없다. 조합원에 의해 만들어지고 따라서 그 마음에 충실해야 하는 협동조합에게 이런 가치들은 협동조합임을 입증하기 위한 최소한의 요건이다.

---

13 – 원문 https://www.ica.coop/en/cooperatives/cooperative-identity
'성명'은 크게 정의 · 가치 · 원칙이라는 세 부문으로 구성되어 있다. '정의'는 협동조합의 자기규정이고, '가치'는 협동조합과 그 조합원의 자기신념이며, '원칙'은 이런 가치의 실행지침이다. '원칙'은 알아도 '정의'와 '가치'가 있는 줄 모르고, '정의'나 '가치'가 있는 줄 알아도 이를 자의적으로 해석하는 경우가 대부분이다. '정의'를 "협동조합은 … 사업체다"고 곡해하고, '가치'를 "협동조합은 자조, … 타자에 대한 배려를 신조로 한다"고 해석하는 것이 그 사례다.

14 – 원문 https://www.ica.coop/en/cooperatives/cooperative-identity#cooperative-values

문제는 '조합원의 가치'라 불리는 대목이다. "정직, 공개, 사회적 책임 그리고 타인에 대한 배려"는 협동조합운동을 일으켰던 초창기 선구자들의 공통적인 마음일 뿐, 지금 조합원과는 관련이 없다. 선구자들에게는 흔들리지 않는 신념이었을지 몰라도, 지금의 조합원에게는 단지 받아들여야 하는 윤리일 뿐이다. 마음을 이어받는 것과 이를 윤리로 강요하는 것과는 차원이 다른 이야기다. 윤리의 강요 다음에는 필연적으로 법(정관)에 의한 지배가 횡행할 것이고, 그만큼 협동조합은 조합원에게 더욱 낯설어질 것이다.[15]

4. 협동조합 소내하기

1) '소내'란 무엇인가?

소외를 "어떤 일(것)에 대한 낯설음"이라 정의할 때, 그 대상은 바깥에 있다. 엄마로부터 소외된 아이, 조합원으로부터 소외된 협동조합에서 아이와 협동조합은 엄마와 조합원의 바깥에 있다. 하지만 이런 바깥의 낯설음은 곧 나에게도 영향을 미친다. 바깥의 낯설음이 내 안으로 들어와 기존과는 다른 낯선 나를 낳는다. 가령 지금의 협동조합을 내가 낯설게 느끼는 것은 협동조합 자체가 낯설게 변해서라기보다 그

15 – 인간이 만들었지만 인간으로부터 소외되어가는 모든 조직은 '죄의 자각'과 '윤리의 강요'와 '법의 지배'라는 공통적인 경로를 통해 그 소외 관계를 더욱 공고히 한다. 국가는 먼저 모든 인민이 사회적이지 못한 존재임을 느끼게 하고, 이런 죄에서 벗어나야 한다는 이유로 윤리를 강요하며, 종국에는 법률을 통해 이런 윤리를 강제한다. 협동조합도 마찬가지여서, 먼저 보통의 인간이 얼마나 협동적이지 못한지를 느끼게 하고, 조합원이라면 마땅히 지켜야 할 협동의 윤리를 강요하며, 이런 윤리를 정관에 담아 그 조합원을 지배한다.

변화를 낯설게 바라보는 내 느낌에 내가 적응하지 못하고 있기 때문이다. 이처럼 모든 관계에는 '외화(外化)'가 있으면 당연히 '내화(內化)'가 있고, '소외(疏外)'가 있으면 당연히 '소내(疏內)'도 있는 법이다. 소외든 소내든 '어떤 일(것)에 대한 낯설음'에서는 다르지 않지만, 소외는 그 대상이 밖에 있고 소내는 그 대상이 안으로 들어와 있다.

'소내'에 대해서도 유키오카의 비유는 탁월하고 알기 쉽다.

> 그렇다면 '소내'는 무엇일까요? 예를 들어 여성이 아이를 낳으면 아이를 낳았다는 사실이 하나의 충격으로 여성을 관통해 자기 안에 '엄마인 나'가 생겨납니다. 이제까지의 '여자인 나'와 '아내인 나'에 더해 '엄마인 나'라는 (생소한) 사람이 살게 됩니다. (출산으로 여성이 아이를 소외했다면) 이번에는 아이가 여성을 소외하게 되고, 이런 소외를 여성은 받아들여 아이와의 새로운 관계를 모색합니다. 이것이 바로 (여성 안에서의) '자기 소외'이고 '소내'입니다.[16] (괄호 안의 내용은 필자가 가필)

소내는 소외의 보복이다. 여성은 아이를 출산한 대가로, 즉 아이를 소외한 결과로 자기 안에 '엄마인 나'를 소내한다. 이제까지의 '여자인 나'와 '아내인 나'에 더해 '엄마인 나'라는 새로운 사람이 내 안에 살게 된다. 물론 이때의 새로운 사람은 실재하는 존재가 아니라 하나의 상(想)이고 마음(心)이다. 또 모든 여성이 꼭 그래야만 된다는 것이 아니라 하나의 비유일 뿐이다.

유키오카의 비유가 탁월한 것은 소외나 소내를 단지 알기 쉽게 설명해서만이 아니다. 모든 소외와 소내는 일차적으로 생리적인 내 몸

---

16 – 유키오카 요시하루의 같은 강연록, 11~12쪽.

의 변화를 내가 감지[17]하면서 시작되고, 이렇게 감지하는 내 몸이 다른 몸과 관계하면서 일어난다. '남자에 대한 여자로서의 나', '남편에 대한 아내로서의 나', '아이에 대한 엄마로서의 나'라는 에로스적이고 대타적인 관계를 내 몸이 지각하면서, 이를 바라보는 생소한 내 마음 또한 생겨난다. 소외와 소내는 일차적으로 내 몸을 바라보는 내 지각이 타자의 몸과 관계하면서 생겨나고, 이를 유키오카는 탁월한 비유로써 설명한 것이다.

2) 왜 '소내'인가?

소내가 중요한 이유는, 소외에 대한 내 대응이 결국은 소내로부터 시작되기 때문이다. 여성과 아이의 관계에서, 나날이 자라는 아이의 모습은 아이 자신에게도 낯설겠지만 이런 아이를 바라보는 여성에게는 더 큰 당혹감마저 들게 한다. 이런 내 안의 낯설음을 여성 자신이 어떻게 받아들일지에 따라 여성과 아이의 관계는 확연히 달라진다. 소외에 대한 모든 대응은 결국 소내로부터 시작된다.

생명과 인간의 역사에서 소내는 항상 소외와 함께 있었다. 생명(유기물)과 인간은 자신을 소외한 무기물과 자연에 대해 상반돼 보이는 두 행위를 펼쳐왔다. 무기물로부터 소외된 유기물은 한편에서는 자신을 소외한 무기물로 돌아가려고 즉 소외를 거절하며 죽으려 했고, 또 한편에서는 기왕에 태어났으니 살아보자고 즉 소외를 받아들이며 살

17 – 요시모토는 이렇게 감지하는 곳을 "생리적 신체로서의 인간 존재로부터 소외된 것으로 보이는 심적 영역"이라 했고, 그 구조는 "시간성에 의해 (시간화의 정도에 의해) 추출될 수 있다"고 했다. (吉本隆明, 《心的現象論序說》, 53쪽)

고자 했다. 인간도 마찬가지였다. 자연으로부터 소외된 인간은 한편에서는 소외를 부정하며 자연으로 돌아가려 했고, 또 한편에서는 소외를 안고 자연을 사용하고자 했다. 이런 상반돼 보이는 두 대응, 즉 소외를 받아들이면서도 넘어서려는 행위는 당연히 소외를 소내한 마음, 즉 죽음의 충동과 삶의 갈망에 따른 것이다. 소외를 소내한 마음이 행위로서 표출되었기 때문에 생명은 비로소 생명이 되었고, 인간은 비로소 인간이 되었던 것이다.

근대가 그 이전과 결정적으로 다른 점은, 이런 소외의 소내가 비로소 '한 사람' 안에서 가능하게 되었다는 데 있다. 근대 이전까지 소외에 대한 대응은 '무리'로써만 가능했고, 따라서 그 영역과 주체가 확연히 구분돼 있었다. 죽음 즉 자연으로의 회귀는 성직자집단이나 귀족계급의 전유물이었고, 보통의 인민은 단지 삶의 갈망 속에서 죄인으로 살아야만 했다. 죽음이 삶을 지배하고 초월이 현세를 지배하는 속에서 대다수 인간은 수천 년을 살아야만 했다. 근대가 낳은 가장 큰 성과는 이런 장벽을 허물었다는 데 있다. 죽음이든 초월이든 삶의 피안에 있는 그 어떤 사물이나 사상이나 (의)인격도 지금의 내 삶을 지배할 수 없게 자유와 평등이 '한 사람'에게로 귀착되었다.

그런데 이런 근대의 성과에도 불구하고 지금의 모든 사람들은 여전히 아니 오히려 더 공허하고 쓸쓸하게 살아간다. 그리고 그 이유는 실은 소외 때문이 아니라 소내 때문이다. 소외가 계속 새로이 생겨나서가 아니라, 소내를 감당할 의지와 준비가 부족하기 때문이다. 자유가 초월적인 것에 의한 지배에 대해서는 잘 저항해왔어도 내 삶의 자기결정으로까지는 이르지 못하고 있다. 평등이 계급에 의한 차별을 없애는 데는 잘 기능해왔어도 자기가 결정한 자기 삶에 대한 자기존엄에까지는 이르지 못하고 있다. 요시모토의 '환상'을 빌어 표현하자면, 어떤 환상도 내 삶을 지배할 수 없음을 알게 되었지만 정작 이를 대신할 내 삶의 믿음 체계를 갖추지 못하고 있다. 촛불혁명을 통해 정권교체에 성공한 우리나라에서 여전히 전체주의적인 국가폭력이 국민 다수의 동의하에 자행되는 것은, 그들의 말이 진실이 아님을 몰라서가 아니라 진실로 믿고 싶어 하는 내 진실의 부재 때문이다.

이런 점에서 볼 때, 소외는 일부 좌파 철학자들이 제기하는 것처럼 '지양'의 대상이 아니다. 무기물로부터 유기물이 소외되고 자연으로부터 인간이 소외되었다 해서 생명임을 포기하고 사회를 부정할 수는 없다. 엄마로부터 아이가 소외되었다 해서 아이를 죽일 엄마는 없다. 근대와 협동조합도 마찬가지다. 근대의 결과로 모든 개개인이 오히려 공허하고 쓸쓸해지고, 협동조합의 발전으로 내가 더는 그 안에서 존재의 의미와 희망을 찾지 못하게 된 것은 근대와 개인, 협동조합과 나 사이의 새로운 관계 변화를 의미하지 결코 근대나 협동조합의 지양을 의미하지 않는다. 소외의 결과가 나에게로 돌아와 새로운 관계 변화를 요구하는 지금, 소외는 지양해야 할 것이 아닌 소내를 통해 '포월(包越)'(안아 넘기)[18]해야 할 것으로 이해되어야 한다.

3) 협동조합과 소내

일차적인 소외와 소내가 '몸'을 통해 일어난다면, 이차적인 소외와 소내는 '언어'를 통해 일어난다. 여성이 아이를 소외하고 그 결과로 여성 안에 엄마로서의 내가 생겨나는 것은, 몸을 통한 에로스적이고 대

18 – 철학자 김진석에게서 힌트를 얻어 만든 말이다. 물론 김진석의 '포월(匍越)'은 '초월(超越)'과 대비되는 말로 '기어 넘기'라는 뜻인 데 비해, 나의 '포월'은 '지양'과 대비되는 말로 '안아 넘기'라는 뜻이다.

타적인 관계의 내화다. 이에 비해 국가나 협동조합은 국민이나 조합원이 낳았다는 점에서는 여성이 아이를 낳은 것과 같지만, 그 관계가 대타적이 아닌 공동체적이고, 그 지각은 몸 즉 오식(五識)이 아닌 언어 즉 의식(意識)을 통해 일어난다. 어쩌다 몸을 통해 지각하는 경우가 있어도, 이는 국가나 협동조합이 정책이나 사업으로 드러날 때뿐이다. 평소의 국가는 그 정책에 담긴 언어를 통해 국민에게 드러나고, 평소의 협동조합은 그 사업에 담긴 언어를 통해 조합원과 관계한다. 에로스적이고 대타적인 관계를 넘어선 '현실적 환경 세계와의 관계'(요시모토)는 이렇게 모두 언어를 통해 이루어진다.

이는 표현을 달리하면, 몸을 통한 소외와 소내는 상대가 없어지면 따라서 없어지지만, 언어를 통한 소외와 소내는 한 사람이 없어져도 없어지지 않는다는 것을 뜻한다. 또 에로스적이고 신체적인 소외의 소내가 개인 차원에서 일어나는 데 비해, 공동체적이고 언어적인 소외의 소내는 공동[19]의 차원에서 일어나야 함을 뜻한다. 관념의 영역(언어와 언어의 관계는 본래 관념(환상)의 세계이기 때문에)에서, 관념의 존재('국민'이니 '조합원'이니 하는 것은 본래 그 어떤 구체성도 지니지 않은 (환상의) 존재이기 때문에)를 향해, 관념의 언어로 다가오는 국가나 협동조합의 언어를 향해, 내 마음에서 내 몸이 느끼는 바를 내 언어로 회답하는 것이 소외된 국가나 협동조합을 소내해가는 이들의 응답이다.

협동조합에서는 이런 공동의 언어를 종종 '이념'이라 부른다. 1980년에 국제협동조합연맹이 채택한《서기 2000년의 협동조합》(이

19 – 여기서 말하는 '공동'은 앞의 '공동체적'과는 다른 의미로서 유연성과 확장성을 전제로 하는 느슨한 커뮤니티를 말하고, 그 안에서의 개인은 신체적 구체성을 지니면서 자기 언어를 표출하는 사람이다.

하 '레이들로 보고서')[20]에는 특히 이 용어가 자주 등장한다. 보고서는 협동조합이 '신뢰성의 위기'[21]와 '경영의 위기'[22]를 거쳐 지금은 '이념적 위기'에 직면해 있다고 말한다.

> 그러나 현재 여러 가지 협동조합조직이 잘 확립되어 있는 곳에서도 제3의 위기에 직면하고 있다. 이는 소위 이념적 위기로서 협동조합의 참된 목적은 과연 무엇인가 … 협동조합이 다른 종류의 기업과 마찬가지로 상업적 의미에서 성공한 것 이상 이룬 것이 없다고 하더라도 그것으로 충분한 것인가 … 더욱이 만약 세계가 이상한 방향으로 … 변화할 때 협동조합이 그러한 길을 따라가야 하는가? 그렇지 않고 다른 길을 선택하여 다른 종류의 경제적 사회적 질서를 새로 창조해가면 안 되는 것인가? 이와 같은 질문에 대하여 철저하고 면밀히 검토함과 동시에 20세기 말에 다가서는 협동조합운동의 전망을 명확히 하는 것이 본 연구의 목적…이다. (강조는 필자)

레이들로 보고서에서 말하는 '이념ideology'은, 실은 협동조합의 운동과 조직[23] 가운데 특히 운동과 관련되어 있다. 조합원의 자기 생각(마

---

20 – 이하 국문 인용은 《레이들로 보고서-서기 2000년의 협동조합》(한국협동조합연구소출판부, 2000년), 영문 인용은 《*CO-OPERATIVES IN THE YEAR 2000*》(Excerpted by OKAYASU).

21 – '신뢰성의 위기(credibility crisis)'는, 실은 그 대상이 '협동조합'이 아니라 '사람(선구자)'이고 그들의 '행위(협동)'다. 해당 원문은 "최초의 위기는 협동조합에 대한 신뢰성의 위기였다."가 아니라 "첫 번째는 신뢰성의 위기였다(The first was a credibility crisis)"이다. 이를 극복해 "사람들 마음 안에 '협동(cooperation)'이 훌륭하고 고귀한 대의로 자리 잡게" 된 것이지 '협동조합'에 대한 신뢰도가 높아진 것이 아니다.

22 – '경영의 위기'는 본래 "경영적 위기라 불릴(may be called the managerial crisis) 위기"다. '이념적 위기'도 본래는 "이데올로기적 위기라 불릴(may be called an ideological crisis) 위기"다. 한마디로 두 위기를 서술한 원문은 '확정'이 아니라 '강조'다. 실제로 경영적이고 이념적인 위기는 특정 단계에서나 나타나는 현상이 아니라 협동조합이라면 당연히 항상 경계해야 할 요소다. 감히 누가 "대부분의 나라, 특히 서방국가에서 반세기 이전에 존재하였던 경영의 위기는 더 이상 존재하지 않는다"(레이들로 보고서)고 단언할 수 있겠는가.

음)에 대한 자기 믿음이 '신뢰성의 위기'를 설명하는 대목에서 자주 등장하는 '신념faith'이다. 이런 신념을 다른 조합원들이 지지하는 것, 그것이 '이념적 위기'에 자주 등장하는 '이념'이다. 그리고 이런 조합원의 신념과 이념이 협동조합조직의 목표와 방향과 행동을 결정한다.[24] 지금의 협동조합이 소위 '이념적 위기'에 직면해 있다는 이야기는, 실은 이런 조합원의 신념과 이념의 상승구조가 사라졌거나 최소한 다른 차원의 것(가령 일반 기업의 그것과 같은 것)으로 바뀌었다는 것이고, 그 결과로 협동조합(좁은 의미에서는 협동조합조직)도 위기 상황에 놓이게 되었다는 것이다.

따라서 정작 중요한 것은, 믿고 지지하는 조합원이지 그것이 외화한 협동조합이 아니다. '신념'이나 '이념'은 조합원이 인간으로서 갖는 자기 생각(마음)을 표현하고 호응하는 것이지 결코 협동조합이 정해 조합원에게 강요하는 것이 아니다. 아이를 소외한 여성이 아이에 대한 새로운 상을 품고 새로운 관계를 모색하듯이, 협동조합을 소외한 조합원이 협동조합에 대해 새로운 언어를 갖고 새로운 관계를 모색해야 하는데 그렇지 못하고 있는 것이 '이념적 위기'의 실재 내용이다.

---

23 – 보고서에는 '협동조합운동'을 "협동조합의 철학과 원칙에 입각해 일정한 사회적, 경제적 목표를 달성하기 위해 함께 활동하는 사람들"로, '협동조합 조직(co-operative system)'을 "보다 좁은 의미에서 협동조합의 전체적인 운동 안에 있는 다양한 상업조직이나 사업조직"으로 서술한다. 협동조합은 이 둘을 포괄하지만, 그렇다고 이 둘 사이의 관계가 병렬은 아니다. 레이들로 보고서를 관통하는 사유는 "운동 안에 조직이 있다"이고, 이 점에서만큼은 의미가 있다.

24 – 개인의 믿음을 우리는 이념이라 부르지 않는다. 마찬가지로 사회나 조직에 어떤 영향도 미치지 못하는 다수의 믿음도 이념이 될 수 없다. 이념이란 개인이 아닌 다수의 믿음이고, 그 믿음이 다수가 속한 사회나 조직에 영향을 미칠 때나 사용 가능한 용어다. 보고서에는 이런 신념과 이념과 조직 간의 상관관계에 대해 매우 잘 설명한 대목이 있다. "오늘날 협동조합인 가운데 이론과 이념을 피하고 아주 '사업 진척을 우선시하는' 경향이 있다. 그러나 이것은 잘못된 태도이다. 왜냐하면 모든 조직 또는 제도란 무엇보다 먼저 사람들이 믿고 지지하려는 사상과 개념에 입각하여 만들어지기 때문이다. 따라서 협동조합에 있어서 우리는 그것을 떠받치고 있는 기본적인 사상을 살피고 이해하지 않으면 안 된다. 왜냐하면 협동조합은 이와 같은 사상에 입각하여 그 방향이 정해지기 때문이다."(59쪽)

5. 마치며

지난 수만 년 동안 인류의 목표는 어떤 초월적인 것에 의존해 자신을 변화시키는 것이었다. 그리고 이때 중요한 것은, 초월자의 존재와 그가 제시하는 바였다. 하지만 지금은 모든 초월적인 것이 죽음을 맞이한 시대다. 초월자의 존재도 그가 제시하는 바도 더는 나에게 의미를 갖지 않는 시대다. 이런 때 중요한 것은 어떤 초월적인 것에 의탁하는 나의 변화가 아니라, 자기 안에 소내해오는 또 다른 나를 통한 나 스스로의 변화다. 유키오카가 그의 소내론을 "'엄마인 나'가 '아내인 나'와 '여자인 나' 위에 군림해 지배하는 사실을 우리는 잘 인지할 필요가 있고, 이를 바탕으로 '엄마인 나'와 '아내인 나'와 '여자인 나'가 공생할 수 있도록 더 강해지고 성장할 필요가 있다."고 끝낸 것도 같은 취지에서다.

소외의 소내를 통한 자기성장이라는 측면에서 볼 때, 협동조합은 아직은 유용한 도구다. 나 자신에 집중하고 자기다움을 확인하기 위해 인간은 아직은 타자와의 관계와 그 내화가 필요하다. 다만 여기에는 한 가지 조건이 있다. 모든 관계는 내 삶을 위해 있는 것이지, 결코 관계를 위해 내 삶이 있는 것이 아니다. 협동조합은 자기다움을 확인하기 위해 타자와 관계하는 공간이지, 결코 어떤 이념적 동질성으로 묶이는 조직이 아니다. 모든 이념은 내 삶의 필요가 요청한 공동의 믿음일 뿐 더는 내 삶을 강제할 수 없고, 모든 동질성은 이질적인 타자를 끌어안기 위한 수단일 뿐 결코 배제의 근거가 되어서는 안 된다.

그럼에도 어떤 이들은 관계를 만들고 유지하려면 최소한의 이념적 동질성이 필요하지 않겠냐고 말할지 모른다. 만약 굳이 이런 것들이 필요하다면, 생협에서의 그것은 아마도 "한 사람의 엄마로서, 한 사람의 여자로서, 한 사람의 인간으로서"[25] 서로 다른 나를 소내하는 (개개인의) 마음일 것이고, 이런 마음을 가진 이들이 함께 펼쳐내는 세상에 대한 (공동의) 믿음일 것이다. 자본주의에 빗대어 말한다면 그것은 아마도 "'자본가로서의 자본가'로부터 '개인으로서의 자본가'가 해방되고, '토지소유자로서의 토지소유자'로부터 '개인으로서의 토지소유자'가 해방되고, '임노동자로서의 임노동자'로부터 '개인으로서의 임노동자'가 해방되어, 자본가·토지소유자·임노동자 사이에 존재하는 모순·대립이 인간(개인)적으로 해결되는 속에서, 인간해방의 희망을 발견"[26]하는 것이리라.

물론 아무리 좋은 취지에서 시작한 협동조합이라도 점점 발전함에 따라 나로부터 소외될 수 있다. 그 소외를 지양하기 위해 이념을 교육하고 정관에 의존하려 들지만, 그 결과는 오히려 소외의 고착화로 끝날 가능성이 크다. 이럴 때 요시모토는 언어표출 이전의 '침묵의 유의미성'을 역설한 바가 있다. 침묵은 신체적 행위를 수반하지 않는 마음의 표현이고 언어의 한 종류다. 목소리를 높여 협동조합을 비판한다고 협동조합이 바뀌는 것이 아니라, 낯설음을 갖고 협동조합을 응시해야만 협동조합이 바뀐다. 침묵을 통한 응시는 소외된 협동조합을 소내하는 주요한 방식이고, 장원봉 역시 같은 취지에서 '사회적경제 학습공동체 페다고지'를 시작했을 거다.

진리를 무너뜨리고, 양심을 버리면서, 기업의 언어에 현혹된 협동조합보다는 당연히 진리를 좇고, 양심적으로 사업하며, 협동의 이념을

25 – 1980년대 일본 그린코프생협이 태동했을 당시부터 이어져온 슬로건 가운데 하나다. 인간이 조합원이 되는 것은 중요하고 필요한 과정이지만, 동시에 조합원이 인간으로 회귀하는 것이 생협운동의 방향이라는 취지를 담고 있다.

26 – 유키오카 요시하루, 《인간 연대의 자본론》, 146쪽.

부르짖는 협동조합이 훨씬 낫다. 하지만 재귀적 상황에 놓인 지금의 협동조합은 이조차도 넘어서야 한다. 진리 탐구에서 정작 중요한 것은 진리가 아니라 탐구 자체이고, 양심에서 정작 중요한 것은 이성의 목소리에 따르는 것이 아니라 자기 마음의 소리에 귀 기울이는 것이며, 언어에서 정작 중요한 것은 아름다운 표현이 아니라 표현 자체다.[27] 이런 과정을 통해 내 삶을 아름답게 만들어가는 것이 협동조합과 관계하는 우리의 목적이다. 지금은 "협동조합에서 시작해, 협동조합을 통과해, 협동조합을 넘어서야"[28] 할 때고, 이를 위해서는 먼저 나부터가 "조합원으로 시작해, 조합원을 통과해, 조합원을 넘어서야" 한다. 소외된 협동조합은 소내를 통해서만 포월할 수 있다.

27 – 다케우치 츠나후미, 《超越者なき自己超越 : ニーチェにおける超越と倫理》, 21쪽.

28 – 안전한 식자재를 공급하는 생협에서 시작했지만, 농업·복지·환경 등의 영역으로 조합원의 활동과 노동을 확장해, 지역과 아시아와 연대하고자 하는 그린코프생협의 전략이 담긴 언어(본래는 "그린코프에서 시작해, 그린코프를 통과해, 그린코프를 넘어")에서 따온 것이다. '2019년도 지역운동교류집회' 때 부제로도 사용된 적이 있다.

해외기고문

사회적기업 모형의 국제적 검증: '사회적기업 모형 국제 비교 프로젝트'를 바탕으로

자크 드푸르니·마르트 니센[1]·올리비에 브롤리[2]

사회적기업을 정의하는 많은 방식에 대응해 이러한 다양성을 사회적기업 유형론으로 극복하려는 작업이 여러 차례 시도된 바 있다. 하지만 이러한 작업들은 국가별 특수성을 반영하며, 견고한 이론적 토대 위에서 진행된 경우가 매우 드물다. 이러한 취약성을 극복하기 위해 드푸르니와 니센은 연구를 통해 네 가지 사회적기업 모형을 포함하는 국제적 유형론을 구성하기 위해 몇 가지 기본원칙을 제시한 바 있다. 본 논문의 목적은 721개 사회적기업을 대상으로 43개국에서 실시한 설문조사를 통해 수집된 데이터들을 바탕으로 이러한 모형의 존재를 검증하는 것이다. 보다 구체적으로, 데이터의 통계적 활용은 다중요인분석과 계층적 군집분석을 결합하였다. 조사가 실시된 거의 모든 나라에서 네 개의 사회적기업 모형 중 세 개, 즉 소셜비즈니스 모형, 사회적협동조합 모형, 기업가적 비영리 모형의 존재는 경험적 분석에 의해 강력하게 뒷받침되는 것으로 보인다.

●주제어:사회적기업, 제3부문, 모형, 국제 비교

1. 서론

사회적기업가 정신, 사회적기업가, 사회적기업SE의 개념은 특히 1990년대 후반과 2000년대 초반에 동일한 현상의 상이한 양상으로 사고되었다. 하지만 지난 20년을 거치며 한편으로 사회적기업가 정신

1 – Marthe Nyssens, 루뱅 카톨릭대학교(벨기에) 경제학부 전임 교수이며 노동, 국가, 사회에 관한 학제간 연구 센터(CIRTES, 루뱅 카톨릭대학교) 회원이자 EMES 네트워크의 현 의장이다.

2 – Olivier Brolis, 경제학과 경영학 박사학위를 보유하고 있다. FOPES의 강사이자 CIRTES(루뱅 카톨릭대학교, 벨기에) 소속 연구원으로 활동하고 있다.

(그리고 사회적기업가라는 관련 용어)을 대상으로 한 연구(많은 연구들 중에서도 데이슨 등의 연구를 꼽을 수 있다)[3]와 다른 한편으로 사회적기업을 대상으로 한 연구(Alegre et al., 2017)[4]가 서로 구분되어 발전하는 추세가 나타났다. 그렇더라도 이 두 연구분야의 경계가 뚜렷이 구분됨을 의미하지 않는다.[5] 이러한 추세와 별개로 양 '진영sides' 각각에서, 특히 본 논문의 핵심인 사회적기업 개념을 다루는 연구분야에서 여전히 많은 개념적 논쟁이 진행되고 있다. 다양한 정의들이 잠정적으로 제출되었지만 오히려 '사회적기업 분야' 연구자와 관찰자, 또는 입문자의 혼란을 가중시키는 경우가 많았다. 실로 사회적기업에 대한 공통의 이해와 정의가 부족하다는 사실은 오늘날 대부분의 연구자들이 인정하는 바이며 "사회적기업에 대해 통일된 정의에 도달하는 것은 불가능하다."고 말하는 편이 합리적으로 보일 지경이다.

이러한 개념적 다양성, 때로는 개념적 혼동에 대응해 여러 저자들이 사회적기업의 범주 또는 유형을 파악하면서 사회적기업 유형론을 제안하기 위해 노력해왔다. 이들 유형론이 가지각색이긴 해도 이 개념적 다양성을 파악하는 데는 유용한 관점을 제공한다. 하지만 이 유형론들은 대개 귀납적인 동시에 국가별 특수성을 반영하는 경우가 많으며, 견고한 이론적 토대 위에 구축된 경우는 매우 드물다. 게다가 이

---

3 – 데이슨 등(Dacin et al., 2011)의 연구는 사회적기업가 정신을 주제로 한 고전적 문헌조사를 위해 80여 건의 자료를 검토하였다. 이들 자료 중 단 하나만이 제목에 사회적기업이 언급되었다.

4 – 알레그르(Alegre et al., 2017) 등은 자신들이 이해하는 세 가지 '사회적기업 개념' 중 적어도 하나가 언급된 307개 문헌을 선별하고 이를 바탕으로 사회적기업의 정의를 주제로 한 인용지도(citation map)와 군집분석(cluster analysis)을 발전시켰다. 이들은 매우 뚜렷한 성격을 갖는 5개 집단을 제시했는데, 이 중 3개는 사회적기업가 정신에 초점을 맞춘 반면 매우 고립된 하나의 집단은 사회적기업의 정의에 중점을 두었다.

5 – 알레그르 등(Alegre et al., 2017)의 연구는 또 세 용어의 정의가 중첩되는 하나의 집단을 식별했다. 반면에 브루아르와 라리베(Brouard & Larivet, 2010)는 다수의 정의에 포함된 구성요소를 파악하고 세 개념 간의 관계를 분석하는 틀을 제안했다.

러한 분석망은 일반적으로 기업 수준에서 수집한 체계적 데이터에 의존하지 않는다. 우리의 사회적기업 유형론은 '제3부문' 정체성을 다룬 기(Gui, 1991)와 한스만(Hansmann, 1996)의 고무적인 작업이 제공하는 이론적 근거를 바탕으로 발전되었다(Defourny & Nyssens, 2017). 본 논문의 주요 목적은 전 세계 43개국 700여 개 사회적기업 대상의 현장 설문조사를 통해 수집된 국제적 데이터 집합을 바탕으로 이러한 사회적기업 유형론의 타당성을 기업 수준에서 통계적으로 검증하는 것이다. 이를 토대로 우리는 본 논문의 취지에서 이러한 유형론은 국가 특수적이지 않으며 보다 광범위하게는 상황 특수적이지도 않다는 가설을 제시한다. 다시 말해, 우리는 각 사회적기업 모형이 세계 각지의 국가들에서, 또한 지역별로 어느 정도로 확인이 가능한지 고찰하고자 한다.

본 논문의 구성은 다음과 같다. 우리는 먼저 분석을 위한 사전작업으로 기존의 사회적기업 유형론을 검토한 후("기존의 사회적기업 유형론은 우리에게 무엇을 말해주는가?") 상기한 논문에서 이끌어낸 이론적 틀을 요약함으로써 몇 가지 변별적 사회적기업 모형을 정의하고자 한다("다양한 사회적기업 모형의 이론화"). 다음으로 우리는 본 논문에서 핵심이 되는, 경험적 조사를 위해 채택된 방법론을 제시한다. 즉, 파악된 사회적기업의 주요 특성, 그리고 세계 각지에서 운영되고 있는 721개 사회적기업을 대상으로 수행된 이 조사를 위해 선택된 방법론을 서술할 것이다. 또한 우리는 그러한 탁월한 데이터 집합을 바탕으로 수행된 계층적 군집분석[HCA]을 소개한다('데이터 및 방법'). 그로부터 우리는 분석을 통해 얻은 경험적 결과를 논의한다. 이러한 결과는 4개의 사회적기업 모형 중 3개가 세계적 수준에서 존재함을 강력하게 뒷받침하며 또한 지역들 간의 몇 가지 차이를 드러내기도 한다('연구 결과'). 마지막으로는 연구의 결론을 도출할 것이다('결론 및 추후 연구 방향').

2. 기존의 사회적기업 유형론은 우리에게 무엇을 말해주는가?

사회적기업의 기본적 유형론을 탐색하는 많은 연구자들의 시각에서 시장의존성의 정도는 매우 중요한 기준이 된다. 디스(Dees, 1996)는 선구적 작업을 통해 '순수 자선형'과 '순수 상업형'을 양 극단으로 하는 일차원 연속체 위에 사회적기업을 배치함으로써 시장의존성을 기준으로 하는 접근법의 토대를 닦았다. 하지만 디스가 단순히 판매 소득의 견지에서만 시장을 언급하는 것은 아니다. 그는 사실상 동기, 가치창출, 방법 및 목적의 견지에서 시장원리(그리고 다른 끝에서는 자선의 원리)를 전개하며 대부분의 사회적기업은 생산적 균형 속에서 상업적 요소와 자선적 요소를 결합한다고 주장한다. 디스의 사회적기업 스펙트럼이 지닌 주된 강점은 그가 파악하는 변이의 다양한 출처로 인해 무수한 사회적기업들에 대한 조작적 모형을 고려할 수 있는 길이 열린다는 것이다. 반대로 복수의 변이를 단일한 직선 위에 배치하는 것은 다양한 사회적기업 범주의 정의를 사실상 허용하지 않는다는 점이다. 디스의 스펙트럼 관점에서 볼 때 모든 사회적기업은 '중간적 조직intermediate organizations'으로 파악될 수 있으며 모두 '혼합형hybrids'이라는 꼬리표를 붙일 수 있다(Doherty et al., 2014). 알터(Alter, 2007) 역시 시장논리의 입장과 역할에 초점을 맞추면서 사명 지향, 목표 시장의 성격, 사업활동의 사회적 프로그램으로의 통합 정도에 기초해 다양한 유형의 조작적 모형을 제시한다. 우리가 보기에 이 마지막 기준은 매우 독창적이며 그것은 현재 고전적 준거점이 되었다. 사업활동은 '사명 중심적'(즉, 사업활동이 사회적 사명 속에서 배태되는 경우)이거나 '사명과 관련'될 수 있으며, 또는 '사명과 무관'(즉, 사회적 사명을 재정적으로 뒷받침하기 위해 소득을 얻는 것에만 초점을 맞추는 경우)할 수도 있다.

스피어 등(Spear et al., 2009)은 영국 사회적기업을 기원과 발전 경로를 기준으로 하여 네 가지 유형으로 정리했다. 거래활동을 통해 특정 구성원 집단의 필요를 충족하기 위해 결성되는 상호조직, 주요 사명을 완수하기 위한 목적으로 또는 기금을 모으기 위한 부차적 활동으로 상업활동을 전개하는 상업 종사 자선단체trading charities, 이전에 국가가 제공하던 서비스 운영을 인수한 공공부문 분사 조직spin-off, 사회적기업가에 의해 신규 사업체로 설립되는 신생 사회적기업이 이에 해당한다. 고든(Gordon, 2015) 역시 영국의 생태계를 대상으로 조직 차원에서 광범위한 역사적 기원과 목적을 고찰한다. 이를 바탕으로 그는 사회적기업의 6가지 주요 '전통과 목적'(상호조직, 공동체, 이타주의적, 윤리적, 민간시장, 공적 통제)을 식별한다. 사회적기업 각각은 '원칙basis', 중심 가치, 주요 수혜자, 가능한 법적 또는 조직적 형태, 주요 수입원에 따라 그 특징이 구별된다. 마찬가지로 국가별 관점에서 맥머트리와 브루아르(McMurtry & Brouard, 2015)는 캐나다의 문화 및 정책적 제도를 가로지르는 다섯 가지 유형의 사회적기업 실천을 파악한다. 협동조합, 시장지향적 비영리조직, 지역사회 개발/이익 단체, 원주민 기업indigenous businesses, 사회적 사명을 갖는 기업이 그것이다.

영과 레시(Young & Lecy, 2014), 그리고 영 등(Young et al., 2016)의 연구는 주로 미국의 사회적기업 지형에 기대어 "사회적기업 동물원"이라는 은유를 제안했다. 동물원에서 상이한 유형의 동물들은 서로 다른 것을 추구하고 다르게 행동하며 경쟁적이거나 상호보완적인 방식으로 다른 동물들과 상호작용을 할 수 있다(또는 하지 않을 수 있다). 이러한 모습은 사회적 목표와 시장 목표를 매우 다양한 방식으로 결합하는 사회적기업과 유사한 것으로 인식된다. 저자들은 "동물원의 주요 동물

6종"을 제안한다(각 종은 또 많은 내부 변이, 즉 변종을 포함한다). 사회적 목표의 추구를 전략적 역할로 삼으며 기업의 사회적 책임CSR을 개발하는 영리기업, 사회적 영향과 상업적 성공 사이의 명시적 균형을 모색하는 소셜비즈니스, 조합원의 복지를 극대화하면서도 일반적 공익 차원을 포함하는 사회적협동조합, 사회적 사명에 의해 주도되는 상업 종사 비영리단체, 민관협력, 그리고 혼합형 조직이 이에 해당한다.

보다 최근에 제안된 이러한 유형론은 주로 귀납적 접근법에 기초하며 '중범위 수준meso-level'의 관점을 채택한다. 이들은 사회적기업의 목적 및 조직적 특징이 개별 국가의 맥락 내에서 역사적 전통, 가치, 기존의 법적 틀과 담론 등의 다양한 제도와 규범에 의해 형성된다는 점을 고려한다. 이렇게 중범위 수준의 관점을 채택함으로써 동일 국가 내에서 상이한 사회적기업 모형을 파악할 수 있는 길이 열리게 된다.

국제 비교연구와 관련해서는 보르자가와 드푸르니(Borzaga & Defourny, 2001)가 당시의 유럽연합 회원국을 대상으로, 보르자가 등(Borzaga et al., 2008)이 중동부 유럽을 대상으로, 그리고 드푸르니와 김신양(Defourny & Kim, 2011)이 동아시아를 대상으로 국제 비교분석을 시도한 바 있다. 컬린(Kerlin, 2013, 2017)은 살라몬 등(Salamon et al., 2000)의 연구에서 발전된 '사회적 기원' 이론에서 영감을 받은 제도적 관점을 채택하고 거시 제도적 틀이 지닌 주요 특징을 파악함으로써 국가 수준에서 작용하는 일단의 사회경제 및 규제 제도가 어떻게 해당 국가의 특정한 주요 사회적기업 모형을 형성하는지 제시했다. 컬린의 유형론은 비영리(제3) 부문의 존재와 위치를 설명하려는 이론에 뿌리를 두고 있다. 하지만 컬린의 유형론이나 이에 선행하는 유형론 모두 기업 수준에서 수집된 데이터를 통해 검증된 바는 없다.

이제 우리는 귀납적이거나 국가별 특수성을 반영하는 이러한 다양한 유형론을 검토하는 것에서 한걸음 더 나아가 전체 경제에서 작용하는 다양한 '제도논리'가 어떻게 상이한 사회적기업 모형을 발생시키는지를 설명하는 강력한 이론적 토대를 제시하고자 한다.

3. 다양한 사회적기업 모형의 이론화

사회적기업이 흔히 '제3부문'에 속하는 것으로 인식되거나 어떤 식으로든 이와 관련된다는 점을 고려하여 우리는 기(1991)와 한스만(1996)이 제안한 바와 같이 제3부문 정체성에 중점을 둔 강력한 이론적 틀에 기초하여 분석을 실행하기로 했다. 기(1991)는 "자본이익 중심적"이거나, 영리기업을 통제하는 투자자들에게 이윤을 분배하는 자본주의적 기업을 논외로 하면서 제3부문이 "상호이익 조직"과 "공익 조직"으로 구성된다고 정의한다. '상호이익 조직'이란 최종 의사결정 권한('지배 범주')을 갖는 (투자자 외의) 이해관계자들이 동시에 '수혜 범주', 즉 잔여수익[6]을 명시적이거나 암묵적으로[7] 분배받는 이해관계자 범주가 되는 조직을 일컫는다. 실로 이처럼 통제와 혜택이 수렴됨으로써 조직이 추구하는 목적이 구성원의 상호이익MI이라는 사실이 확고해진다. '공익 조직'은 수혜 범주와 지배 범주가 서로 다른 조직에 상응한다. 이것은 조직을 통제하는 이해관계자가 아닌 다른 사람들(수혜자)에게 봉사하는 것을 지향하는 자발적 조직이다.[8] 수혜자는 조직 사명의

6 – 잔여수익(residual income)이란 조직을 최종적으로 통제하는 이들 외의 이해관계자들에게 계약상 지불되는 금액을 제외하고 할당되는 수익을 말한다(Hansmann, 1996).

7 – 제공되는 서비스의 개선 등을 예로 들 수 있다.

8 – 이러한 관점에서 볼 때 모든 공공(국가) 조직 및 기관 역시 전형적인 공익 기관에 해당한다고 할 수 있다. 하지만 이들은 제3부문이 아닌 공공부문을 구성한다.

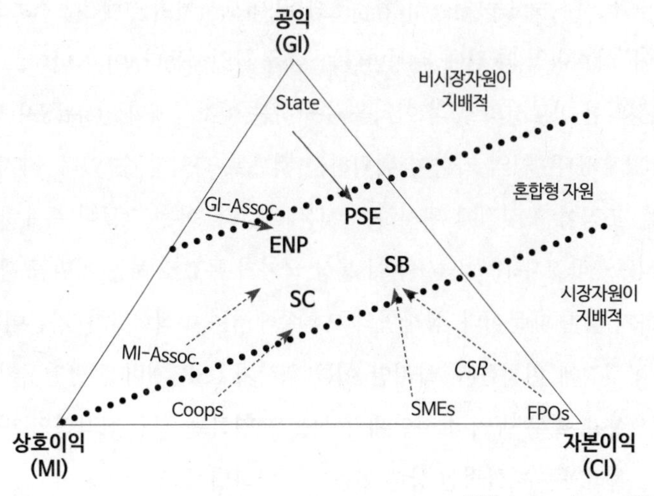

출처: Defourny and Nyssens (2017)

범례. SE = 사회적기업, ENP = 기업가적 비영리조직, PSE = 공공부문 사회적기업, SC = 사회적협동조합, SB = 소셜비즈니스, CSR = 기업의 사회적 책임, SME = 중소기업, FPO = 영리조직

그림 1 제도논리 및 이로부터 발생하는 사회적기업 모형

핵심에, 보다 구체적으로 사회적기업의 경우에는 기업의 사회적 사명의 핵심에 놓이는 사람들이다(Santos et al., 2015).

유형론의 초석으로서의 세 가지 '이익 원칙'

이러한 구분을 통해 우리는 전체 경제에서 찾아볼 수 있는 세 가지 주요 동인 또는 '이익 원칙', 즉 자본이익[CI], 상호이익[MI], 공익[GI]을 고찰할 수 있다. 우리는 이러한 원칙들을 삼각형의 꼭짓점으로 나타낼 것을 제안한다. 여기서 원칙들의 혼합은 삼각형의 변으로 나타낼 수 있다(그림 1 참조).

사회적기업의 유형을 그래프에 표시하기 전에 우리는 구성원의 이익을 추구하는 모든 전통적 협동조합 및 어소시에이션(예컨대, 스포츠클럽)이 '상호이익'의 각에 위치한다는 점을 확인해둔다. 이와 반대로 기가 정의한 바로서의 공적 이익을 추구하는 어소시에이션(자원봉사단체, 자선단체 등)은 공익 가까이 위치하는 것으로 파악할 수 있다. 하지만 이들 조직이 꼭짓점에 위치하는 것은 아니다. 이는 그들이 목표하는 공익(그들이 봉사하는 지역사회)이 통상 국가가 목표로 하는 것만큼 광범위하지 않기 때문이다. 삼각형의 오른쪽에서는 주식회사가 '자본이익'의 꼭짓점에 위치한다. 하지만 이들 회사가 CSR 전략을 발전시키고 이를 통해 일부 공익적 사안에 관심을 표명하는 경우 삼각형의 변을 따라 올라가는 제한적인 상승 이동으로 나타낼 수 있다.

그림의 하단(밑변)은 이윤에 대한 협동조합의 처리 방식과 자본주의적 태도 사이에 연속성이 있음을 나타낸다. 협동조합의 이윤추구는 대체로 생산활동에 중요한 역할을 한다. 이윤은 상한이 있는 배당금으로 분배되거나 자산 처분이 제한asset lock되는 집단 유보금으로 적립될 수 있을 뿐이다. 이와 반대로 주식회사의 주요 목적은 이윤분배와 지분가치의 상승이다. 하지만 많은 중소기업, 특히 가족 사업체는 그것이 비록 자본주의적이라 하더라도 다른 방식을 통해 이윤추구와 비재정적 목표의 균형을 맞출 수 있다(Zellweger et al., 2013).

핵심 쟁점으로서의 시장의존성과 자원 혼합

사회적기업을 다룬 많은 간행물과 담론은 시장활동으로의 유의미한 이동을 사회적기업의 핵심 특징으로 강조한다. 사회적기업을 식별하고자 할 때 많은 관찰자들은 시장 소득의 비율을 살펴볼 것을 제안하며 적어도 절반의 자원이 시장 판매에서 유래할 것을 요구하기도 한다. 하지만 이러한 입장은 많은 나라들의 현장 실상과 거리가 먼 경우가 다반사이며 모든 학파에 의해 공유되는 것도 아니다(Defourny & Nyssens, 2010). 하지만 우리는 시장의존성이 주요 논점이라는 것을 충분히 인식하고 있으며 이 때문에 자원 유형(시장 소득, 공적 보조금, 자선 자원)의 다양한 혼합 방식을 고려하기 위해 삼각형을 가로질러 두 개의 점선을 그려 놓았다. 여기서 아래의 점선이 '상호이익' 각을 분할한다는 점에 유의하자. 협동조합은 주로 시장에서 활동하며 시장에서 소득의 전부 또는 대부분을 얻는 모든 기업과 마찬가지로 점선의 아래에 위치한다. 그 반대로 자발적 여가단체 등의 상호이익 어소시에이션은 일반적으로 시장자원(회비, 주점 또는 카페의 매상)과 자원봉사 및 다양한 유형의 공적 출연과 같은 자원들이 혼합된다는 점에서 점선 위에 위치한다.

사회적기업 모형을 발생시키는 제도논리

상기한 여러 요소들을 바탕으로 우리는 전체 경제에서 작용하는 다양한 '제도논리'가 어떻게 사회적기업 모형을 발생시키는지 보이고자 했다(Defourny & Nyssens, 2017).

그림 1에서 보듯 사회적기업 모형(삼각형 안의 굵은 문자)은 6개의 전통적 모형과 구별되는 두 가지 제도논리를 통해 발생한다.

1. 사회적기업 발생의 첫 번째 논리 유형은 시장화로 하향 이동하는 비영리 또는 공공조직에서 찾아볼 수 있다(실선 화살표).

- 기업가적 비영리조직ENP 모형은 모든 비영리조직, 대다수의 공익 어

소시에이션GI-Assoc.으로 구성되며 사회적 사명을 지원하기 위해 일정한 유형의 소득활동을 전개한다(Fitzgerald & Shepherd, 2018).

- 공공부문 사회적기업PSE 모형은 '공공부문 분사 조직'을 포함하는 공공서비스가 시장화로 이동하면서 발생한다. 이들 사회적기업은 통상 지역 공공기관에 의해, 때로는 제3부문 조직과의 제휴를 통해 출범되며 (돌봄서비스 등의) 위탁계약을 맺은 서비스나 (노동통합 사회적기업이 제공하는 것과 같은) 신규 서비스를 제공한다.

2. 두 번째 논리 유형은 종래의 협동조합과 상호이익 어소시에이션이 공익을 보다 강하게 지향하며 상향 이동하는 것에 상응한다. 이러한 이동은 전통적 사업계에 의해 출범된 일부 선진적인 CSR 사업에서도 관찰될 수 있다(점선 화살표).

- 사회적협동조합SC 모형은 조합원 이익(상호이익)의 추구와 지역사회 전체의 이익 또는 사회적 사명이 목표로 삼는 특정 집단의 이익(공익)을 결합한다는 점에서 협동조합 및 상호이익 어소시에이션MI-Assoc. 등의 전통적 상호이익 단체와 다른 성격을 갖는다.
- 소셜비즈니스SB 모형은 주주(자본) 이익이 주도하는 사업 모형에 뿌리를 두지만 경제적 목적과 사회적 목적의 균형을 맞추고 양자를 더욱 잘 통합하기 위해, '혼합가치'의 창출을 목표로 삼는 '사회적기업가'적 동력과 결합한다.

얼핏 보기에 그림 1에 제시된 네 가지 사회적기업 모형은 기존 조직 내에 새로운 동학이 작용함으로써 발생하는 것처럼 보인다. 따라서 사회적기업이 처음부터 새롭게 만들어지는 것이 불가능해 보일 수 있다. 하지만 그러한 해석은 신생 (사회적)기업이 삼각형 내의 어느 곳에서든 출현할 수 있다는 점을 고려할 때 분명 잘못된 접근의 해석이다. 오히려 사회적기업이 자리 잡는 삼각형 내의 위치는 그 기업의 공익 지향성, 그리고 사회적 목적과 경제적 목적, 그리고 재정자원 사이에서 균형을 맞추는 방식에 달려 있게 될 것이다.

앞서 제시했듯 우리의 사회적기업 유형론이 '기본원칙'으로 명명된 몇몇 핵심적 차원에 기초한다 하더라도 그것이 존재가능한 모든 사회적기업 사례를 포괄한다고 주장하는 것은 아니다. 특히 우리는 해당 분야에서 관찰할 수 있는 많은 혼합 조직 유형을 알고 있다. 예컨대, 지역사회개발의 견지에서 영리조직과 비영리조직이 체결하고 지역 공공기관이 참여하기도 하는 제휴관계는 매우 흔히 접할 수 있다.

4. 데이터 및 방법

여기서 우리는 사회적기업 유형론의 타당성을 검증하기 위해 대량의 설문조사를 통해 수집된 데이터를 활용한다. 이 설문조사는 우리가 주관하고 세계 43개국 연구자들이 수행한 것으로 '사회적기업 모형 국제 비교ICSEM 프로젝트'로 명명된 광범위한 국제 연구 프로젝트의 틀 속에서 진행되었다.

ICSEM 설문조사 및 데이터베이스

첫 번째 단계에서는 참여한 모든 연구자들이 개별 국가의 사회적기업 지형과 관련해 '국가별 의견서'를 제출했다. 또한 그들이 관찰할 수 있는 다양한 사회적기업 유형을 파악하고 그 특징을 기술해줄 것을 요청했다. 그런데 여기서 이러한 접근법에 두드러진 두 가지 주요 특징을 강조할 필요가 있다. 첫째, 사회적기업에 대한 어떠한 엄밀한 선험적 정의도 이 국가별 의견서에 부과되지 않았다. 우리는 단지 '사회적 목표를 우선시하며 서비스나 재화를 제공하기 위해 기업가적 동학을 결합하는 조직'으로 분석 범위를 한정했을 뿐이다. 사회적기업 현상이 지역적 맥락에 뿌리를 두고 있다는 사실에 강조점이 주어졌다. 둘째, 대부분의 연구는 개인 연구자보다는 팀으로 수행되었으며 이는 지역적 또는 국가적 수준에서 토론을 활성화함으로써 순전히 개인적인 인식에 의해 유도되는 선입견의 위험을 줄이는 데 도움이 되었다.

두 번째 단계에서는 국제 비교분석 착수에 필요한 기업 차원의 신뢰할 수 있는 데이터 집합이 부족한 문제를 해결하기 위해 공통 질문지를 바탕으로 사회적기업에 관한 심층정보가 수집되었다. 보다 구체적으로는 ICSEM 연구 프로젝트의 첫 번째 단계에서 파악된 각 사회적기업 유형을 대표한다고 여겨지는 3~5개 사회적기업의 경영자들을 대상으로 면접이 실시되었다. 그 결과 다소 균일한 방식으로 43개국 721개 사회적기업에 관한 세부 데이터가 수집되었다(표 1). 이 표본이 결코 전 세계의 사회적기업 인구를 대표하지 않는다는 사실은 굳이 언급할 필요가 없을 것이다. 아프리카의 경우 사회적기업이 거의 부재하는 등 실로 대륙별 분포가 매우 불균등할 뿐만 아니라 보다 근본적으로는 전체 사회적기업 인구 자체가 전혀 알려져 있지 않다. 이는 사회적기업에 대한 보편적 정의가 존재하지 않기 때문이다.[9]

이러한 한계가 있다 하더라도 이론적 유형론과 큰 노력이 필요한 상향식의 경험적 접근법을 결합한 우리의 종합적 연구 전략은 분명 사회적기업 모형의 다양성을 파악하는 데 중요한 발판이 된다 할 수 있

지역	국가 수	사회적기업 수
유럽	19	328(46%)
아시아	9	100(14%)
라틴아메리카	7	162(22%)
미국, 캐나다, 호주, 뉴질랜드	4	45(6%)
서아시아(이스라엘 및 아랍 에미레이트 연합)	2	31(4%)
아프리카(르완다 및 남아프리카 공화국)	2	55(8%)
계	43	721(100%)

범례. ICSEM = 사회적기업 모형 국제 비교

표 1 ICSEM 조사대상 국가 및 사회적기업의 수

다. 다음 단계는 ICSEM 설문조사를 통해 구축된 데이터 집합을 활용해 상기한 사회적기업 유형론이 경험적으로 지지되는지의 여부를 확인하는 것이었다.

주요 사회적기업 범주 식별을 위한 계층적 군집분석

군집분석을 수행할 목적으로 우리는 질문지에서 양적 · 질적(명목 및 순위) 변수를 추출했다. 궁극적 목표는 다섯 가지 주요 특성에 따라 721개 사회적기업 각각을 기술하는 것이었다. 이러한 특성에는 (a) 일반적 정체성(법적 형태, 기원, 인증), (b) 사회적 사명(사명의 성격 및 사회적기업의 주요 경제활동과 맺는 관계, 제공되는 재화와 서비스의 가격, 혁신의 유형), (c) 인적 구성(노동자와 자원봉사자), (d) 일반적으로는 재정구조, 보다

9 – 일부 국가의 경우 사회적기업의 개념이 법률 등에 의해 정의되어 있다. 하지만 이러한 정의를 통해 논란의 여지가 없는 조직유형 연구나 통계분석을 수행하는 것은 일반적으로 가능하지 않다. 그러한 법률적 접근은 흔히 너무 방대하거나 너무 협소한 것으로 여겨지기 때문이다.

구체적으로는 사회적기업이 다양한 자원유형을 결합하는 방식, (e)거버넌스 구조 및 잉여 할당 규칙이 포함된다. 많은 문항에서 복수 선택과 여러 선택의 조합이 가능했기 때문에 우리가 규정한 변수는 141개에 이르렀다.

워드Ward의 집계 방법에 기초한 계층적 군집분석HCA에 착수하기에 앞서 우리는 두 가지 주요 문제를 해결해야 했다. 첫째, 우리의 데이터베이스에는 양적 · 질적 변수가 모두 포함된 반면 HCA는 질적 변수에 대해서는 수행될 수 없다. 둘째, 우리는 사전에 정해진 다섯 가지 특성 각각이 같은 비중을 갖기를 원했다. 하지만 일부 특성이 다른 특성에 비해 더 많은 변수들로 구성되었기 때문에 이러한 바람은 충족될 수 없었다. 그래서 우리는 이 문제를 극복하기 위해, 규정된 141개 변수와 선별된 6개 요인을 대상으로 다중요인분석MFA을 실시했다. MFA를 사용함으로써 두 가지 문제가 해소되었다. 첫째, 사전에 정해진 다섯 가지 특성 각각에 동일한 중요성을 부여하는 것이 가능해졌다. 둘째, MFA를 통해 우리는 각 사회적기업을 양적 지표(각 요인별 사회적기업의 좌표)만으로 기술할 수 있게 되었다.

HCA를 통해 얻어지는 최적 군집수(n)는, n+1개의 군집을 고려하는 경우에, 이에 따라 변화된 군집내의 전체 수가 유의미하게 감소하지 않는 군집수에 상응한다. 이러한 기준을 바탕으로 우리는 먼저 5개의 군집을 식별했다. 하나의 군집을 추가하는 경우에는 군집 내 개체의 수가 유의미하게 감소하지 않았다. 그리고 두 개의 군집을 동시에 추가하는 경우에는 좀 더 유의미한 감소가 일어났지만 보다 응집도가 높은 군집들을 얻을 수 있었다. 그리하여 최종적으로 7개의 군집을 유지하기로 결정했다.

5. 연구 결과

통계작업에서 얻은 주요 결과는 표 2에 정리되어 있다. 여기서 7개 군집은 첫 번째 열에 나열된 다양한 특성을 통해 기술된다. 그리고 다양한 군집의 분석은 다음의 질문을 염두에 두고 진행되었다. 이들 군집은 우리가 이론화한 사회적기업 모형을 어느 정도로 확증하는가, 또는 그렇지 않은가?

두 개의 군집은 사회적협동조합 사회적기업 모형의 존재를 가리킨다

7개 군집 중 2개의 군집(군집 2와 3)에서는 협동조합의 법적 형태를 채택한 조직이 높은 비율로 나타났다. 이는 이 두 군집이 잠재적으로 '협동조합형' 사회적기업 모형의 존재를 가리키는지 신중하게 살펴볼 것을 요구하는 강력한 특징이다. 협동조합 원칙이 공식적으로 협동조합으로 등기되지 않은 사회적기업에 의해서도 적용될 수 있다는 점에서 두 군집에서 협동조합과 다른 법적 형태가 존재하더라도 그리 놀라운 일은 아니다. 예컨대, 개발도상국의 경우 지역 수준에서 협동조합적 방식으로 운영되는 많은 생산활동은 공식적으로 협동조합으로 등록되지 않은 채 비공식부문으로 남아 있다. 실로 군집 3에 속한 조직의 10%는 비공식적 성격을 갖는다. 군집 2에 속하는 조직의 10%는 국가별로 상이한 특수목적 사회적기업이라는 법적 형태를 채택하고 있다. 이 중 일부는 엄밀히는 다르다 할지라도 기존의 협동조합에 가까운 지위를 갖는다(프랑스의 '공익협동조합' 등). 다른 경우 하나의 명칭label이 협동조합의 이상에서 강한 영감을 받았다 하더라도 그것은 종래의 다양한 법적 형태와 결합될 수 있다. 한국의 '사회적기업' 명칭은 협동조

표 2 사회적기업 군집의 주요 특징

사회적기업 모형	소셜비즈니스(SB) 모형	사회적협동조합(SC) 모형		기업가적 비영리(ENP) 모형			
군집번호 및 각 군집 내의 지배적 유형	군집 1 중소규모 SB	군집 2 협동조합 SE	군집 3 협동조합 소액금융 SE	군집4 비영리 모조직에 의해 출범된 WISE	군집5 비영리 WISE	군집6 지역개발 ENP	군집7 보건 및 사회서비스 ENP
관찰 횟수	138	128	43	72	34	55	251
법적 형태	대다수 유한회사(50%) 개인회사(26%)	대다수 협동조합(80%) 특수목적 SE 법적 형태 (10%)	대다수 협동조합(74%) 비공식 조직(10%)	매우 다양한 법적 형태	대다수 NPO(71%) 유한회사(21%)	대다수 NPO(57%) 일부 유한회사(10%) 일부 협동조합(12%)	대다수 NPO(56%) 재단(22%)
제공되는 재화 및 서비스	다양함	다양함	주로 금융서비스(60%)	다양함	다양함	다양함	대다수 교육, 보건, 사회 서비스
사회적 사명	다양한 사회적 사명	지역사회 개발과 연계된 다양한 사회적 사명	주로 금융서비스 접근성	노동통합	노동통합	지역 개발, 생태, 교육 접근성, 역량 육성	평등 및 권리 증진, 보건서비스 접근성, 고용 창출
사명 중심/사명 관련/사명 무관/경제 활동	사명 중심(52%) 사명 관련(44%)	사명 중심(66%) 사명 관련(26%)	사명 중심(65%) 사명 관련(23%)	사명 중심(42%) 사명 관련(43%)	사명 관련(79%)	사명 중심(62%)	주로 사명 중심(69%)
경제 모형	시장소득이 지배적 88%	시장소득이 지배적 85%		시장소득이 지배적 72%	시장: 48% 보조금: 37% 기부금: 9%	시장: 36% 보조금: 29% 기부금: 22%	시장: 40% 보조금: 39% 기부금: 13%
주요 경제 활동에 적용되는 가격 및 적용 가격별 SE 비율	시장 가격(61%)	시장 가격(63%)	시장 가격(42%) 시장 가격 미만(40%)	시장 가격(76%)	시장 가격(68%)	무상 제공(46%) 시장 가격(31%) 시장 가격 미만(37%)	무상 제공(67%) 시장 가격(33%) 시장 가격 미만(24%)

(계속)

사회적기업 모형	소셜비즈니스(SB) 모형	사회적협동조합(SC) 모형		기업가적 비영리(ENP) 모형			
거버넌스 모형	독립적 또는 자본주의적	민주적		주로 민주적, 일부 독립적	민주적	주로 민주적, 일부 독립적	민주적
기원	1인(53%)	대다수 노동자(39%), 시민(35%), TSO(30%)	대다수 시민 집단(47%), TSO(42%)	대다수 TSO 또는 모조직(80%)	대다수 시민 집단 또는 TSO(73%), 1인(32%)	대다수 시민 집단(45%) 또는 1인(25%)	대다수 시민 집단(47%), TSO(33%), 또는 1인(22%)
다중 이해관계자 이사회	24%	49%	37%	60%	해당 없음	58%	72%
최종 의사결정 권한	1인(47%) 또는 이사회(경영자, 노동자, 투자자: 25%)	GA/이사회(주로 노동자, 광범위한 기타 이해관계자의 대표자, 91%)	GA/이사회(주로 사용자와 투자자, 90%)	GA/이사회(경영자 및 전문가, 광범위한 기타 이해관계자의 대표자, 71%), 또는 일부의 경우 1인(14%)	GA/노동자(필수), 전문가, 자원봉사자, 공여자, 시민으로 구성되는 이사회(76%)	GA/이사회(광범위한 이해관계자, 71%), 또는 일부의 경우 1인(14%)	GA/이사회(광범위한 이해관계자, 89%)
이윤분배 제한 규칙	없음(66%)	있음(75%)		있음(61%)	완전 비분배 제약(80%)	있음(61%)	있음(70%)
활동 중단시 순자산 귀속 대상	미정(39%)	조합원(40%)	조합원(44%)	다른 SE나 NPO(32%), 또는 모조직(31%)	다른 SE나 NPO(44%)	다른 SE나 NPO(40%)	다른 SE나 NPO(38%)
유급 고용인[a]	8	15	20	34	34	9	111
자원봉사자[a]	0	0	8	7.5	3	6	15

범례. SE = 사회적기업, WISE = 노동통합형 사회적기업, TSO = 제3부문 조직, NPO = 비영리조직, GA = 총회. a사회적기업 중간값

합이 특히 접근하기 좋은 사회적기업 명칭의 좋은 사례를 제공한다.

우리의 이론적 유형론에 따르면 사회적협동조합 모형은 상호이익 단체가 공익에 보다 많은 중요성을 부여하는 행동으로 이동한 결과로 분석할 수 있다. 그러한 진화는 두 개의 상이한 수준에서 관찰될 수 있다. 첫째, 기존의 전통적 협동조합 및 상호이익 어소시에이션은 자신들의 상호이익 지향을 지역사회 전체의 이익이나 비회원 수혜자로 구성되는 목표 집단의 이익을 지향하는 신규 활동 또는 실천과 결합하는 결정을 내릴 수 있다. 둘째, 그러한 이동은 중범위 수준에서도 관찰될 수 있다. 특정 상황에서는 사회운동의 지원을 받는 전통적 협동조합운동의 적어도 일부가 새로운 사회적 도전을 자각하고 새로운 유형의 협동조합, 즉 이 새로운 도전에 가장 적합하게 보이는 사회적협동조합을 지원하기로 결정할 수 있다. 그러한 활동은 지원 생태계의 발전, 즉 새로운 법적 형태의 창출, 공공계약 접근성의 증진 등으로 이어질 수 있다. 이러한 점에서 이탈리아가 이룩한 소위 '사회적협동조합'의 발전은 하나의 성공 스토리라 할 만하다. 1980년대 후반 협동조합과 유사한 선도적 사업이 특정 법적 형태 없이 일군의 시민과 노동자들에 의해 시작되었다. 이들은 향후 보다 공식적인 광범위한 사회적협동조합들이 발전할 수 있는 토대를 놓았다. 하지만 많은 나라에서 대중적 인식은 아직 이에 미치지 못하며 '협동조합형' 사회적기업은 여전히 보다 전통적인 다양한 법적 형태하에서 운영되고 있다.

군집 2와 3이 협동조합의 성격을 갖는다는 것을 보여주는 분명한 근거가 있지만 여전히 우리는 이들의 특수한 '사회적' 정체성을 보다 확실히 입증할 필요가 있다. 따라서 핵심 질문은 다음과 같다. 이 두 군집에 속하는 조직이 위 삼각형의 '사회적협동조합' 모형에 가깝게 위치한다는 것을 정당화하면서 동시에 어느 정도로 이들을 종래의 협동조합과 구분할 수 있는가?

먼저, 이 두 군집 내 조직에 전통적 협동조합이 아닌 사회적기업의 자격을 부여하는 사회적 사명과 경제활동 유형을 살펴보도록 하자. 이 두 군집을 구성하는 조직 속에 사회적 사명과 경제활동이 혼합되어 있다는 것은 분명한 사실이다. 전체 조직의 3분의 2는 '사명 중심적' 경제활동을 수행한다. 또한 4분의 1은 알터(2007)의 분류법에 따라 '사명과 관련'된 활동을 전개한다. 첫 번째 협동조합 군집(군집 2) 내 조직들이 다양한 재화와 서비스를 생산한다 하더라도 실질적으로 이 모든 활동들은 사회적 목적에 복무하려는 의도로 행해진다. 이들 활동은 실업자를 위한 일자리 창출, 빈곤층을 위한 소득창출, 지역사회개발의 추구, 생태적 사안의 해결 등을 목표로 삼는다. 흥미롭게도 두 번째 협동조합 군집(군집 3)에는 이 같은 이질성이 보이지 않는다(이는 두 군집 사이에 나타나는 주요한 차이의 하나이다). 군집 3에 속하는 조직의 약 60%는 금융 및 보험 서비스를 제공한다. 이 때문에 우리는 이 군집에 "협동조합형 소액금융 사회적기업"이라는 명칭을 붙였다. 금융서비스 접근성은 항상 빈곤인구의 주된 관심사였으며 협동조합운동의 필수 요소를 구성하는 중심적인 사안이기도 했다. 이러한 협동조합 사업의 상당수는 '소액금융 운동'이 사회적 의제의 전면에 나타나기 훨씬 이전에 시작한 것이었다. 이들 사업은 현재 소액금융 운동에 전적으로 통합되어 있다.

둘째, 전통적 협동조합보다 공익을 더 많이 강조함으로써 이들 조직은 상호이익MI을 추구하는 조합원 외의 이해관계자들이 참여하는 거버넌스 구조를 창출한다. 실로 첫 번째 협동조합 군집에 속하는 조직의 절반에서 광범위한 이해관계자들(많은 경우 노동자들이 포함된다)이 참여하는 거버넌스 구조를 찾아볼 수 있다. 하지만 이는 금융협동조합이 지배적인 군집에는 해당되지 않는다. 놀라운 일은 아니지만 금융협동조합에서는 주로 이용자와 투자자가 대표권을 지닌 이해관계자들이 된다.

셋째, 이윤을 조합원 지분에 따른 배당금으로 할당하는 것은 전통적 협동조합보다 사회적협동조합에서 더욱 제한되며 심지어 할당 자체가 금지될 수도 있다. 실로 (완전 비분배 제약이나 조합원들 간의 엄격한 동등 분배 등) 종래의 협동조합에서는 좀처럼 찾아볼 수 없는 일부 특징들을 이들 조직의 절반에서 관찰할 수 있다.

이러한 분석을 통해 우리는 사회적협동조합을 하나의 주요한 사회적기업 모형으로 이론화하려는 우리의 시도가 강력한 경험적 근거에 의해 뒷받침된다는 결론에 이를 수 있다.

하나의 군집은 소셜비즈니스 모형의 존재를 가리킨다

군집 1은 강한 사업 지향과 사회적 사명을 결합하는 조직들이 모여 있는 것으로 파악되며 이러한 점에서 '소셜비즈니스' 모형의 존재를 뒷받침한다. 이 군집의 변별적 특징을 상술하기에 앞서 이 군집이 두 개의 협동조합형 군집과 갖는 몇 가지 유사성에 주목하도록 하자. 첫째, 데이터에 따르면 이 소셜비즈니스 군집과 군집 2(즉, 두 '협동조합형' 군집 중 첫 번째 군집)의 경제활동은 흡사하게 다변화되어 있으며 사회적 사명 역시 다소 비슷하게 다양한 모습을 나타낸다. 우리는 또한 소셜비즈니스 군집과 두 협동조합형 군집에 속한 조직 모두 대체로 자신들의 재화와 서비스를 시장가격에 판매한다는 것을 알게 되었다. 마지막으로 이 세 군집에 속하는 조직들은 유급노동자들로 운영되며 (거의 대부분) 자원봉사자에 의존하지 않는다.

이러한 공통 특징과 여타의 몇 가지 특징들은 두 가지 매우 상이한 양상을 띠는 사회적기업의 모습profile을 드러낸다. '협동조합형' 사회적 기업이 일군의 시민, 노동자, 또는 여타 제3부문 조직에 의해 설립되는 반면 '소셜비즈니스형' 사회적기업은 한 명의 개인에 의해 시작되는 경우가 매우 흔하다. 더욱이 소셜비즈니스는 빈번하게 유한회사 또는 개인회사의 법적 형태를 채택한다. 이들의 활동 및 사명과 관련해서는 소셜비즈니스의 경제활동이 더욱 빈번하게 '사명과 관련'되며 이는 사회적 사명이 목표로 삼는 집단이 아닌 보다 광범위한 인구에 재화나 서비스를 전달하는 빈도가 협동조합형 사회적기업보다 높다는 것을 의미한다. 앞서 살펴보았듯이 협동조합형 사회적기업은 보다 빈번하게 '사명 중심적'이다.

군집 1에 속하는 조직들의 최종 의사결정 권한은 대부분 소유자에게 귀속되며 대안적으로 경영자, 투자자 또는 일부 노동자로 구성되는 이사회에 귀속되는 경우도 있다. 그러한 이사회에 의해 운영되는 사회적기업의 거버넌스가 '자본이익 지향적'이라고, 심지어 일부의 경우는 '자본주의적'이라고 묘사될 수 있는 반면, 의사결정 권한이 1인의 수중에 있는 경우에는 '독립적' 소유와 경영에 가깝다고 보는 것이 좀 더 적합할 것이다. 물론 이것은 보다 폭넓은 이해관계자들이 참여하는 민주적 거버넌스 구조의 '협동조합형' 군집과 대비된다.

마지막으로, 이윤분배 규칙 및 조항과 관련해 주목할 점은 '소셜비즈니스' 군집 조직의 66%가 이윤분배를 제한하는 어떠한 규칙도 갖고 있지 않다는 점이다. 이들 사업은 사회적 목표가 사명에서 지배적일 것을 요구하는 법적 형태를 채택하거나 인증을 추구할 수 있지만 일반적으로 그러한 법적 형태 또는 인증(예컨대 '저이윤 유한책임회사', '유연목적회사', 또는 '베네핏기업B-Corp' 인증)은 이윤분배에 어떠한 제한도 부과하지 않는다(Cooney, 2012). 하지만 이것이 모든 또는 대부분의 이윤이 통상적으로 소유자들에게 분배된다는 의미는 아니다. 매우 일반적인 관행은 적어도 이윤의 일부를 사회적기업에 재투자하는 것이다.

'소셜비즈니스' 군집에 속하는 사회적기업들의 실제 모습을 더욱 제대로 파악하기 위해서는 여전히 더 많은 정보, 특히 이들 기업의 실제 규모에 관한 정보가 필요하다. 얼핏 보기에 상당수 소셜비즈니스 문헌들은 다국적 기업에 의해, 또는 이들 기업과의 제휴 속에서 출범된 사업을 강조하고 칭찬함으로써 그러한 사업의 규모가 크다는 암시를 준다. 연례 세계 소셜비즈니스 정상회의World Social Business Summit는 이러한 관점의 입장을 상징적으로 보여준다. 이러한 입장은 4가지 핵심원칙을 강조한다. 소셜비즈니스의 이해관계자는 어떠한 재정적 투자 대비 수익도 기대해서는 안 되며(대기업의 경우 CSR 전략틀 내에서 이는 수월한 일이다) 모든 이윤은 사회적 사명을 위해 재투자되어야 한다는 것, 또한 많은 빈곤층이 접근할 수 있도록 재화와 서비스는 낮은 가격에 판매되어야 하며 공적 보조금을 지원받지 않음으로써 국가로부터 완전한 독립성을 획득해야 한다는 것이다.

소셜비즈니스 모형의 개념화에 착수했을 때 우리가 염두에 둔 것이 바로 이러한 측면이었지만 통계 결과는 사실상 다른 그림을 제시한다. 이 군집은 시장에서 활동하지만 동시에 하나의 사회적 사명을 추구하는 중소규모의 기업들로 이루어진다. 이러한 특징은 이미 살펴보았듯이 사업의 창립자이자 주 소유자이며 지배적 의사결정권자라는 개인 기업가의 핵심적 역할과 부합한다.

경제적 목표와 사회적 목표의 이러한 조합이 '협동조합형' 사회적기업에 의해 정의되는 것보다 다소 방만한 틀 속에서 이행된다는 점에서 이들 목표 사이의 균형, 그리고 시간의 경과에 따른 그것의 진화는 사회적 사명의 지속가능성에 대한 의문을 제기한다. 예컨대, 이 군집에 속하는 조직 중 이윤 전체를 재투자하는 경우는 전체의 10%에 불과하며 근 40%에 해당하는 조직은 활동 중단 시의 순자산 분배와 관련해 어떠한 정해진 규칙도 갖고 있지 않다. 이러한 맥락에서 기업들의 실제 관행을 관찰하는 것이 매우 중요해 보인다. 사회적이거나 환경적인 차원은 실제 어느 정도로 이윤동기를 지배하는가? 그것은 소유자의 재정적 이해관계에 보다 충실하기 위한 도구에 불과한 것이 아닌가? 보다 일반적으로 사회적 가치를 생산하는 경제활동은 어떠한 조건하에서 사회적기업가 정신의 표현으로 여겨질 수 있는가?

실상이 어떠하든 우리는 이 국면에서 소셜비즈니스 모형이 혼합가치를 발생시키고자 하는 중소기업SME의 의지에 깊이 뿌리내리고 있다는 관념이 이 군집을 통해 뒷받침된다고 말할 수 있다.

네 개의 군집은 기업가적 비영리 사회적기업 모형으로 수렴한다

나머지 네 개의 군집 중 두 개(군집 4와 5)는 주로 고용창출의 사명에 의해 주도되는 사회적기업 조직들로 구성되며 따라서 노동통합 사회적기업WISE으로 볼 수 있는 반면 다른 두 개의 군집(군집 6과 7)은 보다 광범위한 사회적 사명을 포괄한다.

우리는 마지막 두 군집의 특징을 먼저 분석하고자 한다. 이들 군집에서 지배적인 법적 형태는 비영리조직이다(마지막 군집의 경우 재단의 비중 또한 유의미하게 높다). 다른 법적 형태(협동조합 및 상업회사)와 더불어 일부 비공식 조직 또한 관찰되지만 이들은 수적으로 매우 적다.

군집 6과 7에 속한 조직들은 대개의 경우 일군의 시민들에 의해 출범되며 때로는 다른 제3부문 조직과의 제휴 속에서 출범된다. 이사회 또는 총회가 최종 의사결정 권한을 가지며 이러한 기구는 광범위한 이해관계자들로 구성된다. 빈도가 훨씬 낮은 일부 경우에는 한 명의 개인이 사회적기업을 설립하고 독립적으로 조직을 경영한다. 이 두 군집에 속하는 사회적기업의 거의 40%는 활동이 중단되는 경우 유사한 사회적 사명을 가진 다른 조직에 순자산을 이전한다. 이러한 특징은 비영리조직(공익재단을 비롯한 광의의 NPO)에서 전형적으로 나타난다.

군집 6과 7의 조직들이 제공하는 서비스는 주로 '사명 중심적'이다. 가장 규모가 큰 '비영리형' 군집인 군집 7은 주로 교육, 보건, 사회서비스를 제공하는 조직들로 구성된다. 이 군집에 속하는 조직들이 갖는 또 다른 주요한 변별적 특징으로는 이들이 전체 표본 중에서 규모가 가장 큰 조직이라는 사실을 들 수 있다. 군집 6은 규모가 훨씬 작은 조직들로 구성되며 이들은 지역개발, 생태, 교육 접근성, 역량개발 등을 촉진하는 매우 광범위한 서비스를 제공한다. 이들 소규모 조직에는 거의 고용인에 버금가는 수의 자원봉사자들이 참여한다.

이 두 군집에 속하는 '비영리형' 조직은 두 협동조합형 군집과 소셜비즈니스 군집에서 볼 수 있는 것보다 훨씬 광범위한 자원의 다양성을 보여주며 많아야 40%의 소득이 시장에서 발생한다. 군집 6과 7은 표본 중에서 자원활동volunteering를 비롯해 자선활동에 가장 많이 의지하는 사회적기업들로 구성된다. 이들 중 일부 서비스를 시장가격으로 판매하는 조직은 3분의 1에 불과하다. 실로 적어도 일부 서비스를 무료 또는 생산비용에 훨씬 미달하는 가격으로 제공하는 것은 이 두 군집에서 폭넓게 찾아볼 수 있는 관행이다. 이러한 관행과 관련해 생산이 공공선에 유의미하게 기여하고 그 재정이 민간(시장 및 비시장) 자원에 의해 조달될 수 없다고 판단되는 경우 해당 조직은 상당한 액수의 공적 보조금을 수령할 수도 있다.

통상적 접근법에서 사회적기업이 '사회문제를 해결하는 시장적 해법'으로 인식된다는 점에서 그러한 자원혼합이 다소 놀라운 것으로 여겨질 수도 있다. 하지만 '유럽 사회적기업의 등장EMES' 학파에 속하는 이들을 비롯한 많은 학자들에게(Defourny & Nyssens, 2010) 사회적기업의 기업가적 차원은 적어도 부분적으로는 해당 사업이 반드시 시장 위험은 아니라 하더라도 유의미한 수준의 기업가적 위험을 갖는다는 사실에 놓여 있다. 이러한 보다 폭넓은 관점에서 사회적 사명을 가장 잘 뒷받침할 수 있는 자원혼합은 거래활동이 공적 보조금 및 자발적 자원과 결합되는 혼합형의 성격을 띨 것으로 예상할 수 있다. 마찬가지로 마이어 등(Maier et al., 2016)의 연구는 오직 시장에서 재정자원을 조달하는 것을 넘어서는, '사업을 활용하는 NPO'의 성격을 규명할 수 있는 몇 가지 동학을 파악한다. 이러한 NPO는 사업형business-like 목표를 채택할 수 있다(상업화, 영리조직[FPO]으로의 법적 형태 전환). 이들은 또한 핵심적이거나 보조적인 부분에서 사업적 방식을 채택하거나(기업가적 지향, 전문화, 사업형 자선활동) 사업적 수사를 개발할 수 있다. 따라서 시장소득이 절반에 미치지 못한다 하더라도 많은 NPO가 지역 연구자들에 의해 사회적기업으로 파악된 것은 놀라운 일이 아니다.

앞서 간략히 살펴보았듯이 아직 설명되지 않은 나머지 두 군집(군집 4와 5)는 주로 WISE로 구성된다. WISE의 사명은 생산활동을 통해 취약계층을 노동시장과 사회에 다시 통합하는 것이다. 지난 20년간 WISE는 사회적기업 진흥정책에서 주요 관심사가 되었다(Cooney et al., 2016; Nyssens, 2006). 군집 4와 5에 속한 사업들은 주로 시장가격으로 광범위한 재화나 서비스를 판매하며 군집 6과 7에 속한 조직보다 시장소득에 의존하는 비중이 높다. 이들 기업의 생산활동은 앞서 분석된 두 군집보다 덜 '사명 중심적'이지만 '사명과 관련'되는 경우가 많은 것으로 파악된다. 실로 군집 4와 5에서 이루어지는 경제활동은 생산물의 유형과 무관하게 일자리를 창출하는 수단이며 사회적 사명이 목표로 삼는 취약계층 노동자보다 훨씬 더 폭넓은 인구를 대상으로 상업적 활동을 전개한다.

군집 5에 속한 대다수의 WISE는 법적 형태로 NPO를 채택하고 있으며 대부분 시민에 의해 출범되었다. 이들 조직은 앞서 분석한 바 있는 두 개의 '기업가적 비영리' 군집(군집 6과 7)과 대체로 동일한 유형의 민주적 거버넌스를 특징으로 한다.

WISE에 해당하는 다른 군집(군집 4)의 경우 이 군집에 속한 조직의 80% 이상이 제3부문 모조직이나 시민에 의해 출범되었다 하더라도 법적 형태는 (NPO, 재단, 유한회사로부터 비공식 조직에 이르기까지) 훨씬 더 다양한 형태를 띤다. 사회적기업이 활동을 중단하는 경우 순자산은 비슷한 사회적 사명을 가진 또 다른 사회적기업이나 NPO, 또는 모조직으로 이전된다. 이윤분배는 전적으로 금지되거나 비영리 모조직을 대상으로 해서만 이루어진다. 이 때문에 우리는 군집 4에 '비영리 모조직에 의해 출범된 WISE'라는 명칭을 붙였다.

마지막 네 개의 군집(군집 4~7)이 두 개의 주요 사회적기업 하위집단, 즉 노동통합에 강하게 중점을 두는 집단과 여타의 다양한 사회적 사명을 보여주는 집단의 존재를 뚜렷이 보여준다 하더라도 이들 군집은 모두, 광범위한 비영리 사회적기업을 포괄하면서 튼튼히 뿌리 내리고 있는 '기업가적 비영리 사회적기업 모형'의 존재를 뒷받침하기에 충분한 특징을 공유한다.

사회적기업 모형의 지역적 특수성

군집분석을 수행하기에 앞서, 데이터 집합을 통해 우리는 세 종류의 '지역적' 사회적기업의 하위표본, 즉 라틴아메리카 표본(Gaiger et al., 2019), 서유럽과 중동부 유럽 표본(Defourny & Nyssens, 2021a; 2021b)을 대상으로 다중요인분석을 수행할 수 있었다.[10] 이들 각 지역 내의 사회적기업 유형은 세계적 수준에서 발생하는 유형과 매우 유사한 것으로 드러났다. 세계적 수준에서 확인된 세 가지 사회적기업 모형은 모두 이들 세 지역에서도 분명하게 확인되었다. 하지만 이들 지역에서는 각 사회적기업 모형이 몇 가지 지역적 특수성을 갖는다는 결과 또한 확인할 수 있었다.

협동조합 유형, 특히 노동자협동조합은 라틴아메리카의 지배적 사회적기업 형태를 구성한다. 많은 경우 조합원-노동자가 추구하는 상호이익은 자신들의 통제하에서 노동자들을 위한 일자리를 창출하는 것에 있지만, 일반적으로 이들 노동자가 사회의 주변부에서 살아가면서 가난한 가족 또는 지역주민의 생존을 위해 일한다는 점에서 그것은 뚜렷하고 보다 광범위한 사회적 지향과 결합된다.

유럽에서 나타나는 사회적기업 유형이 전체 세계 표본과 매우 흡사하다 하더라도 흥미로운 몇 가지 변별적 성격들을 지적할 수 있다. 중동부 유럽의 경우 협동조합은 국가의 통제를 받아온 역사로 인해 수십 년간 불신의 대상이었지만 이후 협동조합형 사회적기업이 다시 사람들의 관심을 끌고 있다. 또한 이 지역의 사회적기업 지형에서 비영

10 – 아시아 지역에서 조사된 사회적기업은 동일한 방식으로 통계 처리를 하기에는 그 수가 너무 적은 것으로 드러났지만 100회의 관측을 바탕으로 사회적기업의 '평균적' 양상을 추산할 수 있었다.

리적 형태가 지배적인 이유는 부분적으로 EU 지원프로그램과 프로젝트에서 나오는 기금이 중요한 역할을 한다는 점에 의해 설명될 수 있다. 비영리적 형태는 EU 기관의 지원을 얻기에 가장 적합한 형태로 보이기 때문이다.

서유럽에서는 사회적협동조합 사회적기업 모형에 기반한 '시민협동조합'의 새로운 물결이 일어나고 있다. 이들 사업은 충족되지 않은 사회적·생태적 필요를 채우는 한편 주요 목적으로 삼고 있는 대안적 경제성장에 기초하여 실천을 전개하기 위해 노력한다. 매우 최근에 생겨나고 있는 이들 협동조합은 분명 소위 '이행운동transition movement'(Hopkins, 2013) 속에 뿌리 내리고 있는 것으로 분석된다.

마지막으로, 아시아의 경우(Bidet & Defourny, 2019) 소셜비즈니스 사회적기업 모형이 가장 큰 집단을 구성하며 동시에 이들 사회적기업의 대다수가 다소 규모가 작은 소셜비즈니스로서 1인 기업가에 의해 설립되고 경영되는 매우 특수한 성격을 갖는다. 하지만 아시아의 사회적기업 지형을 제대로 기술하기 위해서는 예컨대 다양한 종교의 영향력, 공산주의 또는 독재 체제의 유산 등과 관련해 훨씬 더 많은 사항이 강조될 필요가 있다.

6. 결론 및 추후 연구 방향

본 논문의 목적은 서두에서 개괄한 바 있는 사회적기업 모형의 국제적 유형론을 검증하는 것이었다. 첫 번째이자 주요한 연구결과는 네 가지 이론적 모형 중 세 개가 경험적 근거에 의해 강력하게 뒷받침된다는 점이다. 소셜비즈니스 모형, 사회적협동조합 모형, 기업가적 비영리 모형은 통계분석에서 도출된 7개 군집의 검토를 통해 분명히 확인된다는 점에서 충분히 확증되었다 할 수 있다. 더욱이 이 세 가지 모형은 43개국 중 39개국에서 찾아볼 수 있다. 따라서 사회적기업이 거시적 수준에서 제도 요인의 영향을 받는다 하더라도 이러한 결과는 사회적기업이 실로 경제의 모든 부분에서 유래하며 거의 모든 국가에 존재하는 다양한 조직적 배경, 즉 비영리·협동조합·사업business 부문과 관련될 수 있음을 보여준다.

둘째, 일부 영향력 있는 인사들이 제시하는 것으로서 사회적기업이 사회문제를 해결하는 시장적 해법이라는 견해와 달리 전체 조사대상 사회적기업의 절반은 시장자원이 재정 구성 비율의 절반에 미치지 못하는 혼합형 재정구조를 보여준다. 이러한 사회적기업(군집 5, 6, 7)이 일반적으로 비영리의 법적 형태하에서 운영된다는 사실은 놀라운 일이 아니다. 비영리의 법적 형태를 통해 이들 조직은 더 많은 공적 보조금 및 자원활동을 비롯한 더 많은 자선자원을 동원할 수 있다.

셋째, 우리의 유형론에는 영국적 맥락에서 스피어 등(Spear et al., 2009)과 고든(2015)에 의해서도 언급된 바 있는 공공 또는 준공공 사회적기업 모형이 포함되었다. 우리의 경험적 분석이 하나의 변별적 군집의 식별을 통해 그러한 공공형 사회적기업 모형의 존재가 확증되지는 않았다. 하지만 노동통합 사회적기업 군집(군집 4와 5)의 경우 각 군집의 11%와 12%에 해당하는 기업이 정부기관을 창립회원으로 포함한다. 이에 대해 가능한 해석은 이들 기관이 적극적으로 사회적기업을 지원한다 하더라도 대다수의 공공기관은 WISE의 창립과 경영에서, 핵심 기업가로서가 아니라 협력자로서 행동하기를 선호한다는 것이다. 공공부문 사회적기업 모형의 존재를 확증하는 변별적 군집이 부재하는 또 다른 이유는 사회적기업 현상에 대한 지역 연구자들의 개인적 인식과 관련될 수 있다. 사회적기업은 본성상 민간조직이라는 사고가 선험적으로 전제됨으로써 아마도 이들 연구자 다수는 공공부문 사업이 사회적기업으로서 가진 잠재력을 무시했을 것이다. 이에 대해서는 반드시 추가 연구가 필요하다.

우리는 본 연구가 지닌 한계를 충분히 인식하고 있다. 당연하게도 많은 상이한 맥락 속에서 작업하는 연구자들이 다양한 방식으로 사회적기업에 접근함으로써 사회적기업의 국가별 파악방식 및 조사대상 사업initiatives의 선정에 상당한 이질성이 유발되었다. 하지만 광범위하게 수용되는 사회적기업의 정의가 부재한 가운데서도 우리의 전략은 매우 다양한 사회적기업을 포괄하는 동시에 그러한 다양성을 고찰하는 데에 몇 가지 새로운 관점을 제공하는 분석틀의 수립을 가능하게 했다. 더욱이 우리가 제안한 사회적기업 유형론은 전체 경제 속에서 작용하는 다양한 제도논리가 어떻게 주요 사회적기업 모형을 발생시키는지 설명하는 이론적 근거에 기반하고 있다. 마지막으로 덧붙일 중요한 사항은 기업 수준에서 수집된 국제적 데이터에 기초할 때 우리의 사회적기업 유형론이 국가적 특수성, 나아가 상황적 특수성에 제한되어 있지 않다는 사실이 경험적으로 입증된다는 것이다.

참고문헌

공동생산자로서 지방정부와 사회적기업의 파트너십 형성과 전망

노동부(2008), 〈사회적기업 육성 기본계획(2008~2012)〉.

사회적기업육성법(2007).

장원봉(2008), "사회적경제와 협동조합운동", 〈녹색평론〉 통권 100권. 녹색평론사.

장원봉(2007), "사회적경제의 대안적 개념: 쟁점과 과제", 〈시민사회와 NGO〉, 5(2).

장원봉(2006), 《사회적경제의 이론과 실제》, 나눔의집.

장인봉 · 고종욱(2004), "지역NGO와 지방정부의 파트너십 형성요인에 관한 지방공무원의 인식분석", 〈한국지방자치학회보〉, 16(3).

Borzaga, Carlo & Defourny, Jacques(2001), The Emergence of Social Enterprise. Routledge.

Chartier de l'economie Sociale(2005), Social Economy and Community Economic Development in Canada: Next Steps for Public Policy.

Defourny, Jacques(2001), Introduction: from Third Sector to Social Enterprise. The Emergence of Social Enterprise. Routledge : 1~28.

DTI.(2003), Public Procurement: A Toolkit for Social Enterprise.

DTI.(2002), Social Enterprise: A Strategy for Success.

Ghere, R. K.(2001), Probing the Strategic Intricacies of Public-Private Partnership: The Patent as a Comparative Reference. Public Administration Review. 61(4): 441~451. Pestoff, Victor A.(2007), Co-Production of Welfare Services: Childcare in Eight European Countries. A Democratic Architecture for the Welfare State:

Promoting Citizen Participation, the Third Sector and Co-Production.(forthcoming)

Pestoff, Victor A.(2004), The development and future of the social economy in Sweden. Adalber Evers · Jean-Louis Laville, edited by, The Third Sector in Eourope. Edward Elgar.

Stryjan, Yohanan & Filip Wijkström.(2001), Sweden: Co-operative Development Agencies as a Means of Bridging Recent Failures of the System. Roser Spear · Jacques Defourny · Louis Favreau · Jean-Louis Laville, edited by, Tackling Social Exclusion in Europe: The Contribution of the Social Economy, Ashgate.

The Squares.(2004), Observations on the Relationship between Local Authorities and The Social Economy. European Union, European Social Fund, EQUAL Community Initiative Programme.

제도의 동형화에서 공동생산으로

김신양(2018),《마을에서 함께 읽는 지역관리기업 이야기》, 착한책가게.

박서정·곽선화·이종봉(2020), "제도적 동형화를 통한 사회적 협업의 정당성이 공공기관의 협업지속 의도에 미치는 영향:사회적 자본의 조절효과", 〈사회적기업연구〉 13(1), 3~67.

박인지(2020), "공공부문 성과관리 제도의 수용성 영향요인에 관한 연구:제도적 동형화의 조절효과를 중심으로", 건국대학교 행정학과 석사학위논문.

이현실(2019), "기업의 내부적 CSR의 디커플링(Decoupling)현상분석:제도적 동형화를 중심으로", 숙명여대 경영학과 박사학위논문.

이현주·민윤경(2015), "사회적기업의 제도적 동형화에 대한 질적 사례연구:충북지역 자활기업의 사례를 중심으로", 보건사회연구 35(3), 515-552.

이홍택(2019), "충청남도 사회적경제의 발전과 제도적 동형화", 〈한국경제지리학회지〉 22(1), 52~69.

장석인(2013), "사회적기업의 제도적 동형화가 조직성과에 미치는 영향:모방적 동형화의 매개효과 검증", 〈인적자원관리연구〉 20(4), 87~110.

장원봉(2008), "한국 사회적기업의 현황과 과제", 〈제1차 사회적기업 쟁점토론회 자료집〉.

장원봉(2009), "사회적기업의 제도적 동형화 위험과 대안 전략", 〈시민과 세계〉(15), 150~164.

최세경(2010), "자원획득 능력과 전략적 자원이 조직 정당성에 미치는 영향:제도적 동형화의 매개효과를 중심으로", 성균관대학교 경영학과 박사학위논문.

최조순(2013), "지역일자리 창출 정책의 제도적 동형화에 관한 연구:'사회적기업'과 '마을기업' 정책을 중심으로". 〈시민사회와 NGO〉, 2013. 11(1), 3~32.

최조순·강병준·강현철 (2015), "한국 공동체 정책의 비판적 논의:통치성 이론을 중심으로", 〈한국자치행정학보〉 29(1), 45~64.

라미아 카림(2015),《가난을 팝니다:가난한 여성들을 착취하는 착한 자본주의의 맨얼굴》, 박소현 옮김, 오월의 봄.

한국노동연구원·기획재정부(2019), 〈2019년 협동조합 실태조사 및 정책수립을 위한 기초연구〉

Patrizia Battilani, Harm G. Schröter(2011), Demutualization and its Problems. Quaderni DSE Working Paper No. 762.

사회적경제는 세상을 얼마나 바꿀 수 있을까?

김기섭(2018),《사회적경제란 무엇인가》, 들녘.

김성윤(2013), "사회적경제에서 사회적인 것의 문제", 〈문화과학〉 제73호.

김정원(2017), "한국의 사회적경제 조직화 특성에 대한 분석", 〈경제와사회〉 제114호.

김정원·장인권·지규옥·송선영(2018),《협동노동기업의 도전》, 다른경제협동조합.

존 레스타키스(2017),《협동조합은 어떻게 세상을 바꾸는가》, 착한책가게.

알렉산더 F. 레이들로(1980),《레이들로보고서-서기 2000년의 협동조합》, 한국협동조합연구소, 2000.

Sven-Åke Böök(1992),《급변하는 세상에서의 협동조합 가치》(1992년 동경 ICA 총회 제출 보고서), 농협대학 농업경영연구소, 2006.

유철규(2020), "사회적경제의 이해",《소상공인협동조합 교육교재》, 중소벤처기업부·소상공인시장진흥공단, 제1부, 6~35.

이와미 다카시(2003), "제3세대 협동조합과 사회운동", 모심과살림연구소, 공부자료3.

일자리위원회 관계부처합동(2017),〈사회적경제 활성화 방안〉.

장원봉(2006),《사회적경제의 이론과 실제》, 나눔의집.

정태인(2015), "한국의 불평등과 사회적경제", 이정우·이창곤 외,《불평등 한국, 복지국가를 꿈꾸다》, 후마니타스.

에드가 파넬(2012),《협동조합, 그 아름다운 구상》, 그물코.

E. Altvater(1993), The Future of the Market: An Essay on the Regulation of Money and Nature After the Collapse of 'Actually Existing Socialism'. Verso Books.

CAP finance(2019),《사회적경제기업 분석 가이드*Guide for Analysis of Social Economy Enterprises*》, 한국사회가치연대기금.

Daniel Arpinte, Sorin Cace, Harry Theotokatos, & Eleftheria Koumalatsou,〈The Social Economy in the European Union-2010〉

Demoustier & Rousselière(2004), Social economy as social science and practice: historical perspectives on France. The 11th World Congress of Social Economics, "Social Economics: a paradigm for a global society", Albertville, 8-11 June.

Franz-Xaver Kaufmann(2012), Variations of the Welfare State, Springer.

Jean-Louis Laville(2003), "A New European Socioeconomic Perspective", Review of Social Economy, LXI(3).

J. Monzon & R. Chaves(2012), "Social Economy in the European Union".

J. Monzon & R. Chaves(2016), "Recent evolutions of the social economy in the European Union", CIRIEC, European Economic and Social Committee(EESC).

Münkner & Kang(2006), "Social Economy and Promotion oriented Economics: How do We Define a Common Denominator for Enterprises in Social Economies, Co-operatives and Non-profit Organisations?",〈한국협동조합연구〉24권 1호.

Hans Westlund(2003), "Social Economy and Employment-the Case of Sweden", Review of Social Economy, LXI(2).

https://www.ilo.org/global/topics/cooperatives/WCMS_546299/lang--en/index.htm

http://www.oecd.org/cfe/leed/social-economy.htm

https://www.socialeconomy.eu.org/wp-content/uploads/2020/04/2019-updated-Social-Economy-Charter.pdf

사회적경제는 어떻게 사회연대경제가 되었나?

김신양(2016), "사회적경제의 의미와 관점", 김신양 외, 《한국 사회적경제의 역사》, 한울.

Defourny, J. et Nyssen, M.(2011), 'Social enterprise and social entrepreneurship'

Defourny, J. et Nyssen, M.(sous la direction de)(2017), Economie sociale et solidaire, De Boeck supérieur.

Gueslin, A.(1998), L'invention de l'économie sociale, ECONOMICA.

Laville, J.-L et al(1994), L'économie solidaire, Une perspective internationale, Desclée de Brouwer.

Forum Social Mondial(2005), Synthèse des propositions d'Économie Solidaire.

포스트자본주의체제와 자활기업의 '공동체' 논리

고르, 앙드레(2011), 《프롤레타리아여 안녕》, 이현웅 옮김, 생각의 나무.

권순원(1993), "빈곤대책의 재조명:협동조합을 통한 탈빈곤운동의 활성화를 중심으로", 〈한국개발연구〉, 제15권 2호, 65~87.

권유미(2017), "청년 호명과 주체의 전유:서울시 '지역혁신청년활동가' 제도를 중심으로", 연세대학교 석사학위논문.

권효림(2015), "결사체주의 관점에서 본 '마을공동체 만들기'의 민주주의적 의의-마포파티 사례를 중심으로", 〈한국사회학〉 제49집 5호, 151~180.

귀베르나우, 몬트세라트(2015), 《소속된다는 것-현대사회의 유대와 분열》, 유강은 옮김, 문예출판사.

김광기(1998), "경제위기와 실업이 건강에 미치는 영향", 〈보건과 사회과학〉 제3집, 5~18.

김기섭(2012), 《깨어나라! 협동조합》, 들녘.

김덕영(2014), 《환원근대》, 길

김성윤(2017), 《사회적인 것'의 이데올로기적 지형:사회적경제와 공동체 논리의 역사적 과정과 담론적 질서》, 중앙대학교 박사학위논문.

김수영(2006), 《사회운동의 사회복지제도화 과정과 결과에 대한 연구:민관협력 자활사업의 역사를 중심으로》, 서울대학교 석사학위논문.

김왕배(2011), "'호혜경제'의 탐색과 전망", 《사회와 이론》 제19집, 177~213.

김왕배(2017), "향수의 사회학", 《향수 속의 한국사회》, 김왕배 · 박형신 외, 한울.

김정원 · 황덕순(2016), "한국 사회적기업의 역사와 현실", 《한국 사회적경제의 역사》, 김신양 · 신명호 · 김기섭 외, 한울.

김정원(2011), 《자활공동체의 활성화 방안에 대한 탐색》(2011년 자활포럼), 자활정책연구소 · 정책위원회.

김조설(2017), 《한국 복지정책형성의 역사》, 인간과복지.

김주환(2017), 《포획된 저항-신자유주의와 통치성, 헤게모니 그리고 사회적기업의 정치학》, 이매진.

김홍중(2017), "부정자본론: 사회적인 것과 상징적인 것", 〈한국사회학〉 51집 3호, 1~35.

나종석(2013), "마을공동체에 대한 철학적 성찰", 〈사회와 철학〉 26호, 1~32.

듀이, 존(2016), 《경험으로서 예술 1》, 박철홍 옮김, 나남.

래시, 크리스토퍼(2014), 《진보의 착각》, 이희재 옮김, 휴머니스트.

로자, 하르트무트·라스 게르텐바흐·헤닝 라욱스·다비트 슈트레커(2010), 《공동체의 이론들》, 곽노완·한상원 옮김, 라움.

루만, 니콜라스(2014), 《체계이론입문》, 윤재왕 옮김, 새물결.

루이스, 오스카(2013), 《산체스네 아이들》, 이매진.

메스트로비치, 스테판(2014), 《탈감정사회》, 박형신 옮김, 한울.

모스, 마르셀(2002), 《증여론》, 이상률 옮김, 한길사.

문성훈(2017), "공동체 개념의 구조변화", 〈문화와 정치〉 4권 4호, 43~68.

바우만, 지그문트(2009), 《액체근대》, 이일수 옮김, 강.

바우만, 지그문트(2010), 《모두스 비벤디》, 한상석 옮김, 후마니타스.

박윤영(1998), "빈곤문화론의 재검토", 〈사회복지정책〉 제6집, 177~197.

박주형(2013), 도구화되는 '공동체': 서울시 「마을공동체 만들기 사업」에 대한 비판적 고찰", 〈공간과 사회〉 43권, 5~43.

박형준(2013), 《재벌, 한국을 지배하는 초국적 자본》, 책세상.

버킷, 이안(2018), 《감정과 사회관계》, 박형신 옮김, 한울.

베버, 막스(2010), 《프로테스탄티즘 윤리와 자본주의 정신》, 김덕영 옮김, 길.

베버, 막스(1997), 《경제와 사회 1》, 박성환 옮김, 문학과 지성사.

부르디외, 피에르(2005), 《실천이성》, 김웅권 옮김, 동문선.

부르디외·바캉(2015), 《성찰적 사회학으로의 초대》, 이상길 옮김, 그린비.

빈민지역운동사 발간위원회(엮음)(2017), 《마을공동체 운동의 원형을 찾아서》, 한울.

살린스, 마셜(2014), 《석기시대 경제학》, 박충환 옮김, 한울.

서영표(2015), "저항적 연대와 사회변혁: 적대 없는 연대에서 적대를 통한 연대로", 〈로컬리티 인문학〉 14권, 123~161.

세넷, 리처드(2014), 《무질서의 효용》, 유강은 옮김, 다시봄.

서울시마을공동체종합지원센터 평가팀(2015), 《서울시 마을공동체 네트워크 현황 연구》, 서울시마을공동체지원종합센터.

송재룡(1998), "성찰적 모더니티의 한계와 새 공동체주의의 대안", 〈현상과 인식〉 22권 3호, 155~174.

송재룡(2010), "탈근대 시대와 대안 공동체의 진화", 〈현상과 인식〉 34권 1·2호, 71~100.

신명호 외(2016), 《자활지원 정책의 개선방안에 관한 연구》, 한국지역자활센터협회.

신명호·김홍일(2002), "생산공동체운동의 역사와 자활지원사업", 〈동향과 전망〉 제53호, 6~37.

스탠딩, 가이(2014), 《프레카리아트》, 김태호 옮김, 박종철출판사.
유창복(2015), "마을공동체 정책과 지역사회 시민생태계", 〈창작과 비평〉 43권 4호, 342~356.
윤수종(2003), "넝마공동체의 성격과 그 변화", 〈진보평론〉 15호, 136~162 .
윤상우(2009), "외환위기 이후 한국의 발전주의적 신자유주의화: 국가의 성격변화와 정책대응을 중심으로", 〈경제와 사회〉 83호, 40~68.
윤일성(2006), "지역사회 공동체 재활성화와 민관협력: 공동체 중심의 도시 빈곤지역 재활성화", 〈지역사회학〉 8권 1호, 69~92.
윤형근 엮고 씀(2014). 《협동조합의 오래된 미래 선구자들》, 그물코.
이동일(2015), "현대사회의 위기와 대안공동체", 〈사회사상과 문화〉 18권 4호, 95~126.
이선우(1999), "실업자의 심리상태와 행태", 〈보건복지포럼〉 6월호, 한국보건사회연구원.
이소영(2016), "'건전사회'와 그 적들: 1960-80년대 부랑인단속의 생명정치", 〈법과 사회〉 51권, 23~54.
이수진(2017), 《자활사업의 형성과 변화에 관한 연구: 사회적 공공성의 관점에서》, 고려대학교 박사학위논문.
이현주 · 민윤경(2015), "사회적기업의 제도적 동형화에 대한 질적 사례연구: 충남지역 자활기업의 사례를 중심으로", 〈보건사회연구〉 35(3), 515~552.
이회수(엮음)(2012), 《살맛나는 세상을 꿈꾸는 사회적기업가 21인의 세상고쳐쓰기》, 부키.
장원봉(2006), 《사회적경제의 이론과 실제》, 나눔의 집.
조희연(1993), 《빈곤과 계급》, 한울.
주창윤(2013), 《허기사회》, 글항아리.
지주형(2016), "한국의 발전국가와 신자유주의 국가: 역사적 변동과 형태분석", 〈인문논총〉 41권, 219~261.
최인기(2012), 《가난의 시대》, 동녘.
최준규(2015), "공동체와 사회적경제의 융합, 따복공동체의 비전과 과제", 〈이슈&진단〉 182호, 1~26.
크로우, 그레이엄(1997), 《사회변동의 비교사회학》, 박형신 · 이혜경 옮김, 일신사.
테일러, 찰스(2010), 《근대의 사회적 상상》, 이상길 옮김, 이음.
테일러, 찰스(2001), 《불안한 현대사회》, 송영배 옮김, 이학사.
폴라니, 칼(2009), 《거대한 전환》, 홍기빈 옮김, 길.
푸레디, 프랭크(2016), 《치료요법 문화》, 박형신 · 박형진 옮김, 한울.
프레이저, 낸시(2016), "인정을 다시 생각하기", 《불평등과 모욕을 넘어서》, 케빈 올슨 엮음, 문현아 · 박건 · 이현재 옮김, 그린비.
한병철(2012), 《피로사회》, 문학과 지성사.
호네트, 악셀(2009), "탈전통적 공동체", 《정의의 타자》, 문성훈 · 이현재 · 장은주 · 하주영 옮김, 나남.
Buroway, M.(2010), "From Polanyi to Pollyanna: The False: Optimism of Global Labor

Studies", Global Labour Journal, Vol 1, Issue 2: 300~313.
Illouz, Eva(2008), Saving the Modern Soul. University of California Press.
Miller, Peter & Nikolas Rose(2008), Governing the Present. Polity Press.
Parsons, Talcott(1991〔1951〕), The Social System. Routledge.
〈한겨레신문〉 2018. 4. 5. "마을정치의 힘으로 '세월호 이후' 희망찾기". http://www.hani.co.kr/arti/politics/politics_general/839145.html#csidx0898a7f78ac1e259c848ba06cb9416e.(검색일 2018.5.30)

사회적경제의 대안적 개념화 : 쟁점과 과제

룩셈부르크, 로자, 김경미·송병헌 옮김(2002),《사회개혁이냐 혁명이냐》, 책세상.
백하우스, 로저, 김현구 옮김(2005),《지성의 흐름으로 본 경제학의 역사》, 시아출판사.
베른슈타인, 에두아르트, 강신준 옮김,《사회주의의 전제와 사민당의 과제》, 한길사.
베버, 막스, 박성수 옮김(1990),《프로테스탄티즘의 윤리와 자본주의 정신》, 문예출판사.
베버, 막스, 박성환 옮김(2003),《경제와 사회 1》, 문학과지성사.
아리스토텔레스, 이창우 외 옮김(2006),《니코마코스 윤리학》, 이제스북스.
아잠, 쥬느비에브(2005), "사회적경제, 제3섹터, 연대의 경제의 경계선", 까이에, 알랭 외 18명, 김신양 편역(2005),《다른 경제》, 실업극복국민재단.
장원봉(2006),《사회적경제의 이론과 실제》, 나눔의집.
폴라니, 칼(1991),《거대한 변환:우리시대의 정치적 · 경제적 기원》, 민음사.
Becker, Gary Stanley and Murphy, Kevin M.(2000), Social Economics: Market Behavior in a Social Environment. Harvard University Press.
Bruyn, Severyn T.(1977), The Social Economy: People Transforming Modern Business, A Wiley-Interscience Publication.
Carpi, Juan A. Tomás(1997), "The Prospects for the Social Economy in a Changing World", Annals or Public and Cooperative Economics, 68(2).
Chapin, F. Stuart(1917), An Historical Introduction to Social Economy, The Century Co.
Coffey, Peter(1973), The Social Economy of France. The MacMillan Press Ltd.
Defourny, Jacques(1992), "The Origins, Forms and Roles of a Thrid Major Sector", in Jacques Defourny and José L. Monzón Campos (eds.), Économie Sociale, The Third Sector, De Boeck-Wesmael, s.a.
Defourny, Jacques, Develtere, Patrick and Fonteneau, Bénédicte(eds.)(2000), Social Economy North and South. HIVA & CES.
Demoustier, Daniéle(2001), "France: Voluntary Sector Initiatives for Work Integration", Roser Spear · Jacques Defourny · Louis Favreau · Jean-Louis
Laville(eds.). Tackling Social Exclusion in Europe: The Contribution of the Social Economy,

Ashgate.

Demoustier, Daniéle and Rousseliére, Damien(2006), "Social Economy as Social Science and Practice: Historical Perspectives on France", Betsy Jane Clary,

Wilfred Dolfsma and Deborah M. Figart(eds.). Ethics and the Market: Insights from Social Economics. Routledge.

Desroche, Henri(1991), Histoires D'Économies Sociale, Syros/Alternatives.

Evers, Adalbert(1995), "Part of the Welfare Mix: the Third Sector as an Intermediate Area", Voluntas. 6(2).

Fallon, Valére S.J., Translated by John L. McNulty and Bert C. Goss(1934), Principles of Social Economy, Benziger Brothers.

Fontan, Jean-Marc and Shragge, Eric(2000), "Tendencies, Tensions and Visions in the Social Economy", Social Economy, Black Rose Books, 1~15.

Gide, Charles. Translated by Willam A. Veditz(1903), Principles of Political Ecnonomy, D. C. Heath.

Gueslin, André(1998), L'Invention De L'Économie Sociale. Economica.

Guyot, Yves(1892), Principles of Social Economy. Swan Sonnenschein & Co.

Laville, Jean-Louis, Lévesque and Mendell, "The Social Economy. Diverse Approaches and Practices in Europe and Canada"

http://www.usaskstudies.coop/socialeconomy/files/Laville_Levesque_E%CC%81conomie%20 sociale.pdf(검색일: 2007.3.10)

Lévesque, Benoît and Mendell, Marguerite(2004), "The Social Economy: Diverse Approaches and Practices", Working Document for SSHRC President.

Lutz, Mark A.(1999), Economics for the Common Good: Two Centuries of Social Economic Thought in the Humanistic Tradition, Routledge.

Lévesque, Benoît, Malo, Marie-Claire and Girard, Jean-Pierre(2000), Jacques Defourny, Partick Develtere and Bénénite Fonteneau(eds.), Social Economy North and South, HIVA and CES.

Lévesque, Benoît and Ninacs, William A.(2000), "The Social Economy in Canada: The Quebec Experience", Social Economy, Black Rose Books, 112~129.

Moulaer, Frank and Ailenei, Oana(2005), "Social Economy, Third Sector and Solidarity Relations: A Conceptual Synthesis from History to Present", Urban Studies, 42(11).

O'Boyle, Edward J.(2005), "Homo Socio-Economicus: Foundational to social economics and the social economy", Review of Social Economy, 63(3).

Piechowski, Adam(2002), "The Four Ideological Roots of the Social Economy, and Their Present Impact", PRAHA SOCIAL ECONOMY 2002: ENLARGING

THE SOCIAL ECONOMY, First European Social Economy Conference in Central and Eastern Eourope.

Sanchez, Fabrice(2006), Bref historique de l'économie sociale et solidaire.(미간행자료)
Soulage, Franois(2002), La petite histoire de l'économie sociale.(미간행자료)
Stanfield, J. Ron(1978), "On Social Economics", Review of Social Economy, 36(3).
Vienney, Claude(1994), L'Économie Sociale, La Decouverte.
Walras, Léon(1896), Études D'Économie Sociale, Edizioni Bizzarri(1969).

도시재생사업에서 사회적경제의 이상과 현실의 괴리와 해결방안

〈도시재생 활성화 및 지원에 관한 특별법〉
〈도시재생 활성화 및 지원에 관한 특별법 시행령〉
국토교통부·LH도시재생지원기구(2018), 〈도시재생 전문가 양성을 위한 도시재생 뉴딜교육〉
그레고 맥레오드, 이인우 옮김(2012), 《협동조합으로 지역개발하라》, 한국협동조합연구소.
노대명·김신양·장원봉·김문길(2016), 〈한국 제3섹터 육성방안에 대한 연구〉, 한국보건사회연구원.
사회투자지원재단(2016), 〈안성·과천·포천 사회적연결망 분석보고서〉
서울대학교 산합협력단(2010a), 《도시쇠퇴 및 잠재력 진단지표 개발》, 도시재생사업단 기초연구 총서 1.
서울대학교 산학협력단(2010b), 《한국 도시쇠퇴의 실태 및 유형화》, 도시재생사업단 기초연구 총서 2.
송두범·박춘섭·김종수·장효안·홍은일(2014), 《지역사회 자산을 활용한 충남 시군의 사회적경제 특성화 방안》, 충남발전연구원.
임준홍·조수희·황재혁(2010), 《국가 도시재생 정책에 대응한 충남의 도시재생 전략》, 충남리포트, 충남발전연구원.
장원봉·정연경·김정자(2013), 《노원구 사회적경제 활성화를 위한 지역자원조사연구》, 노원사회적경제활성화추진단·사회투자지원재단.
장원봉 · 정연경(2013), 《고성지역자활센터 지역사회 영향 조사연구》, 사회투자지원재단·고성지역자활센터·강원광역자활센터.
장원봉(2014). "선택가능한 대안경제로서 사회적 경제의 가능성과 과제", 참여연대기획, 《반성된 미래》, 후마니타스.
장원봉(2014b), 《사회적회계:사회적경제의 공익활동을 위한 관리도구》, 상상너머.
장원봉·김미현·김동언(2014), 《화성시 마을기업 육성을 위한 지역자원조사 연구보고서》, 사회투자지원재단·화성시.
장원봉(2015), "지역재생을 위한 사회적경제의 의미와 역할", 〈국토〉 제409호.
장원봉(2016), 《노원구 사회적경제 지역사회 영향(Community Impact) 평가의 방향과 기초조사》, 노원사회적경제지원센터·사회투자지원재단.

장원봉(2017), "도시재생뉴딜은 사회적경제를 담을 수 있는 그릇인가", 한국도시재생 시민활동가네크워크 준비모임, 〈도시재생뉴딜 대응 1차 포럼 자료집〉

장원봉·신명호·Alan Kay·문보경·김동언·김난희(2017), 《서울시 마을기업 신모델 개발 사업》, 사회투자지원재단·서울특별시사회적경제지원센터.

장원봉(2019), "도시재생과 사회적경제", 국토교통인재개발원, 〈도시재생전문과 과정 교육자료〉

조명래(2002), 《현대사회의 도시론》, 한울.

Greffe, Xavier(2007), "Chapter 3. the Role of the Social Economy in Local Development", Antonella Noya and Emma Clarence(ed.), The Social Economy: Building Inclusive Economies, OECD

Community Development National Occupational Standards, (2015)

http://www.southerntrust.hscni.net/pdf/CDNOS%20Tree%20poster%202015.pdf(검색일: 2019.4.10.)

Erik Olin Wright(2010), Envisioning Real Utopia, verso

Federazione Trentina della Cooperazione(2006), 〈Trentino Co-operative System〉

https://www.oecd.org/cfe/leed/37741957.pdf(검색일: 2019.4.10.)

Murray Hawtin · Janie Percy Smith(2016), 김영란 옮김, 《커뮤니티 프로파일링:지역주민과 함께 하는 지역조사 가이드》, 공동체.

사회적경제의 노동관에 대한 탐색적 문제제기로서 협동노동

기든스, 앤서니·서튼, 필립(Anthony Giddens & Philip W. Sutton)(2018), 《사회학의 핵심 개념들》, 김봉석 옮김, 동녘.

기아리니, 오리오·리트케, 패트릭(Orio Giarini & Patrick M. Liedtke)(1999), 《노동의 미래-로마클럽 보고서》, 김무열 옮김, 동녘.

김경일.(2014), 《노동》, 소화.

김기섭(2018), 《사회적경제란 무엇인가》, 들녘.

김정원(2014), "사회적경제와 호혜:경제활동을 통한 사회의 재구성", 〈지역사회연구〉 22(2), 285~308.

김정원·장인권·지규옥·송선영(2018), 《협동노동기업의 도전》, 다른경제협동조합.

김주환(2018), "빈곤, 사회적인 것 그리고 민주주의:아렌트와 동즐로의 논의를 중심으로 본 사회적인 것의 정치의 난점들과 민주주의를 위한 전망", 〈기억과 전망〉 39, 468~514.

김현경(2020), 《사람, 장소, 환대》, 문학과 지성사.

다나카 다쿠지(田中拓道)(2014), 《빈곤과 공화국-사회적 연대의 탄생》, 박해남 옮김, 문학동네.

뒤르케임, 에밀(Émile Durkheim)(2015), 《사회분업론》, 민문홍 옮김, 아카넷.

뒤메닐, 제라드 · 레비, 도미닉(Gerard Dumenil & Dominique Levy)(2006), 《자본의 반격》, 이강국 · 장시복 옮김, 필맥.

모스, 마르셀(Marcel Mauss)(2002), 《증여론》, 이상률 옮김, 한길사.

비판사회학회(2014), 《사회학:비판적 사회읽기》, 한울아카데미.

살린스, 마셜(Marshall Sahlins)(2014), 《석기시대 경제학-인간의 경제를 향한 인류학적 상상력》, 박충환 옮김, 한울아카데미.

이영롱 · 명수민(2016), 《좋은 노동은 가능한가: 청년 세대의 사회적 노동》, 교육공동체 벗.

장원봉(2007), "사회적경제의 대안적 개념화: 쟁점과 과제", 〈시민사회와 NGO〉 5(2), 5~34.

장원석(1985), "근로자협동조합운동의 역사성과 이념적 함축성", 〈노동경제논집〉 8, 83~100.

최기춘(2001), "경제제도와 행동동기에 대한 경제인류학적 제안-칼 폴라니와 모스그룹의 경우를 중심으로", 〈사회경제평론〉 16, 133~172.

최종렬(2004), "신뢰와 호혜의 통합의 관점에서 바라본 사회자본", 〈한국사회학〉 38(6), 97~132.

촐, 라이너(Rainer Zoll)(2008), 《오늘날 연대란 무엇인가?-연대의 역사적 기원, 변천 그리고 전망》, 한울아카데미.

콘체, 베르너(Werner Conze)(2014), 《코젤렉의 개념사 사전 10-노동과 노동자》, 이진모 옮김, 푸른역사.

크루즈, 로베르트(Robert Kurz)(2007), "추상적 시간의 독재-근대의 행위 장애로서의 노동", 《노동을 거부하라》, 크리시스(Krisis Groupe) 편, 김남시 옮김, 이후.

폴라니, 칼(Karl Polanyi)(2009), 《거대한 전환》, 홍기빈 옮김, 길.

해리스, 마빈(Marvin Harris)(1996), 《문화의 수수께끼》, 박종렬 옮김, 한길사.

Defourny, Jacques & Develtere, Patrick(1999), The Social Economy: The Worldwide making of Third Sector(http://www.emes.net/fileadmin/emes/PDF_files/Articles/Defourny/Defourny · Develtere_SE_NorthSouth_Chap1_EN.pdf. Accessed 03.05.2007)

Evans, M., Lawson, C(2000), "The Contribution of Social Capital in the Social Economy to Local Economic Development in Western Europe", Report of workpackage 1: Key concepts, Measures and Indicators.(http://www.malcolmread.co.uk/conscise/reports.htm. Accessed 04.07.2007).

Golob, U., Podnar, K., Lah, M.(2009), "Social economy and social responsibility: alternatives to global anarchy of neoliberalism? International Journal of Social Economics, 36(5), 626~640.

Ninacs, W. A., Toye, M.(2002), "A review of the theory and practice of social economy", Social Research and Demonstration Corporation. August.

Westlund, H.(2003), "Form or contents? On the concept of social economy", International Journal of Social Economics, 30(11), 1192~1206.

今村仁司(2016), 《交易する人間(ホモ · コムニカンス) 贈與と交換の人間學》, 講談社.

内山哲朗(1999), "'新しい労働のかたち'とワーカーズコープ運動", 《21世紀への序曲-勞働者協同組合の新たな挑戰》, シーアンドシー出版.

田中羊子(2011), "みんなで出資し, 責任を分かち合い, 仕事をおこす", 《協同で仕事をおこす》, コモンズ.

田中夏子(2011), "社会的經濟における「協同勞動」の展開と課題", 《社会的經濟が拓く未來》, ミネルヴァ書房.

富沢賢治(2013), "協同労働というコンセプト", 《協同の発見》, 252: 58~68.

永戸祐三(2015), "社會的經濟の地域化戰略とその實踐", 《協同の 發見》, 266.

中西五洲(1986), 《勞働組合のロマン》, 勞働旬報社.

노동자협동조합은 '대안기업'인가?

김성오·김규태(1993), 《일하는 사람들의 기업》, 나라사랑.

일하는 사람들의 협동조합연합회(2016), 《협동담론》, 벼리커뮤니케이션.

CECOP(2019), CECOP, Brussels, "All for One - Response of worker-owned cooperatives to non-standard employment", https://cecop.coop/works/cecop-report-all-for-one-reponse-of-worker-owned-cooperatives-to-non-standard-employment

CICOPA(2017), CICOPA, Brussels, Industrial and service cooperatives: Global report 2015-2016, https://www.cicopa.coop/publications/industrial-and-service-cooperatives-global-report-2015-2016/

Eum, H. S.(2017), CICOPA, Brussels, Cooperatives and Employment: Second Global Report, https:// www.cicopa.coop/publications/second-global-report-on-cooperatives-and-employment/

Roelants, B., Eum, H.S. and Terrasi, E.(2014), Quebec, Canada, Cooperatives and Employment: a Global Report , CICOPA, Brussels, Presented in the 2014 International Summit of Cooperatives, http:// www.cicopa.coop/Cooperatives-and-Employment-a.html

Roelants, B., Eum, H.S., Esim, S., Novkovic, S. and Katajamäki, W.(eds.)(2019), Cooperatives and the world of work, Routledge, London and New York.

Roelants, B., Dovgan, D., Eum, H.S. and Terrasi, E.(2012), CECOP, Brussels, The resilience of the cooperative model - How worker cooperatives, social cooperatives and other worker-owned enterprises respond to the crisis and its consequences, https://cecop.coop/uploads/file/YN3shQ WKSG3KdBRNZVp0HkpOsYAndze9cPve9SXz.pdf

소외된 협동조합 소내하기

《金剛般若波羅蜜經》
김기섭,《깨어나라! 협동조합》,《사회적경제란 무엇인가》, 들녘.
김진석,《포월과 소내의 미학》, 문학과지성사.《소외되기-소내되기-소내하기》, 문학동네.
유키오카 요시하루, 김기섭 옮김,《인간 연대의 자본론》, 들녘.
은정희 역주,《원효의 대승기신론소·별기》, 一志社.
조동희 옮김,《레이들로 보고서-서기 2000년의 협동조합》, 사단법인 한국협동조합연구소출판부.
프리드리히 니체, 이찬우 옮김,《차라투스트라는 이렇게 말했다》, ㈜휴머니스트출판그룹.
宇野重規,《〈私〉時代のデモクラシー》, 岩波新書.
吉本隆明,《心的現象論序説》, 角川文庫.
吉本隆明,《共同幻想論》, 角川文庫.
100分de名著, 吉本隆明《共同幻想論》, NHK出版.
김진석(1995), "소외'를 말하는 자는 건강한가?", 〈철학과 현실〉, 철학문화연구소.
石川晃司, 〈'総体性'における心的領域〉, 日本大学文理学部人文科学研究所, 《研究紀要》(2019)
竹内綱史, 〈超越者なき自己超越 : ニーチェにおける超越と倫理〉, 関西倫理学会, 《倫理学研究》(2019)
行岡良治, 〈2020年度組合員事務局全体研修会講演録〉, グリーンコープ共同体
OKAYASU, 《CO-OPERATIVES IN THE YEAR 2000》
https://www.ica.coop/en/cooperatives/cooperative-identity

사회적기업 모형의 국제적 검증 :'사회적기업 모형 국제 비교프로젝트'를 바탕으로

Alegre, I., Kislenko, S., & Berbegal-Mirabent, J.(2017), Organized chaos: Mapping the definitions of social entrepreneurship. Journal of Social Entrepreneurship, 8(2), 248-264.
Alter, K.(2007). Social enterprise typology. Virtue Ventures LLC.
Bidet, E., & Defourny, J.(Eds.)(2019), Social enterprise in Asia: Theory, models and practice. Routledge.
Borzaga, C. & Defourny, J.(Eds.)(2001), The emergence of social enterprise, Routledge.
Borzaga, C., Galera, G. & Nogales, R.(Eds.)(2008), Social enterprise: A new model for poverty reduction and employment generation, United Nations Development Programme.
Brouard, F., & Larivet, S.(2010), Essay of clarifications and definitions of the related concepts of social enterprise, social entrepreneur and social entrepreneurship, In A. Fayolle & H.

Matlay(Eds.), Handbook of research on social entrepreneurship(pp. 29-56). Edward Elgar.

Cooney, K.(2012). Mission control: Examining the institutionalization of new legal forms of social enterprise in different strategic action fields, In B. Gidron & Y. Hasenfeld (Eds.), Social enterprises: An organizational perspective(pp. 198-221), Palgrave Macmillan.

Cooney, K., Nyssens, M., O'Shaughnessy, M., & Defourny, J.(2016), Public policies and work integration social enterprises: The challenge of institutionalization in a neoliberal era, Nonprofit Policy Forum, 7(4), 435-460.

Dacin, M. T., Dacin, P. A., & Tracey, P.(2011), Social entrepreneurship: A critique and future directions, Organization Science, 22(5), 1203-1213.

Dees, J. G.(1996), The social enterprise spectrum: Philanthropy to commerce, Harvard Business School, Publishing Division.

Defourny, J.(2014), From third sector to social enterprise: A European research trajectory, In J. Defourny, L. Hulgard, & V. Pestoff(Eds.), Social enterprise and the third sector(pp. 17-41), Routledge.

Defourny, J., & Kim, S.-Y.(2011), Emerging models of social enterprise in Eastern Asia: A cross-country analysis, Social Enterprise Journal, 7(1), 86-111.

Defourny, J., & Nyssens, M.(2010), Conceptions of social enterprise and social entrepreneurship in Europe and the United States: Convergences and divergences, Journal of Social Entrepreneurship, 7(1), 32-53.

Defourny, J., & Nyssens, M.(2017), Fundamentals for an international typology of social enterprise models, Voluntas, 28(6), 2469-2497.

Defourny, J., & Nyssens, M.(Eds.)(2021a), Social enterprise in Central and Eastern Europe: Theory, models and practice, Routledge.

Defourny, J., & Nyssens, M.(Eds.)(2021b), Social enterprise in Western Europe: Theory, models and practice. Routledge.

Doherty, B., Haugh, H., & Lyon, F.(2014), Social enterprises as hybrid organizations: A review and research agenda. International Journal of Management Reviews, 76(4), 417-436.

Fitzgerald, T., & Shepherd, D.(2018), Emerging structures for social enterprises within nonprofits: An institutional logics perspective. Nonprofit and Voluntary Sector Quarterly, 47(3), 474-492.

Gaiger, L. I., Nyssens, M., & Wanderley, F.(Eds.)(2019), Social enterprise in Latin America: Theory, models and practice, Routledge.

Gordon, M.(2015), A typology of social enterprise "traditions" (ICSEM Working Papers No. 18), The International Comparative Social Enterprise Models(ICSEM) Project.

Gui, B.(1991), The economic rationale for the "third sector." Annals of Public and Cooperative Economics, 62(4), 551-572.

Hansmann, H.(1996), The ownership of enterprise, Harvard University Press.

Hopkins, R.(2013), The power of just doing stuff: How local action can change the world, Green Books.

Kerlin, J. A.(2013), Defining social enterprise across different contexts: A conceptual framework based on institutional factors, Nonprofit and Voluntary Sector Quarterly, 72(1), 84108.

Kerlin, J. A. (Ed.).(2017), Shaping social enterprise: Understanding institutional context and influence, Emerald Group.

Maier, F., Meyer, M., & Steinbereithner, M.(2016), Nonprofit organizations becoming business-like: A systematic review, Nonprofit and Voluntary Sector Quarterly, 45(1), 64-86.

McMurtry, J. J., & Brouard, F.(2015), Social enterprises in Canada: An introduction, Canadian Journal of Nonprofit and Social Economy Research, 6(1), 6-17.

Nyssens, M. (Ed.)(2006), Social enterprise: At the crossroads of market, public policies and civil society, Routledge.

Salamon, L., Sokolowski, W., & Anheier, H.(2000, December), Social origins of civil society: An overview(Working Paper of the Johns Hopkins Comparative Nonprofit Sector Project, No. 38), Johns Hopkins Center for Civil Society Studies.

Santos, F., Pache, A.-C., & Birkholz, C.(2015), Making hybrids work: Aligning business models and organizational design for social enterprises, California Management Review, 57(3), 36-58.

Spear, R., Cornforth, C., & Aiken, M.(2009), The governance challenges of social enterprises: Evidence from a UK empirical study, Annals of Public and Cooperative Economics, 80(2), 247-273.

Young, D., & Lecy, J. D.(2014), Defining the universe of social enterprise: Competing metaphors, Voluntas, 25(5), 1307-1332.

Young, D., Searing, E., & Brewer, C.(Eds.)(2016), The social enterprise zoo, Edward Elgar.

Zellweger, T. M., Nason, R. S., Nordqvist, M., & Brush, C. G.(2013), Why do family firms strive for nonfinancial goals? An organizational identity perspective, Entrepreneurship Theory and Practice, 37(2), 229-248.

장원봉 추모집

한국 사회적경제의 거듭남을 위하여

1판 1쇄 인쇄 2021년 4월 7일 **1판 1쇄 발행** 2021년 4월 17일

지은이 장원봉 · 하승우 · 신명호 · 김신양 · 정수남 · 노대명 · 김정원 · 엄형식 · 오단이 · 김기섭 · 자크 드푸르니

펴낸이 전광철 **펴낸곳** 협동조합 착한책가게

주소 서울시 은평구 통일로 684 1동 3C033

등록 제2015-000038호(2015년 1월 30일)

전화 02) 322-3238 **팩스** 02) 6499-8485

이메일 bonaliber@gmail.com

홈페이지 sogoodbook.com

ISBN 979-11-90400-20-6 (03330)(무선본)

ISBN 979-11-90400-21-3 (03330)(양장본)

• 책값은 뒤표지에 있습니다.

• 잘못된 책은 구입하신 서점에서 바꾸어 드립니다.